アジア太平洋と関西

関西経済白書 2022

APIR 一般財団法人 アジア太平洋研究所
ASIA PACIFIC INSTITUTE OF RESEARCH

APIRのご説明

　アジア太平洋研究所（APIR）は，アジア太平洋地域と日本／関西の持続的な経済発展の支援を目的とした課題解決型シンクタンクとして，2011年に設立されました．昨今の急速なグローバル化が進む経済環境の中で，APIRは先進的・長期的な視点からの経済予測をはじめ，様々な分野で研究を行っています．また，国内外の主要課題への定点観察を行いつつ，経済白書を毎年刊行しています．

　APIRは，関西地域を中心に，経済界，学界，官界と密に連携をとり，様々なステークホルダーと共同研究，セミナーなどを通じて，強固なネットワークの保持・拡大に努めています．

ミッション：

　アジア太平洋地域が直面している諸問題に対して，課題解決型シンクタンクとして多様な知的貢献活動を展開し，日本とアジア太平洋地域の新たな活力創出，持続的な発展に寄与します．

研究内容としては，次の3種類をバランスよく展開します．

▶ 政策立案やビジネス戦略策定に際して，理論的・実証的な裏付けを与える研究
▶ 将来に向けた予測，課題提起，政策提言のための事前蓄積となる研究
▶ 研究成果やデータが，公共財や研究インフラとなる研究

　これらの研究成果をもとに，経済界・学界・官界それぞれに対して，現実に活用できる提言や情報提供を時機を捉えて実施します．また，地域の将来を担う有為な人材を研究活動を通して育成します．

研究の 3つの軸

APIRでは，この3つを軸として 研究活動を実施しています．

アジア太平洋 ———— **日本・関西経済**

経済のグローバル化の進展に伴い，日本とアジア太平洋諸国との経済関係はますます複雑化しています．
このような中，アジア太平洋地域が直面する諸課題にスポットを当てて調査研究を行い，今後取り組むべき対応や進むべき道筋の示唆を与えます．

日本全体，特に関西では人口減少・高齢化の進展が早く，新たな需要創出・産業構造の転換が必要です．
このような問題意識の下，日本・関西経済を活性化し，新たな成長軌道に乗せるための問題提起や戦略策定に役立てます．

APIR

経済予測・分析

APIR独自の予測・分析手法やデータベースの蓄積・活用などに関する調査研究を行い，自治体や経済界が抱える諸問題の解決に貢献します．

ご　挨　拶

一般財団法人　アジア太平洋研究所

所長　宮原　秀夫

　2021年は世界的には前年に引き続き，COVID-19が人・ものの動きに対し影響を及ぼしてきました．しかしワクチン接種が進み，ウィズコロナへと方向を転換し，停滞していた世界経済が回復へと動き出しました．21年の前半は大規模な金融緩和や財政出動もあり世界経済は大きく回復したものの，後半は新興国におけるCOVID-19感染拡大や半導体不足による世界的なサプライチェーンの混乱，エネルギーおよび資源価格の高騰が回復ペースを鈍化させる結果となりました．しかし，21年通年においては前半の急回復もあり成長率は6.1％（IMF）となりました．

　2022年に入ると，2月にロシアがウクライナに侵攻し，G7をはじめとする先進国はロシアに経済制裁を課すという状況になっています．その影響により世界的にエネルギー・資源価格の高止まり，食糧価格の高騰と非常に大きな影響が出ており，改めてグローバルに相互依存が進んでいたことを想起させました．また，中国においては冬季オリンピック後にコロナ感染が広がり，上海をはじめとする主要都市がゼロコロナ政策によるロックダウンとなり，対中国の貿易が停滞しました．特に，関西は中国依存度が高く，日本の他地域より影響が大きく現れています．

　日本における2021年度は，緊急事態宣言，まん延防止等重点措置の発令・解除を繰り返し四半期成長率はマイナスとプラスを繰り返しましたが，21年度の実質GDP（内閣府）は2.2％と3年ぶりのプラス成長となっています．しかし20年度の-4.5％のマイナス成長から見れば回復力はまだ弱いと言えます．今後も原材料価格の高騰，ウクライナ情勢の長期化，中国のゼロコロナ政策の影響，COVID-19の再拡大が成長の重荷になると考えられます．

　COVID-19に関しては，日本でも2022年に入り，諸外国同様にオミクロン株（BA.1）による感染が急拡大（第6波）しました．21年の第5波を遥かに上回る陽性者数であるものの，重症者数のピークでみれば第5波より低く，医療逼迫にはならない状況でした．諸外国では重症化率が低いこともあり，コロナによる様々な制限が撤廃されつつあり，日本においても外国人の入国制限を含めて制限が段階的に緩和されてきております．外国人観光客の受け入れ緩和は関西の観光業にとっては朗報と言えるでしょう．しかし，7月に入りオミクロン株（BA.5）による感染（第7波）が拡大し，第6波を超え最大の陽性者数を更新しています．さらに，日本国内でもサル痘の感染者が確認されており，今後の感染状況について注視する必要があります．

さて，2025年には大阪・関西万博が開催されます．テーマは「いのち輝く未来社会のデザイン」をコンセプトとして「未来社会を共創」「世界中の課題やソリューションを共有できるオンラインプラットフォーム」「新たなアイデアを創造・発信する場に」を掲げています．世界中から「人・もの・英知」が集まり様々な課題の解決に取り組みます．今回の万博は「人・もの・英知」が重要と考えています．万博で集められた「人・もの・英知」すべてを万博後も活用することが「レガシー」となります．また，会場である夢洲だけでなく，関西一円において万博と呼応した活動をすることが万博成功の要因の一つとなると考えます．

　さらに，大阪は統合型リゾート（IR）の誘致にむけ準備しており，大阪・関西万博会場の隣接地をIRの誘致地として整備する予定です．IRはエンターテイメント施設・カジノ施設・ホテル・MICE施設・レストラン等多くの集客施設を一体的に整備し，運営することで多くの集客が見込めます．これら万博・IRによる内外の観光客を関西広域の観光につなげることができれば，関西全体での経済波及効果が期待できます．

　これらの状況を踏まえ，今回の「アジア太平洋と関西～関西経済白書2022～」では，「アジア太平洋パート：世界秩序の歴史的転換点」「関西経済パート：コロナ禍で見えてきた関西の役割と今後の挑戦」という2つのテーマを設けました．前者ではアジア太平洋地域を巡る2022年の主要論点として，国際政治経済的観点からのアジア太平洋地域の課題と展望について取り上げました．

　後者では，関西においてコロナ禍以前からみられた低所得層の増加及び中間層の減少の特徴が，コロナ禍による経済情勢の悪化によってどのような影響を受けたかを分析しています．加えて人口動態・地域金融・地方財政の課題についてもさまざまな角度から分析しています．また，関西の観光地域づくり（関西におけるプレイス・ブランディング）について期待を込めて説明するとともに，大阪・関西万博の経済波及効果についても解説しています．

　このように本書では，さまざまな視点から未来を考察するヒントを織り込んでおります．また前年に引き続きPart ⅢにCOVID-19に対する日本と世界主要国の対応状況をCOVID-19 Chronologyとしてまとめるとともに，今回から大阪・関西万博の状況をEXPO 2025 Chronologyとしてまとめています．

　アジア太平洋研究所（APIR）では，これまで培ってきた研究成果を実践の場に展開し，引き続き，我が国を含むアジア太平洋および関西経済の発展に貢献するフロントランナーを目指して参りたいと考えています．

　最後に，本書の発刊にあたり，ご協力をいただきました関係者各位にこころより感謝の意を表したいと思います．

2022年7月

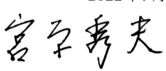

目　　次

Part III　Chronology

Part IV　資料編

コロナ・パンデミックは急速なグローバリゼーション進展に伴う諸リスクに警鐘を鳴らしそれへの対応を促したが，それを決定的にしたのが2022年2月24日のロシアのウクライナ侵攻であった．

侵攻に抗して，米国，EU（NATO諸国），及び日本を中心にロシアに経済制裁を課した．ロシアもこれに報復し，ウクライナ情勢が一層悪化する中で，資源価格や穀物価格は高騰しインフレは加速した．原油価格高騰幅の大きさから，これまでの石油危機に匹敵する影響を企業や家計にもたらすことが危惧されている．一方，インフレの加速を阻止するために米国は金融政策を緊縮に転換したが，日本は金融緩和政策を維持する結果，大幅な円安・ドル高局面が出現している．このように，2022年の世界・日本経済にとって，（1）ゼロコロナ政策，（2）資源価格高騰，（3）円安進行が，主要な先行きリスクとなっている．これらの諸リスクは本書に共通のものであり，これらを意識しながらPart Iの第1章やPart IIの第3章で議論が展開されている．

2022年4月発表のIMFのWEO(World Economic Outlook) によれば，世界経済の成長率は22年＋3.6％と予測されており，前回1月見通しから－0.8％ポイントの大幅下方修正である．この背景には，中国のゼロコロナ政策の影響に加え，ロシアのウクライナ侵攻の影響が色濃く反映された結果，世界経済見通しの下方修正に繋がっている．なお同見通しでは，ロシア経済は22年－8.5％マイナス成長（前回予測差－11.3％），EU経済も同＋2.9％と大幅な減速（前回予測差－1.1％ポイント）が予測されている．

表0-1　国・地域の経済規模と貿易依存度：2021年（単位：10億ドル，％）

国	名目GDP	シェア(%)	輸出比率	輸入比率
米国	22,997.5	23.9	7.6	12.8
中国	17,458.0	18.1	19.3	15.3
EU	17,094.2	17.8	15.1	14.6
日本	4,937.4	5.1	15.3	15.6
ロシア	1,775.5	1.8	22.9	12.7
世界	96,292.6	100.0		

出所）名目GDPはIMF DataMapperより作成．貿易データはUN Comtrade.

ロシアのウクライナ侵攻による影響は，商品市況，貿易，金融市場の経路を通じて，インフレ，貿易停滞，金利上昇として発現する．ここでは貿易関係に注目してみよう．表0-1は関係する国・地域の経済規模と貿易依存度（輸出入比率）を示している．2021年の世界各国の名目GDP（世界GDPに占めるシェア）を降順にみれば，米国（23.9％），中国（18.1％），EU（17.8％），日本（5.1％），ロシア（1.8％）となっている．次に国・地域の輸出入額をそれぞれの名目GDPで除した貿易依存度をみると，輸入は各国・地域とも12〜15％の範囲に収まっているが，輸出は8〜23％とその幅は広い．米国は輸出比率が低く，輸入比率が高いが，中国やロシアでは逆に輸出比率が輸入比率を大きく上回っている．中国は多くの製造業品の輸出で，ロシアはエネルギー関連商品の輸出でそれぞれの輸入額を上回り，貿易黒字を稼いでいることがわかる．一方，日本，EUは輸出比率，輸入比率ともに，バランスの取れたものとなっている．

表0-2　国・地域別の貿易シェア：2021年（単位：%）

■輸出依存度

	米国	中国	EU	日本	ロシア	その他	世界
米国		8.6	15.5	4.3	0.4	71.2	100.0
中国	17.4		15.1	5.0	2.0	60.5	100.0
EU	18.0	10.1		2.8	4.1	65.0	100.0
日本	18.0	21.6	9.2		1.0	50.1	100.0
ロシア	7.5	19.4	38.9	3.5		30.7	100.0

■輸入依存度

	米国	中国	EU	日本	ロシア	その他	世界
米国		18.5	17.1	4.8	1.0	58.6	100.0
中国	6.7		11.5	7.7	2.9	71.1	100.0
EU	10.9	22.3		2.9	6.8	57.0	100.0
日本	10.7	24.0	11.1		1.8	52.3	100.0
ロシア	2.8	29.9	39.8	3.5		23.9	100.0

出所）UN Comtrade，財務省『普通貿易統計』から筆者計算．

次に，表0-2は国・地域の貿易状況を貿易相手国別にみたものである（trade matrix）．対ロシアリスクの観点から，各国・地域の対ロシア輸入シェアをみると，米国（1.0％）と日本（1.8％）は相対的に低いが，中国（2.9％）やEU（6.8％）は高くなっている．一方，各国・地域の対EU輸入シェアをみると，ロシア（39.8％），米国（17.1％），中国（11.5％），日本（11.1％）となっている．このことから，ロシア，EUの相互の貿易依存度は高く，一旦有事になれば，高い輸入依存度はリスクに転じることは容易にわかる．対中輸入シェアをみれば，ロシア（29.9％），日本（24.0％），EU（22.3％），米

国（18.5%）の順となっている．また，対米輸入シェアをみると，EU（10.9%），日本（10.7%），中国（6.7%），ロシア（2.8%）の順となっている．

ロシアのウクライナ侵攻の直接的・間接的なインパクトを理解するために，**表0-1**及び**0-2**を用いて，**図0-1**を作成した．ロシアの経済規模はEUの10分の1程度である．EUは輸出総額（2兆5,756億ドル）のうち4.1%がロシア向けである．EU輸入総額（2兆4,942億ドル）のうち6.8%がロシアからである．

EUと中国の経済規模はほぼ同じである．貿易関係を見ると，中国の輸出総額（3兆2,991億ドル）に占める対EU輸出シェアは15.1%，中国の輸入総額（2兆6,844億ドル）に占める対EU輸入シェアは11.5%といずれも高い．

日本の経済規模は中国の約30%である．日本の輸出総額（7,571億ドル）に占める対中輸出シェアは21.6%，輸入総額（7,723億ドル）に占める対中輸入シェアは24.0%である．なお，関西貿易の対中輸出シェアは26.2%，対中輸入シェアは32.3%といずれも日本全体の対中シェアよりも高く，関西経済は高度に中国経済に依存しているのが特徴である．

今回のロシアのウクライナ侵攻に対する欧米諸国（NATO）及び日本の対ロシア経済制裁とロシアによるエネルギー関連財の報復により，EUの景気減速の可能性が高まった．**表0-2**や**図0-1**が示すように，EUと中国の貿易関係は強く，EU経済の減速は対中輸入（中国の対EU輸出）の減速を通じて中国経済に下押し圧力となる．また，中国と日本の貿易関係は深く，特に関西経済の対中貿易依存度は高い．このため，中国経済が減速すれば，対中輸出の減速を受けて関西経済の景気減速は不可避となろう．加えて，今般の中国のゼロコロナ政策による対中輸出の減少は関西経済にとって更なる重荷となる．

日本の直接的な対ロシア貿易依存度は低いため，ウクライナ情勢の深刻化からくる（日ロ貿易を通した）直接的な影響は小さいが，ロシア，EU，中国，日本（関西）の強い貿易関係からくる間接的なインパクトは無視できない．

なお，EUや中国経済を経由したロシアのウクライナ侵攻の間接的な影響は，本書PartⅡの第3章やコラム3Aにおいて行われる．

参考文献

International Monetary Fund (2022) "World Economic Outlook – War Sets Back the Global Recovery–", April 2022, (https://www.imf.org/en/Publications/WEO/Issues/2022/04/19/world-economic-outlook-april-2022, 最終閲覧日：2022年6月6日)

編集委員長
稲田 義久

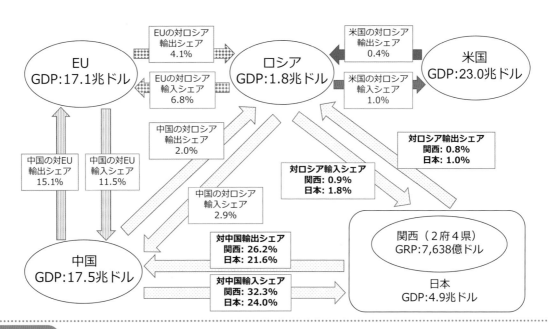

図0-1 ロシアと各国・地域の経済規模と貿易依存関係

Part I

世界秩序の歴史的転換点

第I部は，歴史的転換点に立つ世界主要国の現状と課題についてまとめている．いまだ収束しないCOVID-19やロシア・ウクライナ戦争，さらには環境問題や人権問題など世界経済が直面する課題と展望について考察している．

第1章では，アジア太平洋地域を巡る2022年の主要論点として，世界秩序の歴史的な転換点に立つ世界主要国の取組みと課題について分析している．

第1節では，不安定化する世界経済について，まず中国とアメリカを例に所得分配の不平等がもたらす政治の不安定化について考察し，その後経済安全保障の観点からみた，半導体産業におけるグローバル・サプライチェーンの脆弱性やエネルギー市場における地政学的課題について考察している．

第2節では，米国経済における高インフレ発生の要因について分析し，インフレの推移とFRBのこれまでおよび今後の対応について考察している．また，こうした米国経済の動向が与える日本経済への，さらには日本経済のインフレの現状と今後について解説している．

第3節では，前半で中国のゼロコロナ政策の実情と課題および財政・金融政策について考察している．また後半では，共同富裕政策について，過去の政策とも照らし合わせながら解説している．

第4節では，アジア太平洋における中間層について考察している．20世紀後半からのアジア諸国の経済成長を牽引した中間層について，定義を確認するとともにアジア諸国の中間層の規模を推計し，今後の推移を考察している．また中間層が持つ文化・価値観について先進諸国の中間層との違いについても述べている．

第5節では，地球温暖化問題を考察している．2021年は大きく気候問題が進んだ年となった．しかし22年2月のロシアのウクライナ侵攻によるエネルギー問題が地球温暖化防止をめぐる国際情勢に激震をもたらしている．本節では21年夏からの地球温暖化防止に対する動きと日本の課題について考察している．

第2章では，アジア地域の主要課題に着目し考察している．

第1節では，東アジアのFactory Asiaが直面する2つの挑戦について考察した．前半ではコロナ禍における東アジアの国際的生産ネットワークへの影響についてデータを基に分析した．後半では地政学的緊張の高まりを始めとした今後の日本及び東アジアにとっての課題と展望について解説している．

第2節では，ビジネスにおける人権問題について考察している．企業が人権問題に対し，どのように対応しビジネスに反映すべきか，またグローバル化時代の「ビジネスと人権」問題についても解説している．最後に，世界および日本における人権に対する対応および今後の課題について述べている．

第3節では，アジアの人材との共働社会について考察している．アジア主要国と中国の人材育成の特徴を比較分析し，また安全保障の枠組みであるクアッドの観点からも分析している．さらに経済協力関係推進のためのブリッジ人材の育成とその課題について，日本企業で働く外国人エンジニアのアンケートをもとに洗い出し考察している．

第4節では，アジアにおけるデジタル化の進展について，前半ではデジタル化の潮流について歴史を振り返りながら解説するとともに，アジアの持つポテンシャルについて考察している．後半ではコロナ危機以後のデジタル化の課題と展望について考察したうえで，日本に求められる役割について概観している．

[今井 功・山守 信博]

Chapter 1
アジア太平洋地域を巡る2022年の主要論点

不安定化のいくつかの要因

1990年代から21世紀の最初の10年間で，先進国の所得分配が二極化傾向を強めたことは，多くの所得分配の平等度を分析した研究論文によって明らかにされてきた．その集約的な研究成果を公表したMilanovic（2016）は，世界の所得分配の20年間の変化を丹念な統計作業によって検証し，国ごとの所得分配と所得の伸び率に関して次のような顕著な現象を指摘した．すなわち，世界的にみると，この約20年間で所得を伸ばした層と，所得がほとんど伸びなかった層とに世界は二分されたという．前者，つまり大きな所得上昇を享受したのは新興国（例えば東南アジア諸国）の中間層と先進国の富裕層であること．そして後者，すなわち所得の上昇をみなかったのは，先進国の中間層である．日本がこの後者のグループに属することは言うまでもない．

先進国の中間層の縮小，特に二大経済大国の米国と中国における所得分配の不平等度が上昇した後，改善の兆しが見られないこと，さらに経済競争の激化による貧困層の増加が世界経済にとってひとつの社会的な不安定要因となっていることは否定できない．こうした不平等化の進行や中間層の縮小が政治に与える影響は言うまでもなく大きい．それ以外にも，先端技術，特にITの生産活動への浸透による「グローバル・サプライチェーン」と呼ばれる貿易構造に潜む脆弱な体質も軽視できない．さらにロシアのウクライナ侵攻による世界のエネルギー供給体制に起こっている地政学的な変化など，いくつかの

重要なリスク要素と不安定化要因を注視していかねばならない．

1. 所得分配の不平等

世界の主要国では，基本的にいずれも市場経済をベースとするいわゆる「資本主義システム」で経済活動が行われている点で大差はない．形態に違いがあるものの，いずれの「資本主義」でも所得格差の拡大と貧困，政治的腐敗が，国内的にも国際的にも不安定要因となっている．Milanovic（2021）はこの点を米国型と中国型に大きく分けて次のように論じている．

米国型のリベラル能力資本主義（Liberal Meritocratic Capitalism）が一応これまで安定性を示してきたのは，労働組合が一定の力を有し，所得の「平等化」に貢献してきたからであり，財政政策も累進性の高い税負担と所得移転政策によって所得の再配分の機能をはたして，経済と政治の秩序と安定性に寄与してきたからである．

しかしいまやこうした環境は著しく変化した．例えば労働組合組織率は（スカンジナビア諸国を除くと）先進国では低下が著しく，米国やフランスの組合員労働者は1割程度，日本は戦後「労働組合法」が成立した頃は5割前後の組織率を誇ったものの，今や16％にまで低下している．増加の一途をたどるパート労働者の組織率も10％に達していない．

このような冷戦後の世界経済システムを支えてきた条件を嫌う先進国の富裕層は，高負担や移民の流入を嫌い，所得や資産を他国に移してシステムからの離脱を進めたのである．

米国型のリベラル能力資本主義が，中国ほどには政治腐敗を辛うじて深刻化させていないのは，リベ

ラルデモクラシーにおける「言論・報道の自由」による「自浄作用」が働くからだ.

(1) 中国の「共同富裕」の背景

中国型の政治的資本主義（Political Capitalism）は，効率的でテクノクラート的官僚システムが，法の縛りの緩さの下で，一党独裁国家の中の民間部門をコントロールしてきた. ここでも所得格差を急速に拡大させるメカニズムが作動し，富の偏在と政治的腐敗を生むようになった.

中国の急速な経済成長は，所得格差の拡大を生み出したことが，貧富の差をできるだけ抑え，社会全体が豊かにならねばならないという「共同富裕」というスローガンを打ち出さざるを得なかったことにもあらわれている. 世界第2位の経済大国が，第1位の米国同様に所得と富の偏在を招いていることは，両国に共通の「資本主義」システムゆえであるとするミラノヴィッチの議論の妥当性を示すともいえよう. 2022年秋の党大会で3期目入りをうかがう習近平国家主席の政治権力への強い意志から出てきたスローガンであることは容易に推察できる. この「共同富裕」という強引な再分配政策の真の狙いが何処にあるのか. その目的を10年前の「反腐敗キャンペーン」と重ね合わせながら，「成功したIT関連企業やその経営者たちを狙い撃ちにする」姿勢だと，この『白書』のChapter1 Section 3は指摘している.

1978年以来の中国の所得分配の変化を知る上では，Junsen Zhang（2021）のサーヴェイ論文が参考になる. その一部（特に，社会グループ別，地域別）を要約的に紹介しておこう.（主として「家計レベル」の所得分配の数字をデータとして用いている）Zhangが強調したのは 次のstylized factsである.

1) 過去40年間で，不平等度を測るジニ係数（大きいほど所得分配が不平等なことを示す）は，家計レベルでみると，地域においても，都市・地方においても上昇している.

2) 過去10年間でみると，不平等度は高位安定しており，わずかではあるが低下した場合も観察される. この現象は，公式統計でも非公式の推定によっても把握できる.

3) 都市と地方の間の格差や地域的分配の不平等

は，1980年代，90年代，2000年代前半は中国全体の不平等度の上昇と極めて密接に相関しているが，近年の10年間についてはそうした相関は観察されない.

4) 都市と地方の間の格差や地域的な不平等の，国全体の不平等に対する「寄与度」は，2000年前半までの30年間に比べ，近年の10年間はその重要性は低下している.

5) 新たな傾向として，全体の不平等に対する「資本所得」の不平等の「寄与度」は，それほど劇的ではないにしても，増大傾向が認められる.

注目すべきは次の点であろう. 所得の不平等度の指数と「世代間の所得流動性」（所得階級間での出入りの程度）との間にはっきりとした負の相関が認められることである.「金持ちと貧乏は遺伝する」ことを示すいわゆる「グレートギャツビー・カーブ」が観察され，中国社会における資産や所得における階級化が進んでいることを示している. 観察された最初の30年間は，都市と地方の格差，地域間の格差が大きかったが，近年の安定化している不平等度は地域の問題ではなくなってきた. 壮年男子の高学歴の労働力における所得上昇が全体の所得格差の主たる原因になっているということだ. 民営化，貿易投資の自由化，高技能にバイアスのある技術進歩が労働力の賃金・給与の格差を広げているのだ. こうした発生原因を持つ所得格差は，そのままで自然に解消されることはない. 社会的な不満は鬱積され続け，社会が不安定になることが予想される. だからこそ「共同富裕」というスローガンを掲げ，所得格差を改善する方向の経済政策上のスローガンが必要となるのだ.

(2) 政治の不安定化

米国や中国の社会経済システムが，「善き市民」への日常生活のベースを，もはや低学歴の人々に与えていないという事実をデータから確認する研究は，こうした所得の不平等化や貧困層の存在がいかに政治を不安定にするのかを考える際に参考になる.（Case and Deaton（2021））

例えば，米国のWNHs（白人非ヒスパニック）の45~54歳の死亡の中で，最も上昇率が高い死因

（10万人に34～37人）は，自殺，薬物過剰摂取，アルコール性肝炎の3つである．この3つの死因は，5歳刻みで30～34から60～64歳までのすべてのグループについても同様である．

　米国では25～74歳の（高卒以下の学歴の）WNHsの自殺率は，1992年から2019年にかけて17.6から31.1 per 100,000へとほぼ倍増した．学士号を持っている者についてはほとんど増加が見られなかった．

　多数の者が経済的に豊かになれず，少数者のみが栄えるという現象が，なぜ，民主的なプロセスによって物質的・健康的な結果を改善する方向には働かないのか．

　セーフティ・ネットや健康保険制度は「低学歴の白人が，自分たちの犠牲によってマイノリティを利する政策だ」と見做し，低学歴層はそうした福祉プログラムに反対する保守的な候補へ投票する．それに対して黒人層と高学歴の白人たちは反対方向の立場をとる．ここに政治上の両極化（polarization）が広がり，その結果，ネットでは右のポピュリスト的な政治家を登場させることになる．（Woolhandler et al.（2021））

　1970年頃までは，労働者の要求の多くを民主党が支持していた．民間部門の組合の組織率は低下したが，それでも，民主党のサポートで組合は実質賃金の値上げ等の政治的な力を持っていた．しかし70年以降，民主党と白人の労働者階級の間に亀裂が生まれる．特に68年の民主党大会以降，党は徐々に労働者階級と組合に背を向け始め，マイノリティと高学歴の専門職へと運動のターゲットを移すようになる．

　例えば，2016年の大統領選でトランプに投票したペンシルヴァニア，ミシガン，ウィスコンシンの投票者は，12年の選挙ですでに民主党のオバマから離れていた．共和党候補への投票率が高い州ほど25歳の平均余命は低い傾向が，2000年以降，次第に明瞭に現れている．（Case and Deaton（2021）Figure 2）

　フォードが共和党候補だった1976年は，相関は＋0.42，健康な州ほど共和党のフォードに投票していたが，2016，20年の大統領選挙では，相関は－0.69，－0.64と負の高い相関へと逆転している．最も不健康な州は，反バイデンで，トランプに投票

したものが多いことがわかる．

　こうした投票行動は，セーフティ・ネットを取り払おうとする大統領に賛成しているわけではない．白人の労働者階級が，かつて自分たちの権利を支えていた民主党が，今やマイノリティと同盟を組む政党になったこと，グローバリゼーションによって自分たちの雇用を見捨て，企業の高い株価から利益を得ている高学歴エリートの方を向いた政党になった点に異を唱えていることを示す．言い換えれば，経済的に困難な状況に陥った白人中間層の支持政党が変わることによって，米国の政治構造は大きく変化しているのだ．

2. 技術構造の脆弱さ — グローバル・サプライチェーン

　第二の不安定化要因は技術体系の変化にある．ITの進歩によって生産と管理の分断が可能になった．近年顕著になり出した資本移動と貿易構造の変化は，企業を丸ごと移転するのではなく，企業内の生産工程を，生産業務と管理面においても，徹底的に細分化し，国際的なスケールで分業化するという転換である．専門技術の高さ，賃金の安さなどの状況を目安として，生産工程そのものが地理的にバラバラに散らばったのである．いわゆるグローバル・サプライチェーンの形成である．製造業における生産技術そのものの変化とデータ解析の技術の進歩，情報通信技術がこの大きな変化を可能にしたことは言うまでもない．実際，米国アップル社のiPhoneの頭脳部分である半導体は米国で設計されているが，米国には工場を持たず，製造は主に台湾の半導体大手台湾積体電路製造（TSMC）に委託している．

　こうした技術転換が可能になったベースには，半導体製造の技術と生産能力にあるため，半導体産業をいかに支援育成していくかが国策としての経済政策の重要課題であるとして，米国や中国だけでなくアジアの新興諸国をはじめ多くの国々が戦略を練っているのが実情である．

　グローバル・サプライチェーン構造の世界貿易体制にひそむ脆弱性にいかに対処するのかがこれからの各国の経済政策の中心課題のひとつとなってきた．「経済的安全保障」と呼ばれる問題の典型例で

あろう．台湾のTSMCが，戦略物資として東アジアの安全保障の鍵を握るといわれるのはその顕著な現象である．

　従来は「安全保障」という概念は，軍事・外交を中心とする対外政策のカバー範囲であったが，近年では，経済と技術分野における脆弱性（特にインフラにおける）の問題として，国家の安全との関係に焦点が与えられるようになった．端的には，紛争解決の手段としての「経済制裁」を考える場合，経済的な措置はある種の「武器」としての役割を果たす．今次のロシアのウクライナ侵攻における欧米をはじめとするウクライナ援助に加わった国々の用いた経済制裁にもこの点は明らかに示されている．

　このような情勢は何を意味しているのか．ロシアのウクライナ侵攻は，ミサイルなどの火器，兵力，経済制裁だけでなく，「戦力」が従来の軍事的な手段だけではなくなったことを改めて示している．サイバー攻撃などのコンピューターシステムへのウイルス攻撃などによって，グローバル・サプライチェーンが毀損されるリスクにさらされる可能性があるのだ．

　新型コロナウイルスによって生産と消費，そして貿易の構造が大きな影響を受けた結果，半導体の供給不足が各国で発生した．なぜそのような事態が発生したのか．半導体の技術的な性格と，その生産と流通の構造及び不足状況について，サプライチェーンの構造と固有の脆弱性を示しておきたい．

（1）半導体不足問題を例として

　半導体は，スマートフォンやクラウドサーバー，自動車，産業用オートメーション，重要インフラ，防衛システムなど，さまざまな電子機器の心臓部として使用されている．半導体産業は過去30年以上にわたるグローバル・サプライチェーンの構築により，コスト削減と性能向上を継続的に実現し，情報技術やデジタルサービスの爆発的な普及を可能にしてきた．しかし，ここ数年，このグローバル・モデルの継続を危うくするいくつかの新しい要因が出現している．

　自動車産業では半導体不足の影響により一部新車

の納期に半年から一年もかかるほど大きな遅れが生じた[1]．トヨタ自動車の21年9月の国内生産は13万6,750台と前年同期比-44.7%まで落ち込んだ（**図1-1-1**，**図1-1-2**）．足下においても半導体不足の影響は払拭しきれておらず，22年5月24日には6月の世界生産台数を当初計画より10万台引き下げ，85万台程度にすると発表した．

　半導体不足による影響は自動車産業だけに限らず，その他多くの企業に影響をもたらした（**表1-1-1**）．富士通の2022年1月27日の決算説明会によると，半導体不足に起因する部材の供給遅延により，21年4～12月の9カ月累計で減収額が397億円，営業損益のマイナス影響は190億円に及んだ．このうち第3四半期（21年10～12月）単体だけで減収額は248億円，営業損益へのマイナス影響は119億円に達した[2]．

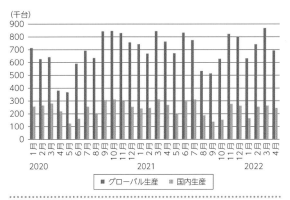

図1-1-1　**トヨタ自動車生産台数の推移（2020年1月～22年4月）**

資料）トヨタ，2022年4月 販売・生産・輸出実績（2022年5月30日）より筆者作成

図1-1-2　**トヨタ自動車生産台数の前年同月比の推移（2020年1月～22年4月）**

資料）トヨタ，2022年4月 販売・生産・輸出実績（2022年5月30日）より筆者作成

---

1)　日本経済新聞（2021年10月30日）
2)　日経クロステック（2022年3月4日）

表1-1-1	半導体不足に伴う影響：各社アンケート

社名	影響
NEC	半導体不足に起因する部材の供給遅延により2021年4〜12月の9カ月累計で減収額は160億円，営業損益へのマイナス影響は70億円．営業損益へのマイナス影響は通期で80億円まで拡大すると予測する．
伊藤忠テクノソリューションズ	納期遅延や工事の遅れなどにより売上高で100億円程度が来期（2023年3月期）にスライドするリスクがある．
日本ユニシス	売上高で10億円以上の影響．
富士通	部材の供給遅延が発生し，2021年4〜12月の9カ月累計で減収額は397億円，営業損益へのマイナス影響は190億円．第3四半期単体で減収額は248億円，営業損益へのマイナス影響は119億円．

資料）日経クロステック（2022年3月4日）より抜粋

(2) 半導体産業のグローバル・サプライチェーン[3]

　半導体は，設計・製造が非常に複雑な製品であり，深い技術的なノウハウと生産規模が必要とされるため，グローバル・サプライチェーンは高度に専門化し，地域ごとの比較優位によって異なる役割を担う構造が生まれる．米国は，世界トップクラスの大学，膨大な数の技術者，市場主導のイノベーション・エコシステムを背景に，研究開発集約的な活動（EDA，コアIP，チップ設計，先進製造装置）をリードしている．政府の優遇措置に支えられた大規模な設備投資と堅牢なインフラ及び熟練した労働力を有する東アジア地域はウエハ製造において最先端を走っている．中国は比較的スキルや資本集約度の低い組立，パッケージング，テストにおいてリーダー的存在である．この統合されたグローバル・サプライチェーンにおいて，すべての国が相互依存関係にあり，自由貿易に依存しながらそれぞれの工程を最適な場所に移動させながら活動している．

　このような比較優位に基づいた適材適所のグローバル・サプライチェーンの構築は，半導体市場の生産性向上を促し，コスト削減と性能向上を継続的に実現してきた．例えば，Varas et al.（2021）によると，半導体製造能力の約75%を占めるシリコンウエハ，フォトレジスト，その他の特殊化学品などの主要材料の多くのサプライヤーが中国と東アジアに集中している．さらに，10ナノメートル以下の半導体製造能力は現在，韓国（8%）と台湾（92%）に集中している（図1-1-3）．しかしその結果，1つの生産工程において特定の地域に限った生産体制を組むことにより，その地域は単一障害点となる．そして，その特定の地域が自然災害やインフラの停止，国際的な紛争などによって破壊された場合，半導体の供給に深刻な支障をきたす危険性がある．表1-1-2はこれまでに半導体製造が中断されるに至った歴史的事例である．

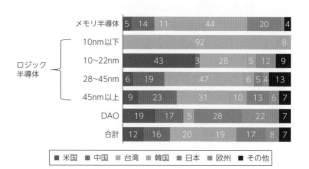

図1-1-3	地域別半導体ウエハ生産能力の内訳（2019年,%）

注）DAOはディスクリート半導体，アナログ半導体，オプトエレクトロニクス，及びセンサーを指す
資料）Varas et al.（2021）

　このような単一障害点となるような地域は製造施設に限らず，原材料の観点でも同じことがいえる．例えば，C4F6は3次元NANDメモリや一部の最先端ロジックチップの製造に使用される重要なプロセスガスである．チップ製造時のエッチング工程に不可欠で，最も近い代替品よりも30%速くエッチングを完了させることができる．さらに，一度C4F6を使用するように製造工場が調整されると，代替することはできない．C4F6の売上高は2019年に約2億5000万ドルで，供給元の地域上位3カ国は日本（世界供給の40%），ロシア（25%），韓国（23%）が占める．Varas et al.（2021）は，これら上位3カ国の生産者のいずれかが深刻な障害を受け，仮にC4F6の供給が6000万〜1億ドル失われると，半導体チェーンの下流でNANDだけで約100億〜180億ドルの減収につながり，直接影響の約175倍にもなると予測している．また，C4F6の供給停止が恒常化した場合，代替拠点が量産体制を整えるまで，2〜3年間の生産能力の制約を受ける可能性があると推測する．2022年2月24日に開始されたロシアのウクライナ侵攻への影響はまさにこの課題に直面しているといえよう．

3）この項は主としてVaras et al.（2021）に依拠している．

表1-1-2	半導体供給中断の歴史的事例

時期	事例	概要と影響
1993年7月4日	住友化学愛媛工場の爆発事故	エポキシ樹脂の世界供給の6割に影響を与え，米国市場のDRAMメモリーチップのスポット価格は平均30ドル／メガバイトから80ドル／メガバイト程度に急騰した．
1999年9月21日	台湾中心部の大地震	新竹サイエンスパークが停電のため6日間閉鎖．その結果，メモリーチップの価格が3倍になり，世界中の電機メーカーの株価が暴落し，当時「フォーチュン100」に選ばれていたIBM，ヒューレット・パッカード，インテル，ゼロックスなどは，地震後の1カ月で18〜40％の株価を下げた．
2011年3月11日	東日本大震災	津波と原子力発電所のメルトダウンが発生．シリコンウエハの世界生産の25％，過酸化水素の世界供給の75％がこの震災の影響を受け，関連する工場は数カ月間の操業停止となった．
2019年7月1日	日本から韓国への半導体材料の輸出規制	1カ月当たり約70億ドルの半導体輸出に影響を及ぼした．
2020年12月3日	台湾にあるメモリ工場の停電	世界のDRAM供給の10％に影響を与えた．
2020年10月28日 2021年2月4日	台湾のパッケージ基板工場火災	組立，パッケージング，テストサービスの世界的な能力不足を悪化させ，2020年後半における半導体需要急増に対応ができない状況となった．
2021年2月15日	テキサス州の極渦に伴う広範な停電	特に自動車市場向けの世界的なチップ供給不足をさらに深刻化させた．
2021年3月19日	日本のルネサスエレクトロニクスの子会社工場の火災	特に自動車市場向けの世界的なチップ供給不足をさらに深刻化させた．

資料）Varas et al.（2021）．及び各所発表資料より作成

（3）リスクへの対応シナリオ

　こうしたリスクに対し，半導体の「自給自足」という概念が，国家政策の目標としてしばしば議論されている．このようなリスクを軽減し，国益を守るために，多くの国や地域が生産能力を「自給自足」した場合，どの程度の投資が必要となるかを理解することは有用である．Varas et al.（2021）は以下の2つのシナリオについて分析している．

①各地域による半導体の完全自給自足追求シナリオ

　図1-1-4は，世界の主要地域がサプライチェーンの全層にわたって，厳密な意味での半導体の「自給自足」の構築を目指すという，極端なシナリオを仮定して示している．実行可能性の検討は別として，このような極端な地域独立シナリオを世界レベルで実現した場合，各地域の2019年の消費レベルをカバーするために，9,000億ドルから1兆2,250億ドルという途方もない先行投資が必要になり，将来国内消費が増加すれば，各地域がさらなる追加設備投資を必要とすると試算している．この金額は，19年の半導体サプライチェーン全体の研究開発投資と設備投資を合わせた額の約6倍に相当する．また，世界的な規模の縮小にもかかわらず，サプライチェーン全体の半導体企業が現在のコスト構造を維

持できると仮定しても，年間450億ドルから1,250億ドルの経常的な運営コストの増加が発生すると試算している（図1-1-5）．

　この合計推定9,000から1兆2,250億ドルの先行投資と450から1,250億ドルの年間運用コスト増の少なくとも一部は，デバイスメーカーが購入する半導体の価格上昇という形で必然的に転嫁され，それが顧客に完全に請求されると想定した場合，半導体の価格は平均35〜65％上昇すると予測される．この結果，エンドユーザーの電子機器の価格が上昇する．さらには，海外との競争から遮断され，グローバルな市場規模を奪われた国内産業は，効率やイノベーションの能力を失う可能性もある．このように，半導体製造の完全な自給自足シナリオは，絵にかいた餅であり，非現実的であることがわかる．

②重要な戦略的リスクに焦点を当てた，市場主導型の代替アプローチシナリオ

　先の図1-1-3に示すように，現在，世界の10ナノメートル以下のチップの生産能力は，すべて韓国（8％）と台湾（92％）にある．米国は国家安全保障上のリスクとなり得る脆弱性としてこのチップを挙げている．先端ロジックチップは，米国の総半導体消費量の約34％を占めているがこの内訳をみ

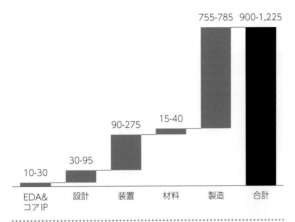

図1-1-4　半導体の自給自足シナリオ：先行投資額（10億ドル）

資料）Varas et al.（2021）

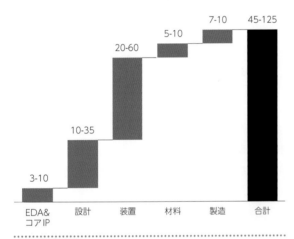

図1-1-5　半導体の自給自足シナリオ：運用コスト（10億ドル）

資料）Varas et al.（2021）

ると，大部分は，スマートフォン，PC，家電，自動車といった消費者主導のアプリケーションである．そして米国の先端ロジックチップ消費の9％が，航空宇宙・防衛システム，中核通信ネットワーク，スーパーコンピュータ，重要部門（政府・エネルギー・運輸・医療・金融サービスなど）向けデータセンターなどの重要インフラアプリケーションに関連しており，これらのチップの供給が中断すると，経済や国家安全保障に深刻な影響が及ぶ可能性がある．そのため，この最低限の製造能力を維持することで，米国の電子機器サプライチェーンの耐障害性を大幅に向上させることができる．

　Varas et al.（2021）は，2030年までに予想される重要インフラ用途の先端ロジックチップの国内

消費をカバーするには，米国内にわずか2〜3の最新鋭ファブを新設すればよいと試算している[4]．この生産能力増強は，今後10年間に予想される需要増に対応するために世界で新たに追加する必要のある先端ロジックの生産能力の5％未満である．米国に新たに建設される先端ロジック工場が，アジアにある代替拠点に対して経済的な競争力を持つようにするには，200億〜500億ドルの政府奨励プログラムが不可欠となる．これらのファブの建設と運営には，10年間で400億〜450億ドルの民間投資と，150億〜200億ドルの政府奨励金が必要である．残りの連邦政府奨励金は，メモリ，アナログ，先進パッケージングなど，先端ロジック以外の重要な分野における米国の新たな生産能力への投資を促進するために適用できる．技術的リーダーシップと国家安全保障のための重要な戦略的分野であること，ファウンドリが米国に拠点を置く先端ロジックの大口顧客に地理的に近いこと，投資規模が適度であること，などを総合的に考慮すると，これは達成可能な政策目標であるといえる．

（4）日本の半導体戦略

　米中貿易摩擦やロシアのウクライナ侵攻を背景に，世界各国はさらに半導体産業における競争力強化及び経済安全保障の観点から巨額の補助金を使って生産拠点の国内誘致をはじめとして産業政策を進めている（**表1-1-3**）．日本政府は21年度補正予算において，先端半導体の国内生産拠点の確保を目的として6,170億円を計上した．また，2022年3月1日には先端半導体の工場建設を後押しする改正関連法が施行された．生産施設を国内に設ける企業の計画が一定の要件を満たせば，必要な費用の最大2分の1を補助する．この法案により初の支援対象となるのがTSMCである．TSMCは熊本県に新しい生産工場を建設中であり，24年12月からの出荷を目指している．これからの成長産業の生産工場の国内誘致は雇用の創出にもつながり経済的にプラスの効果も期待できる．しかし前述の通り，経済安全保障の観点からもまた市場の競争力の観点からも生産施設の構築のみでは乏しく，さらに研究開発施設の強化も必要である．TSMCは21年，茨城県つく

4）　月産2万〜3万5000枚のファブを新設すると仮定している．

表1-1-3	主要国地域の半導体産業政策の動向

国・地域	産業政策の主な動向
米国	• 最大3,000億円／件の補助金や「多国間半導体セキュリティ基金」設置等を含む国防授権法（NDAA2021）の可決. • 上下両院が520億ドル（約6兆円）の半導体産業向け補助金予算を含む対中競争法案を調整中.（2022年4月）
中国	• 「国家集積回路産業投資基金」を設置（2014, 19年），半導体関連技術へ，計5兆円を超える大規模投資. • これに加えて，地方政府で計5兆円を超える半導体産業向けの基金が存在（合計10兆円超）.
欧州	• 2030年に向けたデジタル戦略を発表. デジタル移行（ロジック半導体, HPC・量子コンピュータ, 量子通信インフラ等）に1,345億€（約17.5兆円）投資等. • 欧州委員会は2030年までに430億ユーロを見込む「欧州半導体法案」を発表.（2022年2月）
台湾	• 台湾への投資回帰を促す補助金等の優遇策を始動. ハイテク分野を中心に累計で2.7兆円の投資申請を受理.（2019年1月） • 半導体分野に，2021年までに計300億円の補助金を投入する計画発表.（2020年7月） • 「米中科学技術戦争下における半導体の研究開発及び人材配置の展望」を発表. 人材育成や工場面積拡張（273億台湾ドル）などを含む.（2022年4月）
韓国	• AI半導体技術開発への投資に1,000億円を計上.（2019年12月） • 半導体を含む素材・部品・装置産業の技術開発に2022年までに5,000億円以上を集中投資する計画を発表.（2020年7月） • 総合半導体大国実現のための「K-半導体戦略」を策定（2021年5月）

資料）経済産業省「半導体・デジタル産業戦略」他各所報道機関より作成

ば市に研究開発センターを立ち上げた. この誘致には政府の補助金だけでなく，産業技術総合研究所が中心となり，日本の企業や大学との連携の枠組みを整えたことも大きな誘因となった. これからの日本がこの不安定な半導体産業のサプライチェーンで生き抜いていくには，産官学の連携が要となるといえよう.

3. エネルギー市場における相互依存の実情

　ロシアのウクライナ侵攻に対するウクライナ軍の奮戦と西側諸国の軍事支援が功を奏し，ロシア側が想定したよりも戦争は長引いている. ウクライナの戦力が西側の軍事支援にも依存する以上，西側の対ロ経済関係が大きなファクターになることは間違いない. その経済関係の中で一番重要な要素となるのは，西側諸国（特に欧州）のロシアへのエネルギー依存度であろう.

　図1-1-6は1990年から2019年までの主要国におけるエネルギーの輸入依存度の推移を示している. マイナスの値はエネルギーの国内供給量を上回る生産量があること，すなわち輸出が上回っていることを示す. 日本の輸入依存度は1990年の時点で83％に達しており，2019年時点で88％と増加している. 一方ロシアは1990年の-47％から2000年（-58％），2010年（-85％），2019年（-98％）

と生産に占める輸出の割合を増加させている.

　ロシアからの主なエネルギーの輸出国のシェア（2020年）をみると，原油では欧州が53.2％，中国が32.1％を占める. 液化天然ガス（LNG）では日本（20.8％）が最大のシェアを占めており，次いで中国（17.1％），フランス（12.4％）と続く. 直接のパイプラインによる天然ガスの輸出では地理的な要因もあり欧州への輸出が大半を占めていることがわかる（図1-1-7）. 中でもドイツへの輸出が28.5％を占めており，総じて欧州への輸出が多いことがわかる.

　視点を変えて欧州地域から見たエネルギー輸入国のシェア（2020年）をみると，原油と天然ガスはロシアがそれぞれ29％，37.5％とそれぞれ1位を占めている. LNGにおいては，パイプラインによる天然ガスの供給網が多く敷かれているにもかかわらず15％がロシアから輸入している（図1-1-8）. 特にドイツはロシアからのパイプライン経由による天然ガス輸入シェアが55.2％と高水準である. これらのデータからもわかる通り，欧州にとってロシアからの天然ガスを代替するのは短期的には極めて困難と考えられる. しかし，すぐに依存度をゼロにすることは無理としても，3，4年をかけて，徐々にゼロに近づけることはできる. もしこうした政策が中期的に続けば，ロシアにとっての経済的な打撃は大きいと推測できる.

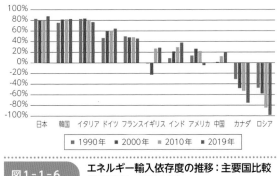

図1-1-6　エネルギー輸入依存度の推移：主要国比較（1990年〜2019年）

資料）IEA *Data and Statistics* より作成

数量的に論ずることは現段階では極めて困難である．世界各国の政治的関係が複雑なだけでなく，世界的に進行するインフレーションとエネルギー価格の相対的変化が，生産や消費においていかなる代替現象（例えば，石炭火力の再興，原子力へのシフトなど）を生み出すのかを推量するための材料があまりにも不足しているからだ．したがって，本節では，需給をベースとした世界のエネルギー市場の予測は控え，国家間の相互依存の現状の一部を示すにとどめる．

　ロシアのウクライナ侵攻によって，世界のエネルギー市場がいかなる影響を受けるのか．その状況を

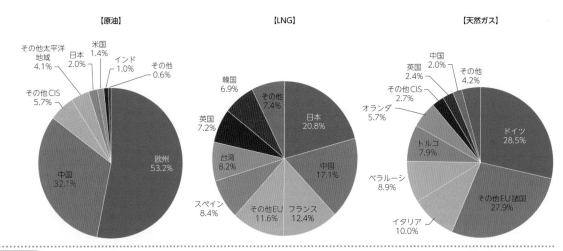

図1-1-7　ロシアからのエネルギー輸出国比率：原油，LNG，天然ガス

資料）BP *Statistical Review of World Energy*（2021）より筆者作成

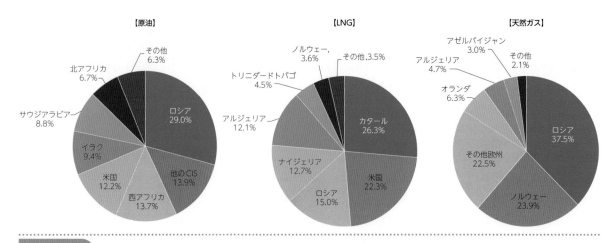

図1-1-8　EUのエネルギー輸出国比率：原油，LNG，天然ガス

資料）BP *Statistical Review of World Energy*（2021）より筆者作成

参考文献

猪俣哲史『グローバル・バリューチェーン ― 新・南北問題へのまなざし』(日本経済新聞出版社 2019年)

経済産業省ニュースリリース「大韓民国向け輸出管理の運用の見直しについて」(2019年7月1日)

経済産業省「半導体・デジタル産業戦略」(2021年6月)

鈴木 慶太「深刻さ増す『半導体ショック』, ITサービス大手8社への影響は」日経クロステック (2022年3月4日)

日本経済新聞「過度な国内回帰, 供給網弱く　経済安全保障の焦点」(2022年3月9日)

日本経済新聞「新車不足, 遅れる納期　減産で人気車は半年待ちも」(2021年10月30日)

日本経済新聞「トヨタ, 年970万台維持が焦点に　半導体不足で生産減」(2022年5月24日)

ルネサス エレクトロニクス株式会社プレスリリース「半導体製造工場(那珂工場)の火災発生に関するお知らせ(第三報)」(2021年3月21日)

BP, *Statistical Review of World Energy 2021*

Case, Anne and Angus Deaton, *Deaths of Despair and the Future of Capitalism*, Princeton University Press, 2020 (松本裕訳『絶望死のアメリカ　資本主義がめざすべきもの』みすず書房 2021年)

Case, Anne and Angus Deaton, "The Great Divide: Education, Despair and Death", NBER WORKING PAPER 29241 (September 2021)

Daniel Yergin, *The New Map: Energy, Climate, and the Clash of Nations*, (黒輪篤嗣訳『新しい世界の資源地図　エネルギー・気候変動・国家の衝突』東洋経済新報社　2022年2月10日)

JETROビジネス短信「半導体産業の競争力維持のため, 研究開発・人材育成を強化」(2021年4月23日)

JETROビジネス短信「欧州委, 域内での半導体の研究開発・生産の強化と安定供給を目指す法案を発表」(2022年2月10日)

JETROビジネス短信「米議会, 対中競争法案調整の両院合同委員会メンバーを発表」(2022年4月11日)

Junsen Zhang, "A Survey of Income Inequality in China," *Journal of Economic Literature* 2021, 59 (4), 1191-1239

Milanovic, Branko, *Capitalism, Alone : The Future of the System that Rules the World*, Harvard University Press, 2019 (西川美樹訳『資本主義だけ残った ― 世界を制するシステムの未来』みすず書房 2021年)

Milanovic, Branko, *Global Inequality : A New Approach for the Age of Globalization*, Harvard University Press, 2016 (立木 勝訳『大不平等 ― エレファントカーブが予測する未来』みすず書房 2017年)

Varas, Antonio, Raj Varadarajan, Ramiro Palma, Jimmy Goodrich, and Falan Yinug, "Strengthening the Global Semiconductor Supply Chain in an Uncertain Era", Boston Consulting Group, April 1,2021.

Woolhandler, S. et al. "Public Policy and Health in the Trump Era," *The Lancet* 397, 2021 (10275) : 705-53.

アジア太平洋研究所 調査役・研究員
山守 信博

大阪大学 名誉教授
猪木 武徳

Part I

Part II

Part III

Part IV

Section 2
高インフレ下の米国経済

1. 米国経済の現状：なぜ米国で物価が高騰しているのか?

　2022年5月現在米国の生産および雇用は，コロナ不況からほぼ順調に回復してきている．生産は，21年半ばには既にコロナ前の生産水準を超え，その後も着実に増加している．雇用も同様で，失業率は21年半ばから急速に低下し，22年5月の失業率は3.6%という低い水準に達している．

　しかしながら，物価が高騰しており，生産および雇用の回復は，同時に景気過熱のリスクを伴っている．消費者物価指数（Consumer Price Index; CPI）でみた2022年3月，4月および5月のインフレ率は前年同月比で，それぞれ8.5%，8.3%および8.6%という高い水準にあり，目標値の2%を大きく超えている（図1-2-1を参照されたい）．当初物価の上昇は一時的なものだという解釈をしていた連邦準備制度理事会（Federal Reserve Board; FRB）は，21年末頃からコロナ危機対応の金融緩和のスタンスを改め，中立から金融引き締めに転じている．22年5月時点の最大の焦点は，今後継続されるFRBの金融引き締めによって，米国経済を成長軌道に軟着陸させることができるかという点に変化してきている．

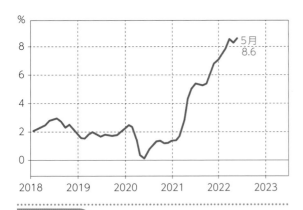

図1-2-1　米国の消費者物価インフレ率（前年同月比）

出典) ニューヨーク連邦準備銀行

　以上のような諸点を検討するには，なぜ現在高インフレが米国で生じており，今後どう推移するの

か，また，FRBがこれまでどう対応し，これから高インフレにどう対処しようとしているのかを理解する必要がある．さらに，こうした米国経済の動向が日本経済にどのような影響を与えるのかについても本稿で解説したい．

　なぜ現在米国で高インフレが生じているのか．現在の高いインフレ率を説明するには，次の6点が重要である．①コロナ感染症対策としての政府の大規模な財政出動とFRBによる大規模な金融緩和，②コロナ不況からの景気回復に伴う，原油，天然ガスやニッケルなどの資源価格の高騰，③コロナ感染症の世界的拡大による財・サービスのサプライチェーン（生産供給網）の寸断，④米国内の労働者不足，⑤ロシアのウクライナ侵攻による資源および食料品価格の一層の上昇，⑥前年比を用いることによる統計上のバイアス，の6点である．

　説明が簡単な⑥の統計上のバイアスの問題から始めよう．2020年3月にコロナ感染症が米国内で急拡大すると，サービス産業を中心として総支出が大きく減少し，CPI前年同月比インフレ率はそれまでの2%前後から0%近傍まで急落した（図1-2-1参照）．2020年の年間を通じてCPIインフレ率は2%をかなり下回る水準で推移した．このため，21年3月以降1年間のCPIインフレ率は，20年内の低い物価水準に基づいてインフレ率を計算することになるので，結果的にインフレ率の数字は高くでることになる（こうしたこともあって，当初FRBはインフレ率の高騰は一時的と考えていた可能性がある）．しかしながら，こうしたバイアスは，22年3月以降には解消されるので，22年5月の現時点では，この前記⑥の問題をそれ程考慮する必要はない．

　残りの5つの要因の影響を考えるには，総需要・総供給分析の枠組みを利用すると理解しやすい（総需要・総供給分析については，『アジア太平洋と関西　関西経済白書2020』Chapter1, Section2を参照されたい）．この分析枠組みによれば，コロナ感染症が人々の支出行動に影響を与えた場合には総需要曲線をシフトさせ，企業の生産活動に影響を及ぼした場合には総供給曲線をシフトさせる．コロナ感染症にそくして言えば，次のようになる．コロナ禍による人々の支出減少は，総需要曲線を左下方向にシフトさせるので，物価は下落し，産出量も減少する．他方，生産供給網の寸断は，総供給曲線を左

上方にシフトさせるので，物価は上昇し，産出量は減少することになる．

　コロナ感染症の各国経済への第一撃は，総需要に対してであった．サービス産業をはじめとして，総支出を大きく減少させた．しかしながら，世界の多くの国々は，適切な拡張的財政・金融政策をとったので，世界経済は比較的すみやかに回復に向かった．総需要の回復に伴い，原油，天然ガス，ニッケルなどの資源価格が高騰した．資源価格の高騰は，電力をはじめとし，原材料価格を上昇させるので，総供給曲線を上方にシフトさせる．その結果，物価は上昇することになる（前記②）．

　コロナ感染症は，これまで場所と時間を変え世界中で蔓延してきた．他方，世界に広がるサプライチェーン（生産供給網）は，「チェーン」というその名の通り鎖のように，何重にも繋がっているので，感染症により供給網の連鎖が寸断されやすい．これらの供給網の連鎖がたとえ一箇所であっても寸断されると，供給に支障が生じる．したがって，供給不足が起きやすい（Grossman（2022））．サプライチェーンの寸断は，総供給曲線を左上方向にシフトさせ，物価を上昇させる（前記③）．

　米国政府およびFRBのコロナ不況対策は，極めて迅速かつ大規模であったため，米国経済は当初の失業率14.7％といった深刻な状況からは比較的早く回復した．特に財政政策による救済措置は，トランプ前大統領の時に始まりバイデン現大統領の1.9兆ドルの「新型コロナウイルス対策法」に至るまで，大規模でかつ切れ目なく継続されてきた．こうした政府の寛大な救済措置により，労働市場から去る人々も増加した．労働者の中には，コロナに感染しやすい職種に戻ろうとしない労働者など，景気が回復しても職に戻らない者も多くでるようになった．コロナ不況からの回復もあって，労働市場が逼迫してきており，賃金に上昇圧力が加わってきている（前記④）．

　2022年2月24日には，ロシアがウクライナに侵攻した．22年7月末現在も，ロシアとウクライナの戦争は続いている．ロシアがウクライナに侵攻した結果，原油，天然ガス，小麦，ニッケルなどを含む資源および食糧品の供給不足が世界的に起こり，これらの価格は一段と高騰して現在に至っている．これらの財の供給不足は，米国においても総供給曲

線を左上方向にシフトさせ，物価を押し上げている．特に，ガソリンや小麦価格の高騰は，消費者を直撃している（前記⑤）．

　以上が米国経済の急激な物価上昇を説明する諸要因と考えられるが，最も根本的な原因は，コロナ不況対策として実施してきたFRBによる大胆な金融緩和措置および米国政府による拡張的な財政政策である．拡張的財政・金融政策は，総需要曲線を右方向にシフトさせる．その結果，物価が上昇する（前記①）．当初は物価の急激な上昇は一時的なものであると考えていたFRBは，将来中長期にわたって高いインフレ率が継続するリスクをはっきりと認識し，2022年に入ると，その政策スタンスを大きく変化させつつある．この点を次節で解説する．

2.　金融緩和から引き締めへの転換

(1) コロナ不況対策

　財政政策については，トランプ政権時からの切れ目のない財政による救済政策がとられた．2021年1月にバイデン政権が誕生しても，この拡張的財政政策は継続され，約1.9兆ドルにおよぶ「新型コロナウイルス対策法案」が20年3月に議会で承認された．バイデン政権による追加対策は家計支援が中心だ．現金給付4000億ドル，失業給付2500億ドル，コロナ対策4000億ドル，その他8500億ドルからなる．共和党の協力は得られなかったものの，上下院で決定権を有する民主党の支持により，1.9兆ドルの「新型コロナウイルス対策法案」は承認され，22年5月現在実施されている．

　他方，FRBも2020年3月にコロナ感染症が急拡大すると，3月3日に短期市場金利の誘導目標をそれまでの1.5％～1.75％から1.0％～1.25％に下げ，3月15日にはそれをさらに0％～0.25％に低下させた．同時に流動性を供給するために様々な緩和手段を行使し続けてきた．とりわけ，大量の国債および政府関連機関の発行する住宅抵当証券（mortgage）を購入することにより，大量のマネタリーベースを供給し続けてきた（量的緩和政策（Quantitative Easing; QE）と呼ばれる）．こうしたFRBの一連の金融緩和政策を理解するために，図1-2-2を参照されたい．

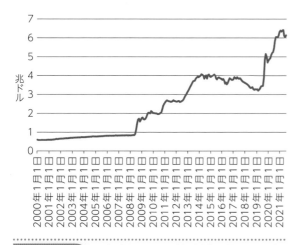

図1-2-2　マネタリーベース（2000年1月～2022年3月：季節調整前）

出典）セントルイス連邦準備銀行

（2）FRBの金融引き締めへの転換

　まず，2020年3月時点で，マネタリーベースの供給量が急拡大しているのが図1-2-2からわかる．その後もマネタリーベースは急増していたが，22年に入ると，FRBは物価の騰勢が一時的ではなく，中長期におよぶかもしれないリスクをはっきりと認識し，22年3月にはQE政策を終了させるなど，金融緩和を縮小する方向に政策を転換したのである．その後もインフレの状況が深刻であることが次第に明らかとなり，FRBは急速に金融引き締めの方向に舵をきっている．

　具体的には，2022年3月時点のCPIのインフレ率が8.5％と非常に高い水準となったことなどを受けて，FRBは，短期市場金利の誘導目標を，3月のFederal Open Market Committee（FOMC; 連邦公開市場委員会）会合で0％～0.25％から0.25％～0.50％に引き上げ，続く5月のFOMC会合ではそれをさらに0.75％～1.00％に引き上げた．

　また，2022年3月17日に準備に対する利子率をそれまでの0.15％から0.4％に引き上げ，さらに5月5日にはそれを0.9％にまで引き上げた．加えて，6月からはマネタリーベースを減少させるという量的引き締め（Quantitative Tightening; QT）も開始した．以上のようなFRBの政策転換の結果，マネタリーベース残高は反転し減少に向かっていることが図1-2-2から読み取れる．図1-2-2からの最も重要なメッセージは，コロナ不況対策の金融緩和政策が，それまでの緩和政策に比べて，きわめて短期間にかつきわめて大規模に実施された点であ

る．これが，今回の急激なインフレの要因となっていることを示唆している．

3. 米国経済のインフレの見通し

（1）70年代から80年代初めにかけての高インフレの経験

　高インフレーションといえば，日本では1973年の第一次オイルショック後の高インフレが思いだされるが，米国では70年代後半の高インフレである．60年代中頃からの行き過ぎた金融緩和政策が継続された結果，インフレ率および予想インフレ率が上昇し続け，ピーク時のインフレ率は約13％に達した．この時も，原油および食料品価格の上昇や（ベトナム戦争による）財政支出の膨張などが，インフレ率の高騰に拍車をかけたという点で，今回のインフレとも共通している．

　1979年にFRB議長に就任したポール・ボルカー氏は，指導力を発揮し，このインフレの危機を克服した．彼の下で実施された金融引き締め政策の結果，高インフレは3％から4％のインフレ率に沈静化し，経済は安定したのである．しかしながら同時に，この金融引き締め過程において，実体経済は一時的にではあるが深刻な景気後退に陥り，人々は多大の犠牲を強いられた．この苦い経験での最も重要な教訓の1つは，人々の予想する高いインフレ率が，人々の生産活動や支出行動にひとたび組み込まれてしまうと，それを取り除くのには多大の犠牲が伴うということであった．例えば，高インフレを前提に賃金交渉を行えば，それ以上の高インフレが必ず実現してしまう．より高いインフレが実現すれば，翌年の賃金交渉でも一層の高インフレを前提として交渉が行われる，といった具合である．

　物価水準が高くなることと，高インフレ率が継続（あるいは加速）することは異なる．物価の上昇は水準の問題であるのに対し，高インフレの継続は伸び率の問題である．例えば原油価格がある時点で上昇した場合には，原油価格の上昇は当該年度のインフレ率を上昇させるが，それ自体が2年目以降の高インフレ率をもたらすわけではない．人々が高インフレを前提に行動を変化させた時にはじめて高インフレが継続するのである．そこで，将来のインフレ率がどうなるかに関しての人々の予想が問題とな

る．将来の名目インフレ率を決定する重要な要因の1つが，人々が抱く予想インフレ率である．

(2) 予想インフレ率

　では，人々の予想インフレ率をどのように測るのか？　本稿では，2つの代表的な指標を紹介する．第一番目の指標は，ミシガン大学が実施しているミシガン消費者調査というアンケート調査によるものである．第二の指標は，ブレイクイーブンインフレ率（BEI; Break Even Inflation rate）という統計データである．以下ではこの2つを利用して，米国の現在の予想インフレ率を報告する．

　ミシガン大学が実施している月次アンケート調査による予想インフレ率は，図1-2-3および図1-2-4のような結果になっている．

図1-2-3　ミシガン大学消費者アンケート調査による今後1年間の予想インフレ率（2019年1月～2022年5月）

出典）ミシガン大学

　図1-2-3からわかるように，向こう1年間の予想インフレ率は，コロナ感染症が急拡大した2020年3月の翌月4月から急速に高まり始め，21年5月に4.6％に急上昇し，直近の22年5月時点では5.3％に達している．足元での実際のインフレ率の高まりを反映して，急速に上昇している．

　しかしながら，向こう5年間の予想インフレ率は，図1-2-4にあるように，異なる結果を示している．向こう5年間の予想インフレ率は比較的落ち着いた動きをしており，直近の2022年5月時点でも3.0％となっている．このことは，多くの人々が，足元のインフレ率に基づき，来年もある程度高いイ

ンフレが継続するものの，やや中長期でみればやがて高インフレは収まるとみていることを示唆している．1つには現在の高インフレの主な原因が資源や食糧品の供給不足にあり，それが一過性のものであるとみていることがある．そしてなによりも，80年代初頭の苦い高インフレの経験以降約40年間にわたり，米国経済が適切な金融政策によって高インフレを回避してきた実績が，中長期の予想インフレ率を大きく変動させない要因になっているものと考えられる．これらの結果は，人々のFRBへの信頼を反映したものとも解釈できよう．そしてこのことは，22年5月時点ではまだ予想インフレ率が経済活動に大きく組み込まれてはいないことも示唆している．

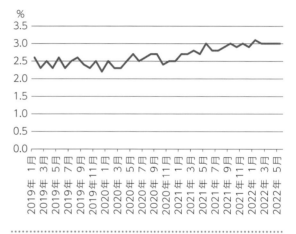

図1-2-4　ミシガン大学消費者アンケート調査による今後5年間の予想インフレ率（2019年1月～2022年5月）

出典）ミシガン大学

　以上がミシガン大学のアンケート調査の結果であるが，こうした解釈を補強するために，いま1つの指標であるBEIによる予想インフレ率の結果も紹介しておく．図1-2-5が，5年間のBEI指標を示したグラフである．

　名目利子率からインフレ率を差し引いた実質利子率を約束した国債を物価連動債という．物価連動債を保有している人はインフレ率の変動に応じて実質の利息収入を受け取れる．この物価連動債の市場と，通常の国債の2つの市場の間で金利裁定が働く．例えば，将来インフレ率が高くなると予想する投資家が増えるにつれて，高いインフレ率に応じて多くの利息が得られる物価連動債を購入する投資家が増えることになる．したがって，通常の国債の価格に比べ，物価連動債の価格は相対的に高くなる（市場

利回りは低下する．「債券利回り＝表面利率÷購入価格×100」から，分母である購入価格が上昇すると，利回りは低下する）．逆にインフレ率が低下すると予想する投資家が増えれば，物価連動債の価格は下落する（市場利回りは上昇する）．観察される5年物の物価連動債利回りと，通常の5年物の国債の利回りの間には，金利裁定が働いており，その結果がそれぞれの債券価格（つまり利回り）を決めている．

BEIとは，普通の国債の利回りと，実質利子率（名目利子率から予想インフレ率を差し引いた利子率）を約束した物価連動債の利回りの間で金利裁定が働き，同じ満期の2種類の国債の利回りが，同じ（ブレークイーブンの）利回りになるような予想インフレ率という意味である．したがって，5年ものの国債のBEIは，投資市場参加者の今後5年間の予想インフレ率を示すものと解釈することができる．

ミシガン大学のアンケート調査との違いは，ミシガン大学の調査が，アンケートに基づいた調査結果であるのに対し，BEIは2つの国債の利回りの差として求められる点である．また，前者が消費者の予想インフレ率の指標であるのに対し，後者は金融市場参加者の予想インフレ率の指標である．この点でも両者は異なる．

ミシガン大のアンケート調査による予想インフレ率とBEIとの間には，こうした性質の違いがあるものの，図1-2-4および図1-2-5は，極めて似た結果を示している．足元のインフレ率が8％台で推移しても，5年間BEIもまた3％台にとどまっており，比較的安定している．また，2022年に入ってからのFRBの金融政策の転換を反映して，直近の5年間BEIは，22年3月をピークにして，3％をきるところまで下がってきている．

以上の結果は，少なくとも2022年5月時点においては，中長期の予想インフレ率は比較的安定していることを示している．このことは，足元のインフレ率の急上昇が，人々の経済行動にまだ大きく組み込まれてはいないことを示唆している．

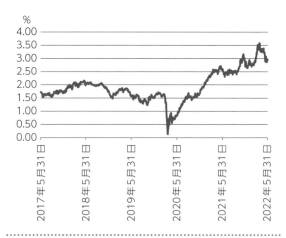

図1-2-5　5年間ブレークイーブンインフレ率（2017年5月〜2022年5月）

出典）セントルイス連邦準備銀行

（3）世界の資源および食料品市場の動向

2022年5月の現時点で中長期の予想インフレ率はまだそれほど上昇していなくても，足元の高インフレがしばらく継続するようだと，やがて予想インフレ率が上昇し，人々の経済行動が変化し，高インフレが継続あるいは加速する恐れがでてくる．ひとたび高インフレが継続あるいは加速してしまうと，後に私達は厳しい景気後退という高い代償を支払わされることになる．

現時点で，高インフレを継続あるいは加速する要因となりうるのは，小麦をはじめとする食糧品および原油などの資源価格の高騰である．特に原油などのエネルギー市場の動向については，この白書のChapter1, Section1を参照されたい．ここでは，これらの市場の代表として，簡単にWTI原油価格の推移を見てみよう（図1-2-6）．

図1-2-6　WTI原油価格（米ドル：1バレル）（2005年1月〜2022年5月）

出典）セントルイス連邦準備銀行

2020年初からコロナ感染症が拡大し，世界レベルで支出が減少した．その結果，エネルギー価格は，当初暴落した．図1-2-6のWTI原油価格は，20年4月に1バレル16米ドル台まで急落したことを示している．その後の世界経済の回復に伴い，WTIは上昇に転じた．

2022年2月24日のロシアのウクライナ侵攻と同時に，WTIは一段と急騰している．原油だけでなく，ユーロはロシアへのエネルギー依存を減少させるために，ロシアからの天然ガスの禁輸を決めた．このことも西側諸国のエネルギー供給量を短期的には減少させるので，エネルギー価格を上昇させる．OECD加盟38カ国のエネルギー価格の伸び率は前年同月比32.5%と高い水準で推移している（OECD：2022年4月）．

小麦をはじめとする食糧品もエネルギー価格同様，世界レベルで高値取引が続いている．食料品および資源価格の高騰が，米国経済の足元のもう1つの高インフレの重要な要因となっている．

(4) 3つのリスク

これまで見てきた通り，米国経済は，生産面や雇用面では比較的順調に拡大している．また，中長期の予想インフレ率も比較的しっかりと目標とする2%のインフレ率近傍に固定されている．しかしながら，政治的なリスクは別として，米国経済は少なくとも次の3つのリスクを抱えている．

第一のリスクは，ロシア・ウクライナ戦争である．既述の通り，この戦争は世界市場における資源および食料品の供給不足をもたらしている．総供給曲線が左上方向にシフトする結果，物価には上昇圧力がかかると同時に実質GDPは減少する．加えて，西側諸国がロシアに加えている貿易制限や，現地法人のロシアからの撤収なども景気にはマイナス要因である．

第二は，FRBによる急激な金融引き締めによる景気後退のリスクである．現在FRBは持っている政策手段を総動員して高インフレの鎮静化に努めている．足元の高インフレがもし定着してしまうと，中長期の予想インフレ率が上昇する可能性も高まるので，足元の高インフレを早急に抑制する必要があることは確かである．しかし同時に，あまりに急激に，あるいはあまりに強力に金融を引き締めて過ぎ

ると，今後2年以内に，引き締めの副作用が景気後退という形で跳ね返ってくるリスクがある．

短期間における急速な金融引き締めは，単に自動車などへの消費支出および設備投資や住宅投資の投資支出の減少をもたらすだけではない．債券保有者に金利上昇によるキャピタルロスをもたらす可能性がある．株式，土地，住宅も通貨の（不完全な）代替資産であるので，こうした資産の保有者もキャピタルロスをこうむるリスクがある．キャピタルロスをこうむる，あるいはこうむった人々（あるいは機関）が支出を減少させ，それが実体経済の景気後退を招くリスクもある．現にこうした将来のリスクを懸念した株式市場は，それまでの上昇トレンドから，一転して2022年初以降，軟調に推移している．さらにもし，キャピタルロスによる損失が大きくなり，その影響が金融機関の経営を揺るがすようになるまで広がると，混乱は一層大きくなる．

第三のリスクはコロナ感染症の再拡大であり，依然としてコロナ感染症には適切に対応していくことが求められている．

(5) 米国経済のまとめ

米国のインフレ率が8%台で推移しているにもかかわらず，今のところ5年間の予想インフレ率は3%台に比較的しっかりと固定されている．しかし，今後ロシア・ウクライナ戦争などの要因から原油，天然ガスなどの資源価格や，小麦などの食糧品価格の高騰が継続あるいは加速し，現実のインフレ率が高止まりし続ければ，中長期の予想インフレ率も変化するリスクはある．FRBはそうならないように，金融を引き締めに転じ，景気過熱の鎮静化に努めている．こうした金融引き締めへの転換が比較的短期間に，しかも大胆に実施されてきているので，この政策転換が景気後退を招くリスクもゼロではない．金融政策転換の効果が実体経済に及ぶまでにはかなりの時差を伴うので，今後も実体経済の動向を注視していく必要がある．

4. 日本経済への影響

(1) 日本経済の現状

2019年半ばから米中貿易摩擦により，生産は下がり始め，19年10月の消費税増税により，生産は

大きく落ち込んだ．こうした景気の低迷に，コロナ感染症の拡大が追い打ちをかけた．それでも，政府・日銀の対応もあり，20年5月には，日本経済の生産は一度はほぼコロナ感染症拡大前の水準に近づいたが，コロナ感染症第5波が夏のオリンピック・パラリンピックと重なったこともあり，生産は再び悪化した．22年5月現在日本経済の生産は，2020年2月のコロナ感染症拡大前の水準よりも，まだ低い水準にある．米国に比べると，日本経済の回復は遅いし，弱い．

失業率は，2020年3月のコロナ感染症の拡大により一時3%を超える水準にまで達したが，その後緩やかに回復してきており，22年4月時点で2.5%にまで下がってきている．しかし，感染症拡大前の水準には，まだ達していない．

物価に関しては，図1-2-7にあるように，主としてサービス部門の支出が弱く，サービス価格が下落し続けている．総合CPIは，2020年3月以降のコロナ拡大に伴い，消費支出の減少（とりわけサービス部門の支出減少）により，大きく低下した（ただし，22年4月には，コロナ感染症の影響が少なくとも一時的に後退した影響もあって，下落傾向はやや弱まっている）．

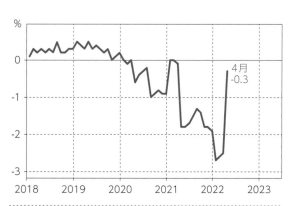

図1-2-7　日本経済のサービス価格（前年同月比伸び率）

出典）ニューヨーク連邦準備銀行

2021年になると，（a）米国経済やユーロ経済がコロナ禍からある程度回復したのに伴い，エネルギー価格が高騰に転じた，（b）コロナ禍により世界的な生産供給網が寸断され，輸入財価格が上昇した，さらに22年になると（c）FRBの金融政策の転換により円安が進行し，輸入物価を一層高くした，（d）ロシアのウクライナ侵攻が，資源および

食糧品価格の一層の高騰をもたらした，などの理由により，図1-2-8にあるように，財の価格は急上昇している．

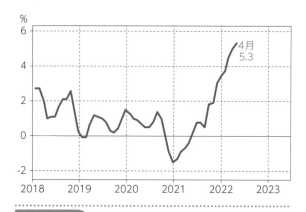

図1-2-8　日本経済の財価格（前年同月比伸び率）

出典）ニューヨーク連邦準備銀行

（2）FRB金融引き締めが及ぼす日本経済への影響

コロナ禍によりサービス物価への下落圧力がかかる状況のなか，2022年に入り，FRBが金融引き締めに転換した．これらの金融政策の転換が日本経済に，特に物価にどのような影響を与えつつあるのかを，この項で解説する．

FRBの政策の転換は，少なくとも3つの経路を通じて，すぐに日本経済に影響を与えている．3つの経路とは，株価，利子率，外国為替レートを通じた経路である．FRBの急速な金融引き締めへの転換は，米国の利子率を上昇させ，債券価格を低下させるとともに，（強い実物経済にもかかわらず，）米国株式市場を軟化させている．後者は，FRBの急速な引き締めによる，将来の景気後退や資産市場の混乱をもたらすリスクを，投資家が懸念しているためである．こうした米国経済の資産市場の動きは，程度の差はあるが，日本の資産市場にも同様の影響を与えている．

FRBの引き締めへの転換は，利子率の上昇を伴っているので，金利裁定を通じて，日本の利子率の期間構造にも上昇圧力を加えている．しかしながら，日本銀行は海外からの金利上昇圧力に耐えられる程，日本経済が十分強くはないと判断し，長期利子率の0%近傍への誘導方針を堅持している．このことが，日米の金利差を拡大させる結果となり，円安・ドル高傾向を生み出している．FRBの金融引

き締めはしばらく続くとみられており，また，日銀の長期金利誘導などによる金融緩和政策もしばらく継続すると予想される．その結果，円・ドルレートは，2021年初の1ドル100円台半ばから，22年6月7日時点で1ドル133円まで円安に振れている．

　この円安が日本の輸入物価を押し上げる要因の1つとなっている．世界市場における資源および食糧品価格の高騰と，この円安が2022年4月の総合CPIを2.5％にまで押し上げた．しかしながら，総合CPIが2％の目標インフレ率を既に超えているにもかかわらず，エネルギーおよび食料品を除いた基調的なCPIは，同時点で0.1％にとどまっている．

　このことは，実体経済の現時点の弱さを反映している．既述の通り，日本経済の生産は，まだコロナ感染症拡大前の水準には達していない．基調的なCPIは上昇傾向にあるが，その水準は，現地点ではまだ依然として低い．ただし，主として海外要因により，足元では日本の10年物のBEIも次第に高まってきており，この指標は引き続き注視していく必要がある．

参考文献

Bernanke, B. 2012, The Federal Reserve and the Financial Crisis, Federal Reserve Board of Governors, Lecture 2 (The Federal Reserve after the World War II).

Grossman, G., 2022, "Q&A: Economist Gene Grossman Analyzes Supply Chain Challenges" (by Julie Bonette) , Princeton Alumni Weekly, March 2022 Issue.

大阪学院大学経済学部 教授
大阪大学 名誉教授

本多 佑三

Section 3
先行き不透明な中国経済：「共同富裕」からゼロコロナ政策まで

1.　ゼロコロナ政策の弊害，深刻に

　2022年に入ってから新型コロナウイルスへの感染者の増加が続いていた上海市では，3月28日から5月末までの間，2カ月間にわたって全面的なロックダウンが行われた．ロックダウンの過程で，物流が滞り食糧調達が困難な状況が生じていることや，多くの住民が先の見えない不安にストレスを募らせている模様がSNSを通じて国外にも広く知られるようになった．

　全面的な都市封鎖に至らなくても，マンション内で1人でも感染者が出れば居住者の外出禁止を新規感染者がゼロになるまで続けるという「動態清零（ダイナミック・ゼロコロナ）」は多くの都市において実施されている．感染力が強く，重症化しにくいオミクロン株に対しても過去の成功体験から脱却できずに，ゼロコロナ政策に固執する習近平政権の姿勢には，海外はもちろん国内においても疑問の声が上がってきている．本稿では，ゼロコロナ政策以外にも多くの不確実性を抱える中国経済が直面する3つのリスクに焦点を当ててそのゆくえを考えたい．

　ゼロコロナ政策の堅持によってもたらされる大都市のロックダウンが経済全体に与える負の効果が顕在化した格好になったのが，5月中旬に公表された2022年4月の経済統計である．最も影響が大きかったのは消費で，4月の小売売上高は前年比11.1％の減少となり，20年3月以来の落ち込みを記録した（図1-3-1）．生産面においても，4月の鉱工業生産は前年比2.9％の減少となったほか，年初から4月までの固定資産投資累積額の対前年比は6.8％の増加となり，3月までの9.3％増から大きく落ち込んでいる．このような需要・供給双方の落ち込みを反映して，4月の全国の調査失業率は4月に6.1％に悪化し，20年4月以来2年ぶりに6％を突破した．

　2022年に入ってからの西安，長春，そして上海といった大都市の相次ぐ厳格かつ長期間の封鎖は，その都市における生産や消費の落ち込みだけでなく，物流の停止を通じて経済全体に影響を及ぼした

と考えられる．

図 1-3-1　工業付加価値と小売消費額の動向

資料）『国家数拠』https://data.stats.gov.cn/easyquery.htm

　香港中文大学の宋錚らは，今年4月に発表した論文の中で，2020年4月〜22年1月の長距離トラックのGPS情報の記録を利用し，都市のロックダウンが経済活動に与える影響を分析している（Chen et al, 2022）．宋らによると，ある都市を1カ月間全面的に封鎖すると，その都市へのトラックの出入りはほぼ半減する．もし中国の4大都市（北京，広州，上海，深圳）を1カ月間全面封鎖すれば，封鎖中の4都市における実質所得は61％減少し，全国の実質国内総生産（GDP）は8.6％減少する．そのうちの11％は他地域へのスピルオーバー（拡散）効果だという．長期的な貯蓄・投資の減退効果を入れるとマイナスの効果はさらに大きくなる．

　宋はさらに，経済誌『財新周刊』の取材に応じ（「物流保衛」2022年4月18日号），もし四大都市のどれか一つでも1カ月間ロックダウンが行われると，およそGDPの0.7％の損失が生じるという見通しを示している．

　さらに，深圳や上海といった世界有数のコンテナ取扱量を誇る都市のロックダウンは，海外への貨物輸送の停滞を通じて，グローバルなサプライチェーンにも直接的な影響を与えている．ある調査会社が，海外貿易に従事する企業1500社を対象に実施したアンケート調査によれば，90％の企業が予定通りの出荷が不可能になっており，50％の企業が出荷に15日以上の延滞を記録していると回答しているという（「出口為何降速」『財新周刊』2022年5月9日）．さらに，原材料のコスト上昇も深刻で，70％以上の企業が20％以上の原材料コストの上昇を経験しているという．また，このような物流コス

トの上昇の結果，90％以上の企業が減産に追い込まれており，生産量が半減してしまった企業も全体のほぼ半数に上るという．

2.　不十分だった財政出動

　前節で述べたように，ゼロコロナ政策への固執により経済全体がダメージを受けていることが明らかであるにもかかわらず，政府はそれに対して有効なマクロ経済政策，特に財政出動を通じた積極的な救済策を打ち出せないでいる．このような政府の消極的な姿勢が，中国経済の先行きをさらに不透明なものにしていることは否めない．

　振り返ると，武漢市をはじめとして全国的に都市封鎖が実施された2020年2月，中国政府はポストコロナの経済政策としていち早く大胆な金融緩和に動いた（露口，2020）．その一方で，他の主要国と異なり個人や企業に対する給付金の支給などの財政出動を通じた救済措置はほとんど行ってこなかった．企業を対象とした社会保険料の減免や納税の優遇などの措置は実施されていたものの，21年にはそれらもほとんど終了しており，それが同年後半からの景気後退を招いていた．

　むしろ政府は，積極的な財政政策に代表される，需要面の刺激ではなく，供給面の効率化を図る政策を一貫して重視してきた．中国共産党は2020年3月に「生産要素市場のより完全な配置体制とメカニズムの構築に関する意見」という文書を発表している．同意見書は，土地・労働・資本に技術・データを加えた5大生産要素について，①市場メカニズムに従い，効率性の高い配置を実現する，②生産要素のスムーズな移動を阻害する制度的要因を撤廃し，要素市場の構築と発展を促進する，という方向性を強調した．つまり，国有企業や地方政府が土地や資本，それにデータへのアクセスを独占する状況を改革していくという方向性が明確にされた（リサーチ＆アドバイザリー部中国調査室，2020）．

　この方針を引き継ぐ形で，2022年1月に国務院は「要素市場化総合改革試点総体法案」を発表し，市場を通じた土地資源の効率的な利用，労働者の技術・技能を評価できるシステムを通じた労働市場の流動化，新技術の知的財産権保護やデータの流通に関するルール・制度の整備など，生産要素の市場化

に向けた具体的なプランを明らかにした．

　さらには，同年4月10日付で党中央および国務院が発表した「全国統一大市場の建設加速に関する意見」では，より効率的に資源を配分するための「全国統一市場」の建設に向けて，統一的な市場の制度やルール作り，市場を支えるインフラの連結などと並び，上記のような要素市場の整備が目指すべき6つの目標のうちの1つに挙げられている．

　このような一連の改革はあくまでも供給面の効率化を目指すものであり，ゼロコロナ政策の徹底がもたらすもう一つの側面である需要の急激な落ち込みをカバーするものではない．しかし，ゼロコロナ政策による大都市のロックダウンが相次ぐ2022年になっても，需要を下支えする政府の動きは鈍かった．5月20日になりようやく住宅ローン金利の基準となる5年物ローンプライムレート（LPR）が4.6％から4.45％に引き下げられたものの，事実上の貸出基準金利である1年物のLPRは据え置かれた．昨年来の資産バブルや，元安傾向が続く為替の下落を恐れたものと思われる．

　また，財政政策に関しても，政府は今年3月に開催された全人代の政府活動報告において財政赤字をGDP比で2.8％（20年には3.6％）に抑えるというコロナ前の均衡財政主義に戻す姿勢を見せた．5月下旬になり，国務院は税還付の規模を1400億元拡大するなど追加の景気刺激策（「経済をしっかりと安定させる包括的な政策措置」）を発表したものの，財政赤字の拡大を容認する姿勢は見せていない．

3.　金融緩和への過度の依存と副作用

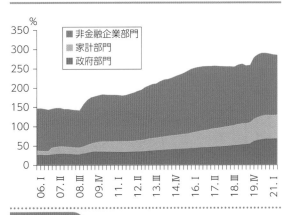

図1-3-2　　債務残高の推移（対GDP比）

資料）出所：BISウェブサイト（https://www.bis.org/）

　前節で述べたように，コロナ・ショックからの景気回復にあたり一貫して十分な財政出動が行われず，もっぱら金融緩和に頼りがちであったことは，その後の中国経済に様々なひずみをもたらしたと考えられる．第一の問題は，民間部門の債務が急拡大し，そのことが社債のデフォルト不安を拡大させたことである．BISが出している各国の債務残高の統計（図1-3-2）によれば，前述のデレバリッジ政策によって2019年末の段階で対GDP比149.3%の水準にまで抑えられた企業部門の債務残高は，コロナ禍の金融緩和を反映した企業の負債増大により，20年9月末の時点では163.1%の水準にまで増加した．このような状況から，企業部門の過剰債務問題が再現するのではないかということが盛んに指摘されるようになった．

　それを裏付けるように，2020年の11月上旬，政府系半導体大手の紫光集団の資金繰り難が表面化したほか，21年4月には中国財政省が6割出資する不良債権処理会社，中国華融資産管理が信用不安に陥ったことが報じられるなど，政府系の大企業の資金繰り悪化が表面化した．さらに21年の夏になると，中国の不動産大手，恒大集団の経営不安から社債のデフォルトが生じるのではないかという懸念が広がり，そのことが世界的な信用不安につながる可能性が喧伝された．

　恒大集団は短期の資金を社債市場で調達し，電気自動車産業を含む様々な事業に長期の投資を行うという，リスクの高い経営を続けてきた．このため2020年8月に政府が不動産企業に対する融資規制を強めると資金繰りが一気に悪化した．21年1月に金融機関に対し実施された不動産関連融資への総量規制も追い打ちをかけたとみられる．

　コロナ禍への対応によって債務残高が増大することは世界的に生じていることであり，それだけではただちに問題とはいえない．だが，他国と比べたときの中国の特徴は，前節で述べたように，企業部門に比べた政府部門の債務の拡大が十分ではない，という点にある．

　財政支出が抑えられる中で大胆な金融緩和が行われるという状況は，1985年のプラザ合意による「円高不況」の打開を金融緩和に依存した日本経済にも類似しており，資産バブルが生じやすい状況である．実際，中国経済が徐々にコロナ禍の影響から立ち直る中で，いち早く活況を呈したのが不動産市場であった．

　そこに「住宅は住むためのものであり，投機のためのものではない」と強調する習近平政権の姿勢によって，上記の「3つのレッドライン」に代表される不動産市場への引き締めが行われたため，多くの都市で不動産価格は停滞するようになった（図1-3-3）．このことによって膨れ上がった債務が一気に不良債権化したのが恒大集団のケースであり，同様の問題が生じる潜在的な可能性は多くの企業が抱えているといってよいだろう．

　恒大集団については2021年12月広東省政府，PBCなどの監督・指導の下で約195億ドル（2兆円）といわれる外貨建て債務をはじめとした債務の返済を目指すことが伝えられた．またこれに先立ち，10月23日，全国人民代表大会（全人代）は，一部都市で固定資産税にあたる不動産税を試験導入

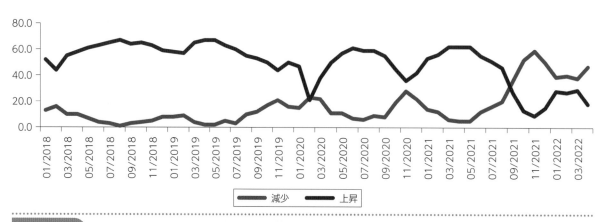

凡例：減少　上昇

図1-3-3　不動産価格変動の状況（全国70都市，対前月比）

注）グラフは，全国70都市のうち，新築住宅の価格指数が前月比で上昇／下落した都市の数を示したもの．
資料）CEIC Data

すると発表した．不動産価格の高騰を抑え，格差を是正するうえで不動産税の導入は長期的な望ましい処置だが，これまで不動産開発熱に依存してきた地方の経済を冷え込ませかねないだけに，その後の景気の悪化によってその導入は頓挫しているのが実情だ．

　十分な財政出動が行われなかったことのもう一つの問題は，一部の地方政府の財政状況の悪化が顕在化したことである（程2022a）．東北部の黒竜江省鶴崗市政府は2021年12月下旬に職員採用計画を取り消し，財政再建計画を実施することを公表し事実上「財政破綻」したと伝えられた（程，2022b）．

　また一部の地域では，財政資金が不足するため公務員の減給が行われていると伝えられた．もともと地方政府の財政は，地方政府が収容した農地などの土地所有権の売却益に多くを依存してきた．その収入が，2020年の不動産市場の締め付けによって大きく落ち込むこととなったことが直接の理由とされる（中沢2021）．このような地方政府の財政資金不足が生じる背景には，付加価値税や企業所得税など地方政府の主な財源がコロナ禍による企業の納税免除・繰り延べ措置によって落ち込む中，中央財政からの補填が十分ではなかった，という点も大きい．

　このような地方政府の財政を取り巻く厳しい状況は2022年に入っても継続しており，一部の地方政府ではパソコンなどの新規購入を禁止したり，接待に政府庁舎などの食堂を使うよう要求したりと，倹約の大号令が広がっているという（「不動産不況が直撃　中国地方政府に広がる倹約大号令」『日本経済新聞』5月26日）．このような地方政府の財政難は，相次ぐロックダウンにより需要が冷え込んでいる中国経済を下支えするうえで，大きな障害となっているといわざるを得ない．

4．強引な再分配政策の実施

　最後に中国経済の先行きに関するもう一つの不安材料として，拡大する経済格差と，その対策としての強引な再分配政策の実施を挙げておきたい．2021年8月に開催された共産党中央財経委員会では「共同富裕」が社会主義の本質的な要求として強調され，その実現のための手段として個人や団体が

自発的に寄付する「第三次分配（生産手段の再分配を第一次分配，財政支出を通じた再分配を第二次分配とし，それ以外の手段として位置づけたもの）」が提起された．

　この方針を受け，アリババ集団およびテンセントは相次いで2025年までに1000億元（約2兆円）という多額の資金を拠出することを約束した．このような一連の政策は，その唐突さから習国家主席の鶴の一声で決まった，伝統的な社会主義政策への回帰ではないかと懸念された．一部の専門家やチャイナウォッチャーの間ではこの状況を「文化大革命の再来（文革2.0）」だ，としてとらえる見方もあった．しかし，明らかにそれは誤った見方である．文化大革命は，それまでの社会主義改造によって生産手段の公有化を徹底したうえで，社会主義をさらに貫徹する名目で文化・政治闘争へと発展した．それに対し，習指導部は資本主義的な生産手段を否定しておらず，根本的な経済運営を変えているわけではない．それどころか，上記のように社会主義の根幹である生産要素にも市場メカニズムを導入し，流動化と効率化を進めようとしているからだ．そのことを裏付けるように，22年3月の全人代で行われた李克強首相の政府活動報告では，「共同富裕」という言葉は1回登場しただけだった．

　むしろ，現政権は一連の要素市場改革が，格差の一層の拡大を伴うことを不可避と見たうえで，その批判が政権に向けられることを防ぐために，いわばワクチンのような予防的措置として「共同富裕」を前面に打ち出したように思われる．「共同富裕」の強調をワクチンとしてとらえるなら，それは2回，3回と打たなければならないし，それに伴う副反応—中国政府による通達により，学習塾の新規設立が禁止されたほか，現行の学習塾の非営利化と上場廃止が科されたことで教育産業が壊滅的な打撃を受けたことなど—のようなことも当然起きてくるだろう．

　「共同富裕」の実施において想起されるのは「反腐敗キャンペーン」の成功体験である．2012年，第18期中央紀律検査委員会第2回全体会議において，習近平国家主席は「トラ」（高級幹部）も「ハエ」（下級幹部）も一緒にたたく大規模な「反腐敗闘争」を行うと宣言，周永康・前中国共産党常務委員会委員や徐才厚氏・前中央軍事委員会副主席，といった「大トラ」を含む，全国で約134万人の党

員が処分の対象になった．

　この反腐敗キャンペーンで，どのような政府幹部が摘発の対象になったのかを検証した席天揚らは，習政権における「反腐敗キャンペーン」は，江沢民政権・胡錦涛政権の「レントモデル」から，「忠誠モデル」へと，共産党を中心とした中国の成長モデルの転換の象徴であった，という興味深い指摘を行っている（Xi=Yao=Zhang, 2018）．

　彼らによれば，江沢民政権・胡錦涛政権期の「レントモデル」は，①経済成長を第一の目標とし，（地方）政府がそれを主導する，②分権的な制度の下で，地方政府の指導者が地域の情報を活用して市場経済をサポートする，③共産党・中央政府が人事管理を通じて，地方政府間の成長競争を誘導する，というものである．すなわち地域の高成長と官僚の権限拡大が結びついたのがこのモデルの特徴である．

　習近平政権がスタートした2012年になると，経済格差の拡大や，不正な手段で蓄財をしているということに対する市民の批判が高まるなど，それまでの「レントモデル」の維持コストが高くなる．このため，習政権党のイデオロギー路線への信頼と指導部の方針への忠誠を重視する「忠誠モデル」への転換を図ったものと思われる．

　習近平国家主席らは，これが実際の腐敗の摘発のパターンに表れているとして，それを市レベルの行政区画トップのプロフィールや昇進に関する情報，ならびに共産党中央技術委員会が公表した汚職摘発調査対象のリストを紐づけた実証研究によって検証した．

　その結果，胡錦濤政権期までなら「能力がある」として出世を遂げ，同時にそれなりの蓄財を行ってきたような役人ほど，摘発の対象になったことが明らかになった．このような反腐敗キャンペーンにおける「有能で，裕福な，社会的に目立つ存在」である地方幹部たちにペナルティを課して庶民の怨嗟を和らげる，という手法には，現在「共同富裕」の名の下に行われている，成功したIT関連企業やその経営者たちを狙い撃ちにする手法と，相通じる姿勢がみて取れよう．

おわりに

　このようなリスクを抱える中国経済に対し，日本のビジネス界はどのような姿勢で対峙すればよいのだろうか．まず，中国における企業と政府の関係は一筋縄ではいかないものだということを改めて認識する必要があるだろう．例えば，アリババ集団はもともと貧困問題に取り組むための公益財団基金を傘下に抱えている．1000億元という多額の「寄付」は，実はこの基金を通じて貧困層に還元することを約束したにすぎず，実施するか否かはアリババ集団に決定権がある．このこと一つを見ても，「共同富裕」という政府が大々的に掲げたスローガンに則した施策を企業側が唯々諾々と受け入れ，実行するような「伝統的社会主義」への回帰ととらえるのは実態に即しているとは言い難い．つまり，中国企業との取引や投資案件を抱える日本企業がビジネスを展開するうえでも，中国政府の大方針を安易に受け止めて国の方向性を決めつけることは危険だ．とはいえ，中国でのビジネスが，常に国内政治の動向に大きく影響を受けるリスクを抱えていることも忘れてはならない．中国共産党は今年秋に党大会を控えている．3期目に入ると予想される習近平政権が権力基盤の足固めを行うためにも，少なくとも党大会を無事終えるまではゼロコロナ政策の転換は困難だろう．

　中国の経済成長が下降局面に入っており，さらにゼロコロナ政策の限界が経済に予測困難な下振れ効果をもたらしている現況では，人心の不満は徐々に鬱積していることも考えられ，本来ならば成長戦略の目玉になるはずの要素市場改革の実施に対する逆風も強くなることが予想される．このままでは政府がいかにサプライチェーンの重要性を強調しても，海外企業の中国離れは避けられない事態となるかもしれない．

　それでも長期的な視点で見れば，脱炭素政策の推進や，国境をまたぐデータの共有やそのためのルール作りなどの面で中国とどこまで協力していけるのか，という議論は日本の官民を問わず欠かせなくなってくるだろう．だからこそ，議論の前提となる「実態」の把握がこれまで以上に必要になることを，改めて強調しておきたい．

参考文献

程思煒（2022a）「地方財政緊平衡圧力加劇」『財新周刊』2022年第7期

程思煒（2022b）「鶴崗出路何在」『財新周刊』2022年第12期

中沢克二（2021）「中国公務員に突然25%年俸下げ通告，『土地ATM』が破綻」『日本経済新聞』2021年12月29日，https://www.nikkei.com/article/DGXZQODK272YX0X21C21A2000000/，2022年5月26日アクセス

リサーチ＆アドバイザリー部中国調査室（2020）「中国で生産要素配置の市場化改革が開始〜スムーズ化される要素移動が経済成長の新たな原動力に」『MUFGバンク（中国）経済週報』第452期，2020年5月12日

露口洋介（2020）「新型コロナウイルスに対処する金融政策」『Science Portal China』2020年2月28日，https://spc.jst.go.jp/experiences/tsuyuguchi/tsuyuguchi_2002.html，2022年5月26日アクセス

Chen, Jingjing, Chen, Wei, Liu, Ernest and Luo,Jie and Zheng Song (2022), "The Economic Cost of Locking down like China:Evidence from City-to-City Truck Flows," mimeo

Xi, Tianyang, Yao,Yang and Qian Zhang (2018) "Purifying the Leviathan: The Anti-Corruption Campaign and Changing Governance Models in China," mimeo

神戸大学大学院経済学研究科 教授

梶谷 懐

Part I

Part II

Part III

Part IV

アジア太平洋における中間層の規模と価値観

1. はじめに

　19世紀を「イギリス帝国の世紀」，20世紀を「アメリカの世紀」と呼ぶようになったのに対して，21世紀は「アジアの世紀」であるとよくいわれている．この背景には，20世紀後半におけるアジア諸国の未曾有の経済成長がある．世界の名目GDPに占めるアジア諸国の割合は，1980年代には20％未満であったが，50年には52％に達すると予測されている．これは，同時期に約30％から20％に減少すると予測される米国経済のシェアとは対照的な傾向である．

　アジア諸国の未曾有の成長の最も代表的なものは，アジアの中間層[1]の台頭であろう．アジアの中間層はアジア諸国の今後の経済成長を牽引し，各国における消費，価値観，政治体制を形成すると考えられるため，近年，多くの国際銀行，大手コンサルタント会社，有力なシンクタンクや国際機関によるレポートや報告書はアジアの新興中間層に注目している．

　例えば，米国のシンクタンクであるブルッキングス研究所は，2030年までには35億人のアジア諸国の人々が中間層になると推定しており，世界の中間層の65％を占めるようになると予測している．大手銀行のクレディ・スイスによると，15年に中国は米国を抜いて，中間層の規模が最も大きい国となった．そして，コンサルティング会社のマッキンゼーは，上海や北京の消費者支出が近いうちにニューヨーク，東京やロンドンの消費者支出を上回ると予測している．

　アジア市場への進出を検討している企業にとって，このような動向は多大なチャンスをもたらす．一方，経済発展や政治の観点からは，アジアにおける中間層の台頭は，大きな社会的変容をもたらすと考えられる．中間層の存在は，強固な民主主義制度，汚職の抑制，教育や健康への公的支出の増加や社会移動性に関連しているため，しばしば「経済の

バックボーン」（経済の背骨）と呼ばれる．

　しかし，欧米の先進諸国では真逆の動向がみられる．欧米諸国は中間層が縮小し，社会の二極化が進んでいるため，著名な経済学者がこの問題に注目している．ピーター・テミンは，米国は中流社会から二極化している社会へと着実に移行しており，次第に富裕層と貧困層に分かれた社会となり，将来は中間に位置する家庭はほとんどなくなると論じている．また，トマ・ピケティは，有名な著書である「21世紀の資本」の中で，欧米諸国では資本収益率が実質経済成長率よりも高いため，社会格差が今後未曾有のペースで拡大すると論じている．欧米諸国の中間層の縮小は，コロナ禍や最近のインフレ圧力によって一層悪化している．

　乖離しているアジア諸国と欧米諸国の中間層の現状を踏まえ，本稿では，アジア諸国の中間層の実際の規模を推計し，中間層社会化がどの程度進んでいるかを明らかにする．学問や研究分野によって中間層の定義が異なるため，本稿ではアジアの中間層を（1）経済学でよく用いられる「所得と資産」，（2）社会学でよく用いられる「学歴と職業上の地位」，と（3）哲学や人類学でよく使用される「文化と価値観」という3つの観点から分析する．

2. 所得・資産の視点

　経済学者は，所得や資産といった金融指標に基づく社会階級を定義することが多い．特に所得に基づく定義が多い．これは，所得に関するデータが簡単に入手できるのみならず，所得が経済的安定であり，学歴，消費者の好みを含む，社会階級の他の特徴との相関関係が強いからである．所得に基づく定義といえば，絶対的アプローチと相対的アプローチという2つの基本的なアプローチが存在する．以下では，これらのアプローチを説明し，アジア諸国における中間層の現状を評価する．

（1）絶対的アプローチ

　絶対的アプローチは，絶対的な購買力に基づくものである．多くの経済学者は，世界の中間層を，2011年の購買力平価の1人1日あたり11ドルから

110ドルの所得を持つ世帯と定義している．前述のブルッキングス研究所は，このアプローチを用いている．

この定義に基づいて，アジア諸国における中間層の規模を推定した．所得分配については，世界所得不平等データベース（WIID）のデータを使用した．このデータベースは，各国の総所得のうち，その国の人口の各パーセンタイルにどれだけの所得が該当するかについてのデータを提供する．

各国の最新の所得分布データ（ほとんど2015年以降）とIMFの一人当たりのGDPに関する最新データを合わせて，人口各パーセンタイルの所得を算出した．そして，人口各パーセンタイルの所得を11年の購買力平価に換算し，11ドル未満（貧困層），11ドル以上110ドル未満（中間層）と110ドル以上（富裕層）を得ている人口の割合を計算した．結果は図1-4-1で示している．

絶対的アプローチに基づいて，タイやモンゴルでは人口の約9割，中国，インドネシア，ベトナムでは8割以上，インドでは半分近くが中間層であることがわかる．不思議なことに，ミャンマーのような脆弱国家や紛争の多い低所得国でも，中間層の規模は人口の30％程度であることがわかる．この数字が現実的であるとは思わない専門家が多いだろう．つまり，1人1日当たり11ドルというのは，中間層の所得の下限としては低すぎるのではないか[2]．

一方，比較的規模の小さいシンガポール，台湾，香港では，国民の大半が富裕層であるため，中間層の規模は非常に小さく見える．このことは，中間層の所得の上限（110ドル）についても，疑念を抱かせるものである．

2020年に加えて，00年の中間層の規模も推計した．00年と20年を比較すると，中間層と富裕層（非貧困層と総称）の割合が最も拡大したのはベトナム（72％ポイント）と中国（70％ポイント）である．予想通り，中所得国の中間層拡大率は最も大きかった．というのも，日本や韓国などの高所得国はすでに大きな中間層があり，これ以上の拡大は望めない．他方，低所得国の平均所得は中間層の所得の下限をまだはるかに下回っているからである．

このアプローチを用いれば，ブルッキングス研究所が述べているように，2020年時点でアジアの総人口45億人の半分以上である28億人が中間層であると確かに結論づけることができるだろう．さらに，中国を含むアジアのほとんどの国が中流社会であるといえる．しかし，これは実際にそうであろうか．次に紹介する相対的アプローチは，そうではないことを示唆している．

(2) 相対的アプローチ

相対的アプローチとは，中間層の所得範囲を2つの指標，すなわち国民所得の中央値と国民貧困ラインから一定の距離として推定しようとするものである．過去5年間で最も多く引用されたのは，ピュー研究所の中間層の定義である．この定義で中間層とは，国民所得の中央値の75％から200％の所得を

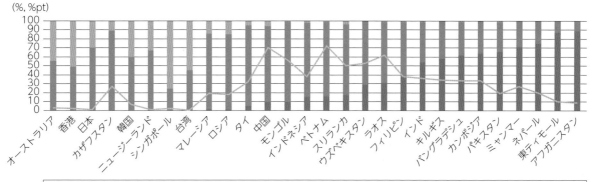

図1-4-1　1人1日あたり11-110ドルに基づいたアジア諸国の貧困層・中間層・富裕層の規模

資料）WIIDとIMFのデータにより作成

2)　実際，この11ドルは極度貧困ラインに極めて近いという意見もある．例えば，世界銀行が採用している極度貧困ラインは1日2ドルであるが，この値はどう見てもとんでもない低値である．代わるものとして，ニューカッスル大学のピーター・エドワードは1日あたり7.40ドルという倫理的極度貧困ラインを提唱した．ここで，注目すべきなのは，「極度」である．極度貧困層ではないから中間層であるというわけではない．極度貧困層⇒貧困層⇒中間層という分類のほうが妥当であろう．

持つ世帯である．注目すべきは，所得中央値アプローチでは，国民所得の総額が変化しなくても，国内の所得分布が変化すれば，中間層の規模は変化し得るという点である．例えば，ある国の所得格差が拡大するペースがその国の経済成長ペースを上回った場合，中間層の規模は縮小せざるを得ない．

このアプローチは，一国の中間層の規模が時間とともにどのように変化するのかを追跡するには役立つが，国民所得の中央値や貧困ラインが国によって大きく異なるため，国と国との比較ができないのが大きな欠点である．この問題を解決するために，本稿では，米国の国民所得の中央値を基準として，アジア諸国の中間層の規模を算出した．

2020 年の米国の世帯年収の中央値は 67,521 ドルであった．平均的な世帯の人数（2.53 人）で割ると，1 人あたり 26,688 ドルという金額が得られる．中間層の所得の下限は，この金額の 75％である 20,016 ドルとなる．この 20,016 ドルを 11 年の購買力平価に換算すると，1 人あたり 16,737 ドルであり，1 日あたり 45 ドルである．45 ドルという金額は，絶対的アプローチの 11 ドルの 4 倍に相当する．一方，1 人 1 日あたりの中間層の所得の上限は，11 年の購買力平価の 122 ドルとなり，絶対的アプローチの金額（110 ドル）と概ね一致している．1 人 1 日あたり 45 ドルと 122 ドルの数値を基準として，アジア諸国の富裕層，中間層と貧困層の規模を算出した．結果は図 1-4-2 で示している．

図 1-4-1 と図 1-4-2 を比較すると，相対的アプローチによる結果は，絶対的アプローチとは大きく異なる．例えば，中国の中間層の規模は，米国基準では人口の 30％であるのに対して，絶対的アプローチでは 84％であることがわかる．インドの場合，定義による規模の乖離はさらに大きく，米国基準では中間層は 5％に過ぎないのに対し，絶対的アプローチでは 50％近くであり，10 倍もの差がある．

そして，相対的アプローチに基づいて，過去 20 年間に非貧困層の割合が最も増加したのは，中国ではなく，中所得国であるロシアとカザフスタンである（約 40％ポイント）．ほとんどの中流社会は高所得国であることを考慮しながら，ロシアとカザフスタンは例外であると考えられる．理由として，次の 2 点があげられる：①20 年前，これらの国では多くの人が中間層の所得の下限に既に近い所得レベルにいたこと，②少数の超富裕層のオリガルヒは存在するものの，それ以外の所得分布はむしろ平等で，おそらくソ連時代から受け継がれている．

次に，米国の国民所得の中央値の代わりに，米国の連邦貧困ラインを基準とした相対的なアプローチを用いてアジア諸国の中間層の規模を算出する．ハスキンズとソーヒル（2009）は，中間層の所得の下限を米国連邦貧困ラインの 300％とし，上限は貧困ラインの 1000％としている．

米国保健福祉省によると，2020 年の平均的な世帯（2.53 人）の米国連邦貧困ラインは 19,614 ドルであり，1 人当たり 7,753 ドルである．この金額の 300％は 23,258 ドルである．23,258 ドルを 11 年の購買力平価に換算すると，19,445 ドルとなる．これは 1 日当たり 53 ドルに相当し，米国の国民所得の中央値に基づいたアプローチで求めた金額（45 ドル）よりも高い．一方，中間層の所得の上限は，

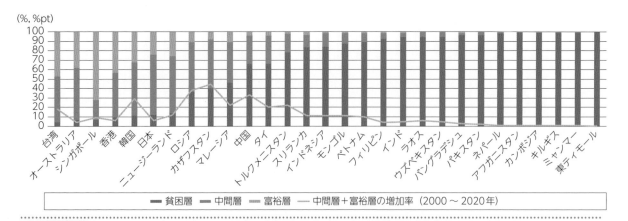

図 1-4-2　米国国民所得の中央値に基づいたアジア諸国の貧困層・中間層・富裕層の規模

資料）WIID と IMF のデータにより作成

11年の購買力平価の64,826ドルとなり，1人1日あたり178ドルに相当する．この金額は，他の2つのアプローチの上限値よりもかなり高い．

　3つのアプローチに基づいた中間層の所得の下限値と上限値を表1-4-1にまとめている．米国の連邦政府の貧困レベルに基づくアプローチが最も高い金額であり，中間層の最も厳格な定義である．

表1-4-1	各アプローチによる中間層の所得の下限と上限	
	中間層の所得の下限	中間層の所得の上限
購買力に基づいた絶対的アプローチ	$11	$110
米国国民所得の中央値に基づいた相対的アプローチ	$45	$122
米国の連邦貧困ラインに基づいた相対的アプローチ	$53	$178

注）1人1日当たり，金額は2011年の購買力平価より算出．

　米国連邦貧困ラインを基にした中間層の定義を用いると，図1-4-3のような結果になる．図1-4-3と図1-4-2を比較すると，よく似ていることがわかる．唯一の違いは，ロシアとカザフスタンに加えて，高所得国である韓国と台湾も，過去20年間で中国よりも，中間層の規模が大きく増加したことである．

　いずれのアプローチから見ても，アジア太平洋の高所得国とロシア，カザフスタンとマレーシアでは，人口の半分以上が中間層であり，先進国の基準でも中流社会とみなすことができる．一方，南アジア諸国，欧米の基準ではまだ中流社会とはいえない．中国と東南アジアはグレーゾーンにある．すなわち，絶対的アプローチでは，中国，タイ，インドネシア，スリランカ，モンゴル，ベトナム，フィリピン，ラオスなどの中所得国がほぼ中流社会に分類されるが，相対的アプローチではそうではない．

　日本については，米国の中央値による相対的アプローチでは，中間層の割合が最も高い国である（64％，次いで韓国57％）．また米国の連邦貧困ラインによる相対的アプローチでは，日本（72％）は韓国（73％）に次ぐ2位であるが，中間層の規模は高い水準である．このことは，日本が確立した真の中流社会であることを示唆している．

　アジア太平洋全体の中間層の規模を見ると，絶対的アプローチでは28億人（旧ソ連を除くと26億人）であるのに対して，米国の国民所得の中央値に基づいた相対的アプローチでは8.5億人（旧ソ連を除くと7.5億人）であり，米国の貧困ラインに基づいた相対的アプローチでは8億人（旧ソ連を除くと7億人）に過ぎない．

　この結果は，メディアを駆け巡っている多くの報道が，アジアの中間層の規模や購買力を過大評価している可能性があると示唆している．このことは，アジア太平洋地域の6カ国の発展途上国（カンボジア，中国，インドネシア，タイ，パキスタン，ベトナム）の中間層を包括的に分析したボネットとコレフ（2021）の最近の研究結果からも裏付けられる．彼らは，子供の数，学歴，非正規雇用率などの指標から判断すると，6カ国の中間層がかなり貧困層に近い生活を送っていることを明らかにした．

（3）資産に基づいたアプローチ

　中間層を定義する際に，所得よりも富（資産）を

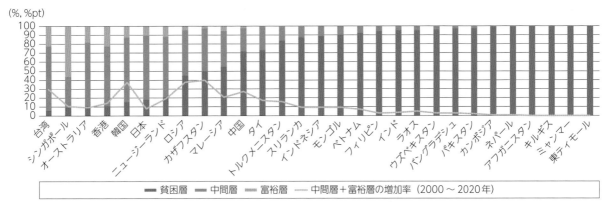

| 図1-4-3 | 米国貧困ラインに基づいたアジア諸国の貧困層・中間層・富裕層の規模 |

資料）WIIDとIMFのデータにより作成

用いる経済学者もいる．例えば，大手銀行であるクレディ・スイスによると，所得を基にした定義に比べて，資産を基にした定義のほうが景気に影響されにくく，より安定である．クレディ・スイスは，購買力平価の5万米ドルから50万米ドルの純資産を保有する成人を中間層として定義している．

　この定義に基づいて，クレディ・スイスは2015年に，中国が米国を抜いて最も中間層の規模が大きい国となったと報告した．15年の中国の中間層は1億900万人，米国は9,200万人と推定された．これは，成人の数なのか，それとも総人口（成人と子供）なのかは不明であるが，いずれにせよ，中国人の15％未満，米国人の30％未満が中間層であることは考えにくい．これに対して，相対的アプローチによると，アメリカは50％強が中間層（富裕層21％，貧困層29％），中国は30％が中間層（富裕層5％，貧困層65％）となり，より現実に近いだろう．

　クレディ・スイスの中間層の純資産下限額が高く現実的ではないという可能性もあるが，それよりも純資産に基づく定義には様々な問題があるため，本稿では採用しない．まず一つ，資産に関するデータが容易に入手できないという問題以外に，不動産は資産に対して大きな割合を占めており，不動産は住宅バブルにより歪みが生じやすい．例えば，ロンドンや香港のように，住宅の需要が高く供給が不足している都市では，米国の所得基準では並以下とみなされるような不動産を所有するだけで富裕層と区分される．

　関連の問題として，総資産と純資産の違いがあげられる．クレディ・スイスが採用しているのは純財産である．例えば，収入が比較的高く住宅ローンを組んでいる人は，純財産（資産から負債を引いた額）が少ないため，資産を基にしたアプローチでは中間層とみなされない可能性がある．このような分類の誤りは，文化の違いも反映しているだろう．一例として，米国民はアジア諸国の国民に比べてクレジットや住宅ローンの利用傾向がかなり高く，貯蓄傾向が著しく低いと示している研究がある．このため，同じ生活水準の人が，アジアでは中間層に分類されるのに，アメリカでは貧困層に分類される可能性がある．

　ちなみに，不動産バブルのみならず，暗号通貨バブルなども，同様な歪みが出る．このような理由から，本稿では資産を基にしたアプローチでなく所得を基にしたアプローチを用いる．

3．学歴・職業の視点

　社会階級とは，お金以上のものだと考えている人が多いだろう．地位は現金だけでなく，学歴や職業といった特定の資格によって定義されることが多い．社会学では特にそうであるが，米国の社会学者よりもヨーロッパの社会学者の間で人気のある定義方法である．

　博士号を取得している美術館の学芸員と専門学校を修了した配管工とでは，たとえ収入が同じであっても，直感的に異なる社会的ランク付けをする人が多いだろう．職業は収入よりもずっと目につきやすい．「お仕事は何をされていますか」と会話を始めるのは当たり前だが，「年収はいくらですか」と聞くのは極めてぶしつけな質問であろう．昨今，多くの人の履歴書はリンクトイン（LinkedIn）のようなSNSで確認することができるが，その人の給与明細は見ることができない．

　職業を基にした定義の問題点は，職業が個人を対象としているのに対して，社会階級は一般的に家族や世帯を対象としていることである．例えば，夫と妻が全く異なる職業に就いていたらどうだろう．社会学ではしばしば，「経済的に支配的な」職業によって世帯全体の社会階級が決まるとされる．したがって，夫と妻が全く異なる職業に就いていたら，例えば，片方は教授で，もう片方は消防士である場合，この世帯は「労働者階級」ではなく，「中間層」と定義される．

　こういう問題点を考慮しながら，本稿では職業よりも学歴に焦点を当てる．なぜなら，ある社会階級的地位の職業に就くには，一定の技術や資格を身につけることが必要であり，学歴と職業は密接に関連しているからである．学歴は，人的資本への投資であり，より高い収入と富の蓄積という形で大きなリターンをもたらす．4年制大学の学位を持つ労働者は，高卒以下の労働者に比べて生涯にわたってより多くの収入を得ることが多い．この現象は「大学賃金プレミアム」と呼ばれる．近年，世界の各国で大学賃金プレミアムが拡大している．

多くの場合，4年制大学の学位取得は，階級の位置づけを決定する基準として使用されている．これは，学歴が比較的容易で一貫性のある変数であることと，図1-4-4に見られるように，学歴と所得が密接に相関しているためである[3]．

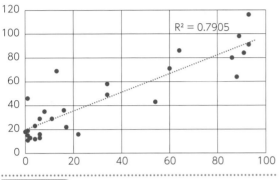

図1-4-4　中間層＋富裕層の割合（横軸）と大学進学率（縦軸）の相関関係（2020年）

資料）UNESCO,WIIDとIMFのデータにより作成

所得と学歴には強い相関があることより，学歴を基に定義された中間層の規模は，所得を基に定義された中間層の規模によく似ている．図1-4-5は，非貧困層（中間層＋富裕層）の人口割合のランキングと，高等教育機関への進学率（大学進学率）のランキングの関係を示したものである．

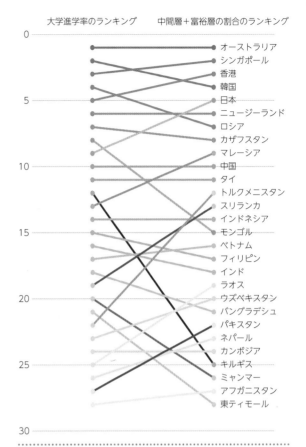

図1-4-5　大学進学率のランキング（左）と中間層＋富裕層の割合のランキング（右）：2020年

資料）UNESCO,WIIDとIMFのデータにより作成

2つのランキングを見ると，ほとんどの国においては，そのランキングの差は3ランク以内となっている．注目すべきは，4ランク以上の差がある国である．日本，マレーシア，トルクメニスタン，スリランカ，ラオス，パキスタン（図1-4-5青系色線）において，所得レベルに対して大学進学率が低い．すなわち，これらの国では，学歴を基に定義された中間層は，所得を基に定義された中間層に比べて，やや規模が小さい可能性がある．一方，モンゴル，キルギス，ミャンマー，東ティモール（図1-4-5赤系色線）においては，各国の所得水準から推測されるよりも大学進学率が高い．すなわち，これらの国では，学歴を基に定義された中間層は，所得を基に定義された中間層に比べて，やや規模が大きい可能性がある．とはいえ，ほとんどのアジア諸国において，所得を基にした定義と学歴を基にした定義で推計された中間層の規模を比較すると，大

3) 一人当たりのGDPと大学進学率との相関関係よりも，米国国民所得の中央値に基づいた相対的アプローチにより算出した非貧困層（中間層＋富裕層）の割合と大学進学率との相関関係が強い．

きなすれ違いがないといえる.

4. 文化・価値観の視点

　最後に，哲学や人類学では中間層は文化的な現象として見なされる．中間層は，その価値観，文化的資本，ライフスタイル，願望を通じて定義される．政治家の間でも，このような意見がはやっている．例えば，2010年に，当時オバマ政権の副大統領であったジョー・バイデン氏が発表した報告書は，中間層が収入よりもその願望や価値観によって定義されるという.

　人々の願望やライフスタイルは，しばしば社会の価値観や文化に根ざしている． 価値観や文化は非常に抽象的であり，評価することが困難であるが，「世界価値観調査」という大規模なプロジェクトがこれを目指している.

　世界価値観調査は，民主主義への支持，外国人や少数民族への寛容さ，男女平等への支持，宗教の役割と宗教心のレベルの変化，グローバル化，環境，仕事，家族，政治，国民性，文化，多様性への態度，不安，主観的幸福などを測定する試みである．初回調査は1981年におこなわれ，以降数年おきに100カ国以上で実施されており，調査データは世界銀行や国連などの国際機関にとどまらず，世界各国の政治家や学者に頻繁に利用されている.

　世界価値観調査の主導者はミシガン大学のイングルハート教授である．イングルハート教授は，世界価値観調査項目への回答を基に変数を作成し，因子分析によりいわゆる「世界文化地図」を考案した．この文化地図は，2つの次元（横軸と縦軸）があり，各国の流行している価値観を示している．図1-4-6は，アジア諸国が世界文化地図上のどの位置にあるかを示したものである.

　縦軸は，伝統・宗教重視の価値観（下）から世俗・合理性重視の価値観（上）への移行を示している．横軸は生存・集団重視の価値観（左）から自己表現・個人重視の価値観（右）への移行を示している.

　生活水準が向上するにつれて，開発途上国から工業化を経てポスト工業化知識社会へと移行すると，左下から右上に移動する.

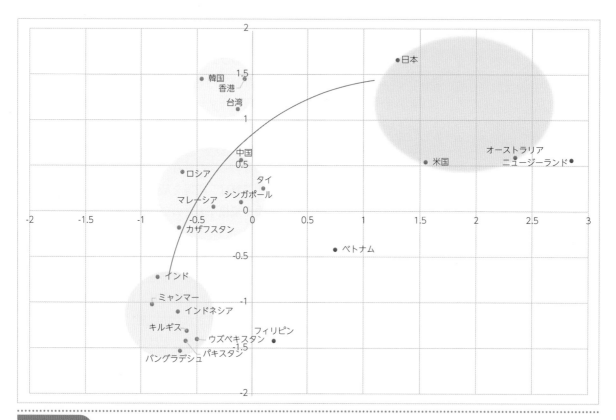

図1-4-6　世界価値観調査に基づいた世界文化地図：アジア諸国の位置

資料）第7回の世界価値観調査（2020年）のデータにより作成

しかし，国民の価値観は，その国で支配的であった哲学的，政治的，宗教的な思想とも高い相関がある．例えば，世俗・合理性重視の価値観（縦軸の上）を代表する唯物論（物質主義）は，哲学者やフランス革命の左翼によって定式化されたもので，社会民主主義や社会主義政策の長い歴史を持つ国や，大学進学率が高い国で観察されることが多い．

一方，生存・集団重視の価値観（横軸の左）はアジア諸国に特徴的であり，自己表現・個人重視の価値観（横軸の右）は欧米諸国で観察されることが多い．欧米の先進諸国では，第二次世界大戦以降，飢餓によって死亡する人をほぼ皆無とするセーフティネットを備えた福祉国家が出現している．また中間層が根強く定着しており，欧米諸国間における戦争もない．このように生存（生活）について心配がない環境が整うと，自分を表現したくなるようになると考えられる．

アジアの儒教の影響下にあった国は，明確な価値体系を持った文化圏が形成され，それは社会経済的発展の影響が出ないよう調整をおこなっても消えることはない．したがって，儒教の影響下にあった国は中流社会へと成熟する過程で，左下から右上にではなく，上に向かって進んでいると考えられる．

世界文化地図を見ると，アジア諸国は4つのクラスターに明確に集中していることがわかる．解釈は主観的であるが，右上のクラスターは日本，オーストラリア，米国で構成され，欧米先進国の価値観に近い価値観が観察され，確立した中流社会であるといえるだろう．1960年代の日本で流行語となった「一億総中流」という表現に象徴されるように，これらの国は，既に半世紀以上にわたって中間層が根強く定着しており，成熟した中流社会であると考えられる．

左下のクラスターは，中間層の規模が小さく，中間層的な価値観がまだ重要な社会文化的要因となっていない国であると考えられる．

この2つのクラスターの間には，比較的近く位置する別の2つのクラスターがある．それぞれ，中所得クラスター（中国，タイ，マレーシア，カザフスタン，ロシア，シンガポール）と，高所得クラスター（韓国，台湾，香港）として記述することができる．前者は，中間層が比較的に規模が小さい国である．後者は中流社会であるとはいえるが，中流社

会になったのは最近であるため，中流社会でよく観察される価値観がまだ確立していないと考えられる．韓国，台湾，香港とも1980年代後半から経済発展が著しく，一般市民は生存の保障や思想の自由をまだ当然視していないようであり，横軸の左の方にある．一方，3カ国とも儒教の影響下にあったため，上述の通り，中流社会へと成熟する過程では，左下から右上にではなく，上に向かって進んでいる可能性もある．

最後に，フィリピンとベトナムは興味深いケースである．フィリピンとベトナムは，欧米文化の影響を強く受け，同じ所得水準のアジア諸国より自己表現・個人重視の価値観を持っているため図のようになったと考えられる．

5.　まとめ

本稿では，アジア諸国の中間層の規模について，所得・資産，学歴・職業，文化・価値観という3つの視点から考察した．その結果，アジアの中間層は過去20年間で大幅に増加し，もっとも厳格な基準で見ても，その規模は少なくとも8億人であり，アジア太平洋地域の人口の5分の1に該当する．とはいえ，アジアの中間層の規模はまだ小さく，メディアで広く流布されているほど大きくはない．特に，中国やインドをはじめとするアジアの大きな発展途上国は，先進国の基準では中流社会とは言えず，新興の中間層が社会経済動向の大きな牽引役となるには至っていない．このことは，アジアの中間層の台頭が始まったばかりであることを意味している．「アジアの世紀」はどのようなものになるか，それはこれからの話である．

参考文献

Assistant Secretary for Planning and Evaluation (2022) U.S. Federal Poverty Guidelines. U.S. Department of Health and Human Services.【本文では米国保健福祉省】

Biden, J. (2010) "Annual report of the white house task force on the middle class". Vice President of the United States, Obama Administration, White House.https://obamawhitehouse.archives.gov/sites/default/files/microsites/100226-annual-report-middle-class.pdf【本文ではジョー・バイデン】

Bonnet, A. and A. Kolev (2021), "The middle class in Emerging Asia: Champions for more inclusive societies?". OECD Development Centre Working

Papers, No. 347, OECD Publishing, Paris, https://doi.org/10.1787/93af380b-en【本文ではボネットとコレフ】

Credit Suisse (2015) "Global middle class net worth doubled since 2000 to USD 80.7 trillion, 32% of global wealth". Media Release. Zurich, Switzerland.【本文ではクレディ・スイス】

Haskins, R., & Sawhill, I. (2009). Creating an Opportunity Society. Brookings Institution Press.【本文ではハスキンズとソーヒル】

International Monetary Fund (2022) World Economic Outlook（April 2022）【本文ではIMF】

Kharas, H. (2017) "The unprecedented expansion of the global middle class". Global Economy & Development Working Paper 100, Brookings Institution, Washington, D.C., US.【本文ではブルッキングス研究所】

Kochhar,R. (2021) "The Pandemic Stalls Growth in the Global Middle Class, Pushes Poverty Up Sharply", Pew Research Center .【本文ではピュー研究所】

Piketty, T. (2017) Capital in the Twenty-First Century. Harvard University Press.【本文ではトマ・ピケティ】

Reeves, R. V., K. Guyot, & E. Krause (2018) "Defining the middle class: Cash, credentials, or culture?". Brookings Institution, Washington, D.C., US.【本文ではブルッキングス研究所】

Temin, P. (2018) The Vanishing Middle Class: Prejudice and Power in a Dual Economy. MIT Press.【本文ではピーター・テミン】

Tonby, O., R. Razdan, J. Woetzel, J. Seong, W. Choi, S. Smit, N. Yamakawa, & T. Devesa (2021) "Beyond income: Redrawing Asia's consumer map". McKinsey Global Institute Discussion Paper.【本文ではマッキンゼー】

UNESCO Institute for Statistics (2021) School enrollment, tertiary (% gross). http://uis.unesco.org/.【本文ではUNESCO】

UNU-WIDER, World Income Inequality Database (WIID). Version 31 May 2021. https://doi.org/10.35188/UNU-WIDER/WIID-310521【本文では世界所得不平等データベース】

World Values Survey Association (2022) The Inglehart-Welzel World Cultural Map - World Values Survey 7 (2020) [Provisional version]. Source: http://www.worldvaluessurvey.org/.【本文では世界価値観調査】

京都文教大学 講師

Karavasilev Yani

Section 5
地球温暖化問題をめぐる内外動向と日本の課題

1. はじめに

　2021年～22年はエネルギー・地球温暖化問題をめぐって非常に大きな動きが生じた年であった．昨年の関西経済白書では地球温暖化議論を牽引するEUの動向，バイデン政権の誕生と気候サミット，日本の50年カーボンニュートラル表明と30年度46％削減目標等について報告した．その後，G7，G20を経てCOP26では非常に野心的なグラスゴー気候合意が採択された．20年の世界はコロナに席巻され，温暖化対応は後回しにされ，COP26も1年延期された．その意味で21年は1月のバイデン政権誕生，4月の気候サミット，11月のグラスゴー気候合意の採択を経て温暖化アジェンダの「失地回復」の年であったといえる．しかし22年2月のロシアによるウクライナ侵攻は国際エネルギー情勢，ひいては温暖化防止をめぐる国際情勢に激震をもたらしている．本稿では昨年夏前からこれまでの動きを概括し，日本の課題を考えてみたい．

2. COP26への道のり

(1) G7での野心的成果

　2021年4月のバイデン政権主催の気候サミットで野心レベル引き上げが大きなイシューとなり，1.5℃目標，50年カーボンニュートラルに向け，日本の46％目標を含め，先進国がこぞって目標を引き上げた一方，中国，インド，ロシア等が目標見直しに応じなかったことは昨年，報告したとおりである．

　気候サミットの成果を踏まえ，COP26議長国英国は自らが議長を務める6月のG7コーンウォールサミットにおいて以下のような野心レベルの高い合意内容をまとめあげた．
① 温室効果ガス排出を削減し，気温上昇を1.5℃に抑えることを射程に入れ続けるための努力を加速する．
② 遅くとも2050年までのネット・ゼロ目標及び各国がそれに沿って引き上げた2030年目標に

コミットする．
③ 国際的な炭素密度の高い化石燃料エネルギーに対する政府による新規の直接支援を，限られた例外を除き，可能な限り早期にフェーズアウトする．
④ 国内的に，NDC及びネット・ゼロのコミットメントと整合的な形で，排出削減対策が講じられていない石炭火力発電からの脱却を更に加速させる技術や政策を急速に拡大させる．
⑤ 排出削減対策が講じられていない石炭火力発電への政府による新規の国際的な直接支援を年内に終了することに今コミットする．

　英国の戦略はこれをG20議長国イタリアに引き継ぎ，G20でもできるだけ野心的なラインを打ち出し，その直後に開催されるCOP26につないでいくというものであった．

(2) G20では後退

　しかし，翌7月にナポリで開催されたG20環境・気候・エネルギー大臣会合では中国，インド，インドネシア，ロシア等の新興国が1.5度目標のハイライト，2050年カーボンニュートラル，脱石炭に強い抵抗を示した．彼らは1.5℃目標や2050年カーボンニュートラルは1.5℃～2℃安定化や今世紀後半のカーボンニュートラルを規定したパリ協定の再交渉に等しいと主張したのである．また脱石炭についても石炭依存の強いインド，中国が反対し，ロシアやサウジアラビアも石炭叩きが天然ガスや石油に波及することを想定し，これに同調した．このため大臣会合の議長声明では温度目標についてはパリ協定の規定の再確認にとどめ，脱石炭には一切触れられることはなかった．

　この構図は10月31日のG20首脳声明においても大きく変わらなかった．温度目標や2050年カーボンニュートラルについては以下のとおりである．
① 世界の平均気温の上昇を，工業化以前よりも2℃より十分に下回るものに抑え，工業化以前よりも1.5℃高い水準までのものに制限するための努力を追求するというパリ協定の目標に引き続きコミットする．
② 1.5℃の気候変動の影響は，2℃の場合よりもはるかに低いことを認識する．
③ 1.5℃に抑えることを射程に入れ続けるため

‥‥今世紀半ばまでに，または今世紀半ば頃に（by or around mid-century）人為的な排出量と吸収源による除去量の均衡を達成することと整合的である，明確かつ予測可能な道筋を定めた長期戦略を策定することにコミットする．

温度目標はパリ協定の再確認であり，カーボンニュートラルの時期については「by mid-century」はG7諸国，「around mid-century」はそれ以外と書き分けているところがミソである．G7サミットの首脳声明よりも明らかに後退した内容である．

石炭火力については「低炭素な電力システムに向けた移行を可能にするため，持続可能なバイオエネルギーを含むゼロ炭素又は低炭素排出及び再生可能な技術の展開及び普及に関して協力する．また，これは，排出削減対策が講じられていない新たな石炭火力発電所への投資をフェーズアウトさせていくことにコミットする国々が，可能な限り早くそれを達成することを可能にする」とされている．これはG20諸国全体が石炭火力発電所への新規投資をフェーズアウトすることを意味するものではなく，2030年代の電力システムの脱炭素化の最大限推進や，石炭火力からの脱却を打ち出したG7サミット首脳声明よりも後退したものになっている．G20サミット後，ジョンソン首相やバイデン大統領が失望を隠さなかったのも無理はない．

（3）COP26 では一転，1.5℃追求に合意

その直後のCOP26で合意されたグラスゴー気候合意（Glasgow Climate Pact）の温室効果ガス削減（緩和）に関する主要なポイントは以下のとおりである．

① パリ協定の温度目標（1.5℃〜2℃）を再確認．1.5℃上昇に抑えれば2℃上昇に比して気候変動影響は低くなることを認識し，1.5℃上昇に抑制するよう努力することを決意（resolve）．

② 1.5℃に温度上昇を抑制するためには2030年の全世界のCO_2排出を2010年比45％削減し，今世紀半ばにネット・ゼロにすることを含め，迅速で深掘りした温室効果ガス削減が必要．

③ そのためには共通だが差異のある責任，異なる国情，持続可能な開発，貧困撲滅を反映しつつ，2020年代の「勝負の10年」（critical decade）に行動を加速することが必要．

④ 国別目標（NDC）に関する統合報告書では2030年に2010年比13.7％増となるとされていることを懸念．

⑤ 締約国が排出削減に向けた努力を増大させることが緊急に必要．「勝負の10年」における緩和の野心向上と実施をスケールアップするための作業計画を立ち上げ，2022年のパリ協定第4回締約国会議（CMP4）で採択．

⑥ 締約国に対し，クリーンパワーと省エネの早急な導入拡大，各国の国情に沿った貧しく脆弱な人々への支援を行い，公正な移行への支援の必要性を認識しつつ，排出削減を講じていない石炭火力（unabated coal power）のフェーズダウンと非効率な化石燃料補助金のフェーズアウトの加速を含め，低排出エネルギーシステムに向けた技術開発・導入・普及，政策採択の加速を求める．

最終案では「排出削減を講じていない石炭火力のフェーズアウト」であったのだが，土壇場の全体会合でインドが「貧しい人に対する安価で安定的な電力は国の最優先課題である」と主張し強く抵抗した結果，「フェーズダウン」との表現に落ち着いた．

3.　グラスゴー気候合意の意味合い

1.5℃目標を大きく前面に打ち出し，それに沿った野心引き上げの作業計画策定が盛り込まれたこと，トーンダウンされたとはいえ，石炭火力フェーズダウンが盛り込まれたことは英国の外交力を示すものであり，グラスゴー気候合意は「歴史的合意」と環境関係者からは高く評価されている．

（1）非現実的な 45％減目標

しかしグラスゴー気候合意は今後に大きな火種を残すこととなった．そもそも2030年までに45％減という目標自体が非現実的である．世界がコロナ禍に席巻された20年のCO_2排出量は対前年比5.8％という過去最大の下げ幅となった．しかし30年45％減を達成するためにはそれを大幅に上回る7.3％減を今後毎年9年間続ける必要がある．世界最大の排出国である中国，第3位の排出国であるインドが排出量を増大させている中で，どう考えても「絵にかいた餅」としか思えない．

(2) 炭素予算をめぐる先進国・途上国の競合と大幅な支援拡大要求

2050年全球カーボンニュートラルを目指すという方針を明確に打ち出すことは，50年までに排出できるCO_2総量に枠をはめることと同義である．その限られた炭素予算をめぐって，今後，先進国，途上国の激しい争奪戦が生ずることは確実だ．50年全球カーボンニュートラルとは全ての国が50年カーボンニュートラルを達成することと同義ではない．事実，インドは「先進国が50年全球カーボンニュートラルを強くプッシュする以上，先進国は50年よりももっと早いタイミングでカーボンニュートラルを達成し，途上国に『炭素スペース』を与えるべきだ，途上国にカーボンニュートラル目標やNDCの引き上げを要求するならば毎年の支援額を1兆ドルにすべきだ」と主張している．2℃目標への道筋ですら大幅に外れている中で，欧米諸国が1.5℃という更なる高い野心レベルを主張した結果，今後10年間，カーボンニュートラル目標の前倒し，目標引き上げ，途上国支援の大幅上積みを間断なく途上国から要求されることになろう．

(3) 石炭火力の議論は今後も再燃

石炭火力についてもフェーズダウンということで今回は決着したが，今後，年限を区切ってフェーズアウトという議論が再燃し，更にその対象が化石燃料全体に話が広がる可能性も十分にある．現に2022年5月に開催されたG7気候・エネルギー・環境大臣会合において議長国ドイツは30年国内石炭火力フェーズアウトを提案している．日本の反対により，年限は入らなかったが，今後もこの問題は再燃し続けるだろう．

(4) エネルギーの現実との乖離

問題はそうした議論が現実のエネルギー情勢と全く乖離していることだ．欧州発で日本にも影響が及んできているエネルギー危機の大きな原因は経済回復によるエネルギー需要増に供給が追い付いていないからであり，その背景には石油，ガスの上流投資の停滞がある．石油，ガス火力の上流投資が停滞している理由は石油価格の低下，コロナ等の要因があるが，過激な化石燃料叩きが広がりを見せる中で，将来の投資に慎重になっている側面も大きい．

COP26では化石燃料セクターへの公的融資の停止に関する有志国宣言に米国，EU諸国が名前を連ねている．これにより上流投資がますます滞れば，エネルギー需給逼迫が今後も生ずる可能性が高まる．世界的なガス需要の高まりも石炭を排除する欧州発の環境原理主義の影響が大きい．欧州のエネルギー危機の相当部分は自らの偏った環境原理主義的政策が招いた帰結である．

(5) 先進国・途上国の優先順位の違い

COPの世界では温暖化防止が至高のプライオリティであるが，世界全体で見れば温暖化防止に対するプライオリティは国によって異なる．50数万人が参加して行われている国連のMy World 2030を見ると17のSDGsにおける温暖化防止へのプライオリティはスウェーデンで1位，日本で3位，中国で15位，インドネシアで9位となっている．一人当たり所得が低い途上国であればあるほど貧困撲滅，飢餓，雇用，教育，保健衛生等に対する優先順位が高いのは驚くに当たらない．

(6) 支払い意志の問題

また温暖化対応に対する支払い意志も大きな問題だ．フランスでは2018年末～19年初頭にかけて炭素税の引き上げに反対するトラックドライバーが主導するイエローベスト運動が全土を席巻した．

米国では山火事やハリケーン等により気候変動問題に対する国民理解は増大しているが，2019年にシカゴ大学が実施した調査によれば，温暖化対策のために電力料金を追加的に月にいくら負担する用意があるかとの問いに対しては月1ドル（年間12ドル）が約6割であり，月10ドル（年間120ドル）になると約7割が反対との回答であった．ところが21年6月にIEAが作成した50年全球カーボンニュートラルシナリオで想定される炭素価格を米国に適用すると年間必要負担が25年時点で1200ドルにのぼる．シカゴ大学の意識調査との乖離は非常に大きく，脱炭素化に向けた道のりは極めて厳しい．まして一人当たりGDPの低い途上国においてはエネルギー価格上昇に対する反発は一層高いものと思われる．

4.　ウクライナ戦争の衝撃

　このようにCOP26の野心的成果とエネルギーをめぐる現実との間には抜きがたいギャップが存在していたが，それを決定的なものにしたのが2022年2月に勃発したロシア・ウクライナ戦争であった．ウクライナ戦争は冷戦終結後の国際秩序や各国の安全保障政策に激震をもたらしているが，国家安全保障と密接な関連を有するエネルギー政策，エネルギーとコインの裏表の関係にある温暖化政策にも大きな影響を与えている．

　ウクライナ戦争は昨年秋以降からのエネルギー危機を更に深刻化させることとなった．世界各国は国民生活や産業の血液であるエネルギーの低廉かつ安定的な供給が死活的に重要なこと，エネルギーの安定供給は地政学の影響を大きく受けるという厳しい現実を再認識することとなった．

（1）欧州の苦悩

　この点を骨身にしみて感じているのは欧州，特にドイツだろう．脱原発，脱石炭を掲げるドイツは，風力などの変動性再生可能エネルギーの導入を強力に進める一方，再エネの出力変動の大部分をロシア産天然ガスで調整することとしていた．だがウクライナ戦争は新しいガスパイプライン「ノルドストリーム2」計画を頓挫させ，ドイツはエネルギー供給中断の危機に直面することとなった．ドイツはパイプラインガスのLNGへの転換，省エネ，再エネの更なる推進等を通じてロシア産エネルギー依存を低下させようとしているが，2022年中に完了予定の原発フェーズアウトは予定通り行う．結果的に石炭火力が不足分を埋めることとなり，短期的にはCO2排出が増加する見込みである．供給源，エネルギー源の面で多くのオプションを保持するというエネルギー安全保障の要諦を軽視し，環境原理主義，反原発・再エネ原理主義に基づき，自ら選択肢を狭めてきたドイツの失敗事例は日本にも教訓を示唆するものである．

（2）エネルギー政策のリバランスの必要性

　ウクライナ戦争は各国のエネルギー政策のリバランスをもたらすことになるであろう．日本を含む先進国のエネルギー政策は，温暖化対策の国際枠組み「パリ協定」以降，もっぱら脱炭素というアジェンダに支配されてきた．2度の石油危機の記憶は風化し，化石燃料が引き続き大きな役割を担っているにもかかわらず，COP26に象徴されるように，「化石燃料は排除されるべきであり，化石燃料投資は座礁資産化する」といった極論が強調されてきた．

　しかし西側諸国がロシア産化石燃料からの脱却を図るということは，少なくとも短期的に化石燃料需給を逼迫させる．事実，欧州諸国はロシア産パイプラインガスへの依存を低下させるため，LNG調達拡大に走っている．これは上流，中流，下流の新たな投資を必要とするが，欧米が唱道してきた「化石燃料投資は座礁資産化する」「化石燃料分野への公的融資を差し止める」といった議論と整合しない．化石燃料産業による投資を求められても，投資コストを回収する前に政府の施策により座礁資産化するのであれば，投資意欲を著しく阻害することとなる．

（3）地球温暖化政策への影響

　ウクライナ危機によるエネルギー，原材料，食品の価格上昇や，世界経済の下振れリスクは温暖化防止に対するモメンタムを弱める可能性が高い．

　もとより政治的スローガンとしての温暖化防止が揺らぐことはない．今年3月の国際エネルギー機関（IEA）閣僚理事会や5月のG7気候・エネルギー・環境大臣会合ではグラスゴー気候合意の実現へのコミットメントが再確認されている．

　だが問題は現実の行動が伴うかどうかだ．グラスゴー気候合意の野心的文言とは裏腹に，各国はエネルギー価格高騰の鎮静化に忙殺されている．脱炭素化，脱化石燃料を掲げてきた米バイデン政権は11月の中間選挙においてガソリン価格高騰を含むインフレが最大のイシューとなることが見込まれる中で，戦略国家備蓄放出，石油・ガス産業への増産要請に加え，制裁対象だったベネズエラからの石油調達拡大やイラン核合意妥結によるイラン産原油の国際市場復帰等を企図している．脱石炭のリーダーだった欧州の2021年の石炭輸入はガス価格高騰を背景に大幅に拡大している．中国，インドでは石炭生産や石炭火力の発電量が大幅に増大している．日本でもガソリン補助金が導入された．いずれも温暖化防止に逆行する動きだが，エネルギーコストの高

騰が国民生活や産業に悪影響を与えるとなれば，温暖化防止よりもエネルギーの低廉な供給を優先せざるを得ないという政治的現実を示唆している．

　今後の世界のエネルギー需要，温暖化ガス排出動向の鍵を握るのは欧米諸国でなく，アジアを中心とする途上国である．前述のように17のSDGsの中でのSDG13（気候行動）に対する優先順位は途上国において高いものではない．加えてウクライナ戦争でEUがLNG調達に走れば，アジア市場におけるLNG価格高騰をまねき，石炭依存の強いアジア地域のガス転換ひいては温暖化ガスの抑制を難しくするだろう．

　もともと温暖化防止は冷戦終結に伴う国際協調機運の高まりとともにクローズアップされてきた．現在，力による現状変更を志向するロシア，中国などと西側先進国との間で新冷戦ともいうべき対立状況が現出しつつある．これは国際協調を何よりも必要とする温暖化防止にはマイナスに作用する．先進国の軍事支出が拡大する中で，温暖化防止のための途上国支援に回るリソースが減少すれば，途上国の対応も鈍らざるを得ない．

（4）中国の動向

　中国の動向にも注意せねばならない．温暖化防止に向けた国際的潮流の中で，中国は新疆ウイグル地区の安価な労働力，石炭火力による安価な電力で生産された太陽光パネルを世界中に輸出するとともに，途上国向けには石炭火力を輸出してきた．西側諸国が資源インフレに苦しむ中で，中国は経済制裁で行き場を失ったロシアのエネルギーを安く調達し，コスト面で一層優位となる可能性が高い．

　先進国が脱化石燃料を加速すれば中国製のパネル，風車，蓄電池，電気自動車（EV）の輸入が拡大し，中国が支配力を有する戦略鉱物への依存度を高めることになりかねない．これはロシア依存とは別の意味の地政学リスクであり，中国の脅威に直面する日本にとって看過できない問題である．

5．日本の課題

　ウクライナ危機は日本のエネルギー安全保障にも様々な課題を投げかける．何より石油，天然ガスの価格上昇と円安の進行は，ただでさえ主要国中最も

高い日本のエネルギーコストをさらに引き上げ，日本経済の大きな重荷になっている．

　日本は国内に化石燃料資源がなく，隣国と連系線を有さないうえ，平地面積に恵まれず太陽光パネルのスペースに限界があり，海が深く洋上風力のコストもかさむ．資源大国米国や，各国が電力網やパイプラインで連結された欧州に比してエネルギー安全保障面で圧倒的に不利な状況にある．

　中でも原発再稼働の加速は喫緊の課題だ．原発再稼働により化石燃料の輸入コスト増加の悪影響を抑えられるが，逆に遅れればコストアップ要因となる．今年3月の東京電力管内での電力需給逼迫も，原発再稼働が進んでいれば回避できたはずだ．脱炭素化には再稼働のみならず新増設も必要だ．

　ウクライナのザポリージャ原発が攻撃されたことで，軍事攻撃に脆弱な原発から脱却すべきだとの主張もある．だがこうしたリスクにさらされるのは他の重要インフラや大都市も同様であり，求められるのは原発廃止ではなく日本の防衛体制の強化である．

　ウクライナ危機は平和に安住してきた日本に強いショックを与えた．中国，ロシア，北朝鮮に近接した日本が直面するリスクは欧米に比べても格段に高い．国家・経済安全保障体制の再検討が喫緊の課題である．脱炭素に大きく傾いたエネルギー政策についても，最も根源的な要請であるエネルギー安全保障を見据えた対応が求められている．

参考文献
COP26の結果（環境省HP）
　　http://www.env.go.jp/earth/
　　26cop2616cmp16cma10311112.html
G7コーンウォールサミット（外務省HP）
　　https://www.mofa.go.jp/mofaj/ecm/ec/
　　page4_005342.html
G20ローマサミット（外務省HP）
　　https://www.mofa.go.jp/mofaj/press/release/
　　press1_000622.html

東京大学大学院
公共政策学連携研究部 特任教授

有馬 純

Part I　Part II　Part III　Part IV

Chapter 2
アジア地域の主要課題

コロナ後の東アジア国際分業

1. 2つの挑戦

　1980年代後半以降, 北東アジアと東南アジアを含む東アジアは, 世界に先駆けて機械産業を中心とする国際的生産ネットワーク (IPNs) (Ando and Kimura 2005) あるいはタスク単位の国際分業である第2のアンバンドリング (Baldwin 2016) を拡大・深化させてFactory Asiaを構築し, 急速な経済成長と貧困撲滅を実現してきた. 日本および日本企業は一貫してFactory Asiaの主要構成員としてその発展に寄与し, またそれを自らの国際競争力の源泉としてきた. Factory Asiaの世界経済における存在は一般機械・電気機械分野で特に大きなものとなっている.

　しかしここ数年, Factory Asiaは2つの大きな挑戦に直面することとなった. 1つは新型コロナウイルスである. 感染対策のため人の移動が止まり, 中国からの部品・完成品の輸入途絶やマスク等個人用防護具のサプライチェーン分断が人々の不安を煽り, 一時はこれがグローバリゼーションの終わりを告げるものとの言説も行き交った. しかしながら, 後述するように, サプライチェーンのうち特に精緻な部分である機械産業のIPNsについては, 大方の予想に反してその頑健性を示す機会となった.

　もう1つは地政学的緊張の高まりである. 米中対立は比較的単純な関税戦争から始まったが, 次第に超大国間の技術競争, 覇権争いの様相を呈してきた. 新型コロナウイルス感染が広がる中, 西側諸国の中国不信はむしろ強まり, また人権問題も加わっ

て地政学的緊張はさらに激化した. 2022年2月に勃発したロシア・ウクライナ戦争により, 貿易管理はさらに広範に行われるようになってきている. かつてのように暗黙の了解のうちに政経分離が受け入れられる時代は終わった. しかしLamy and Köhler-Suzuki (2022) が指摘するように, 政治的議論がエスカレートする一方, 経済活動は引き続き旺盛に展開されている. これからのFactory Asiaはどうなっていくのか.

　以下, 本節では2つの挑戦を受けながらもFactory Asiaがどのように活力を維持していけるのかについて, 検討していく.

2. Factory Asiaと国際貿易秩序

　グローバル・ヴァリュー・チェーン (GVCs) あるいはグローバル・サプライ・チェーン (GSCs) という言葉は国際産業連関の総称であるが, その中でIPNs, 生産工程・タスクを単位とする国際分業, あるいは第2のアンバンドリングと呼ばれるサプライ・チェーンは特に洗練度の高いものを指す. 一般的なGSCsとIPNsの違いは, 離れたところに置かれる生産ブロックの間をつなぐサービス・リンクの重要度にある (Jones and Kierzkowski 1990). 以前からの国際貿易の大宗は原材料あるいは完成品であったわけだが, 通常それらの貿易はそれほど時間と信頼性に厳格ではなく, 何かの事情で港に数日留め置かれてもさしたる問題は生じなかった. しかし, 部品・中間財が貿易されて生産工程あるいはタスク単位の国際分業が始まると, 時間に正確で信頼性の置けるサービス・リンクが不可欠となった. サービス・リンクのコストは輸送インフラや政策環境に大きく左右される. それがゆえに, いかに先進

国との間で賃金格差があろうとも，IPNsに参加できる新興国・途上国は東アジア諸国以外では中東欧の数カ国とメキシコに限られることとなった．

　IPNsが展開されるためには十分な立地の優位性と良好な連結性が求められ，かつ企業もサンク・コストをかけてビジネス・ネットワークを構築しなければならない．だからこそ，上流あるいは下流からショックに襲われても，そのショックが一時的なものとみなされる際には，企業はIPNsを保持しようとする．IPNsは自然災害あるいは経済危機によってもたらされるショックに対して頑健である．IPNs内の貿易とりわけ機械部品の貿易が他の貿易と比べて途切れにくく（robust）また途切れても復活しやすい（resilient）ことは，アジア経済危機，世界金融危機，東日本大震災などの際の貿易データを用いて実証されている（Obashi 2010, Ando and Kimura 2012, Okubo, Kimura, and Teshima 2014）．

　機械産業のIPNsは東アジア，北米，欧州の3地域に集中している．**表2-1-1**は2019年時点における3地域とその他世界の機械類（HS84-92）に関する貿易マトリックスを示したものである（Ando, Kimura, and Yamanouchi 2022）．輸出側が行，輸入側が列である．貿易の実績値に加え，世界176カ国の貿易データを用いたグラビティ・モデル推計に基づく予測値も示してある．予測値に対する実績値の比率は，各国の経済規模や2国間の距離等を考慮した「標準的な」貿易額に比して実際の貿易額がどれだけ大きいか小さいかをみたものとなる．東アジアは対世界輸出で164%，輸入で106%，東アジア域内貿易では155%と高い実績値・予測値比率を示しており，北米，欧州を大きく引き離している．表には示していないが，東アジアは特に一般・電気機械に関して優位性がある．東アジアの中を詳しくみると，東南アジア諸国連合（ASEAN）諸国がIPNsに対するコミットメントの高さを反映して，特に高い実績値・予測値比率を示している．

表2-1-1		世界主要3地域の機械類貿易マトリックス：グラビティ・モデルによる予測値と実績値（2019年）				
輸出国／輸入国	金額(100万米ドル, %)	東アジア	北米	欧州	その他世界	世界計
東アジア	実績値 (A)	874,958	607,050	434,667	897,997	2,814,672
	予測値 (B)	564,700	284,701	298,778	567,605	1,715,783
	(A)/(B)(%)	155	213	145	158	164
北米	実績値 (A)	158,443	617,230	161,678	192,226	1,129,577
	予測値 (B)	233,376	591,802	291,501	362,368	1,479,047
	(A)/(B)(%)	68	104	55	53	76
欧州	実績値 (A)	277,206	286,773	1,517,637	461,516	2,543,132
	予測値 (B)	262,974	318,751	1,298,753	581,866	2,462,344
	(A)/(B)(%)	105	90	117	79	103
その他世界	実績値 (A)	204,942	109,694	192,904	258,272	765,812
	予測値 (B)	375,111	268,660	431,686	520,561	1,596,019
	(A)/(B)(%)	55	41	45	50	48
世界計	実績値 (A)	1,515,549	1,620,747	2,306,885	1,810,011	7,253,193
	予測値 (B)	1,436,160	1,463,914	2,320,719	2,032,400	7,253,193
	(A)/(B)(%)	106	111	99	89	100

注）東アジアには日中韓とASEAN諸国が含まれる．
出所）Ando, Kimura, and Yamanouchi (2022).

　デジタル技術の普及は，国際分業においても第3のアンバンドリングすなわち人を単位とする国際分業を拡大しつつあり（Baldwin 2016），デジタル化されたサービスの国際取引は明らかに増大している．しかし，今のところ量的には南北間の国際分業の大きな部分を占めるには至っておらず，まだしばらくは製造業を中心とするIPNsの重要性は失われない．

　東アジアによるIPNsの拡大・深化を可能とした前提条件には，同地域で長く続いた平和とルールに基づく国際貿易秩序があった．この条件をコロナ後にも維持していけるのかが今問われている．

3.　新型コロナウイルスの克服

　2019年に中国で始まった新型コロナウイルス感染は，瞬く間に世界全体に広がり，感染対策として導入されたロックダウンやその他の行動制限政策によって我々の生産・消費活動は大きな影響を受けることとなった．20年の経済成長率はほとんどの国でマイナスとなり，グローバリゼーションの先行きについても悲観的な見方が広がった．しかし，GSCsのうち特に東アジア経済の核となるIPNsに関しては，今回もその頑健性が証明されることとなった．

　新型コロナ感染がGSCsに及ぼした影響は3つのショックすなわち負の供給ショック，負の需要ショック，正の需要ショックという形に整理できる（Ando, Kimura, and Obashi 2021）．第1の負の供給ショックは，2020年2月から3月にかけて，

中国からの部品・完成品輸入が止まるという形で各国を襲った．しかしこれはわずか2カ月で元に戻っている．その後感染が各国に広がるにつれて場所と時間を違えて負の供給ショックが生じたが，一時的な影響にとどまっている．

　第2の負の需要ショック，すなわち経済活動の低下によって金融機関が痛んで大不況になるということが，当初もっとも心配されたことであった．しかし，各国が未曾有の規模の緩和政策を行ったため，負の需要ショックの影響も限定的なものにとどまった．

　第3の正の需要ショックには2つの側面がある．まず，感染対策としてマスク等の個人防護具，国によっては食料等いわゆる必需品（essential goods）の需要が突然高まり，一方いくつかの輸出国が輸出制限を設けたため，一時はパニック状態に陥った．しかしこれも生産地の切り替えがすばやく行われ，ワクチンを除けば2～3カ月で大方解消した．もう1つは，世界各国で在宅勤務や自宅隔離が進んだことからパソコンやディスプレイ，電動皿洗い機，電動ハンドドリルなどの需要が高まった．東アジアはこれらの商品の輸出国であり，感染が比較的軽微で

あったことと合わせ，東アジア経済の早い回復を助けるものとなった．

　図2-1-1は，一般・電気機械，輸送機械，精密機械の完成品・部品の地域別対世界輸出を2019年の各月を1とする指数でプロットしたものである（Ando and Hayakawa 2021）．（a）の世界全体の輸出をみると，確かに感染拡大に伴って輸出は落ち込んでいるが，20年4月ないし5月には底を打っている．落ち込みは輸送機械が特に大きく前年同月比で6割も下がっているが，一般・電気機械では1割強，精密機械では2割強の落ち込みとなっている．その後9月頃には前年同月のレベルに戻っていることがわかる．（b）の東アジアの輸出では，輸送機械の落ち込み方が明らかに小さい．また一般・電気機械と精密機械完成品については20年2月，3月に前年同月比マイナスとなったあと，すばやくプラスに転じている．正の需要ショックの影響がここに現れている．

　東アジア・アセアン経済研究センター（ERIA）はASEAN10カ国およびインドに立地する企業を対象にインターネットを用いた質問票サーベイを行い，2,000社弱（地場系・外資系を含む）から回答

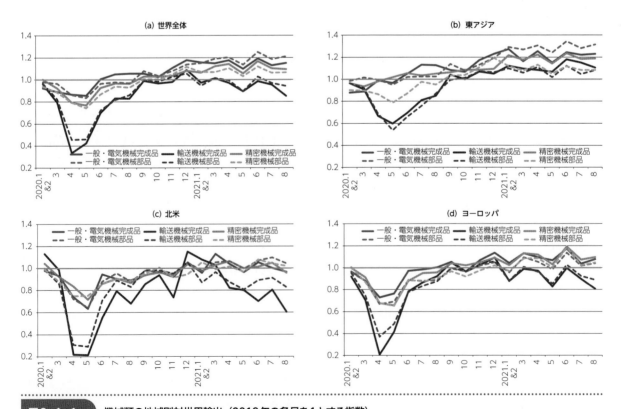

図2-1-1　機械類の地域別対世界輸出（2019年の各月を1とする指数）

注）ここに含まれる国や詳しいデータの集計方法等については出所を参照されたい．
出所）Ando and Hayakawa（2021）．

を得た（Oikawa, Todo, Ambashi, Kimura, and Urata 2021, Todo, Oikawa, Ambashi, Kimura, and Urata, 2021）．そこでは，多くのアジアの企業が上流・下流のサプライ・チェーンを組み替えながら新型コロナウイルスに対抗していったことがわかり，またサンプル・バイアスはあるにしても回答企業の半数以上が2020年にも利益を伸ばしていたことが明らかになった．これは，日系企業の現状維持重視の行動との対比で，アジアの企業のダイナミズムを示すものなのかも知れない．

　新型コロナウイルス問題はまだ終わっていない．変異株の登場により，2022年にはいって感染拡大抑制の優等生であった東アジア諸国も対応を迫られ，また中国ではゼロコロナ政策に基づくロックダウンも実施された．人の移動制限のあおりを受けた観光業や対面サービスなどの回復にはまだ時間がかかる．しかし，GSCsとりわけ東アジアで展開されているIPNsが大きく後退するといった事態が起きなかったことは明確に確認された．

4．地政学的緊張の高まり

　トランプ前米政権がそれまでの対中関与政策を放棄して対決へと踏み切った当初，米中対立はお互いに関税をかけ合うという関税戦争の形態をとっていた．世界貿易機関（WTO）で約束している最恵国待遇（MFN）関税以上に関税を上げるわけで，それだけでもルールに基づく国際貿易秩序を攪乱するものと考えられた．しかし，関税という制度そのものは比較的透明度の高い政策ツールであり，米中のみならず第3国の企業もそれを踏まえた行動をとった．理論通り，米中間の貿易は縮小し，またベトナムやメキシコなどいくつかの第3国は一定程度の正の貿易転換効果を享受した．

　しかし，米中対立は次第に超大国間の技術・覇権をめぐる争いへと激化していった．米国は安全保障貿易管理の強化，政府調達からの中国企業の締め出し，対内直接投資審査の強化などを次々と打ち出した．特にファーウェイ等特定企業を狙い撃ちした各種の措置は即効性を示した．特定企業向けの輸出管理は，米国からの輸出にとどまらず，米国の技術・ソフトウェアを用いて米国外で生産された製品の輸出についても米国当局の許可を求めるものであった．この域外適用は日本企業等にも直接的な影響を与えている．米国は戦略物資に関するサプライ・チェーンの分断（デカップリング）を目指している．

　2020年1月に米中第一段階合意が結ばれ，中国による対米輸入促進や中国側の諸方面の構造改革などが約束された．しかし，肝心の中国側の産業政策改革や補助金問題などについては合意できず，また管理貿易の色彩の強いものであった．その後，新型コロナウイルスの感染が広がる中，米国のみならず西側諸国全体の対中感情はさらに悪化していった．そこに民主主義と人権の問題が加わってくる．米国では強制労働を理由とする税関における輸入品差し止めが始まっていたが，22年6月，ウイグル強制労働防止法も施行された．米国，EUとも，人権問題への対応は制度化されつつある．

　中国側の反応も苛烈であった．米国の政策を模した貿易・投資管理等を次々と導入し，対決姿勢を明確にしていった．また，「戦狼外交」と呼ばれる高圧的な外交姿勢があちこちで摩擦を引き起こした．

　日本も新型コロナ以前からすでに輸出管理の厳格化，研究インテグリティの見直し，対内投資規制の強化などを打ち出していたが，それらを包括するものとして経済安全保障推進法を2022年5月に成立させ，23年から施行することとなっている．この法律は，（i）重要物資の安定的な供給の確保に関する制度，（ii）基幹インフラ役務の安定的な提供の確保に関する制度，（iii）先端的な重要技術の開発支援に関する制度，（iv）特許出願の非公開に関する制度という4つの柱から成る．今後「特定重要物資」の範囲がどう設定されるかが重要な問題となってくる[1]．

　2022年2月に勃発したロシア・ウクライナ戦争により地政学的緊張はさらに高まり，西側諸国は輸出・直接投資管理体制の強化を余儀なくされた．これまでのところ，海外送金規制等のマクロ・金融上の手段以上に輸出・直接投資管理がロシアの戦争遂行能力の弱体化に有効性を示す結果となっている．

　政治の場面では地政学的緊張ばかりが語られる昨

---

1)　松本（2022）はコロナ危機下における通商政策の安全保障シフトを克明に記述している．

今であるが，現実経済は動いている．そこに大きなギャップが存在していることも忘れてはならない．Hayakawa, Ito, Fukao, and Deseatnicov（2022）は日本の輸出に対する貿易管理の影響を月別貿易データを用いて分析している．そこでの暫定的な結論としては，日本政府による輸出管理強化の貿易に対する影響は統計的には観察されず，また米国政府によるファーウェイ関連規制は日本の対中輸出等に有意に負の影響を与えているとのことであった．また戸堂（2022）は，米中双方によって輸出規制が強化されたにもかかわらず，2020年以降米中の貿易は半導体を含むむしろ拡大していること，日本の対中ハイテク製品輸出もやはり縮小していないことを示した．米中あるいは西側諸国と中国の間の分断は，今のところ安全保障に関し特に重要なハイテク製品やレアアース関係のみで起きていて，必ずしも経済全体で進んでいるわけではない．

アジア諸国たとえばASEAN諸国も地政学的緊張の高まりへの不安を抱いている．しかし，直接的な影響は今のところ軽微である．経済はほぼ通常通り回っており，西側諸国とも中国とも密接につながっている．彼らも，両陣営からデカップリングの圧力が強まり，どちらを選ぶのかと踏み絵を踏まされる事態になることは何とか避けたいと考えている．また，民主主義や人権に関しては自らも問題を抱えている部分もあり，警戒心を強めている．

5.　いかにして経済活力を維持するか

Factory Asiaは，新型コロナウイルスの荒波を乗り越え，地政学的緊張の高まりを受けてもまだ旺盛に活動している．一方，広義の安全保障のため，今後さらに貿易・投資管理が進んでいくことが予想される．日本にとってアジア諸国とりわけASEAN諸国との緊密な経済関係は引き続き重要である．地政学的リスクへの対応と旺盛な経済活動という両者の折り合いをどうつけていくかが，今後の日本および東アジアにとって大きな課題となっていくであろう．

ここでは次の3点を強調しておきたい．第1に，貿易・投資管理等の範囲はできる限り明確に設定し，不確実性を最低限にとどめ，企業の遵守費用をできる限り低く抑えなければならない．現在日本政府が取り組んでいる経済安全保障推進法の施行に向けての詳細な制度設計は，この点を明確に意識して進めていく必要がある．また，日本企業にとっては，米国あるいは西側諸国の意向を踏まえながら行動しなくてはならない部分，たとえば米国のデカップリングの域外適用や人権などへの対策も必要となってくる．この部分は個々の企業の努力に頼らざるを得ない部分も大きいが，日本政府としても必要情報の収集・周知などできることがあるだろう．貿易・投資管理の遵守費用は特に中小企業やアジアの地場系企業にとって大きな負担となってくる．経済活力が大きく削がれないよう，きめ細かい手当てが求められる．

第2に，厳格なデカップリングを行う分野以外の貿易・投資・経済活動は，ルールに基づく国際貿易秩序の下に置かなければならない．デカップリングが部分的なものにとどまるとすれば，それ以外の部分では旺盛な経済活動が許容されるべきである．そのためには，WTOの復権や自由貿易協定（FTAs）の有効な活用が求められる．2022年6月に開催された第12回WTO閣僚会議（MC12）では6年半ぶりに閣僚宣言が採択されWTO復権の重要性が確認された．特にWTO紛争解決への信頼の回復は急務であり，2024年までに問題を克服するために議論を行うことが約束された．機能を停止している上級委員会に対するいわゆる空上訴問題も起きてきており，その部分的・一時的解決のために日本も多国間暫定上訴アレンジメント（MPIA）に参加することが必要である．また，中国もメンバーである地域的な包括的経済連携（RCEP）協定等を政策リスクの軽減のために用いていくことも望まれる（木村 2022）．

第3に，日本はアジア諸国とりわけASEANとの経済関係の将来像を戦略的に打ち出していかねばならない．環太平洋パートナーシップ協定（TPP）に米国が戻ってくる可能性は短期的には存在しない．2022年5月に米国主導の下，日米含め14カ国の参加を得てインド太平洋経済枠組み（IPEF）が立ち上がった．そこでは貿易，サプライ・チェーン，クリーンエネルギー・脱炭素化・インフラ，税・腐敗防止という4つの柱が示されているが，内容はまだ詰められていない．安全保障の論理が前面に出すぎるとアジア諸国は乗ってこない．一方，米

国が頑なに拒んでいるモノの貿易に関する市場アクセスなしにどのような経済的利益をアジア諸国に対して提供できるのか．日本は知恵を絞らねばならない立場にある．

　ロシア・ウクライナ戦争はそれ以前から始まっていた食料・エネルギー価格の高騰を加速し，多くの国は数十年ぶりのコストプッシュインフレの局面に入りつつある．コロナ明けの好景気に入ると思われていた世界経済も，主要国による利子率引き上げによって冷水を浴びせられる可能性が高くなった．これは東アジア全体にとって逆風となりうる．日本および東アジアとしては，IPNsという強みを忘れず，自らの国際競争力の強化を継続していかねばならない．

参考文献

木村福成（2022）「RCEPの意義と役割」．木村福成，西脇修編『国際通商秩序の地殻変動：米中対立・WTO・地域統合と日本』，頸草書房：207-228.

戸堂康之（2022）「米中経済の分断とグローバル・サプライチェーンの再編」．木村福成，西脇修編『国際通商秩序の地殻変動：米中対立・WTO・地域統合と日本』，頸草書房：121-145.

松本泉（2022）「ウィズ／アフター・コロナ危機下の通商政策」．木村福成，西脇修編『国際通商秩序の地殻変動：米中対立・WTO・地域統合と日本』，頸草書房：229-259.

Ando, Mitsuyo and Hayakawa, Kazunobu (2021), "Global Value Chains and COVID-19: An Update on Machinery Production Networks in East Asia," *ERIA Policy Brief* No.2021-04.

Ando, Mitsuyo and Kimura, Fukunari (2005), "The Formation of International Production and Distribution Networks in East Asia." In T. Ito and A. K. Rose, eds., *International Trade in East Asia (NBER-East Asia Seminar on Economics, Volume 14)*, The University of Chicago Press: 177-213.

Ando, Mitsuyo and Kimura, Fukunari (2012), "How Did the Japanese Exports Respond to Two Crises in the International Production Networks? The Global Financial Crisis and the Great East Japan Earthquake," *Asian Economic Journal*, 26 (3) : 261-87.

Ando, Mitsuyo; Kimura, Fukunari; and Obashi, Ayako. (2021) "International Production Networks Are Overcoming COVID-19 Shocks: Evidence from Japan's Machinery Trade." Forthcoming in *Asian Economic Papers*, 20 (3) : 40-72.

Ando, Mitsuyo; Kimura, Fukunari; and Yamanouchi, Kenta. (2022) "East Asian Production Networks Go beyond the Gravity Prediction." forthcoming in *Asian Economic Papers*, 21 (2).

Baldwin, Richard (2016), *The Great Convergence: Information Technology and the New Globalization*. Cambridge, MA: The Belknap Press of Harvard University Press.

Hayakawa, Kazunobu; Ito, Keiko; Fukao, Kyoji; and Deseatnicov, Ivan. (2022)" The Impact of the U.S.-China Conflict and the Strengthening of Export Controls on Japanese Exports." 日本国際経済学会第11回春季大会における発表論文（未定稿）.

Jones, Ronald W. and Kierzkowski, Henryk (1990), "The Role of Services in Production and International Trade: A Theoretical Framework." In R. W. Jones and A. O. Krueger, eds., *The Political Economy of International Trade: Essays in Honor of Robert E. Baldwin*, Oxford: Basil Blackwell: 31-48.

Lamy, Pascal and Köhler-Suzuki, Nicolas. (2022)" Deglobalization Is Not Inevitable: How the World Trade Organization Can Shore Up the Global Economic Order." *Foreign Affairs*, June 9.

Obashi, Ayako (2010), "Stability of Production Networks in East Asia: Duration and Survival of Trade," *Japan and the World Economy*, 22 (1) : 21-30.

Oikawa, Keita; Todo, Yasuyuki; Ambashi, Masahito; Kimura, Fukunari; and Urata, Shujiro (2021), "The Impact of COVID-19 on Business Activities and Supply Chains in the ASEAN Member States and India," *ERIA Discussion Paper Series*, No. 384.

Okubo, Toshihiro; Kimura, Fukunari; and Teshima, Nozomu (2014), "Asian Fragmentation in the Global Financial Crisis," *International Review of Economics and Finance*, 31: 114-27.

Todo, Yasuyuki; Oikawa, Keita; Ambashi, Masahito; Kimura, Fukunari; and Urata, Shujiro (2021), "Robustness and Resilience of Supply Chains during the COVID-19 Pandemic: Findings from a Questionnaire Survey on the Supply Chain Links of Firms in ASEAN and India," *ERIA Discussion Paper Series*, No. 407.

慶應義塾大学経済学部 教授

木村 福成

Section 2
グローバル化時代の「ビジネスと人権」

1. はじめに

　2021年11月に第二次岸田政権が発足した際，注目を集めた人事がある．国際人権問題担当の内閣総理大臣補佐官というポストが新設され，これに元防衛大臣の中谷元氏が起用されたことである．この政府の人権重視の姿勢を，世間は唐突な印象をもって受け止めたかもしれない．しかしこうした動きは，岸田政権による場当たり的で単発な取り組みではない．背景には大きな国際的地政学ダイナミズムが絡んでいる．

　同年1月にアメリカでバイデン政権が誕生すると，トランプ政権がとってきたそれまでの内向きの対外姿勢から大きく転換し，国際協調路線への回帰が打ち出された．激化する中国との対立には，自由や民主主義，法による支配といった価値を共有する「似た者同士の国々（like-minded countries）」との結束を固め，包囲網を築きながら対抗する戦略が明確にとられるようになった．そして，こうした価値軸の中心に据えられたのが人権である．日本政府にとって，人権はその国際的なポジションを定める最も重要な要素の一つとなったのである．このような動きは，ビジネス界にも大きな影響をもたらしている．

　そこで本稿では，日本における「ビジネスと人権」の意義と課題を，グローバル化時代における企業の視点から概観してみたい．

2. ビジネスにおける人権課題

　ビジネスにおける人権課題とは何か．こうした質問を受けることが多い．日本では，一般的に人権が漠然とした概念や考え方であるかのように受け止められているという印象が強い．あるいは，部落差別など特定の文脈の問題として扱われることもしばしばある．しかし，人権ははっきりとした輪郭を持ち，明確に規定された，全ての人が生まれながらに持つ普遍的な権利である．それは長い歴史のなかで，人類が試行錯誤を繰り返しながら作り上げてきた，普遍的な価値体系である（法務省人権擁護局，2020）．1948年に国連総会で世界人権宣言が採択され，それが66年に世界人権規約として条約化されるなどして，人権は国際社会に共通の価値基準となった．そしてそれは我が国の憲法にもはっきりと規定されている．

　人権の保護と推進は，これまで国家がその責任を担うとされていた．しかし今世紀に入ってからは，国家に加えてビジネスを通じた企業の人権尊重への積極的な役割が期待され，経営における人権の主流化が強く求められるようになった．実際に，企業活動と人権に関しては，すでにいくつかの国際的なルールやフレームワークが存在している．ここでは，それらに規定される人権課題のすべてが，国際条約などグローバルな規範を土台にしていることを強調しておきたい．

　例えば，企業とかかわりの深い重要な国際規範に，国際労働機関（ILO）の中核的労働基準がある．これには「結社の自由・団体交渉権の承認」，「強制労働の禁止」，「児童労働の禁止」，そして「差別の撤廃」の4分野に関わる8つの条約が含まれる．同基準は，グローバル化が進展する中で，ディーセント・ワーク（働きがいのある人間らしい仕事）を推進することで，社会進歩と経済発展を同時に実現するために最低限遵守されるべき基本的な権利，という位置づけである．労働に関わる多くのガイドラインは，これを参照し，整合性を担保するように策定されるのが原則である．

　実際のビジネスの現場においては，その具体的な人権リスクも多岐にわたる．例えば，賃金の不足・未払や過剰・不当な労働時間，労働安全衛生の不備やパワハラ・セクハラなどの各種ハラスメントという問題があげられる．また，社会保障を受ける権利や外国人労働者の権利などの侵害も該当するし，人種や民族，性別や性的志向に基づいた差別なども人権課題として想起される．こうしたビジネス上生じる人権リスクに対し，企業はこれまで以上にその尊重を求められている．グローバル化が大きく進展した時代に，企業がこうした社会的要請に応えるためには，本質的な変化をそのビジネス実践に反映することが必須となる．

3. グローバル化時代の「ビジネスと 人権」

「ビジネスと人権」は，古くて新しい問題である．その端緒は，1970年代にまで遡る．このころ，多国籍企業の展開とその世界経済，とりわけ途上国への影響がすでに顕著となっていた．これを受けて，76年に経済協力開発機構（OECD）の「多国籍企業行動指針」，そして翌77年には国際労働機関（ILO）の「多国籍企業及び社会政策に関する原則の三者宣言（多国籍企業宣言）」がそれぞれ策定された．この2つのガイドラインは，その後ビジネスと人権を考える際の基本指針となる．

1980年代の新自由主義の台頭から90年代のポスト冷戦期を経て，経済のグローバル化は隆盛を極める．国境を越えた複雑な生産・流通体制，いわゆるグローバル・バリューチェーンの展開もこのころに活発化し，世界の隅々にまで行き渡るようになった．こうしたバリューチェーンを主導する多国籍企業の社会への影響力が強まると，責任ある企業のあり方が注目されるようになる．特にグローバリゼーションの「社会的側面」への負の影響，すなわち企業活動と格差拡大や環境破壊などのグローバルな問題との関連が議論され，責任ある企業行動（Responsible Business Conduct, RBC）のあり方が問われるようになった．

このような時代的背景のなか，当時国連事務総長であったコフィ・アナン氏が，持続可能な成長を実現するために民間企業との連携を目的とした「国連グローバル・コンパクト」の設立を1999年のダボス会議で呼び掛け，翌年にはこれが成立する．日本でも2003年12月にこの枠組みのローカル・ネットワーク（グローバル・コンパクト・ネットワーク・ジャパン，GCNJ）が立ち上がり，本稿執筆時点の22年6月現在，489企業・団体が加盟する大きな組織となっている．これに参加する企業は人権，労働，環境，そして腐敗防止の4分野における10の原則を遵守し，実践することが求められている．

「ビジネスと人権」の動きに最も大きな影響を及ぼしたのが，2011年の国連人権理事会において全会一致で支持された「ビジネスと人権に関する指導原則（以降，「指導原則」）」[1]である．この「指導原則」が策定された背景には，多国籍企業の影響力とその途上国の経済社会へのインパクトの増大がある．特に日本を含む先進国の企業がグローバル・バリューチェーンを通じて競争力を向上させていく過程で，人権侵害を助長もしくは加担するケースが増えているとの見方が広まったことがあげられる．

そして2015年の国連総会でAgenda 2030が採択されると，世界では持続可能な開発目標（Sustainable Development Goals, SDGs）が注目されるようになる．その中で日本におけるSDGsの「盛り上がり」は特筆すべきものである（後藤，2019）．16年に当時の安倍政権が内閣に「SDGs推進本部」を早々に立ち上げ，翌年には経団連も「Society 5.0の実現を通じたSDGsの達成」を柱に，企業行動憲章を改定した．以来，多くの企業がそのホームページ上で，自社の既存事業とSDGsの個別ゴールを紐付け，公表するようにもなっている．さらに2025年に大阪での開催が決まった国際博覧会の誘致の際には，SDGsが全面に強く押し出されたりもした．しかしSDGsが様々な場面で掲げられることが日常化しているのにもかかわらず，人権に関する具体的な議論がビジネスの現場で中心テーマとなっていない現状には，強い違和感を覚える．SDGsの実現が，人権の尊重を前提としていることは，Agenda 2030にも明確に記されている．その17の全ゴールに通底するベースであり，人権をサイドラインに置き去りにしたままのSDGs実装化は，あり得ないはずである．

4. ビジネスと人権に関する世界の 動き

国家と企業に対する人権責任を要請する「指導原則」には，大きく3つの柱がある．第一に人権及び基本的自由を尊重・保護・充足するという国家の義務（Protect），第二に全ての適用可能な法令の遵守と人権を尊重するという企業の責任（Respect），そして第三に人権の侵害やその遵守の違反があった

---

1) 　正式名称は「ビジネスと人権に関する指導原則：国際連合「保護，尊重及び救済」枠組実施のために（Guiding Principles for Business and Human Rights: Implementing the United Nations "Protect, Respect and Remedy" Framework)」である．

表2-2-1	人権にかかわる法制度（一部抜粋）

国	該当する法律	内容
イギリス	現代奴隷法	2015年施行．奴隷労働や人身取引に関する法的執行力が強化された．年間売上高が一定規模を超え，英国で活動する企業に対し，そのサプライチェーンにおいて奴隷労働や人身取引がないことの声明の公表を義務付けた．
フランス	親会社及び発注企業の注意義務に関する法律（注意義務法）	2017年施行．人権に関する注意義務（デュー・ディリジェンス）を規定した．同法ではフランスに所在する一定の規模の企業に対し，注意義務に関する計画書の作成と同計画の実施を義務付けた．
オーストラリア	現代奴隷法	2019年施行．英国の現代奴隷法と同様の法律．オーストラリア国内で事業を行い，一定の収益を超える企業を対象に，そのサプライチェーンにおける現代奴隷のリスクを評価・分析し，報告することを義務付けている．日本企業も対象となりうる．
オランダ	児童労働デュー・ディリジェンス法	2019年に成立（未施行）．オランダ市場に製品やサービスを提供・販売する全企業（日本企業も含む）が対象．児童労働を防止するためのサプライチェーンにおけるデュー・ディリジェンスを行ったことを示す表明文の提出を義務付け．
ドイツ	サプライチェーンにおける企業のデュー・ディリジェンス義務に関する法律	2021年6月成立，2023年1月に施行予定．一定規模以上の企業（日本企業も対象）に対し，間接取引先を含めた自社サプライチェーンに関わる国内外のすべての企業に関する人権と環境リスクに対する注意義務．
アメリカ	サプライチェーン透明法（カリフォルニア州）	2012年施行．カリフォルニア州で事業を行い，一定規模以上の企業（日本企業含む）に対し，サプライチェーンにおける奴隷制や人身売買根絶への取り組みを開示することが義務付けられた．
	ウイグル強制労働防止法案	2021年成立，2022年6月施行．強制労働によって生産されたものではないことを証明する等の要件を満たさない限り，中国の新疆ウイグル自治区で生産された製品（そこで生産された部品が組み込まれたものも含む）の輸入を原則禁止する法律．
EU	企業持続可能性デュー・ディリジェンス指令案	2022年2月に発表．サプライチェーンにおけるデュー・ディリジェンス義務化．これに先立ち，2021年7月にサプライチェーンの強制労働リスクに対処するデュー・ディリジェンスの実施に関するガイダンスの公表．
	EU紛争鉱物資源規則	2021年施行．指定地域からの鉱物の取り扱いに対し，EUの事業者に紛争や人権侵害を助長していないかを確認することが義務付けられた．

資料）JETRO（2021a, b, c, d），JETRO（2022a, b）から筆者作成．

場合，適切で実効的な救済メカニズムを備え，そこへのアクセスを保証するという要請である（Remedy）．人権の保護あるいは伸長に関し，国家のみならず企業の責任がここで明記されていることを改めて確認することは重要である．

　ところで「指導原則」は各国政府や企業に対して強制力を持たない．そこで，同原則に一定程度の実効性を持たせるために，各国に対して国別の行動計画の策定が奨励されている．日本政府もこれに応じ，2020年10月に「ビジネスと人権に関する行動計画」を策定した．本計画期間は2020年から25年までの5年間で，その後に改訂が予定されている．世界で24番目の国別行動計画となった．

　こうした「指導原則」を中心とした取り組みが世界的に進む一方，先進諸国（とりわけ欧州）では，ビジネスの人権尊重をより強力に推進するため，関連する法制度の策定も進んでいる．その先駆けとしては，例えば2015年に英国で施行された「現代奴隷法」がある．同法では，英国で活動し，一定の条件を満たす企業に対し，取引先を含めた人権侵害防止の取り組みの公表が義務付けられている．同様な法律はフランスやオーストラリア，ドイツやアメリ

カのカリフォルニア州でも既に施行されている．さらにEUでは，域内で活動する企業に人権・環境デュー・ディリジェンスの実施や，苦情処理・問題解決メカニズムの設置を義務付ける立法への動きが進んでいる（**表2-2-1**参照）．こうした法的枠組みの多くでは，当該国で活動している，あるいは対象市場向けのバリューチェーンに関わる日本企業も対象となる．

5. グローバル・バリューチェーンと人権

　このように，ビジネスと人権に関する世界の潮流は，企業による人権規範の自主的な遵守から，国家による法的な義務化へと進んでいるが，その際にも指針となるのが「指導原則」やOECDの「多国籍企業行動指針」，ILOの「多国籍企業宣言」といったグローバルな枠組みである．「指導原則」では，上述した4分野10原則の実現のため，次の三つの事項を企業に実践することを求めている．第一に人権方針を策定し，企業としてのコミットメントを表明するということ．第二に人権デュー・ディリジェ

ンスの継続的な実施．そして第三に人権侵害があった際に救済措置を講ずることである．この中で，最近メディアなどでも取り沙汰されるようになったのが，人権デュー・ディリジェンスであり，これに関わる法制化が欧州を中心に盛んである．

人権デュー・ディリジェンスとは，先にも触れたように，企業が日々の活動において人権を尊重する責任を果たすための継続的なプロセスである．ここでは人権リスクをそれぞれの産業や企業特性に応じて特定したうえで，人権侵害を防止・軽減することが中心となる．このプロセスに基づいて，被害者を救済することが次に求められる．より具体的な実施手順のガイドラインとしては，例えばOECDによる「責任ある企業行動のためのOECDデュー・ディリジェンス・ガイダンス」がある．これによれば，人権デュー・ディリジェンスには以下の所作が含まれることとなる（OECD, 2018）．

①責任ある企業行動の企業方針及び経営システムへの組み込み
②企業の事業，サプライチェーン及びビジネス上の関係における負の影響の特定と評価（⑥ 適切な場合，是正措置を行う，または是正のために協力する）
③負の影響の停止，防止及び軽減
④実施状況及び結果の追跡調査
⑤対処の対外的な公開

企業活動がグローバル化した時代において，上記の人権デュー・ディリジェンスを実施するのは，じつは簡単なことではない．その理由は，企業活動の多くが，会社や国のバウンダリー（境界線）を超えてつながるグローバル・バリューチェーンに埋め込まれているからである．つまり，企業がその活動において人権を尊重し，遵守するというのは，自社の活動領域だけが対象となるのではなく，そのバリューチェーン全体にまで遡及して対応が求められることを意味している．

グローバル・バリューチェーンは，複雑な企業間関係から成り立つ生産・流通ネットワークである．また，そのガバナンスの形態も多様である．これを組織し，統括する企業から見た場合，その戦略の本質は，国際比較優位を発揮できる中核的機能（コア・コンピタンス）以外の周辺工程・機能を外部化して再組織化することにある．この外部化は，基本的には①オフショアリングと②アウトソーシングという2つの戦略軸で展開される．①のオフショアリングは，当該工程・機能を日本国外に移転するプロセスである．よくあるケースが，日本の賃金水準の高まりによる比較優位の低下を受けて，その工程をより所得水準の低い途上国へ移転する，というものである．そして②のアウトソーシングは，当該工程・機能を自社の外に移転するプロセスである．特定の機能や工程を外注に出すような事例である．そして，自社内に残す部分が中核的機能にあたる競争ドメイン（コア・コンピタンス）となる．この2つの軸の組み合わせで生まれる4つの象限（戦略）によってグローバル・バリューチェーンが形成される（表2-2-2）．電子製品にせよ衣類品にせよ，そのバリューチェーンは基本的にはこの4つの戦略の組み合わせで成立している（後藤, 2019）．

表2-2-2　外部化の2つの戦略軸

		① オフショアリング軸	
		なし	あり
② アウトソーシング軸	なし	(1) 中核的競争ドメイン（自社の機能）	(2) 自社海外事業所（FDI）
	あり	(3) 国内外注	(4) 海外外注

資料）後藤（2019）．

「指導原則」では，国内の本社を含む自社事業所のみならず，海外の事業所はもちろんのこと，資本関係のない国内外の発注先（サプライヤー）にまでデュー・ディリジェンスを行うことが要請されているのである．さらに，人権デュー・ディリジェンスの範囲が，契約関係を持つ「直接取引先」だけでなく，取引契約のない「間接取引先」に対しても責任を負う，ということになっている．これは，例えば海外のサプライヤー企業が取引をする外注先の，さらにその下請け先の雇用・人権課題に関しても，バリューチェーンを統括する企業は責任を持たなければならない，ということを意味している．また，東南アジアや南アジアの国々では，広範なインフォーマル経済の展開も見られる（遠藤・後藤, 2018；

後藤，2021）．自社がかかわるバリューチェーンがそうした部門にまで及んでいる場合，そこもデュー・ディリジェンスの対象範囲となるのである．

6. 日本企業の人権対応の現状

　この「ビジネスと人権」に関する世界の動きが強まるなか，日本政府においても先に挙げた人権担当首相補佐官をはじめ，グローバル・バリューチェーン上の人権リスクへの対応を推進するために，経済産業省に「ビジネス・人権政策調整室」が，そして外務省にも人権侵害対策担当の企画官のポストが設けられるなどした．また，2022年2月に業種横断的な「サプライチェーンにおける人権尊重のためのガイドライン」の策定が経済産業省から公表された．民間部門が主導するところでは，例えば2021年の6月には東京証券取引所に上場する企業を対象とした「コーポレートガバナンス・コード」（企業統治指針）に人権尊重規定が盛り込まれたりした．また，日本の繊維産業全体を対象とした「責任ある企業行動ガイドライン」の策定も，経済産業省の後押しのもと，ILOのサポートを受けながら日本繊維産業連盟がステークホルダーとの対話を進めながら策定作業に取り掛かっている（本稿執筆時）．

　日本における企業ベースの人権対応の現状はどうだろうか．これについての調査もすでにいくつかある．2021年9~10月にかけて実施された経済産業省の「日本企業のサプライチェーンにおける人権に関する取り組み状況のアンケート調査」（有効回答数760社，有効回答率27.3％）では，回答企業のうち人権方針を策定しているのが約7割，人権デュー・ディリジェンスを実施しているのが5割強だったことが明らかとなった．そして，人権デュー・ディリジェンスを実施している企業のうち，それに間接取引先も含まれている企業は25％だった．また，一般的な傾向として，売上高が大きくなれば，人権に対応している可能性も高いことが示された．

　日本貿易振興機構（JETRO）も同様な調査を2021年11月~12月に実施している．その「2021年度日本企業の海外事業展開に関するアンケート調査」（有効回答数1745社，有効回答率13.0％）の人権への取り組みに関する項目では，人権方針を策定している企業は38.1％で，6割は未策定だった．人権方針を策定した企業の割合としては，大企業で64.3％だったのに対し，中小企業では32.7％にとどまっていたことも明らかとなった．また，人権方針を有している企業のうち，自社のサプライヤーに対しても人権遵守を求めている企業は65.4％を占めていた．その中で国内の調達先に対して準拠を要請した企業が81.6％だったのに対し，海外の調達先については26.0％にとどまっていた．また，サプライヤーのさらにその先の調達先にも人権方針の準拠を求めている企業は，わずか10.6％だった．一方で，調査対象企業の31.3％が国内外の顧客から人権尊重方針への準拠を求められていた．日本政府や関係団体の人権に対する動きがようやく動き出したとはいえ，産業全体としての対応や個別企業の取り組みはまだ少ない．

7. 今後の課題

　国連「指導原則」でも示されているように，ビジネスにおける人権リスクを完全に排除することは，事実上不可能かもしれない．むしろ，人権に関わる問題が起こりうることを前提に，間接取引先を含めたバリューチェーンの全容を把握し，各プロセス・機能におけるリスクを，その深刻度に応じて明確化していくことが必要となる．人権デュー・ディリジェンスの継続的な実施は，こうしたバリューチェーンへの主体的関与によってはじめて効果を持つ．その際，その取り組みと成果を，透明性のある形で開示することが大切となる．

　2021年の1月，日本の大手アパレル企業の製品が，米国への輸入を指し止めされる事案が生じた．強制労働が疑われる中国の新疆ウイグル自治区のある組織が，その製品の原料の生産にかかわっている疑いがある，というのがアメリカ当局の示した理由である．当該アパレル企業は不服を申し立てたが，十分な取り組みが説得力のある形で提示できなかった，というアメリカ当局の判断があったものと思われる．

　最後に，日本が国を挙げて人権とビジネスの課題に取り組む際に，どうしても避けて通れないのが外国人技能実習生にかかわる問題である．外国人技能実習生は，日本が途上国へ技能，技術又は知識の移

転を促す，「人づくり」を中心とした「国際貢献」のためのスキームという位置づけである．この制度を通じて，実際に途上国への技能・技術移転が進んで，その経済発展に寄与した事例もあるだろう．ただし現実としては，この制度によって派遣されてきたアジアの人々が，人手不足に苦しむ企業・産業の労働需要を満たす労働力となっている実態もあることは周知の事実である．日本の外国人技能実習生は，これまでも長年国際的な批判にさらされてきた．例えば，米国はその『人身取引報告書』において，同制度を外国人労働者の搾取を可能とする制度であり，強制労働を助長するものであると，繰り返し指摘している．

　サステイナビリティやSDGsは単なる「おしゃれなトレンド」ではない．「持続可能な開発」を日本が本気で推進し世界をリードしたいのであれば，その取り組み全てが人権の尊重をベースとしなければならない．サステイナビリティの本質をとらえた，地に足の着いた議論と具体的な対応が，今こそ求められている．

参考文献

遠藤環・後藤健太．2018.「インフォーマル化するアジア――アジア経済のもう1つのダイナミズム」遠藤環・伊藤亜聖・大泉啓一郎・後藤健太（編）『現代アジア経済論―アジアの世紀をまなぶ―』有斐閣，183-206頁．

経済協力開発機構（OECD）．2018.「責任ある企業行動のためのOECDデュー・ディリジェンス・ガイダンス」（日本語訳），OECD.

後藤健太．2019.『アジア経済とは何か―躍進のダイナミズムと日本の活路』（中公新書）中央公論新社．

後藤健太．「SDGsとグローバル・バリューチェーン」『アジア太平洋と関西―関西経済白書〈2019〉』アジア太平洋研究所，75-78頁．

後藤健太．2021.「コロナ禍におけるアジアの労働市場とインフォーマル経済」『アジア太平洋と関西―関西経済白書〈2021〉』アジア太平洋研究所，53-59頁．

日本貿易振興機構（JETRO）．2021a.「カリフォルニア州サプライチェーン透明法の概要」海外調査部ロサンゼルス事務所．

日本貿易振興機構（JETRO）．2021b.「英国 2015年現代奴隷法（参考和訳，改定版）」海外調査部ロンドン事務所．

日本貿易振興機構（JETRO）．2021c.「豪州 2018 年現代奴隷法（参考和訳）」海外調査部．

日本貿易振興機構（JETRO）．2021d.「フランス共和国 親会社及び経営を統括する企業の監視義務に関する2017年3月27日付け法律2017-399号（1）（参考和訳）」海外調査部パリ事務所．

日本貿易振興機構（JETRO）．2022a.「ドイツサプライチェーンにおける企業のデュー・ディリジェンス義務に関する法律（参考和訳）海外調査部ベルリン事務所．

日本貿易振興機構（JETRO）．2022b.「サプライチェーンと人権」に関する政策と企業への適用・対応事例（改訂第2022年版）」海外調査部．

法務省人権擁護局．2020.『今企業に求められる「ビジネスと人権」への対応「ビジネスと人権に関する調査研究」報告書（詳細版）』公益財団法人人権教育啓発推進センター．

関西大学経済学部 教授
後藤 健太

アジア人材との共働社会に向けた課題と展望

1. はじめに

　本節では，アジア太平洋研究所の「アジア人材との共働社会」研究会の2021年度の1年間にわたる研究成果をベースに，アジア人材との「共働」の視点から日本及び日本企業の課題と展望について紹介する．

　まず，アジアの人材育成の特徴について紹介し，アジアの中でも，インドに注目して分析・紹介する．インドにあえて注目する理由は，中国との比較の視点と日・米・豪・印が形成する安全保障の枠組みであるQUAD（以下，クアッド）の観点からである．その上で，アジア人材，特に，インドの人材と「共働」するためには，どのように，日本および日本企業が取り組みをおこなえば良いのかについて，先行調査報告からと「アジア人材との共働社会」研究会がオリジナルにおこなったアンケート調査とヒアリング調査から解説する．

2. アジアの人材育成の特徴

(1) シンガポール，ベトナム，インドの第四次産業革命適応型人材の育成

　アジア諸国では，21世紀初頭のIT革命の到来以降，積極的にそれに適応した人材育成とデジタル産業の振興をおこなってきた．ここでは，シンガポール，ベトナム，そして，特に，インドを事例として，各国の第四次産業革命に適応したデジタル人材の育成とデジタル産業の隆盛について紹介することとしたい．

　シンガポールでは，頭脳立国を国是として，21世紀以降は，製薬などを中心に世界から優秀な科学者を集め，第四次産業革命に適応した教育・研究体制の構築とデジタル産業の振興をおこなっている．

　ベトナムでは，中国の人件費高騰から生産拠点の移転先として注目を集め，アジアの生産拠点の地位を築いてきたが，デジタル人材の教育やデジタル産業の育成にも積極的である．

　また，インドでは，現モディ政権が「デジタル・インディア」を推進しており，インドのデジタル社会・経済知識社会への移行を図ろうとしている．デジタル・インディアのビジョンは，すべての国民にデジタルインフラ（高速インターネットなど）の提供による身分証明や銀行口座の電子化，行政サービスのオンデマンド化，デジタルリテラシーの強化や行政文書のクラウド化を図ることにある．

　シンガポール，ベトナム，インドのいずれのアジア諸国においても，第四次産業革命適応型の教育への展開は果たしており，企業とのインターンシップなど実践教育をおこなっている．

　このような第四次産業革命に適応したアジア諸国の人材とそのデジタル産業などのアジアの諸企業と「共働」してゆくことは，日本及び日本企業の重要な課題である．特に，インドとの提携は，これから論述するような諸側面から大きな未来の課題となっている．なぜ，インドかという理由は，これから論述するインドが優れた理系人材の育成国である点やインドの特徴的な産業構造やデジタル産業の特徴，今後，日・米・豪・印の新冷戦時代での協力関係構築の必要性などから説明することにしたい．

(2) 特徴あるインドの理系大学教育とデジタル産業政策

　デジタル産業分野において，インドの最大の強みは，毎年，IT技術者を豊富に供給できることであり，かつ英語を共通言語としている点である．

　また，インドの高等教育の特徴としては，理工系，特に，卒業後，高い報酬の獲得が見込めるIT専攻にますます高い人気が集まっている中でも，インド工科大学（IITs），インド科学大学院大学（IISc），インド経営大学院大学（IIMs），化学技術研究所（UICT）などの一流の高等教育機関を卒業・修了した高度人材は世界的に特に高い注目を集めている．

　有名なインド工科大学は一つの大学ではなく，各キャンパスは独立しており，あるのはインド工科大学という共通システムである．アメリカのカリフォルニア大学と似ており，23校，1.3万人の学生が所属している．各校の1学年は500〜600人．インドと日本では，受験のバックグラウンドがそもそも異なり，数学，物理など一科目でも優れた能力があれば，合格できる受験システムになっている．人気の

学科は，コンピュータサイエンスと電気工学が双璧となっている．

3. インドと中国の対照的な産業開放政策

(1) インドのデジタル産業開放と中国の工業開放

　中国の産業開放政策は，工業部門を外資系企業に開放し，積極的に誘致してきているのに対して，デジタル産業部門は中国企業に独占・限定する政策をとっている．その上で，アメリカに上場している中国のデジタル企業についても，場合によっては上場廃止をして，香港市場への上場に限定するなどのデジタル鎖国政策をとっている．

　インドでは，英国の植民地であった経緯からも，工業部門については長らく保護主義政策をとってきている．これに対して，デジタル産業部門については，開放的で，積極的に，アメリカのデジタル産業の企業を受け入れてきている．

| 表2-3-1 | インドと中国の対照的な産業開放政策 |

	工業分野	デジタル産業分野
中国	開放	閉鎖
インド	閉鎖	開放

資料）筆者作成．

　インドのIT産業の大きな発展の端緒は，2000年問題への対応で，アメリカIT企業がソフトウェアの一斉修正に大量のITエンジニアを必要とし，またインドに対して多くの人材需要があったことから始まったと一般的には，言われている．インドのITエンジニアがそれに対して見事に応えたことからアメリカのICT産業の下請けからインドのIT産業が急速に伸びることとなった．その後，インドのバンガロールにグーグル，ヤフー，アマゾン，マイクロソフト，IBMなどのアメリカの様々な巨大IT関連企業が展開し，研究開発拠点を構えている[1]．

　インド企業は，IT技術を活用した業務の効率化を推進するITコンサルティングに強みをもっている．具体的には，インドのITコンサルティングファームを売り上げ規模でみると，第一位として，

タタコンサルタンシー・サービス，第二位，インフォシス，第三位がエムフォシスである．また，インドでは，2019年からのインドIT企業のアメリカ証券市場への上場を認めるようになっている．インフォシスの顧客は，21年3月期売上高で見れば，地域別構成比は米国61.5%，欧州24.1%，インドが2.6%と先進国地域が中心となっている．最先端のIT技術水準を武器に欧米先進国の顧客に対して高い顧客満足度を提供している．また，その業務の多くをコスト競争力のあるインド国内の技術者やスタッフによって対応しており，安定した企業成長を達成している．09年3月期から21年3月期の年平均成長率は売上高が，13.6%，税引後利益が10.2%といった高い伸びとなっている．

(2) インドと中国の産業政策の差異と未来予測

　インドは，日本のように第一次産業から第二次産業を経て第三次産業へと発展するという道筋を取らず，結果として第一次産業から第三次産業であるICT産業に移行したといえる．また，中国が，工業を海外に開放し，ICT産業を保護したのに対して，インドは反対の動きを示している．中国が，「開放型工業化，閉鎖型デジタル化戦略」に対して，インドは，「閉鎖型工業化，開放型デジタル化戦略」であったという指摘もある[2]．

　また，インドと中国の比較を，2018年の世界銀行のデータから見れば，中国のGDPに占める製造業の比率が，29.4%であるのに対して，インドはGDPに占める製造業の比率は，15%であり，中国より著しく低い．また，18年の世界銀行のデータから見れば，GDPに占める農業の割合が，中国が7%に対して，インドが14%と著しく高いことがわかる．

　また，インド政府の統計からインドの粗付加価値額（GVA）から2020年度のインドの産業構造を見れば第一次産業である農業が20%を占めて中心となっており，閉鎖型工業化であるため第二次産業の製造業が15%，建設業が7.3%と停滞している．

1) 林幸秀編著，樋口壮人・西川裕治著（2016）『インドの科学技術情勢―人材大国は離陸できるのか』丸善出版，27頁，参照
2) 伊藤亜聖著（2020）『デジタル化する新興国　先進国を超えるか，監視社会の到来か』中央公論社，108頁参照．

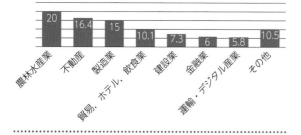

図2-3-1　インドの産業構造

注）業種の分類は代表的なもの．値はパーセンテージ．
資料）Ministry of Statistics and Programme Implementation（インド政府統計省）のデータより2020年度の粗付加価値額（GVA）の割合．

インドの開放型デジタル化戦略は，いやおうなくパートナーとなるアメリカの巨大企業との関係性を深め，同時に，IT技術や様々な情報を米印で共有化することとなっている．それゆえ，インドとアメリカは，今後とも情報産業を介して，研究開発を含む高度な国際分業を加速させ，相互の連携を深めることが予測される．

これに対して，中国は，工業部門における対米輸出を通して，貿易摩擦を激化させると同時に，デジタル産業部門では分離し，かつ閉鎖政策をとるがゆえに，米中間の対立は今後も深まってゆくことが予測される．

インドの新興デジタル企業は，かつての中国企業のようにアメリカの証券市場に上場し，それを梃子にして，世界市場と巨額の資金を獲得し，急成長してゆくことが想定される．それは同時に，アメリカやアメリカ企業とインドの新興デジタル企業がより密接な関係を構築してゆくと考えられる．2021年，インドのユニコーン創出は，中国122社に次いで世界第3位26社であり，インドの新興デジタル企業が，中国デジタル企業に代わり，アメリカの証券取引所に上場され，ユニコーン企業数も年々増えることが予想される．

これに対しては，中国の新興デジタル企業は，場合によってはアメリカから上場撤退を余儀なくされるばかりか，「共同富裕」の名の下で，政府への巨額な献金や独占禁止法等などの規制や罰則が課せられており，明暗を分ける形となっている．

このような状況と未来予測を踏まえて，日本および日本企業も，中国，インドといったアジアの二大大国政府と企業との未来の関係構築を十分に熟考することが大切である．

4. 新冷戦時代のインドの役割と日印間の経済協力の重要性

（1）インドへ注目する理由：日・米・豪・印の新冷戦時代の協力関係構築

日・米・豪・印では，基本的な自由主義の理念と価値を共有する自由主義国の協力関係の構築として，クアッドを形成している．クアッドとは，日・米・豪・印による安全保障・経済協力関係の枠組みであり，4つの国の軍事費の合計は中国を凌いでいる．クアッドは，2006年の安倍首相による4カ国による戦略的対話をきっかけとしてスタートしたものである．NATOのような軍事同盟ではないが，既に合同軍事演習をおこなっている．

ロシアによるウクライナへの侵攻に対しては，クアッドの4カ国の外務大臣は，批判声明を出した．

ロシアによるウクライナ侵攻は，新冷戦時代という基本的な自由主義の理念と価値を共有する自由主義国とロシア・中国などの管理・統制国家による対立の構図を明確に際立たせることとなっている．

クアッドの歩みは，**表2-3-2**のようになっている．

表2-3-2　クアッドの歩み

日・米・豪・印の協力の歩み	
2006年	安倍晋三（当時）首相が対話の枠組みを提唱
2017年11月	フィリピンで局長級会合
2019年 9月	米ニューヨークで外相会談．
2020年10月	東京で外相会議．定例化を確認．
2020年11月	自衛隊と米印豪による合同演習

資料）日本経済新聞社，2021年3月13日より作成．

このクアッドの中で，インドは，非同盟・中立路線をとっており，日・米・豪にとって，インドとの緊密な関係構築は大きな未来の政治・経済・安全保障の課題ともなっている．それだけに，日・米・豪から積極的にインドに対して，経済協力や連携を通して，インドのクアッドへの積極的な参加，協力関係を引き出そうとしている．

また，アジア太平洋地域において，日本や中国などは少子高齢化が顕著であり，今後，人口減少が予測されているが，これに比して，インドは人口構成比的にも若者層が厚く，今後の経済成長においても，大変魅力的だからである．

日本の少子高齢化に伴う絶対的なIT系やエンジニアなどの理系人材の絶対的不足の充足という直面する経営課題への対応として，成長するインドのIT系の高度人材や企業の活力を，日本企業との連携や日本企業・海外日系企業での就労などを通して取り込むことは日本及び日本企業の重要な課題でもある．

(2) 日印間の経済協定・経済協力の重要性 −インドにおける日本の「ものづくり技能移転推進プログラム」を例に−

インドにおいて，日本企業が求める質の高い人材の育成とインドが求めるインドの停滞する第二次産業の発展を果たすために，2016年11月に，日印首脳会談において，世耕経済産業大臣・チノイ駐日大使が「ものづくり技能移転推進プログラムに関する協力覚書」に署名している．この「ものづくり技能移転推進プログラム」において，10年で3万人のものづくり人材の育成を計画している．

このプログラムでは，(1) 日本式ものづくり学校（Japan-India Institute for Manufacturing：JIM）と (2) 寄附講座（Japanese Endowed Courses：JEC）の二つが重要である．このプログラムは，インドのモディ首相が提唱する"Make in India"，"Skill India"にマッチするプログラムであると言える．

このプログラムの日本式ものづくり学校の内容としては，規律：工場勤務の心構え，ものづくりの精神：カイゼン，5S（整理，整頓，清掃，清潔，躾），技能：実用的な技術，考える力：問題点の分析と解決策の提案，工場における実践研修：実践的な現場教育（工場での部品，組立など）である．研修期間は1年間から3年間となっている．この日本式ものづくり学校としては，具体的には，スズキやトヨタなどが学校を開講している．

また，寄附講座（Japanese Endowed Courses：JEC）としては，インドにおいて，将来的に管理職・エンジニアの中核を担う可能性のあるインド人の優秀な学生層に対し，日系企業の実践的な専門教育を提供することで，インド の産業人材を育成し，日系企業の将来的な採用につなげたり，さらには，ものづくりに限定せず，ITセクターの産業人材育成も行うことを目的に展開されている．

この「ものづくり技能移転推進プログラム」の展開によって，日本の製造企業やIT企業などがインドで展開する上で，ネックでもあった日本のものづくりに適応した優れたインド人材の育成が進みつつある．

また，第二次産業の発展が停滞しているインドにとって，「ものづくり」を得意とする日本・日本企業の協力が非常に意義のあるものとなっている．

特に，現在のモディ政権では，2014年9月より製造業の発展を目指す"Make in India"をスタートさせ，製造業の振興に努めている．日印間の「ものづくり」を介した関係構築は，クアッドのような政治的・軍事的関係構築の発展を促す重要な取り組みである．

5. 日印間の経済協力関係推進のためのブリッジ人材の育成と課題

本節の最後に，アジア特に日印間の政治・経済協力関係推進のための日本におけるブリッジ人材の育成を，インド人材との「共働」という観点から見ることにしたい．

(1) 先行調査報告からの示唆

JETROによる「在日インド高度人材に関する調査報告書」（2020）では，インド高度人材の採用や活用の課題として，第一に，インド人材特有の思考や傾向を理解し，勤務年数や成果指標に対する認識ギャップを埋めること，第二に，採用後の定着率をさらに高めるためには，社内におけるコミュニケーションや適切な評価制度の設計・導入・実施が重要という2点が特に指摘されている．

さらに，具体的な取り組みについては，本調査報告では，全社的な合意と人材募集の要項の明確化，専門家として採用し，業務内容や責任，昇給昇格ルールの明確化，日本企業のインド人材への認知度をあげることが重要であると指摘している．インドのIT関係の高度人材は，世界的な人材獲得競争の渦中にあり，そのことを意識した官民連携のインド人材の獲得が重要であることが強調されている．また，本調査報告では，納得感のある評価のフィードバック，信頼関係の構築，成長機会の継続的提供，言語による情報格差の是正，定期的なマネジメント

の方針説明，企業理解の大切さが指摘されている．

(2) APIR「アジア人材との共働社会」研究会の調査からの示唆

　本調査は，アジア太平洋研究所が，外国人エンジニア派遣を行う株式会社サンウェルに，アンケート調査の設計を行った上で，実施・回収を依頼したものである．また，調査回答をおこなったインド人エンジニア4名，ベトナム人エンジニアの2名に追加ヒアリング調査をおこなったものである．

　アンケートは，2021年10月に実施した．回答者数：インド人エンジニア105人，ベトナム人エンジニア55人である．調査ツール：WEBアンケートではGoogle formを利用した．なお，追加ヒアリング調査は，21年10月・11月にインド人エンジニア4名，ベトナム人エンジニア2名に実施した．いずれも，働く日本企業への評価や滞在する日本への評価を問うものである．

　本アンケート調査及びヒアリング調査を俯瞰すると，インド人エンジニアも，ベトナム人エンジニアも，まず，日本企業に対して，改善すべき点や課題を抱えているのに対して，日本に対しては安全・安心の好印象を抱いていることがわかる．ただ，日本に対しても，家族を抱える場合は，子供教育の問題，配偶者の正規雇用による就労問題を抱えており，その点への改善を求めている．

　インド人エンジニアとベトナム人エンジニアを比較すると，言語環境の差異による就労の困難さの違いがわかる．インド人エンジニアは，英語と日本語であり，インド人にとって，英語がインドにおける共通言語であることを考えると，英語を使える日本企業での就労環境は，日本語のみよりも楽である．これに対して，ベトナム人エンジニアは，日本語のみであり就労環境の言語的な厳しさが伺える．特に，インド人エンジニアの場合，ITエンジニアでは，より英語を使いやすい就労環境があり，かつ満足できる給与支払いの傾向がある．ベトナム人エンジニアでは，調査対象の7.7％しかITエンジニアがおらず，ベトナム人エンジニアの就労が，その他の機械・電気系のエンジニアとなっている．インド人エンジニアでは，ITエンジニアが50％を占めている．

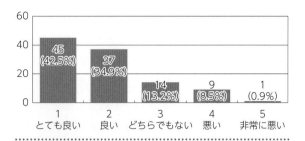

図2-3-2　インド人エンジニアの日本への印象について

資料）APIRアンケート調査結果を基に作成

　インド人エンジニアの場合，**図2-3-2**のように，日本に対して好印象をもっている人が多い．インドと比較して，高い医療施設，親切な学校，安全・平等な社会という日本に惹かれて，家族で長く日本で暮らす傾向があることを，今回の調査で明らかにすることができた点は大きい．

　インド人エンジニア・ベトナム人エンジニアに共通して不満に感じる諸側面については，今後，日本企業が改善してゆく必要がある．具体的には，会社の意思決定のスピード，待遇や昇格に対する基準の明確化や事前説明，企業ビジョンの明確化，上下関係が厳しいなどの問題点の改善が必要である．さらに，ワークライフバランスの改善，透明な意思決定プロセスと情報開示，グローバルマネジメント，教育や研修制度の充実，一時帰国の長期休暇の承認，教育や研修制度の充実，日本人社員むけに外国籍社員と「共働」実現のための教育，子供の教育に対する補助金，教育や研修制度の充実なども重要な課題である．

　アジア（特に，日印）間の経済協力関係推進のための日本におけるブリッジ人材の育成のためには，安心・安全という日本に対する好印象を上手く活用して，日本に優秀なアジア人材を呼び寄せ，ブリッジ人材として育成することが大切である．

参考文献

和泉徹彦（2019）「日本における外国人労働者に関する研究の動向と展開」『嘉悦大学研究論集』第 62 巻第 1 号，pp.23-37

伊藤亜聖著（2020）『デジタル化する新興国　先進国を超えるか，監視社会の到来か』中央公論社，108頁

梅田邦夫（2021）『「対中警戒感」を共有する新・同盟国　ベトナムを知れば見えてくる日本の危機』小学館

奥村みさ（2021）「シンガポールにおける多文化教育 -中等学校社会科教科書分析を中心に-」『東洋大学人間科学総合研究所紀要』第23巻109頁から129頁

グルチャラン・ダス著，野地秩嘉取材・構成（2020）『日本

人とインド人　世界市場とインド人』プレジデント社

黒田友貴（2020）「高等教育におけるSTEM人材養成のカリキュラムに関する一考察－シンガポール工科デザイン大学の事例に着目して-」『日本科学教育学会第44回年会論文集』

佐藤隆広・上野正樹編著・高口康太（2021）『図解：インド大全　一政治・社会・文化から進出実務まで一全11産業分野収録版』白桃書房

田所昌幸編著（2015）『台頭するインド・中国一相互作用と戦略的意義一』千倉書房

田中洋二郎（2019）『新インド入門　生活と統計からのアプローチ』白木社

中川豪「シンガポール型メリトクラシーの本質 -その理想と現実-」『政治経済学研究論集』第8巻

日経BP総合研究所編（2017）『イノベーション大国次世代への布石一異次元の成長を遂げたシンガポールの未来戦略と日本の活路一』日経BP社

野村敦子（2015）「外国人材の活用に向け求められる制度の再構築―海外事例にみる外国人政策の視点―」『JRIレビュー』Vol.6, No.25

林幸秀編著，樋口壮人・西川裕治著（2016）『インドの科学技術情勢―人材大国は離陸できるのか』丸善出版

広瀬公己（2019）『インドが変える世界地図―モディの衝撃一』文芸春秋

藤井毅（2003）『歴史の中のカースト：近代インドの＜自画像＞』，岩波書店

藤田麻衣「第9回 デジタル時代の制度構築のアプローチとは（ベトナム）」（2020）『IDEスクエア　コラム 新興国発イノベーション』日本貿易振興機構アジア経済研究所

守屋貴司（2012）「日本企業の留学生の外国人採用への一考察」『日本労働研究雑誌』No.623, pp.29-37

守屋貴司（2018）「外国人労働者の就労問題と改善策」

守屋貴司（2020）「高度外国人材が活躍する会社の条件一求められるキャリアアップ＋昇格基準の明確化」『りそなーれ』2020年9月号

守屋貴司（2020）『人材危機時代の日本の「グローバル人材」育成とタレントマネジメントー見捨てられる「日本・日本企業」への処方箋』晃洋書房

安田聡子（2009）「日本企業のイノベーションと外国人高度人材」土井教之（編）『ビジネス・イノベーション・システム―能力・組織・競争一』日本評論社

山田満・苅込俊二編著（2020）『アジアダイナミズムとベトナムの経済発展』文眞堂

立命館大学経営学部 教授
守屋 貴司

アジア太平洋研究所 総括調査役・研究員
中山 明

Section 4
アジアにおけるデジタル化の進展

1. 潮流としてのデジタル化

(1) デジタルによる分断からの脱却

　経済社会の情報化は，先進国では1970年代頃から議論されてきた．その後長らく問題視されてきたのは先進国と発展途上国との間の情報化水準の断絶的な格差である．当時，固定電話の普及率に象徴されるように，日本は国際的に先駆的な位置を占めていた．85年に国際電気通信連合（ITU）の調査の一環として刊行された通称メイトランドレポートは次のように指摘する．

　「先進国と発展途上国の間には，電気通信サービスのカバー範囲と質に大きな格差がある．（中略）東京には，人口5億人のアフリカ大陸全体よりも多くの電話機がある」(International Telecommunication Union, 1985, 13頁)

　このような情報端末の普及や情報技術の利活用の面で，南北間での分断を強調する視点はデジタル・ディバイド（Digital Divide），すなわち「デジタルによる分断」と呼ばれる．デジタル・ディバイドは国際的に解決を目指すべき重要な政策課題として認識されてきた．2015年に採択された持続可能な開発目標（SDGs）においても，情報アクセスの問題は引き続き提起されており（目標9-C），今日においてもデジタル・ディバイドの問題は完全には解消されていない．

　しかし2010年代以降に発展途上国・新興国において劇的に情報通信端末が普及し，加えて現地からも多くの新興企業が立ち現れる状況を迎えた．アジア諸国においてもこの状況は顕著である．ファーウェイ，アリババ，テンセントといった有力企業を輩出するようになった中国以外にも，東南アジア諸国からも新興企業が登場している．さらにインドは優秀なIT人材を多数抱え，政府も積極的にデジタルを推進している．

　上述のように，1985年に刊行されたメイトランドレポートでは，東京の方がアフリカ大陸全体よりも多くの固定電話があると指摘していた．それでは直近ではどうか．**表2-4-1** は，00年と20年の国別の携帯電話契約件数を示したものである．00年時点では，日本は6678万件の携帯電話契約件数を有し，国別ランキングでは3位に位置づけられていた．20年には，主に法人需要により総人口を超える2億件近い契約件数に増加していたものの，日本の順位は8位にまで低下した．上位3か国は中国，インド，インドネシアと，新興アジア諸国が占めている．もはやナイジェリア一国のほうが，日本よりも契約件数では多い．これは人口規模や，安価に供給されるようになった携帯電話の存在を考えれば驚くには値しない．しかし前述のメイトランドレポートのころの認識からすれば，この構造変化は著しいものだった．

表2-4-1	国別の携帯電話契約件数（2000年，2020年）		
2000年		**2020年**	
国	契約件数	国	契約件数
1 アメリカ	109,478,031	1 中国	1,718,411,000
2 中国	85,260,000	2 インド	1,153,709,832
3 日本	66,784,374	3 インドネシア	355,620,388
4 ドイツ	48,202,000	4 アメリカ	351,477,000
5 イギリス	43,452,000	5 ロシア	238,733,217
6 イタリア	42,246,000	6 ブラジル	205,834,781
7 フランス	29,052,360	7 ナイジェリア	204,228,678
8 韓国	26,816,398	8 日本	195,054,893
9 スペイン	24,265,059	9 バングラデシュ	176,279,465
10 ブラジル	23,188,171	10 パキスタン	175,624,364

資料) 国際電気通信連合（ITU）HPの"COUNTRY ICT DATA"より作成（2022年3月16日アクセス）.

　携帯電話の件数そのものには，特段の意味はないかもしれない．しかし，携帯電話，より具体的には今日のスマートフォンの機能を考えれば，この数字は控えめに言ってもデジタル関連の市場規模につながる．人々はスマートフォンから決済，電子商取引，金融商品等の様々なデジタルサービスに接続するようになっているからである．

　次にインターネットへのアクセスの状況を見ておこう．2020年時点で，世界人口のうち，インターネットにアクセスした経験を持つ人の比率は60%に到達している[1]．**図2-4-1** に00年と20年時点

---

1) このデータは過去12カ月に携帯電話を含む通信機器を用いてインターネットにアクセスした経験を持つ人口を意味し，家計調査が実施されている国々では家計調査結果に基づいて推計され，そうでない国々ではインターネット通信の契約件数から推計されている（ITU, 2010）.

での国別のインターネットアクセスを有する人口の比率を示している．00年時点では一部の高所得国でのみ比較的普及率が高かった一方で，東南アジア，南アジア，アフリカ，中東といった国々では低い普及率となっていたことがわかる．この状況は20年までに一変する．20年にかけて「南」と呼ばれてきた地域でインターネットが急速に普及したのである．

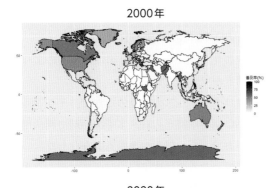

2000年

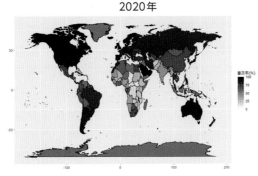

2020年

![図2-4-1] 国別インターネット普及率（2000年，2020年）

資料）世界銀行World Development Indicatorsより作図

(2) アフターアクセスの問題群

人口規模で多数を占める発展途上国・新興国が，いよいよ情報化を大胆に進められる時代を迎えた．市場規模，企業や業界を規定する競争ルールの書き換えといったビジネス面だけではなく，諸国における政府による電子的な統治制度の構築や，国そのものの長期開発構想を大きく規定するものになりつつある．情報化を巡る問題は，「ディバイド」の問題から急速に，接続の後，つまり「アフターアクセス」の問題群へと切り替わってきている．業界と分野を横断して進行するデジタル化のなかで，発展途

上国・新興国がどのような変貌を遂げつつあるかを理解することは，今後の日本企業の海外展開や国際貢献を考える上でも重要な課題となっている．

急速なデジタル化に対しては，国際的にも高い関心が寄せられている．世界銀行はフラッグシップの報告書『世界開発報告』を毎年刊行している．2016年版の同報告書は「デジタル化による恩恵」（Digital Dividends）を副題として，包括的にデジタル化がもたらす機会とリスクを提示している（World Bank, 2016）[2]．

同報告書ではデジタル技術による直接的な効果を①検索と情報アクセスの改善，②自動化技術の普及，③プラットフォーム企業の台頭の3点に求める（表2-4-2）．そしてそれぞれの技術的効果が，人々の機会と可能性を広げる側面と，リスクと脆弱性を深める側面があると指摘し，後者を補うために政策的な対応が必要だと主張する．例えば検索と情報アクセスの改善は，情報の非対称性を解消することを助けうるが，一方で例えば検索エンジンのサイトで表示される情報の順位付けにバイアスが加えられたり，あるいは特定のキーワードに対しては検索結果が示されないといった情報統制も生じる．

![表2-4-2] デジタルのもたらす機会とリスク

デジタル技術の直接的効果	機会と可能性（＋）	リスクと脆弱性（－）	政策的対応
検索と情報アクセスの改善	情報の非対称の解消による包摂性の実現	説明責任の欠如による情報統制	情報へのアクセス可能性の拡大，プライバシー保護と市民の参加型政策策定
自動化技術の普及	企業，生活，政府の効率性の向上	技能教育が無い状況での非正規労働の拡大と不平等の拡大	デジタル経済の技能教育と生涯学習の促進，社会保障の整備
プラットフォーム企業の台頭	規模とネットワークの経済性によるイノベーション	競争の欠如による寡占化	参入と競争を促進する規則の実施

資料）World Bank（2016）より整理

(3) アジアのポテンシャル

すでに確認した通り，デジタル化の進展は地域と

---

2) 世界銀行に絞っても，その後，2021年版の世界開発報告がデータを切り口とした特集を組んでいる（World Bank, 2021）ほか，東南アジアや南アジアに特化した報告書も刊行されている（World Bank, 2019; World Bank 2022）．

発展水準を横断して進んでいる．この状況は，製造業に基づくサプライチェーンの分布とは大きく異なる．電子機器，機械製品のサプライチェーンは北東アジアと東南アジア地域に集中してきたのに対して，デジタル化の面では東アジアという地域的区分にこだわる必然性はない．デジタル化の観点から見れば，大胆に地理的な制約を取り払って視野を広げる必要がある．同時に，ビジネスの面，とりわけ地域内の有力プラットフォーム企業の海外展開に目を転じると，その国外展開は，例えば中国から東南アジア，あるいは東南アジア域内への横展開が目立つ．この観点においては，引き続き地理的な視点から深掘りして理解を深めていく必要もある（伊藤，2020）．

それではアジア地域には，デジタル化の面で，どのようなポテンシャルがあるだろうか．

第一に指摘できることは，この地域には，域内に有力プラットフォーム企業，ハイテク企業が成長してきていることだろう．とりわけ巨大な中国市場に依拠して成長してきたアリババやテンセントは，米国のGAFAM（Google, Apple, Facebook, Amazon, Microsoft）を除けば，最大規模の企業価値を持つと評価されてきた[3]．加えて見逃せないのは，製造業の基盤を持っているがゆえに，通信機器のメーカー，自動車メーカー，そして半導体のサプライチェーンが存在していることである．デジタル化を進める上では，ソフトウェアだけでなく，ハードウェアの技術が必要であり，その技術者がとくに東アジアには多く蓄積されている．

第二に，アジア地域には世界最大規模のデジタル人口（携帯電話ユーザー，インターネットユーザー）がいる．これは中国，インド，インドネシアといった人口大国にけん引されている．ユーザー規模はすなわち市場規模につながるため，アジア地域から有力企業が登場するのは自然なことでもある．

第三に，各国の政府，そして地域国際機関も，積極的にデジタル化政策を立案している．個別国の構想としては例えばシンガポールのスマートネイショ

ン構想，タイのタイランド4.0，中国の「数字中国（デジタル・チャイナ）」構想等を挙げることができる（OECD, 2021）．加えてASEANは，2020年11月に「ASEAN包括的復興枠組み（ACRF）と行動計画」を採択し，5つの枠組みのうちの1つが「包括的なデジタルトランスフォーメーションの加速」となっている（大泉・伊藤・金，2021）．

2. コロナ危機以後の変貌

(1) COVID-19による接続性の加速

デジタル化を巡って，2020年以降，どのような新たな動きが見られただろうか．

新型コロナウイルスの蔓延のなかで，デジタル技術には高い期待が寄せられ，多くの領域で利活用が進んだ一方で，その限界や課題も顕在化した．

まず指摘できるのは感染症の時代に，デジタル化が加速したことだろう．コロナ危機発生から2年が経過した2021年時点で，インターネットの利用経験のある世界人口は49億人となっており，これは19年より約8億人増えた．なかでも後発開発途上国（LDC）ではユーザー数が20%増加した．ITUはこのことを「COVID-19による接続性の加速（COVID Connectivity Boost）」と呼んでいる[4]．

具体的な利活用において，例えば接触確認の面では，日本でも新型コロナウイルス接触確認アプリ・COCOAが導入されたように，濃厚接触者を追跡することが目指された．また都市のロックダウンと休業要請への補償として，現金給付やクーポン券の給付の面でも，個人番号認証と銀行口座を紐づけるアプローチが見られた．日常生活の面では，モバイル決済に加えて，とりわけ都市部ではフードデリバリーが普及した．

(2) 残る「分断」とオンラインの限界

一方で，パンデミックは過酷な形で「デジタル・ディバイド」が依然として深刻な課題であることを示し，またオンラインによる課題解決にも多くの限

---

3) 2020年以降，中国政府はプラットフォーム企業への締め付けを競争法，データ安全法，コンテンツ管理法案を駆使して強化しており，また米中対立の影響でニューヨーク証券取引所からの中国企業の退出も始まっている．この影響で中国のハイテク企業の企業価値は大きく目減りしている一方で，その事業競争力そのものについては引き続き注目をしていく意義がある．

4) "2.9 billion people still offline New data from ITU suggest 'COVID connectivity boost' – but world's poorest being left far behind", ITU Press Release, 30 November, 2021. https://www.itu.int/en/mediacentre/Pages/PR-2021-11-29-FactsFigures.aspx.

界があることも明らかになった．その一つは教育面である．感染症の流行のなかで，デジタル技術による遠隔教育が，感染対策と教育の持続の面で期待されたものの，その実現はとりわけ低所得国で困難だった．

　世界銀行，国際連合教育科学文化機関（ユネスコ），国連児童基金（ユニセフ）が共同で刊行した報告書によれば，ピーク時には，188カ国の16億人の子どもたちが休校の影響を受けている．そのうちの10億人以上が低・中所得国に居住し，特に感染が拡大した2020年2月下旬から21年8月上旬まで，世界全体で平均121日間にわたり学校が全面閉鎖され，103日間は部分的に閉鎖された．とくに低所得国の児童は，オンライン授業を受けられなかったケースが多いとされており，教育機会の喪失は中長期的に多大な影響を与えうる[5]．十分な遠隔教育を行うためにはデジタル端末の普及やインターネットの接続といったハードインフラの整備に加えて，教員のリテラシーの向上やカリキュラムと教材の整備といったソフト面での整備までが求められる．突発的な危機に対して，これら一揃いのデジタル対応のパッケージを整備することが難しかった．

(3) 進む制度的調整

　デジタル化は実態が先行して，規制や制度面での調整が後回しになってきた面がある．そのため国内，国際の両面で制度的な調整の機運が高まっている．

　制度的調整の一つの表れが，プラットフォーム企業への国内規制の強化のすう勢である．売り手と買い手の仲介として取引を成り立たせるプラットフォーム企業を巡っては，独占禁止法の観点から捜査の対象となったり，罰金を科されるケースも見られている．

　中国では電子商取引の分野で最大手企業の一つであるアリババが，出店業者に対して他のプラットフォーム事業者に出店をしないように圧力をかけていた，として当局が捜査を行った．現地では「二者

択一」問題と呼ばれている．2021年4月，中国政府の国家市場監督管理総局は独占禁止法に違反したとしてアリババに対して182億元（約2900億円，当時）の罰金を科した[6]．インドネシアではライドシェア業界を切り口に急速に台頭してきたゴジェックが，現地大手のポータルサイトであるトコペディアの買収を進めてきたが，その過程ではインドネシアの競争法当局が独占防止の観点から詳細な調査を行っていたとされる[7]．

　もう一つの国内的な動きは，配達員として労働する人々の社会保障の整備である．コロナ危機のなかで，とりわけ都市部ではフードデリバリーは生活の一部となった感がある．こうしたなかで，配達員の事故や怪我，そして長期的に勤労した際の年金をどう確保するかを検討する必要が生じてきた．一つの論点は，宅配員が「自由業者」なのか，それともプラットフォーム企業のもとで働く「労働者」なのか，という点に求められる．「労働者」であるとすれば，企業は一般的な労働者に対する社会保障を提供する義務が生じる．類似した検討は米国の一部の州や欧州で先行しているが，アジア地域では2021年8月末，シンガポールのリー・シェンロン首相は，プラットフォーム企業から単発の仕事を請け負うギグワーカーの保障を強化する方針を打ち出した[8]．プラットフォーム企業による傷害補償の義務化や年金への拠出が検討される見込みである．これまでデジタル経済の拡大によって増えてきた労働は，現実の変化が先行し，公的な社会保障制度の外側に置かれがちである．こうした雇用を，公的保障の枠内へと取り込もうという動きと言える．

　国際的な動きに目を向けると，巨大IT企業を念頭に置いた，グローバル課税の議論が進んでいる．2021年7月には，G20財務大臣・中央銀行総裁会議が巨大IT企業を含む多国籍企業への課税について大筋合意に達している．その原案では売上高200億ユーロ（約2.6兆円），利益率10％を超えた場合に，超過利益部分に対して市場・ユーザー国側に課税権が設定される[9]．これは自国発の地場系プラッ

5) World Bank, UNESCO and UNICEF（2021），pp.11-20.
6) JETRO，ビジネス短信，2021年4月22日記事「プラットフォーム企業のアリババに約182億元の罰金，独禁法違反」．
7) ロイター通信，2021年5月20日記事 "Indonesian govt agency to scrutinise Gojek-Tokopedia merger to avoid tech monopoly"．
8) 日本経済新聞，2021年8月31日記事「シンガポール，ギグワーカーの保護策を導入へ」．
9) 日本経済新聞，2021年6月28日記事「デジタル課税，売上高2.6兆円で線引き　OECDが原案」．

トフォーム企業を有さずに多数のプラットフォームユーザーを抱える新興国には，新たな税収基盤を提供する可能性がある一方で，その税収効果は限定的とも推計されている（Dabla-Norris et al., 2021）.

(4) 顕在化する脆弱性

政治面では，ミャンマーで2021年2月1日に発生した国軍によるクーデターの直後，フェイスブックを中心としてSNS（ソーシャルメディア）上で国民による抗議活動がシェアされた．これに対して国軍は2月4日にプロバイダー各社にフェイスブックをはじめとするソーシャルメディアの遮断を命令し，それ以降の接続は不安定となった[10]．権威主義体制でのインターネット管理の問題はミャンマーに限定される問題ではない（Freedom House, 2018）．この問題は今後も解決策を見出すのが困難な論点である.

2022年2月24日に始まった，ロシアによるウクライナ侵攻は，デジタル時代の戦争がどのようなものなりうるかを残酷かつ生々しく我々に示している．侵攻前後のサイバーアタック，ロシアが作成したとされるフェイクニュース（ゼレンスキー大統領のキーウ離脱や，兵士に投降を促すもの）が投稿され，それに対してウクライナのゼレンスキー大統領本人がソーシャル・ネットワーキング・サービス（SNS）上で直接発信するといった対応が見られた．SNS上では戦況がリアルタイムに近い形で流れ，ウクライナのデジタル相であるミハイロ・フェドロフ氏が大手IT企業にロシアへの制裁を直接要請するなど，様々な動きが見られている.

コロナ危機が，デジタル時代におけるパンデミックだったように，ウクライナ侵攻はデジタル時代における大規模戦争なのである.

3. 日本に求められる役割

(1)「共創パートナー」としての日本へ

デジタル化が発展途上国・新興国を覆うなかで，日本の企業，政府には何が求められているだろう

か.

これまで日本には①「政府開発援助の提供国としての日本」，②製造業の立ち上げとノウハウ提供，すなわち「先進工業国としての日本」，そして③社会課題への対処法の提供，つまり「課題先進国としての日本」といった立脚点があった．デジタル化を新たな時代の切り口として設定した場合にも，「○○としての日本」を何らかの形で設定することが望ましい.

一つの仮説として考えられるのは，「共創パートナーとしての日本」という立ち位置である（伊藤，2020，第6章）．デジタル化の時代に，発展途上国・新興国が，デジタル化から大いにそのポテンシャルを引き出す協力者となり，またデジタル化がもつ負の側面を緩和するために動く，という両面がある．同時に，「共創パートナー」とは，対等な立場で，時に日本が新興国の課題解決の方法からインスピレーションを得て，日本自身の経済的活力やデジタル面での社会実装に還流させるという視点も含んでいる.

もし日本がかつての製造業の分野における「先進工業国」としての立場と同等に，「デジタル先進国」であるならば，「デジタル先進国としての日本」が国際的課題に貢献すればよい．しかし現実にはデジタル面では，日本国内の社会実装は立ち遅れ，デジタル分野において日本企業の国際競争力は決して高いとは言えない[11]．この現実を踏まえつつ，優れたノウハウはアジアをはじめとする発展途上国・新興国に提供しつつ，同時に新たなサービスの実験場となってきたこれらの国々に大いにアンテナを張り，日本に還流させていくことも目指すべきである.

(2) 取り組みの事例と現実

ビジネスの面では，日本企業によるアジアにおける市場開拓の取り組みもある（伊藤，2021）．経済産業省が実施した「日ASEANにおけるアジアDX促進事業」では，ASEAN地域におけるデジタルを含む事業調査を支援し，2020年度と21年度に合計40案件が採択されている．この内訳を示したも

---

10) ロイター通信，2021年2月4日記事「ミャンマー，フェイスブックへの接続を遮断」.
11) 総務省（2021）では，「我が国がデジタル化で後れを取った理由」との項目を設けて，国連経済社会局（UNDESA）をはじめとするデジタル化の国際的指標で，日本の順位が低下しつつあることを確認している．そして国際ランキングの順位で低下した原因として①情報通信技術への投資の低迷，②業務改革の欠如，③人材の不足と偏在，④過去の成功体験，⑤デジタルへの不安感，⑥リテラシーの欠如を指摘している.

のが**図2-4-2**である．10件は医療・ヘルスケア・介護分野で，続いて観光・モビリティ分野が9件となっている点に注目できる．

　高齢化が先行して進んできた日本では，ヘルスケア・介護の領域ではノウハウが先行して蓄積されており，そのためのITソリューションも整備されてきた．この観点では，「課題先進国としての日本」のノウハウが，デジタル時代に活きてくる可能性も示唆されている．また日本のスタートアップ企業の海外展開にもさらなる飛躍の潜在性がある．新エネルギー分野や，衛星情報を活用した企業による国際展開の動きもあり，今後の展開が期待される．

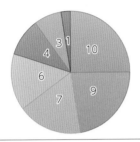

凡例
- 医療・ヘルスケア・介護
- 観光・モビリティ
- 農業
- 製造・物流・人材育成
- 水産業
- 環境・エネルギー
- ファイナンス

図2-4-2　アジアDXプログラム採択案件の業種構成（対ASEAN）

資料）JETRO HP，2020年10月14日付記事「「日ASEANにおけるアジアDX促進事業」（一般枠・特別枠）における採択事業者について」，2021年8月3日付記事「「日ASEANにおけるアジアDX促進事業」第2回公募における採択事業者について」より筆者集計

　一方で，全体としてみると，日本企業の東南アジア，南アジアのデジタル分野における存在感は低下しつつあるという厳しい現実もある．特にベンチャー投資や，新たな戦略提携の数といった指標でみた場合，2020年のコロナ危機以降，日本企業の海外展開が停滞した可能性が示唆される．

　図2-4-3には2017年から21年までの東南アジア地域におけるベンチャー投資額の推移を示している．15年頃まで年間で10億ドルから20億ドル程度だった規模が，18年には総額で126億ドルに達し，その後若干落ち着いたものの，21年には過去最高額となる142億ドルに達した．この期間の合計で，東南アジアのベンチャー企業の買収額で上

位の国を示したものが**図2-4-4**である[12]．日本は6位に位置づけられており，主要プレーヤーではあるものの，同じく東南アジアの域外国である中国，アメリカよりも少額となっている．

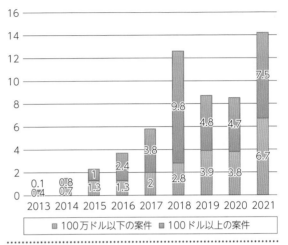

図2-4-3　東南アジアにおけるベンチャー投資額の推移（10億ドル，2017-2021年）

資料）CENTO，"Southeast Asia Tech Investment 2021," 2022年4月26日刊行

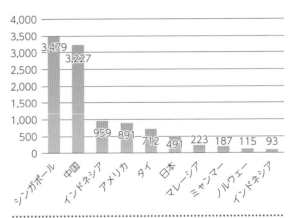

図2-4-4　東南アジアのベンチャー企業への買収額上位国（100万ドル，2017-2021年合計）

資料）CENTO，"Southeast Asia Tech Investment 2021," 2022年4月26日刊行

　このまま推移した場合，日本は「共創パートナー」としての地位を固めるどころか，地域への無関心を疑われる事態にもなりかねない．ポストコロナの時代を本格的に視野に入れるべきタイミングを迎え，新たな事業の探索を改めて始動させるべきである．

---

12) 投資の出資国を特定することは困難であるが，例えば．EY新日本有限責任監査法人（2021）のp.49図表23データ（2010-2019年データ，元データはPreqin）を参照すると，日本のシェアは2016年には22.7％と高かったものの，2019年には3.2％にまで低下している．

参考文献

伊藤亜聖（2020）『デジタル化する新興国』中公新書, 2020年.

伊藤亜聖（2021）「共創パートナーとしての日本　新興国デジタル化時代の役割と課題」NIRA総合研究開発機構, NIRAオピニオンペーパーNo.59.

大泉啓一郎・伊藤亜聖・金成垣（2021）「アジア経済社会のデジタル化をどう捉えるか？ ～発展戦略・経済統合・労働市場・行政サービス～」『アジア研究所紀要』第48号, 11–21頁.

総務省（2021）『令和3年版　情報通信白書 デジタルで支える暮らしと経済』総務省.

EY新日本有限責任監査法人（2021）『東南アジア等・インド地域を対象にしたアジアDX具体化に向けた実態調査』.

Dabla-Norris, Era, Ruud de Mooij, Andrew Hodge, Jan Loeprick, Dinar Prihardini, Alpa Shah, Sebastian Beer, Sonja Davidovic, Arbind Modi, and Fan Qi (2021) "Digitalization and Taxation in Asia," International Monetary Fund (IMF) Asia-Pacific and Fiscal Affairs Departments, Discussion Paper No.2021-017.

Freedom House (2018) "Freedom on the Net 2018: The Rise of Digital Authoritarianism", the Freedom House, 2018.

International Telecommunication Union (1985) *The Missing Link: Report of the Independent Commission for World Wide Telecommunications Development,* International Telecom Union.

International Telecommunication Union (2010) "Definitions of World Telecommunication/ICT Indicators," March 2010.

OECD (2021) *Economic Outlook for the Southeast Asia, China and India 2021, Reallocating Resource for Digitalization,* OECD Publishing

World Bank (2016) World Development Report 2016: Digital Dividends, Washington, D.C: World Bank. [田村勝省訳『世界開発報告 2016　デジタル化がもたらす恩恵』一灯舎, 2016年]

World Bank (2019) *The Digital Economy in Southeast Asia: Strengthening the Foundations for Future Growth,* World Bank, Washington, D.C: World Bank.

World Bank (2021) *World Development Report 2021: Data for Better Lives,* Washington, DC: World Bank.

World Bank (2022) *South Asia's Digital Economy : An Opportunity to Build Back Better, Digitally.* Washington, DC: World Bank.

World Bank, UNESCO and UNICEF (2021) *The State of the Global Education Crisis: A Path to Recovery,* Washington D.C., Paris, New York: World Bank, UNESCO, and UNICEF.

東京大学社会科学研究所 准教授

伊藤　亜聖

Part II コロナ禍でみえてきた関西の役割と今後の挑戦

第II部では，対象地域を第I部の世界及びアジア太平洋から関西へ移し，新型コロナウイルス（以下，COVID-19）禍でみえてきた関西の役割と今後の挑戦というテーマを基に様々な角度から分析を行った．

以下，第II部の各章の内容を要約してみよう．

第3章では日本・関西経済の回顧と予測のテーマでマクロ分析を行っている．

第1節と第2節では，2021年度の日本及び関西経済の回顧と現況を前半で述べ，後半では2022-23年度についてそれぞれの経済見通し（予測）を示す．

第1節では日本経済を分析の対象としている．2021年度の日本経済は，緊急事態宣言やまん延防止等重点措置の発令と解除が続き，経済成長率はマイナスとプラスを繰り返した．結果，21年度の実質GDPは前年度比+2.1％と3年ぶりのプラス成長（20年度：同-4.5％，19年度：同-0.7％）となったが，20年度の落ち込みに比すれば，回復力は弱いといえる．新たに，2022年1-3月期GDP1次速報を追加し，外生変数の想定を織り込み，22-23年度の日本経済の見通しを改定した（22年度+1.9％，23年度+1.7％）．今回の予測における海外外生変数想定の特徴は，（1）原油価格の高止まり，（2）世界貿易の停滞，（3）円安の加速である．この背景にはロシアのウクライナ侵攻や中国のゼロコロナ政策による世界経済の減速やインフレの昂進，金融引き締め政策への転換がある．

第2節では関西経済を分析対象としている．2021年度の関西経済は，20年度からは幾分復調したものの，COVID-19の感染状況に加えて半導体不足や原材料価格高騰といった新たな下押し圧力にも見舞われ，弱い動きが続いた．現況を部門別に整理すれば以下の通りである．①家計部門は，前年度の落ち込みから回復したものの，コロナ禍の拡大と

それに伴う2度にわたる緊急事態宣言の発令もあり，伸び悩んでいる．②所得・雇用環境の回復も緩慢である．③企業部門も，前年度の大幅悪化に比べると総じて持ち直したものの，製造業・非製造業とも様々なリスク要因から下押し圧力が強い．④対外部門は，財の輸出は，堅調な中国向けに加え欧米向けも回復し，サービスの輸出は，経済活動の正常化に伴い，底這いからようやく回復の兆しが見えてきた．また輸入は，エネルギー価格の高騰もあり大幅増となった．⑤公的部門（公共工事）は，全国とは対照的に，堅調に推移している．各経済指標の動態を反映した結果，関西の実質GRP成長率は22年度を+2.0％，23年度を+1.9％と予測している．

第3節では関西2府4県の2019-21年度GRP早期推計を示し，各府県のコロナ禍による経済的影響を比較・概観している．20年度はCOVID-19の経済的影響を受け，関西各府県のマイナスの寄与度が大きく増し，いずれの府県もリーマンショック期（08-09年度）に匹敵または超える落ち込みになったと見込まれる．21年度には，大阪府と兵庫県の反転の動きから関西全体で+1.1％のプラス成長であるが，同年度の国は+2.1％に比較すれば弱い回復と予測される．

第4節では関西における所得分配面に光をあて分析を行った．関西ではコロナ禍以前から低所得層が増加し，中間層が減少する特徴がみられた．本節ではその特徴を踏まえ，コロナ禍による経済情勢の悪化が所得環境にどのような影響を与えたかを，中間層に注目して分析を行った．

コラムAではロシアのウクライナ情勢の深刻化から見えてきた日本経済や関西経済が直面する直接・間接的な影響とリスクを主に貿易面から分析している．ロシアのウクライナ侵攻による対ロシア経済制裁とロシアによるエネルギー関連財の報復で，EUの景気減速の可能性が高まっている．EU経済

の減速は貿易関係の強い中国にとっても経済の下押し圧力となる．また，中国と日本の貿易関係は深く，特に関西経済の対中貿易依存度は高い．このため，中国経済が減速すれば，対中輸出の減速を受けて関西経済の景気減速リスクとなる．

最後にコラムBでは台湾，中国がCPTPPに加盟した場合の関西経済に及ぼす影響について分析を行った．分析の結果，台湾，中国のCPTPP加盟によって関西経済に大きな関税削減効果を与えると考察している．

第4章では関西経済の課題と展望というテーマでコロナ禍における関西経済の主要な論点について，分析・考察を行っている．

第1節では関西における人口減少の課題を取り上げ考察している．具体的には『令和2年国勢調査』を用いて関西の人口動態及び人口移動動態について分析を行っている．関西は全国を上回るペースで人口減少が進むことが予測されており，今後は各自治体における対応策の実現が急務となろう．

第2節ではコロナ危機が地方財政に及ぼした影響をまとめている．コロナ対策においては，都道府県は大きな役割を果たしているが，地方自治体が打ち出す独自の経済対策は，自治体の財政力によって地域間の格差が出てしまうという問題が起こりうる．今後，地方分権にふさわしく，かつ，危機時にスピーディーに経済対策を講じられる地方財政基盤はどうあるべきかという議論が行われるべきであろう．

第3節では関西におけるESG地域金融の展開について考察している．地域金融機関が取引先企業の強みや弱みを理解するために，ESG的な要素を含めて事業性評価を行う必要性が高まってきている．今後は大阪・関西万博を契機として，関西地域金融界がESG地域金融の取り組みにおいて全国をリードしていくことが期待されている．

第4節では関西・大阪におけるDXの活用について考察している．その際，「顧客との長期の関係性作り」と「新しい価値を出し続けていく組織作り」という2つの視点から，DXに伴う「ヒトのプロセス」にどのような変革が求められるかについて述べている．「ヒトのプロセス」に沿ったデジタル技術の利用の仕方として，再び「モノのプロセス」が革新され，モノとヒトの両者は最適な組み合わせを目指して互いに進化を続けていく必要があろうと結論付けている．

コラムAでは関西製薬会社の新型コロナへの取り組みと今後の展望について考察している．各社におけるCOVID-19のワクチン及び治療薬に対する取り組みを取り上げるとともに，今後の成長戦略について述べている．

第5章では2021年度の関西観光業の動態を振り返りつつ，関西における特徴のある観光地域づくり法人（Destination Management/Marketing Organization，以下DMO）の事例を取り上げ，分析・考察した．

第1節では長期化するコロナ禍が関西及び全国の観光業に与えた影響について主要統計を用いて確認した．また，コロナ禍で落ち込んだ国内旅行需要を回復するため関西の各自治体が行った独自の旅行需要喚起策を取り上げ，その影響を分析した．

第2節では関西DMOのうち，京都府，和歌山県，奈良県から特徴的ないくつかのDMOを取り上げ，観光誘客効果を検証した．コロナ禍前において，取り上げた3府県内のDMOは着実に観光誘客策を展開し一定の成果を得てきたが，COVID-19の感染拡大で観光戦略は大きな変容を迫られている．今後，DMOに期待されている役割としては，観光資源の磨き上げが一層重要となろう．

第3節では第2節の議論を受け，観光地域づくりにおいて重要なブランド力に注目し，「プレイス・ブランディング」をキーワードとして，関西におけるプレイス・ブランディングの取り組みを取り上げた．

最後に，コラムAでは第2節，第3節の議論の基となる2021年度にAPIRが行ったシンポジウムの概要を掲載した．シンポジウムで展開されたパネルディスカッションは，①長期化するコロナ禍への対応，②産業，地域の枠を超えた連携による価値づくり，地域づくり，③地域づくりをリードすることについて，④将来展望や制度面で期待すること，以上4つのテーマに分けて議論を行った．

第6章では新たに作成した2015年関西地域間産業連関表を用いて，大阪・関西万博の経済波及効果

を新たに示した.

第1節では大阪・関西万博やIRを梃子に関西経済の反転につなげることは可能かという議論を示している.これまで関西経済の長期にわたる低迷の原因が投資不足であることを明らかにした.成長率と投資率の関係から,1兆円程度の追加的投資は,関西の成長率を0.54%ポイント程度引き上げると推計した.今後,いかに内外からの投資を持続的に呼び込めるかが課題となろう.

第2節では大阪・関西万博,IRを控えたインフラ整備の現状を示し,第3節の分析へつなぐためにインフラ整備がもたらす経済効果の整理を行った.万博後を見据えた関西全体におけるインフラ整備の課題として,他地域に比べて効率的な形での整備が遅れている.今後,「大阪・関西万博に関連するインフラ整備計画」を具現化できるかどうかが,関西経済の将来にとって極めて重要である.

第3節ではAPIRが新たに作成した2015年関西地域間産業連関表を用いて,新たな最終需要の想定に基づき大阪・関西万博の経済波及効果を推計した.今回は大阪・関西万博が夢洲会場のパビリオンを中心として開催される経済効果に加え,新たに拡張万博の展開(関西のパビリオン化)という概念を持ち込んで,拡張大阪・関西万博の経済効果を試算している.

最後に,コラムAでは,万博開催というチャンスを関西全域でどのように活用すべきかという方法論と,その開催により期待される未来の社会やビジネスの可能性について考察している.その際,「エジンバラ国際フェスティバル」の事例をヒントに,「拡張万博」の基本的な考え方を提唱している.「拡張万博」を表現することで従来の万博以上の魅力を地域に波及できると期待されている.

[稲田 義久・野村 亮輔]

Chapter 3
日本・関西経済の回顧と予測

第3章の展開は以下のようである．第1節と第2節では，2021年度の日本及び関西経済の回顧と現況を前半で述べ，後半では22-23年度についてそれぞれの経済見通し（予測）を示す．第3節では，関西2府4県の19-21年度GRP早期推計（予測）を示し，コロナ禍からの調整の特徴を比較・概観する．今回の回顧と予測においては，日本・関西経済が当初の予想や主要海外経済に比して弱い回復にとどまっているのが特徴である．また先行きについては，中国のゼロコロナ政策，ロシアのウクライナ侵攻による資源価格高騰，ドル高・円安の進行等のリスクを念頭に置き予測を行った．第4節では，コロナ禍の過程でみえてきた中間層の衰退，すなわち分配問題に光を当てている．また，「コラム3-A」では，ロシアのウクライナ侵攻により見えてきた日本経済や関西経済にとっての諸リスクを主に貿易関係の観点から分析する．また「コラム3-B」では，台湾と中国との関係に光を当てる．いずれも関西経済への影響を考慮した．

Section 1
日本経済の回顧と短期予測

1．2021年度日本経済の回顧

（1）1-3月期の世界貿易は2四半期連続の前期比増加だが，前期から減速

まず日本経済を取り巻く世界貿易の動向をみよう．オランダ経済分析局によれば，2022年3月の世界貿易（数量ベース：10年＝100）は前月比−0.2％と2カ月ぶりに減少した．結果，1-3月期は前期比＋0.8％と2四半期連続のプラス成長となっ

たが，前期（同＋2.8％）から減速した（図3-1-1）．地域別にみれば，先進国は＋0.7％と2四半期連続，新興国は＋0.7％と7四半期連続で，それぞれ増加した．ただ，先行きについては，中国のゼロコロナ政策やロシアのウクライナ侵攻長期化の影響により世界貿易減速の可能性が高まってきた．

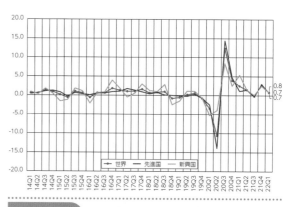

図3-1-1　世界貿易量の変化：前期比：％

出所）CPB World Trade Monitor, 25 May 2022

内閣府によれば，日本の1-3月期機械受注（外需）は前期比−6.6％と7四半期ぶりの減少となった．3月末時点の調査によれば，4-6月期（見通し）は同＋15.4％と2四半期ぶりの増加となっているが，上述した理由により，輸出市場は調整期を迎える可能性が高い．

世界半導体市場統計によれば，3月の世界半導体売上高（3カ月移動平均）は前年同月比＋23.0％と26カ月連続のプラスとなった．世界的な半導体の供給不足の影響もあり，売上高の伸びは，2022年に入り再び減速が続いている（図3-1-2）．

図3-1-2　世界半導体売上高（前年同月比：%）

出所）World Semiconductor Trade Statistics, March 2022

(2) 1-3月期の実質GDP，2四半期ぶりの前期比マイナス

【景気動向指数からみた景気回復】

　足下の景気を景気動向指数で確認しよう．内閣府によれば，2022年3月の景気動向一致指数は97.5となった．1-3月期平均は96.9となり前期差+1.5ポイント（21年10-12月期：同+2.5ポイント）．20年7-9月期以降の回復局面では最も低い回復幅となっている（図3-1-3）．

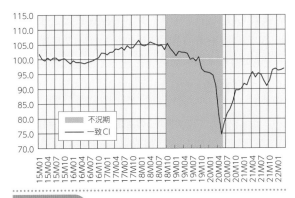

図3-1-3　景気動向指数：CI：2015年=100

出所）内閣府『景気動向指数』

　景気の基調を判断するための一致指数の3カ月後方移動平均は，前月差+0.20ポイントと5カ月連続の上昇となった．内閣府は3月の基調判断を「改善を示している」と前月の「足踏みを示している」から7カ月ぶりに上方修正したが，回復力は弱い．

　5月18日発表のGDP1次速報によれば，1-3月期の実質GDPは前期比年率-1.0%（前期比-0.2%）減少し，2四半期ぶりのマイナス成長と

なった．2021年は緊急事態宣言（21年1月8日～3月18日，4月25日～6月20日，7月12日～9月30日）やまん延防止等重点措置（21年4月5日～9月30日，22年1月9日～3月21日）発令と解除の連続となり，経済成長率はマイナスとプラスを繰り返した（表3-1-1）．結果，21年度の実質GDPは前年度比+2.1%と3年ぶりのプラス成長（20年度：同-4.5%，19年度：同-0.7%）となったが，20年度の落ち込みに比すれば，回復力は弱いといえよう．また名目GDPは同+1.1%と2年ぶりのプラス成長となった（20年度-3.9%）．

【1-3月期GDP要約】

　1-3月期はまん延防止等重点措置の発令によりほぼ全期間（1月9日から3月21日）にわたり活動が抑制され，民間最終消費支出はサービス支出を中心に低調なパフォーマンスとなった．

　実質GDP成長率への寄与度をみると，国内需要は前期比+0.2%ポイントと2四半期連続のプラスだが前期（同+0.8%）から減速した．民間最終消費支出の減少を民間企業設備や政府最終消費支出の増加が補った．一方，純輸出は同-0.4%ポイントと3四半期ぶりのマイナス寄与となった（10-12月期：同+0.1%）．

表3-1-1　実質GDP成長率と寄与度：前期比：%，%pt

	GDP年率	GDP	国内需要	民間需要	公的需要	純輸出	GDI
20Q1	2.1	0.5	0.6	0.6	0.0	-0.1	0.6
20Q2	-28.2	-7.9	-5.2	-5.4	0.3	-2.8	-6.9
20Q3	22.9	5.3	2.6	2.0	0.5	2.7	5.1
20Q4	7.2	1.8	1.1	0.9	0.2	0.6	1.9
21Q1	-1.3	-0.3	-0.5	-0.3	-0.1	0.1	-1.1
21Q2	2.1	0.5	0.8	0.8	0.0	-0.2	0.1
21Q3	-2.9	-0.7	-0.8	-0.8	0.0	0.1	-1.5
21Q4	3.8	0.9	0.8	1.1	-0.3	0.1	0.3
22Q1	-1.0	-0.2	0.2	0.2	-0.1	-0.4	-0.7

注）各項目の合計は四捨五入の関係で必ずしもGDPに一致しない．
出所）内閣府『2022年1-3月期四半期別GDP速報』

　GDPに交易条件の変化から生じる交易利得を加えた国内総所得（GDI）成長率は同-0.7%となり，5四半期連続で実質GDPの伸びを下回った．この1年，交易条件の悪化という形で，家計や企業所得の海外流出が続いたことになる（表3-1-1）．

【1-3月期GDP項目の動向】

　民間最終消費支出は前期比-0.0%と2四半期ぶりに小幅減少した．国内家計最終消費支出を形態別にみると，まん延防止等重点措置の影響で家計の消費活動が慎重化し，実質サービス支出は同-0.2%と4四半期ぶりに減少した．実質耐久財は同-1.6%と2四半期ぶりの減少，実質半耐久財は同-1.8%と2四半期ぶりの減少となった．一方，非耐久財は同+1.0%と2四半期ぶりの増加となった．

表3-1-2		実質GDP項目の成長率：前期比：%						
	民間最終消費支出	民間住宅	民間企業設備	民間在庫変動	政府最終消費支出	公的固定資本形成	公的在庫変動	輸出	輸入
20Q1	0.8	-4.8	2.5	-0.1	0.1	0.1	0.0	-4.7	-4.1
20Q2	-8.6	-0.1	-6.9	0.4	0.4	3.4	0.0	-17.7	-1.3
20Q3	5.3	-4.8	-0.4	-0.5	2.1	0.4	0.0	9.5	-6.8
20Q4	1.5	-0.1	1.5	-0.1	0.8	1.7	0.0	10.1	5.8
21Q1	-0.8	1.0	-0.8	-0.7	-0.1	0.0	0.0	2.6	1.8
21Q2	0.7	1.0	2.2	0.1	-3.7	0.0	0.0	2.8	4.3
21Q3	-1.0	-1.7	-2.4	0.1	1.1	-3.8	0.0	-0.3	-0.8
21Q4	2.5	-1.2	0.4	-0.2	-0.3	-4.7	0.0	0.9	0.3
22Q1	-0.0	-1.1	0.5	0.2	0.6	-3.6	0.0	1.1	3.4

出所）内閣府『2022年1-3月期四半期別GDP速報』

　固定資本形成のうち，実質民間住宅は前期比-1.1%と3四半期連続の減少となった．名目民間住宅は同+0.2%と5四半期連続で増加したが，民間住宅デフレータがそれを上回る伸び（同+1.3%）となったためである．実質民間企業設備は同+0.5%と2四半期連続で増加した．

　実質民間在庫変動の実質GDP成長率への寄与度は前期比+0.2%ポイント，2四半期ぶりのプラスとなった．

　実質公的需要は前期比-0.2%と2四半期連続の減少となった．うち，実質政府最終消費支出は同+0.6%と2四半期ぶりの増加．3回目のワクチン接種の加速が政府消費支出（医療費）を押し上げた．一方，実質公的固定資本形成は同-3.6%と5四半期連続の減少となった．

　財貨・サービスの実質輸出は前期比+1.1%と2四半期連続で増加した．財貨の輸出は同+2.0%と2四半期連続の増加，サービス輸出（含む非居住者家計の国内での直接購入）は同-2.9%と2四半期連続の減少となった．一方，財貨・サービスの実質輸入は同+3.4%と2四半期連続で増加した．うち，

財貨の輸入は同+3.6%と2四半期連続の増加．サービス輸入（含む居住者家計の海外での直接購入）は同+2.4%，3四半期ぶりの増加となった（**表3-1-2**）．

　デフレータを見ると，国内需要デフレータは前期比+0.9%と5四半期連続のプラス．輸入価格の急騰が影響し，伸びは前期から加速した（10-12月期：同+0.0%）．うち，民間最終消費支出デフレータは同+0.9%と2四半期ぶりの上昇．外需デフレータでは，財貨・サービスの輸出デフレータが同+1.2%（7四半期連続の上昇），輸入デフレータが同+3.3%（5四半期連続の上昇）となった．後者が前者を上回ったため，交易条件は5四半期連続で悪化した．結果，GDPデフレータは同+0.4%と7四半期ぶりの上昇．このため，名目GDPは前期比+0.1%，同年率+0.4%となり，2四半期連続の増加となった．

【ショックからの調整：弱い回復が続く】

　足下2022年1-3月期の動向を説明したが，実質GDPの推移を直近のピーク（19年4-6月期=100）と比較して，21年の動向を確認しよう．21年1-3月期に96.0，10-12月期に96.7と21年の実質GDPは0.7%ポイントの回復にとどまっている．20年4-6月期の89.9から10-12月期96.3へと6.4%ポイントの拡大に比して回復は小幅であることがわかる．

表3-1-3		コロナ禍からの回復過程　ピーク=100						
	国内総生産	財貨輸入	サービス輸入	民間最終消費支出	民間資本形成	政府支出	財貨輸出	サービス輸出
20Q1	97.7	95.0	100.0	97.7	94.7	101.0	97.3	86.4
20Q2	89.9	95.6	92.8	89.3	91.2	102.0	78.9	75.2
20Q3	94.7	88.3	89.3	94.1	87.8	103.8	89.4	72.0
20Q4	96.3	95.1	89.0	95.5	88.2	104.7	100.0	73.5
21Q1	96.0	96.9	90.3	94.8	88.6	104.2	102.4	76.5
21Q2	96.5	100.2	97.2	95.4	90.7	104.1	105.3	78.5
21Q3	95.8	99.8	95.1	94.4	89.3	104.1	104.6	79.4
21Q4	96.7	100.3	94.7	96.7	88.5	103.0	106.1	78.3
22Q1	96.5	104.0	97.0	96.7	89.7	102.8	108.3	76.0

出所）内閣府『2022年1-3月期四半期別GDP速報』から筆者計算

　回復をGDP項目別にみると，2022年1-3月期の段階で，過去のピークを上回っている項目は財貨輸出（108.3），財貨輸入（104.0）及び政府支出（102.8）である．一方，サービス輸入は97.0，民

間最終消費支出は96.7, 民間住宅の低迷もあり民間資本形成（民間住宅＋民間企業設備＋民間在庫変動）は89.7と回復が遅れている. 特に, サービス輸出は76.0と回復が大きく遅れている（表3-1-3）.

2. 日本経済予測：2022-23年度

(1) 主要海外外生変数の想定

今回予測において, 主要海外外生変数を以下のように想定した.

海外環境の想定で, 重要なのは原油価格である. 原油価格（WTI, ドバイ, 北海ブレントの平均価格）は, COVID-19による世界経済の急減速と需要蒸発で2020年4月には21.96ドルへ急落した. 以降, 景気回復と原油供給制限の持続から原油価格は上昇基調に転じた. 加えて, ロシアのウクライナ侵攻（22年2月24日）は原油価格の上昇を加速させ, 22年3月には110.54ドルを記録した. 13年9月（108.78ドル）以来の高値である. 今回予測では, 原油価格は22年4-6月期にピーク（105.2ドル）を打ち侵攻の長期化から年内100ドル程度で高止まりし, 以降24年1-3月期（85.8ドル）にかけて低下を見込む. このため, 22年度101.1ドル, 23年度88.2ドルと想定する. ロシアのウクライナ侵攻の影響を受け原油価格は, 前回想定から22年度+24.1ドル, 23年度+19.1ドル, いずれも上方修正した（図3-1-4）.

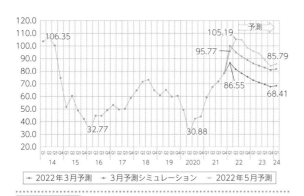

凡例：→ 2022年3月予測　・・・ 3月予測シミュレーション　― 2022年5月予測

図3-1-4　世界原油価格の想定（ドル／バーレル）

出所）実績値は日経NEEDS

なお実質世界貿易の先行きについては, IHSのGlobal Economic Outlook, May 2022の見方を参考にした. 実質世界（財貨・サービス）輸出の伸びは, 2020年に前年比-7.6%の大幅マイナス成長から, 21年は同+9.6%に回復した. 先行き, 22年同+4.6%, 23年同+3.9%と減速が見込まれている. 前回見通し（February 2022）に比して, 22年は-0.7%ポイント, 23年は-0.2%ポイントいずれも下方修正されている.

表3-1-4　外生変数の想定比較

外生変数	2022	2023
原油価格 ($/bbl)	101.1	88.2
前回	77.0	69.1
実質世界輸出（前年比, %）	4.6	3.9
前回	5.3	4.1
為替レート (Y/$)	129.8	128.3
前回	116.2	118.3

為替レートの想定については, 米国FRBが金融引き締めのスタンスに転じたため, 日米長期金利スプレッドの拡大から為替レートは急速に円安, ドル高に転じた. 為替レートは2022年度129.8円, 23年度128.3円と前回予測の想定から13.6円, 10円それぞれ円安を想定した.

今回予測における海外外生変数想定の特徴は, 前回に比して, 原油価格の高止まり, 世界貿易の停滞, 円安である（表3-1-4）.

(2) 予測結果：実質GDP成長率は, 2022年度+1.9%, 23年度+1.7%

新たに, 2022年1-3月期GDP1次速報を追加し, 外生変数（財政金融政策及び海外経済関連の変数）の想定を織り込み, 22-23年度の日本経済の見通しを改定した. 今回, 実質GDP成長率を, 22年度+1.9%, 23年度+1.7%と予測した（表3-1-5）.

表3-1-5　日本経済の予測概要

	2020	2021	2022	2023
実質国内総生産（%）	-4.5	2.1	1.9	1.7
民間需要（寄与度）	-4.7	1.5	1.8	1.1
民間最終消費支出（%）	-5.4	2.6	2.9	0.9
民間住宅（%）	-7.8	-1.6	-1.8	0.5
民間企業設備（%）	-7.5	1.3	2.3	3.4
民間在庫変動（寄与度）	-0.2	0.0	-0.0	0.1
公的需要（寄与度）	0.8	-0.1	0.1	0.2
政府最終消費支出（%）	2.5	2.0	1.0	0.6
公的固定資本形成	5.1	-9.3	-1.8	1.7
公的在庫変動（寄与度）	0.0	0.0	0.0	0.0
外需（寄与度）	-0.6	0.8	-0.0	0.4
財貨サービスの輸出（%）	-10.2	12.5	1.9	4.1
財貨サービスの輸入（%）	-6.5	7.2	2.1	2.2
名目国内総生産（%）	-3.9	1.1	1.6	2.5
国内総生産デフレータ（%）	0.6	-1.0	-0.3	0.7
国内企業物価指数（%）	-1.4	7.3	7.0	1.2
消費者物価コア指数（%）	-0.4	0.0	1.8	0.8
鉱工業生産指数（%）	-9.6	5.8	1.9	2.1
住宅着工戸数：新設住宅（%）	-8.1	6.6	0.3	0.2
完全失業率（%）	2.9	2.8	2.6	2.6
経常収支（兆円）	16.3	12.6	3.6	5.9
対名目GDP比（%）	3.0	2.3	0.7	1.0
原油価格（ドル／バレル）	44.1	78.3	101.1	88.2
為替レート（円／ドル）	106.0	112.4	129.8	128.3
米国実質国内総生産（%, 暦年）	-3.4	5.7	2.5	2.5

注）前年度比伸び率．民間需要，公的需要，民間在庫変動，公的在庫変動，外需は寄与度ベース．原油価格はWTI，ドバイ，北海ブレント原油価格の平均値．その他は注記．シャドーは実績値．

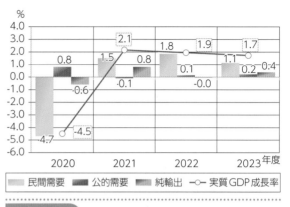

図3-1-5　実質GDP成長率と項目別寄与度：%

図3-1-6　民間需要の項目別寄与度：%

(3) 予測のポイント：2022年度はウクライナ情勢悪化により純輸出を大幅下方修正

　実質GDP成長率（予測）への寄与度を主要項目別にみると，2022年度は，民間需要の寄与度が+1.8%ポイント，公的需要+0.1%ポイント，純輸出-0.0%ポイントとなる．23年度は民間需要+1.1%ポイント，公的需要+0.2%ポイント，純輸出+0.4%ポイントとなる（表3-1-5及び図3-1-5）．

　うち，民間需要の中身をみると，2022年度は，実質民間最終消費支出+1.6%ポイント，実質民間住宅-0.1%ポイント，実質民間企業設備+0.4%ポイント，実質民間在庫変動+0.0%ポイントと，民間需要は民間住宅を除きプラスの寄与となる．23年度は，実質民間最終消費支出+0.5%ポイント，実質民間住宅+0.0%ポイント，実質民間企業設備+0.5%ポイント，実質民間在庫変動+0.1%ポイントと，すべての項目がプラス寄与となるが民間消費支出の回復は小幅にとどまる（表3-1-5及び図3-1-6）．

　実質GDP（実績及び予測）を四半期ベースでみれば，2022年1-3月期の実質GDPは537.9兆円とコロナ禍前のピーク（19年4-6月期）の557.5兆円を依然回復できていない．過去の予測に比して，回復のスピードは非常に緩慢である（図3-1-7）．しかし，ブースター接種による感染抑制が進み重症化防止に寄与したこともあり，人流は急速に回復しつつある．このため消費者の慎重な消費活動は和らぎ，4-6月期は再び経済活動が活発化している．7-9月期以降も潜在成長率を上回る景気回復のペースが持続する．結果，実質GDPがコロナ禍前（19年10-12月期：541.8兆円）の水準を超えるのは22年4-6月期（543.0兆円），コロナ禍前のピークを超えるのは23年10-12月期（557.6兆円）となろう．

回復のペースが緩慢なため，過去の予測に比して下方修正となっている．コロナ禍前のピークを超える時期は前回予測から2四半期後ずれている．

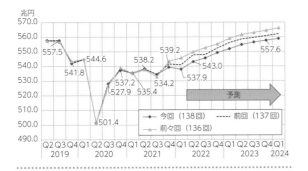

図3-1-7　**実質GDPの推移：実績と予測：兆円**

注）2021年1-3月期までは実績値，以降は予測値．

（4）家計部門：2022年度はサービス支出を中心に民間最終消費支出が回復

内閣府によれば，民間最終消費支出の総合的な指標である消費総合指数は，2月に前月比−1.2%の96.0となった．2カ月連続のマイナス．結果，1-2月平均は10-12月平均比−0.2%とマイナスに転じた（10-12月期：前期比+2.4%）．

人流データ（Google社COVID-19コミュニティ モビリティ レポート）から消費総合指数の先行きを予測しよう（図3-1-8）．消費総合指数をよく説明する小売店・娯楽施設への人流（2020年1月のベンチマークからの乖離率）をみると，22年2月（−15.5%）は1月（−9.3%）から−6.2%ポイント低下したが，3月（−10.3%）は前月から+5.2%ポイント上昇した．これらを考慮して，1-3月期の消費総合指数は前期比−0.3%程度低下すると予測した．ちなみに，1-3月期GDP1次速報によれば，同期の実質民間最終消費支出は前期比−0.0%と消費総合指数の予測値からは幾分高くなっている．

人流は急速に回復しつつある．消費者の慎重な消費活動は和らぎつつある．2022年度は累積した強制貯蓄が取り崩され，サービス支出を中心に民間最終消費支出主導の回復が続こう．

結果，2022年度の実質民間最終消費支出は前年度比+2.9%，23年度同+0.9%と予測する．

国土交通省によれば，GDPベースの民間住宅投資をよく説明する建築工事費予定額（居住用 +0.7*

居住産業併用）は，3月に前年同月比+0.7%，6カ月連続の増加．季節調整値（APIR推計）は前月比−3.5%と2カ月連続の減少となった．結果，1-3月期は前期比+1.8%増加し，5四半期連続のプラス．一方，2月の住宅工事費デフレータは前年同月比+8.7%と13カ月連続の上昇となり，実質の建築工事費予定額は減少が続いている．

足下の住宅工事費上昇を反映し，2022年度の実質民間住宅は前年度比−1.8%減少し，23年度は同+0.5%小幅増加と予測する．

図3-1-8　**人流と消費総合指数（2015=100）**

出所）Google社COVID-19コミュニティ モビリティ レポート，内閣府『消費総合指数』より筆者作成

（5）企業部門：供給制約と交易条件の悪化による企業収益環境の低迷がポイント

経済産業省の鉱工業指数（確報）によれば，3月の生産指数は前月比+0.3%小幅上昇し，2カ月連続のプラス（図3-1-9）．経産省は，生産の基調判断を「持ち直しの動きがみられる」と前月から据え置いた．結果，1-3月期は前期比+0.8%小幅上昇し，2四半期連続のプラスとなった．

半導体等の供給制約もあり，4-6月期生産の急反発は期待できない．このため2022年度の鉱工業生産指数を前年度比+1.9%，23年度+2.1%と予測している．

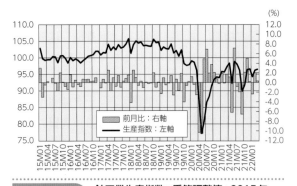

図3-1-9　鉱工業生産指数：季節調整値：2015年＝100

出所）経済産業省『鉱工業指数』

　3月の第3次産業活動指数は，前月比＋1.3％と4カ月ぶりの上昇（図3-1-10）．経産省は基調判断を前月の「足踏みがみられる」から「持ち直しの兆しがみられる」と上方修正した．

　うち，3月の対面型サービス業指数（2015年平均＝100）は前月比＋5.1％大幅上昇し，3カ月ぶりのプラスとなった．先行きは人流の改善もあり，対面型サービス業は回復傾向を強めるであろう．

図3-1-10　第3次産業活動と対面型サービス：季節調整値：2015年＝100

出所）経済産業省『第3次産業活動指数』より筆者計算
　注）対面型サービス業指数は，運輸業，宿泊業，飲食店，飲食サービス業，その他の生活関連サービス業及び娯楽業指数の加重平均値．観光関連指数は対面型サービス業のうち観光関連指数の加重平均値．2015年平均＝100．

　2021年10-12月期の法人企業統計調査によれば，同期の全産業ベースの経常利益（季節調整済，金融業，保険業を除く）は前期比＋17.4％増加し，2四半期ぶりの改善となった．輸出の回復や緊急事態宣言解除により，製造業（同＋9.5％），非製造業（同＋22.9％）の経常利益はともに改善した．1-3月期まん延防止等重点措置の影響もあり，企業の収益環境は再び悪化する．原油価格高騰による交易条件の悪化により企業収益の回復ペースは遅れる．

　投資関連指標をみると，3月の資本財出荷指数は

前月比＋0.6％と3カ月ぶりのプラスとなった．結果，1-3月期は前期比－3.2％と2四半期ぶりに低下した．

　民間企業設備投資の先行指標であるコア機械受注額（船舶・電力を除く民需：季調済み）は，3月に前月比＋7.1％と3カ月ぶりの増加．このため，内閣府は機械受注の基調判断を「持ち直しの動きに足踏みがみられる」と前月から据え置いた．結果，1-3月期は前期比－3.6％減少し，4四半期ぶりのマイナス．なお22年3月末時点の4-6月期見通しによれば，コア機械受注は前期比－8.1％と2四半期連続の減少が見込まれている．

　2022年度実質民間企業設備は前年度比＋2.3％，23年度同＋3.4％の回復を予測した．

(6) 対外部門：ゼロコロナ政策やウクライナ情勢の悪化で2022年度の輸出は低迷

　財務省発表の貿易統計（速報）によると，4月の貿易収支（季節調整値）は13カ月連続の赤字となり，前月比＋58.8％拡大した．結果，1-3月平均の貿易赤字は前期比＋64.7％拡大した．

　輸出額は前月比＋1.0％と2カ月連続の増加．輸入額は同＋7.9％と4カ月連続の増加となった．4月を1-3月平均と比較すると，輸出額は＋1.9％増加，輸入額は＋9.2％大幅増加した．

　実質ベースでみれば，4月の日銀実質輸出額は前月比－6.0％，3カ月ぶりのマイナス．日銀実質輸入額は同－1.5％，2カ月連続のマイナスとなった．4月を1-3月平均と比較すれば，日銀実質輸出額は－5.2％，日銀実質輸入額は－3.1％減少した．実質GDP成長率に対する寄与度はマイナス（図3-1-11）．

　4月の地域別動向（季節調整値：APIR推計）をみれば，対アジア輸出は前月比＋0.4％，対中輸出は同－9.4％，対米輸出は同＋2.0％，対EUは同＋0.3％となった．4月を1-3月平均と比較すれば，対アジアは－1.2％，対中国は－13.1％，対米は＋13.1％，対EU＋10.0％となった（図3-1-12）．

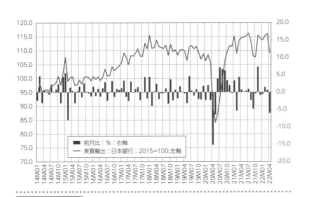

図3-1-11　実質輸出額：季節調整値：2015年=100

出所）日本銀行『実質輸出入の動向』

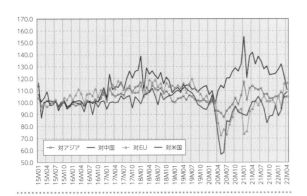

図3-1-12　地域別輸出：季節調整値：2015年=100

出所）財務省『貿易統計』，季節調整値は筆者計算

　一方，対アジア輸入は同-11.8%，対中輸入は同-18.4%，対米輸入は同-4.8%，対EU輸入は同+4.6%となった．4月を1-3月平均と比較すれば，対アジアは-10.8%，対中国は-16.8%，対米は-3.5%，対EUは+2.0%となった．中国の「ゼロコロナ政策」の影響もあり，対中貿易の低迷が目立っている．

　これらの要因を考慮し，2022年度の財貨・サービス実質輸出は前年度比+1.9%，23年度同+4.1%と予測する．一方，22年度の財貨・サービス実質輸入は同+2.1%，23年度+2.2%と予測する．中国のゼロコロナ政策やウクライナ情勢の悪化を反映し，22年度の財貨・サービス輸出を前回予測から大幅下方修正した．

　交易条件が悪化するため貿易収支の赤字は拡大し，インバウンドの回復も遅れるためサービス収支赤字も拡大基調となる．一方，第一次所得収支は高水準を維持するが，2022年度の経常収支は3.6兆円，23年度5.9兆円と低水準を予測する．

(7)　物価の動向：エネルギー価格高騰により2022年度消費者物価インフレは加速するが，23年度は減速

　日本銀行によれば，4月の国内企業物価指数（2015年=100）は前月比+1.2%と17カ月連続で上昇した．また前年同月比+10.0%と14カ月連続の上昇となった．80年12月（同+10.4%）以来の高水準の伸びが続いており，また指数水準は60年の統計開始以降最高水準となった．ロシアへの経済制裁の影響による資源価格高騰と円安の影響で輸入コストが高まり，インフレ率加速の懸念が高まってきた（図3-1-13）．

　円ベースの4月の輸出物価指数は前年同月比+17.3%と15カ月連続の上昇．円ベースの輸入物価指数は同+44.6%と14カ月連続の上昇となった．結果，4月の交易条件指数（輸出物価指数／輸入物価指数*100）は81.0（2015年=100）となり，80年以降最低の水準となった．前年同月差-18.8ポイント大幅低下し，14カ月連続の悪化となった．

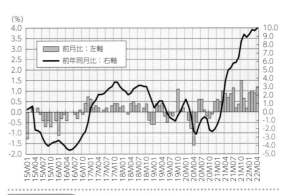

図3-1-13　国内企業物価指数：前年同月比：%

出所）日本銀行『国内企業物価指数』

　総務省によれば，4月の全国消費者物価総合指数（2020年=100）は前年同月比+2.5%と8カ月連続の上昇（前月：同+1.2%）．価格変動の激しい生鮮食品を除いたコア指数は同+2.1%と8カ月連続の上昇．生鮮食品及びエネルギーを除くコアコア指数は同+0.8%と13カ月ぶりの上昇となった（図3-1-14）．

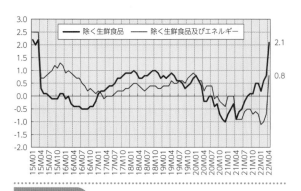

図3-1-14   全国消費者物価指数：前年同月比：％

出所）総務省『消費者物価指数』

4月総合指数の品目別動向をみると，エネルギー価格は前年同月比＋19.1％と13カ月連続の上昇．寄与度は＋1.38％．非エネルギー価格は同＋1.1％と14カ月ぶりの上昇．寄与度は＋1.12％．うち，生鮮食品を除く食料価格は同＋2.6％となり，10カ月連続の上昇．寄与度は＋0.58％となった．サービス支出関係では，通信料（携帯電話）は同−22.5％と13カ月連続の下落．通信料引き下げの影響が前月から剥落し，寄与度は−0.38％と前月（−1.42％）から1.04％ポイント上昇した．

消費者物価指数の先行きについて，エネルギー価格高騰と円安で2022年度は前年比プラス幅が2％程度で推移する．23年度はエネルギー価格が低下し，サービス価格が下押し圧力となるため，消費者物価指数の基調は低調となる．

今回予測では，物価のインフレ率を以下のように予測している．国内企業物価指数は，2022年度＋7.0％，23年度＋1.2％と予測する．全国消費者物価コア指数は，22年度＋1.8％，23年度＋0.8％と予測する．またGDPデフレータは，22年度−0.3％，23年度＋0.7％と予測する（図3-1-15）．

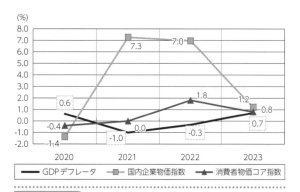

図3-1-15   物価の動向：前年度比：％

（8）ベースライン予測とリスク

前回の予測では，ベースライン予測に対して3つのリスク①新たな変異株の出現，②原油価格の高騰，③円安の加速を指摘した．すでに②と③のリスクが現実化している．前回予測では，②のリスクに基づいて，2022年1-3月期以降原油価格高騰のシミュレーションを行った．

今回の予測では，③円安の加速のシミュレーションを取り上げる．シミュレーションでは2022年4-6月期以降，ベースラインから10円円安が加速するケースを想定している．

結果，実質GDPは，2022年度＋0.5％，23年度＋0.8％増加する．財貨サービスの輸出は，22年度＋2.6％，23年度＋3.9％増加する．円安による輸出増加から，民間企業設備は，22年度＋0.5％，23年度＋0.9％増加する．

一方，インフレをみれば，円安の加速から消費者物価指数は2022年度＋0.0％，23年度＋0.1％上昇する．企業物価指数は22年度＋0.1％，23年度＋0.3％上昇する．

円安による消費者物価の上昇は軽微であるため，民間最終消費支出は2022年度，23年度，ほとんど影響を受けない．

円安加速シミュレーションによれば，円安は総じて日本経済に押し上げ効果をもたらすことがわかる．

表3-1-6   原油価格高騰，円安加速のシミュレーション

項目	2022	2023
実質GDP	＋0.5％	＋0.8％
	−0.1％	−0.3％
民間企業設備	＋0.5％	＋0.9％
	−0.0％	−0.2％
財貨サービスの輸出	＋2.6％	＋3.9％
	−0.3％	−1.2％
国内企業物価指数	＋0.1％	＋0.3％
	＋1.2％	＋3.1％
消費者物価指数	＋0.0％	＋0.1％
	＋0.1％	＋0.4％

注）上段の数値は円安加速シミュレーション，下段は原油価格高騰シミュレーションによる各変数への影響（ベースラインからの乖離率）を示す．

前回の原油価格高騰のシミュレーションでは，原油価格の想定を2022年1-3月期に平均100ドルまで高騰し，以降ベースラインの原油価格のパスよ

り13.4ドル高水準になるケースを想定した．結果，ベースラインより，実質GDPは22年度−0.1%，23年度−0.3%減少する．

　シミュレーションの比較表（**表3−1−6**）が示すように，円安加速と原油価格高騰とでは，実質GDPに与える影響は逆方向となるため，両者の想定次第では，総合効果として実質GDPに下押し圧力が働く可能性があることに注意が必要である．「悪い円安」が議論されているが，重要なのは円安と資源価格（原油価格：ドルベース）の上昇が同時に伴うケースであるといえよう．

参考文献

アジア太平洋研究所（2022a），第137回『景気分析と予測』，APIR_EAFQ_No137_qr.pdf（最終閲覧日：2022年7月19日）

アジア太平洋研究所（2022b），第138回『景気分析と予測』，APIR_EAFQ_No138_qr-2.pdf（最終閲覧日：2022年7月19日）

甲南大学 名誉教授

稲田 義久

株式会社日本アプライドリサーチ研究所
取締役・主任研究員

下田 充

Part I

Part II

Part III

Part IV

Section 2
関西経済の現況と短期予測

1. 2021年度の関西経済の回顧

2021年度の関西経済は，前年度からは幾分復調したものの，依然としてCOVID-19の感染状況に翻弄された．加えて半導体不足や原材料価格高騰といった新たな下押し圧力にも見舞われたことで，弱い動きが続いた（一連の影響をまとめて以下ではコロナ禍と記す）．

COVID-19の新規陽性者数は，2021年4月，8月に第4波・第5波を迎え，それぞれ3度目・4度目となる緊急事態宣言が発令された．秋口には落ち着きを見せていたが，22年に入ると感染力の強いオミクロン株に置き換わったことで，新規陽性者数はこれまでにない急激なペースで増加し，第6波となった．一日あたりの新規陽性者数は，2月中旬に第5波のピークの5倍近い2万5千人弱まで増加した．その後徐々に新規陽性者数は減少し，それに伴って感染拡大防止のための行動制限は解除されることとなった．22年度以降，「ウィズ・コロナ」を前提とする新たな形での経済社会活動を迎えるとみられる．

2021年度の関西経済の状況について部門別に概観すると，家計部門は，前年度の落ち込みから回復したものの，コロナ禍の拡大とそれに伴い緊急事態宣言が2度にわたって発令されたことから，弱い動きが続いている．所得・雇用環境の回復も緩慢である．企業部門も，前年度の大幅悪化に比べると総じて持ち直したものの，製造業・非製造業とも様々なリスク要因から下押し圧力が強く，伸び悩んでいる．対外部門は，輸出・輸入とも拡大した．財の輸出については，堅調な中国向けに加え欧米向けも回復した．インバウンド需要などのサービス輸出については，経済活動の正常化に伴い，底ばいからようやく回復の兆しが見えてきた．輸入は，エネルギー価格の高騰もあり大幅増となった．公的部門（公共工事）は，全国とは対照的に，堅調に推移している．

以下本節では，月次経済指標を中心に，2021年度の関西経済を部門別に回顧する．

(1) 家計部門

2021年度の関西の家計部門は，前年度の落ち込みから回復したものの，緊急事態宣言が2度にわたって発令されたこともあり，本格的な回復には至らなかった．特に所得環境や雇用環境は，全国に比べて回復が遅れた．

消費者センチメントは，急激に悪化した2020年度に比べると改善したものの回復のペースは緩慢だった（図3-2-1）．21年度の消費者態度指数は36.0で，前年度比＋6.3％ポイントとなり4年ぶりの改善となった．消費者センチメントは，COVID-19の感染拡大状況を受けて変動している．21年度も感染拡大ならびに緊急事態宣言等の発令を背景に，センチメントは伸び悩んだ．このためコロナ禍の影響が表れる直前の20年1月の水準（37.8）まで回復することはなかった．

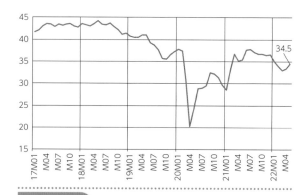

図3-2-1 消費者態度指数

資料）内閣府『消費動向調査』

大型小売店販売は，百貨店販売額が前年度からの反動で高い伸びとなったことにより，全体でも前年を上回った（図3-2-2）．2021年度の関西の大型小売店販売額は3兆4,945億円で，前年度比＋1.7％となり，4年ぶりに前年を上回った．

内訳をみると，百貨店販売額（全店ベース）は1兆1,871億円で，前年度比＋6.9％と4年ぶりの増加となった．2021年度も緊急事態宣言等の発令があったものの20年度の制限に比べると緩やかであったことなどから，客足は回復した．ただし，コロナ禍前となる19年度に比べると－20.3％と大幅に下回っている．また，スーパー販売額は2兆3,074億円となった．前年度比－0.8％で6年連続の減少となった．

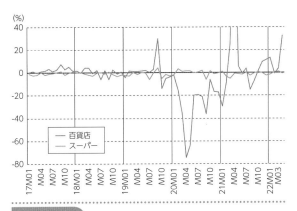

図3-2-2　**百貨店・スーパー販売額（前年同月比：%）**

注）全店ベース.
資料）近畿経済産業局『百貨店・スーパー販売状況』

　雇用環境は，全国に比して回復が遅れている（図3-2-3）．2021年度の関西の有効求人倍率は1.07倍であった．前年から-0.01ポイント下落し，3年連続の悪化となった．全国は1.16倍で，2年ぶりに前年の水準を上回っている．全国は緩やかではあるが堅調に回復傾向にあり，横ばい圏での推移が続く関西との差が拡大している．

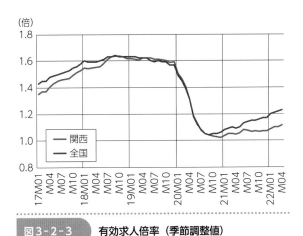

図3-2-3　**有効求人倍率（季節調整値）**

資料）厚生労働省『一般職業紹介状況』

　所得環境も，大幅悪化となった前年度に比べると改善しているものの，コロナ禍前の水準には回復していない（図3-2-4）．2021年度の関西における現金給与総額（APIR推計）は，月平均で31万2,654円となった．前年度比-2.2%の減少で，3年ぶりに前年を上回った．全国値（32万256円）に比べると水準はやや下回っている．なおコロナ禍前となる2019年度と比較すると-1.3%である．

　また物価変動の影響を除いた実質賃金（消費者物価指数により実質化）は前年度比+0.9%だった．4

年ぶりに前年度比で上昇となったが，2019年度比では-0.9%であり，コロナ禍前の水準に比べるとまだ低い．

　月次ベースの推移をみると，現金給与総額は2021年3月以降，13カ月連続で前年を上回っている．実質賃金は21年1月から10カ月連続で前年を上回っていたが，21年度後半から徐々に物価が上昇したことにより，弱い動きとなっている．

現金給与総額

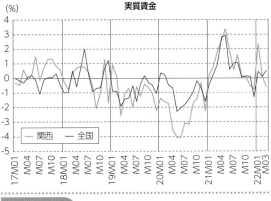

実質賃金

図3-2-4　**現金給与総額と実質賃金（前年同月比：%）**

注）各府県現金給与総額を常用労働者数で加重平均し算出.
資料）厚生労働省『毎月勤労統計調査』等より作成

　住宅市場は，底を打って持ち直した（図3-2-5）．2021年度の新設住宅着工戸数は136,012戸で，前年度比+6.2%であった．3年ぶりに前年比増となった．利用関係別では持家と貸家がそれぞれ同+6.0%，同+16.2%と持ち直した．

図3-2-5　新設住宅着工戸数（前年同月比：%）

資料）国土交通省『住宅着工統計』

(2) 企業部門

　2021年度の関西の企業部門は，前年度の大幅悪化に比べると総じて持ち直したものの，力強い回復には至らなかった．製造業では，世界的な半導体不足や原材料価格の高騰など供給制約要因によって一進一退の動きとなった．非製造業では，特に対面型サービスでコロナ禍の影響が続いたことで，伸び悩んだ．

　景況感について，日本銀行大阪支店が2022年4月に発表した短観調査（調査期間2月24日～3月31日，以下日銀短観3月調査と記す）によると，業況判断DI（近畿地区，全規模・全産業）は+1となった（図3-2-6）．21年度中は回復が続き，21年12月調査には+5と8四半期ぶりにプラス圏に転じた．しかし3月調査では，オミクロン株の流行による新規陽性者数の高止まり，原材料価格の高騰，ロシアによるウクライナへの軍事侵攻といった様々なリスク要因を背景として，7四半期ぶりの悪化となった．また3カ月後の先行きは-4と悪化が続くと見込まれている．

　業種別にみると，製造業は+5，非製造業は-3だった．総じて回復したが，宿泊・飲食サービスや対個人サービスなどではまん延防止等重点措置の適用により，低調だった．

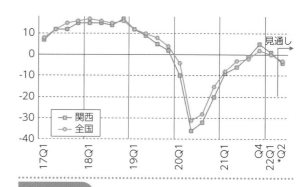

図3-2-6　日銀短観の業況判断DI（全規模・全産業）

注）＊は見通しであることを示す．
資料）日本銀行大阪支店『全国企業短期経済観測調査（近畿地区）』

　鉱工業生産は，2020年度から持ち直したものの，世界的な半導体不足や原材料価格の高騰などから伸び悩んだ（図3-2-7）．21年度通年でみた生産指数は95.6（2015年＝100，季節調整値）だった．前年度比+5.0%で，3年ぶりの増産となった．ただし19年度と比較すると-3.6%であり，コロナ禍前の水準には回復していない．月次ベースで推移をみると，21年7月から10月にかけて，自動車関連の供給制約により足下で生産調整の影響が出たことから4カ月連続の減産となった．また22年に入ってからもエネルギー価格の高騰などから足踏み状態にある．

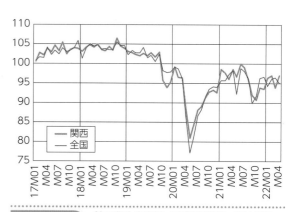

図3-2-7　鉱工業生産指数（季節調整値，2015年＝100）

資料）近畿経済産業局『近畿地域鉱工業生産動向』

　また関西企業の設備投資計画は，日銀短観2022年3月調査によると，22年度（全規模全産業ベース）は前年度比+2.3%となっている（表3-2-1）．前年比プラスは2年連続で，前年度実績（+1.7%）からやや加速する．業種別にみると製造業は同+10.6%と増勢であるのに対して，非製造業は同-3.3%と前年を下回る結果となっている．全

国の22年度設備投資計画（全規模全産業ベース：+7.9％）は増勢が見込まれており，関西企業の投資に対する姿勢は慎重となっている．

表3-2-1	日銀短観：設備投資計画					
	関西			全国		
	全産業	製造業	非製造業	全産業	製造業	非製造業
2021年度	1.7	5.7	-0.8	-8.5	-10.0	-7.5
2022年度	2.3	10.6	-3.3	7.9	11.6	5.7

資料）日本銀行大阪支店『全国企業短期経済観測調査（近畿地区）』

(3) 対外部門

　対外部門は，輸出・輸入とも拡大した．財の輸出については，堅調な中国向けに加え欧米向けも回復した．インバウンド需要などのサービス輸出については，経済活動の正常化に伴い，底這いからようやく回復の兆しが見えてきた．輸入は，エネルギー価格の高騰もあり大幅増となった．

　財の貿易については，2021年度は輸出・輸入とも拡大した（図3-2-8）．輸出は19兆2,384億円で，前年度比+22.4％と大幅に増加した．前年比増は4年ぶりだった．半導体等電子部品や建設用・鉱山用機械が年度別過去最高額となるなど大きく増加した．月次ベースでは，21年3月以降，22年1月を除いて二桁増が続いている．

図3-2-8	輸出入と貿易収支

資料）大阪税関『近畿圏貿易概況』

　輸出を地域別に見ると，前年度中から先行して回復していた中国に加え，欧米向けも大きく回復した（図3-2-9）．2021年度の地域別にみた輸出は米国向けが前年度比+31.8％，EU向けが同+31.7％，アジア向けが同+18.6％といずれの地域に対しても大幅プラスとなった．

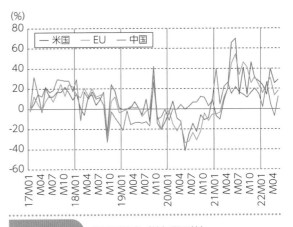

図3-2-9	地域別輸出（前年同月比）

資料）大阪税関『近畿圏貿易概況』

　また輸入は16兆5,744億円で，前年度比+25.0％と3年ぶりに前年を上回った．エネルギー価格の高騰により天然ガス及び製造ガスが増加したほか，新型コロナワクチンの輸入により，医薬品が増加した．

　輸出額から輸入額を差し引いた貿易収支は2兆6,641億円の黒字となり，7年連続の黒字となった．

　サービスの輸出（インバウンド需要）は，2021年度中は底ばい続きであった．22年度に入り徐々に入国制限が緩和され，ようやく回復の兆しが見えてきた．

　法務省『出入国管理統計』によると2021年度の訪日外国人客数は全国では40万5千人で，うち関空からの入国者数は4万2千人であった（図3-2-10）．前年度比では，全国は東京五輪が開催されたことにより+25.0％と3年ぶりに前年を上回った．一方関西は-19.7％と3年連続の減少となった．

　百貨店免税売上も厳しい状況が続いている（図3-2-11）．日本銀行大阪支店によると，2021年度の関西の百貨店免税売上高は前年度比+58.3％の増加となった．回復傾向がみられるものの19年度と比較すると-79.9％とコロナ禍前の水準には及ばない．

　外国人観光客への水際対策について，政府は徐々に一日あたりの入国者数の上限引き上げや特定国からの入国者に対する検査等の免除など実施している．このため2022年度に入って訪日外国人客数や百貨店免税売上に回復の兆しがみえてきている．

(人)

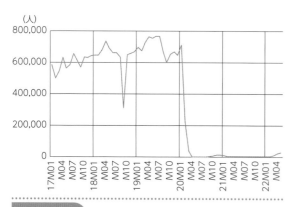

図3-2-10　関空経由の訪日外国人数

資料）法務省『出入国管理統計』

(13/04=100)

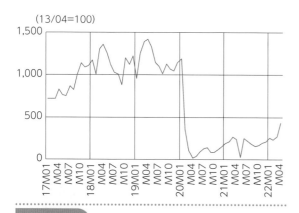

図3-2-11　百貨店免税売上

注）2013年4月の水準を100として指数化.
資料）日本銀行大阪支店『百貨店免税売上（関西地区）』

(4) 公的部門

　関西の公的部門（公共工事）は，全国に比べて堅調に推移している.

　2021年度の関西の出来高ベースの公共工事費は2兆7,520億円で，前年比では＋6.7％であった（**図3-2-12**）．遡及可能な19年度から3年連続で前年比増となっている．月次ベースで見ても，関西は19年10月以来，22年3月まで30カ月連続で前年を上回った（22年4月は前年同月比-1.3％で31カ月ぶりの前年割れ）．大阪湾岸の夢洲の土地開発をはじめ新名神高速道路・淀川左岸線など大型公共投資案件が進んでいる.

　一方全国の動きをみると，関西とは対照的に減速した．2021年度の公共工事費（出来高ベース）は21兆8,343億円で，前年比同-8.0％だった．また月次ベースでは21年7月から足下4月まで10カ月連続で前年比マイナスとなった．減速の要因は東京五輪関連の建設特需の剥落と考えられる（南関東は21年度前年比-10.4％）.

(%)

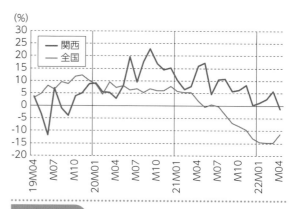

図3-2-12　公共工事請負金額（前年同月比）

資料）東日本建設業保証株式会社『公共工事前払金保証統計』

2. 関西経済予測：2022-23年度

　次に，2022年1-3月期GDP1次速報値や関西域内外の最新経済指標，1節で示した日本経済予測の結果を反映した22-23年度の関西経済予測を示す.

　予測は，関西各府県の最新データとなる2018年度の『県民経済計算』を反映した関西経済予測モデルにより行っている．なお実績見通しである19-21年度については，次節で示す関西内各府県のGRP早期推計の結果を参考としている.

(1) 予測結果：2022年度＋2.0％，23年度＋1.9％

　関西の実質GRP成長率を2022年度＋2.0％，23年度＋1.9％と予測する（**表3-2-2，図3-2-13**）．なお過年度の実績見通しについては19年度-0.5％，20年度-4.5％，21年度＋2.1％としている.

　2019年度・20年度の2年連続のマイナス成長から，21年度以降は2％前後のプラス成長が続き，23年度にはコロナ禍前のGRP水準を回復する.

表3-2-2　関西経済予測の結果表

年度	2019	2020	2021	2022	2023
民間最終消費支出	-1.1	-5.8	1.9	2.8	1.3
民間住宅	8.3	-2.7	-2.2	0.3	1.4
民間企業設備	0.1	-6.8	0.3	2.0	2.3
政府最終消費支出	2.0	2.5	2.3	1.3	0.9
公的固定資本形成	5.5	4.0	0.9	2.0	2.5
輸出	-1.1	-1.8	6.1	0.9	4.6
輸入	0.1	-0.9	3.3	1.5	3.5
実質域内総生産	-0.5	-4.5	2.1	2.0	1.9
民間需要(寄与度)	-0.5	-4.6	0.8	1.9	1.2
公的需要(寄与度)	0.6	0.6	0.5	0.3	0.3
域外需要(寄与度)	-0.5	-0.5	0.8	-0.2	0.4
名目域内総生産	0.3	-3.8	1.3	1.9	2.6
GRPデフレータ	0.8	0.7	-0.8	-0.1	0.7
消費者物価指数	0.6	-0.3	-0.1	1.7	1.0
鉱工業生産指数	-4.5	-8.2	4.7	2.4	2.4
完全失業率	2.6	3.1	3.1	2.9	2.9

注）単位%．完全失業率以外は前年度比伸び率．2019-21年度は実績見通し，22-23年度は予測値．

図3-2-13　GRP予測結果と成長率に対する寄与度

注）2019-21年度は実績見通し，22-23年度は予測値．

　各需要項目の成長に対する寄与をみよう．2022年度は，経済活動の正常化により民間需要が＋1.9％ポイントと成長を牽引する．公的需要も＋0.3％ポイントと成長を下支える．一方，域外需要は輸出が伸び悩むことから-0.2％ポイントと成長押し下げ要因となる．23年度は，民間需要＋1.2％ポイント，公的需要＋0.3％ポイント，域外需要＋0.4％ポイントと，3項目すべてがバランス良く成長に貢献する．

　前節で示した日本経済予測の結果（以下，全国と記す）と比較しよう．2022年度は，成長率全体は同程度の伸びとなるが，中身がやや異なる．公的需要は，全国＋0.1％ポイントに対して関西は＋0.3％ポイントと若干関西が全国を上回る．関西では大

阪・関西万博会場の夢洲の整備など大型投資案件が進行しており，公共工事が全国以上に伸長するとみている．（夢洲の整備については第6章も参照）．一方域外需要は，関西では中国ゼロコロナ政策に関して全国以上に影響を受けると見ており，全国-0.0％ポイントに対して関西は-0.2％ポイントと成長を押し下げよう．23年度は，関西と全国で大きな違いはない．

(2) 部門別のポイント

①民間部門：経済活動正常化で民間消費が成長エンジンの役割を担う

　民間需要のGRP成長率に対する寄与度は，2022年度＋1.9％ポイント，23年度＋1.2％ポイントとなる．21年度に4年ぶりのプラスとなり，その後は3年連続で成長に貢献する．

　民間需要は，家計部門と企業部門によって構成される．このうち家計部門は，実質民間最終消費支出と実質民間住宅からなる．実質民間最終消費支出の伸びは，2022年度＋2.8％，23年度＋1.3％と予測する．民間消費は18年度から3年連続で前年比マイナスとなっていたが，21年度には4年ぶりに前年を上回る．行動制限の解除など経済活動の正常化が進展することを織り込んだ．実質民間住宅の伸びは，22年度＋0.3％，23年度＋1.4％と予測する．資源価格の高騰など先行き不透明感が増しており22年度23年度ともプラス成長となるが小幅にとどまる見通しである．

　企業部門では，実質民間企業設備の伸びを22年度＋2.0％，2023年度＋2.3％と予測する．海外リスク要因に対する警戒感が強まっているものの，堅調に推移しよう．

　家計部門の成長率寄与度は2022年度＋1.6％ポイント，23年度＋0.8％ポイントとなる．また企業部門の実質GRP成長率に対する寄与度は22年度＋0.3％ポイント，23年度＋0.3％ポイントとなる．

②公的部門：底堅く成長を下支える

　公的需要の実質GRP成長率に対する寄与度は2022年度＋0.3％ポイント，2023年度＋0.3％ポイントとなる．公的部門は，堅調に成長を下支える．

　実質政府最終消費支出の伸びは，2022年度＋1.3％，23年度＋0.9％と見込む．また実質公的固

定資本形成の伸びは，22年度＋2.0％，23年度＋2.5％と見込む．

　日本経済予測では，公的固定資本形成の伸びを慎重にみている（2022年度−1.8％，23年度＋1.7％）．これに対して関西経済予測では，25年の大阪・関西万博開催が追い風となり，全国に比して高い伸びで推移するとみられる．

③対外部門（海外・域外）：22年度は海外リスク要因の高まりで成長抑制，23年度は成長下支え

　対外部門は，海外経済（輸出額から輸入額を差し引いた純輸出）と域外経済（国内他地域との経済取引，移出額から移入額を差し引いた純移出）からなる．域外需要の実質GRP成長率に対する寄与度は2022年度−0.2％ポイント，23年度＋0.4％ポイントと見込む．

　海外取引については，実質輸出の伸びを2022年度＋0.9％，23年度＋4.6％と予測する．中国ゼロコロナ政策による景気減速，原材料価格の高騰，米国金融引き締めの影響など種々のリスク要因から，22年度の輸出は低調となる．23年度は前年の反動とリスク要因の落ち着きから回復を見込む．また実質輸入の伸びは，22年度＋1.5％，23年度＋3.5と予測する．実質GRP成長率に対する純輸出の寄与度は22年度−0.1％ポイント，23年度＋0.4％ポイントとなる．

　国内他地域との取引である実質純移出の寄与度は2022年度−0.1％ポイント，23年度−0.1％ポイントと予測する．

④雇用環境：先行き改善を見込む

　完全失業率は2019年度まで2％台で推移してきたが，20年度・21年度は3.1％とやや悪化した．先行きは22年度2.9％，23年度2.9％と小幅改善を見込む．

（3）リスクシナリオと今後の展望

　本予測では，コロナ禍の影響については2022年度中には沈静化し，経済活動が正常化に向かうと想定している．政府の月例経済報告（22年6月）でも，先行きのリスク要因として従前挙げられていた「感染症による影響」が削除されることとなった．5月時点での関西の新規陽性者数は，依然第5波の

ピークを上回る5～6千人台で推移しているが，緊急事態宣言やまん延防止等重点措置は発令されていない．イベントや飲食店での人数および時間制限を解除するといった動きが広がっており，当面は行動制限も検討しないとされている．今後は「ウィズ・コロナ」を前提とする新たな形での経済社会活動を迎えるとみられる．

　コロナ禍以外の国内のリスク要因としては，資源高を背景とする物価高や急速に進む円安が家計部門や企業部門に対する下押し圧力となると考えられる．

　また海外リスク要因は多岐にわたる．米国は，物価高への対策として急速な金融引き締めに踏み切っているが，これは景気減速を招きかねない．またロシアに対して西側諸国は様々な形で経済制裁を課しているが，EUはロシアと地理的に近く，またエネルギーのロシア依存が高いことから，制裁の影響が自らに跳ね返ってくるおそれがある．中国は，COVID-19に対していわゆるゼロコロナ政策を実施している．上海をはじめ主要都市で外出規制など厳しい措置が取られており，消費や生産といった経済活動が急減速している．さらに，これらのリスク要因は，いずれも世界的に影響が波及していくおそれがある．特に関西では，中国とのつながりが強いことから，ゼロコロナ政策の行方が大きなポイントとなる．

近畿大学短期大学部商経科 教授
入江 啓彰

甲南大学 名誉教授
稲田 義久

Section 3
関西経済の府県別動向

国のGDPの地域版であるGross Regional Product（以下，GRPと略称）は，地域マクロ経済の景気変動を測る代表的な指標である．だが，各県のGRP確報値（『県民経済計算』）の発表は，例年，国のGDPの公表時期に比して2年ほど遅れる．さらに，今年度はGRPの算出方法が2017年基準版に大幅改訂される時期であるため，現時点（2022年5月）で3年遅れている県も存在する．関西2府4県についてみると，京都府，滋賀県，奈良県がそれにあたる．このような算出・公表ラグを踏まえ，関西各府県の実績見通しについて，当研究所が独自に早期推計を行った[1]．本節では，GRPの早期推計の結果を示すとともに，各府県のGRPの動きに大きく関連する統計指標の動向も併せてみていく．

(1) 関西

表3-3-1に推計の結果をまとめている．関西2府4県の実質GRP（生産側）の合計でみた実質成長率は，19年度が-1.0%，20年度が-5.0%，21年度が1.1%と予測される．20年度のコロナ禍によるマイナス成長の程度は，リーマンショックによる景気後退期の08-09年度の成長率（単純に各府県の実質GRPを合計して伸び率を計算した値．旧基準値ベース．）がそれぞれ-3.1%，-4.2%であることから，それらを超える単年度の大きさであった．21年度については，その反動でプラス成長で

あったが，コロナ禍前の水準に戻るほどの勢いはみられない．

| 表3-3-1 | 関西各府県のGRP早期推計の結果 |

地域 モデルの推計期間	大阪府 2006-19 新基準	兵庫県 2006-19 新基準	京都府 2006-18 旧基準	滋賀県 2006-18 旧基準	奈良県 2006-18 旧基準	和歌山県 2006-19 新基準	関西 (2府4県計)	全国 (支出側)
●モデルの適合度								
自由度修正済決定係数	0.84	0.96	0.80	0.67	0.75	0.73	−	
GRP水準のMAPE(%)	0.75	0.35	1.08	1.84	0.63	1.05	−	
GRP成長のMAPE(%)	0.97	0.59	1.73	2.05	0.87	1.74	−	
ダービンワトソン比	1.43	2.61	2.46	1.52	1.67	2.73	−	
●実質GRP（兆円）								554.3
FY2019(実績または早期推計)	40.67	20.76	10.20	6.60	3.59	3.70		550.5
FY2020(早期推計)	37.95	20.01	9.90	6.44	3.42	3.45		525.7
FY2021(早期推計)	38.73	20.24	9.89	6.31	3.41	3.45		537.0
●実質成長率（%）								
FY2019(実績または早期推計)	-1.5	0.0	-1.5	-0.3	-1.3	-0.3		-0.7
FY2020(早期推計)	-6.7	-3.6	-2.9	-2.4	-4.8	-6.7		-4.5
FY2021(早期推計)	2.1	1.1	-0.1	-2.0	-0.1	0.0		2.1
●実質成長率(%):寄与度ベース								
FY2019(実績または早期推計)	-0.7	0.0	-0.2	0.0	-0.1	0.0	-1.0	
FY2020(早期推計)	-3.1	-0.9	-0.4	-0.2	-0.2	-0.3	-5.0	
FY2021(早期推計)	1.0	0.3	-0.1	-0.2	0.0	0.0	1.1	

注) MAPEはMean Absolute Percentage Error（平均絶対誤差率）の略．実質GRPは生産側の連鎖価格表示．旧基準は2011年基準値（2006年度から2018年度まで）を採用．新基準は2011年度から2019年度までが2017年基準値，2006年度から2010年度は旧基準値を新基準値に接続しているが，兵庫県の場合は「参考：県民経済計算長期時系列データ」から引用．京都府，滋賀県，奈良県の2019年度実績値は未公表のため，旧基準値をもとにAPIRの早期推計値を掲載．寄与度ベースの実質成長率を算出するために用いるウェイトは，旧基準値の2018年度GRPのシェアになる．

資料) 内閣府「国民経済計算」，各府県「県民経済計算」およびAPIRの早期推計モデルより筆者作成．

(2) 大阪府

大阪府の実質GRPは，2020年度が37.95兆円，21年度が38.73兆円となる（図3-3-1）．実質成長率でみると，20年度が-6.7%，21年度が+2.1%となる．リーマンショックによる景気後退期（2008-09年度，旧基準値ベース．）の各年度では-3.4%であり，20年度はこれらを超えるマイナス成長になる．一方，21年度は反転傾向を示している．

---

1) 本推計のおおまかな手順は，以下のようになる（早期推計の手法の詳細については，APIR『2013年度 関西経済白書』を参照されたい）．① 各経済分野（生産，雇用，消費，投資）で景気に敏く，速報性も高い統計指標（鉱工業生産指数，有効求人倍率，大型小売店販売額，建築着工床面積など）のセットを各府県で用意する．② これらの統計指標は互いに相関が強くなりがちであり，そのまま回帰式の説明変数に用いると多重共線性等の問題が起こりうる．そのため，事前の処置として主成分分析で互いに相関のない合成変数（主成分）群に変換する．③ 主成分群を説明変数にしたGRPの回帰式を公表済みの年度までのデータで推計する．その際，過適合を防ぐために，赤池情報量規準にしたがいながら，回帰式の説明変数に用いる主成分を府県ごとに厳選する．④ 推計した回帰モデルを用いて，未公表年度のGRPを外挿予測する．
なお今回用いた各府県の月次統計は，GRP（景気）と理論的に整合な相関をもち，なるべく府県間で共通の月次統計を選び，推計期間も2006年度以降に限定した．選択した月次統計は以下のとおりである．
<消費>
・大型小売店販売額（従業者数あたり．※奈良県と和歌山県は売場面積あたり）
<雇用>
・有効求人倍率（※和歌山県だけ新規求人数）
・雇用保険受給実人員（※和歌山県はGRPと正の相関により割愛）
<投資>
・新設住宅着工戸数（分譲マンション）
・建築着工工事費予定額（会社）（※和歌山県だけ施工主計の床面積）
・建築着工の棟数（公共）
<生産>
・鉱工業生産指数

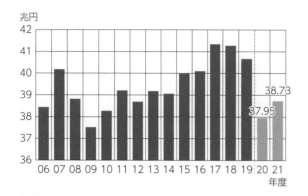

図3-3-1　大阪府の実質GRP

資料）2011-2019年度：新基準値の大阪府「令和元年度大阪府民経済計算」，
2006-2010年度：旧基準値の「平成30年度大阪府民経済計算」（ただし，
2011年度の旧基準値と新基準値の比率を用いて新基準値に接続して利用.），
2020-2021年度：APIRの早期推計モデルより筆者作成.

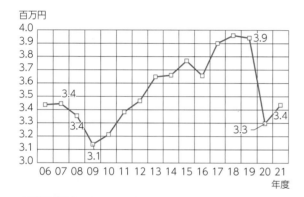

図3-3-2　大阪府の大型小売店販売額対従業者数（月次・年度平均値）

資料）近畿経済産業局「百貨店・スーパー販売状況」より筆者作成.

　推計に用いた月次統計のひとつでありまた大阪府GRPと強い正の相関（2006-19年度の相関係数：0.88）をもつ大型小売店販売額対従業者数（図3-3-2）をみてみると，20年度における対前年度からの落ち込みがリーマンショック時期と比べて激しい．背景として，コロナ禍による人流抑制，特に，インバウンド需要の蒸発や幾度の緊急事態宣言による時短・休業要請があげられる．一方，21年度には弱いながらも反転している.

(3) 兵庫県

　兵庫県の実質GRPは，20年度が20.01兆円，21年度が20.24兆円となる．実質成長率は20年度が-3.6％，21年度が+1.1％となる．リーマンショック期の成長率は，08年度で-1.7％，09年度で-6.9％であった．20年度は06年度以降で2番目に深刻なマイナス成長と予測される．一方，21年度にプラス成長が見込まれる（図3-3-3）.

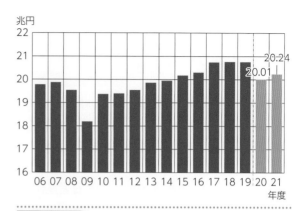

図3-3-3　兵庫県の実質GRP

資料）2011-2019年度：新基準値の兵庫県「令和元年度兵庫県民経済計算」，
2006-2010年度：兵庫県「参考：県民経済計算長期時系列データ」，2020-
2021年度：APIRの早期推計モデルより筆者作成.

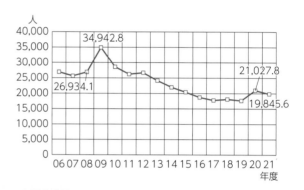

図3-3-4　兵庫県の雇用保険受給実人員（月次・年度平均値）

資料）厚生労働省「雇用保険事業月報」より筆者作成.

　景気とは逆サイクルであるが兵庫県GRPと強い負の相関関係（2006-19年度の相関係数：-0.97）をもつ雇用保険受給実人員をみてみる（図3-3-4）．20年度における前年度からの上昇がみられ，コロナ禍による雇用状況の悪化がうかがわれるが，リーマンショックの09年度の急上昇ほどではなく，21年度には減少に転じている.

(4) 京都府

　京都府の実質GRPは，19年度が10.20兆円，20年度が9.90兆円，21年度が9.89兆円となる．実質成長率は19年度が-1.5％，20年度が-2.9％，21年度が-0.1％となる．リーマンショック期は，08年度で-5.8％，09年度で-3.2％であったことから，20年度は09年度に匹敵するマイナス成長と予測される．21年度は横ばいと予測される（図3-3-5）.

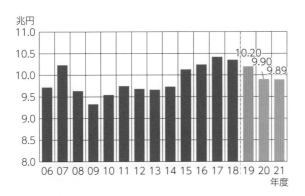

図3-3-5　京都府の実質GRP

資料）2006-2018年度：京都府「平成30年度京都府民経済計算」，2019-2021年度：APIRの早期推計モデルより筆者作成.

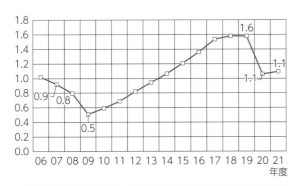

図3-3-6　京都府の有効求人倍率（月次・年度平均値）

資料）厚生労働省「一般職業紹介状況（職業安定業務統計）」より筆者作成.

　図3-3-6は，京都府のGRPと強い正の相関関係（2006-18年度の相関係数：0.88）をもつ有効求人倍率の推移である．今回のコロナショック期（20年度）では大きく低下していることが特徴的である．

（5）滋賀県

　滋賀県の実質GRPは，19年度が6.60兆円，20年度が6.44兆円，21年度が6.31兆円，実質成長率は19年度が−0.3％，20年度が−2.4％，21年度が−2.0％となる．リーマンショック期は08年度で−1.9％，09年度で−2.8％であったことから，20年度のマイナス成長は09年度並みといえる．一方，21年度はマイナス成長が続くと予測される（図3-3-7）.

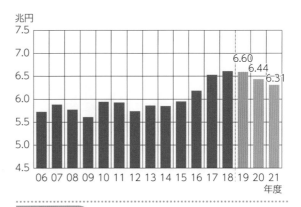

図3-3-7　滋賀県の実質GRP

資料）2006-2018年度：滋賀県「平成30年度滋賀県民経済計算」，2019-2021年度：APIRの早期推計モデルより筆者作成.

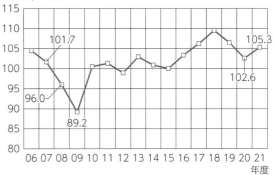

図3-3-8　滋賀県の鉱工業生産指数（月次・年度平均値）

資料）滋賀県「滋賀県鉱工業指数」より筆者作成.

　図表3-3-8は鉱工業生産指数の推移を示したものである．滋賀県のGRPとある程度の正の相関（2006-18年度の相関係数：0.76）があるが，21年度に反転していることがわかる.

（6）奈良県

　奈良県の実質GRPは，19年度が3.59兆円，20年度が3.42兆円，21年度が3.41兆円となる．実質成長率は，19年度が−1.3％，20年度が−4.8％，21年度が−0.1％となる．リーマンショック期（2008-09年度）の各年度で−3.5％，−3.2％のマイナス成長であり，20年度ではこれらを超えるほどのマイナス成長の程度であった．21年度に関しては横ばいと予測される（図3-3-9）.

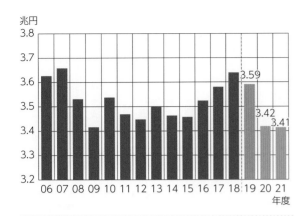

図3-3-9　奈良県の実質GRP

資料) 2006-2018年度：奈良県「平成30年度奈良県民経済計算」，2019-2021
　　　年度：APIRの早期推計モデルより筆者作成.

図3-3-10　奈良県の建築着工工事費予定額：会社（月次・年度平均値）

資料) 国土交通省「建築物着工統計」より筆者作成.

　図3-3-10は，建築着工工事費予定額（会社）の推移であり，奈良県のGRPとある程度の正の相関（2006-18年度の相関係数：0.77）がある．20年度に減少はみられるが，リーマンショックの09年ほどではなく，21年度は反転している．

(7) 和歌山県

　和歌山県の実質GRPは，20年度が3.45兆円，21年度も3.45兆円となる．実質成長率は20年度が-6.7%，21年度が0.0%となる．リーマンショック期（2008-09年度）の各年度で-2.7%，-4.8%のマイナス成長であり，20年度は09年度のマイナス成長幅を超えると予測される．21年度については横ばいと予測される（図3-3-11）．

　図3-3-12は和歌山県の建築着工床面積の推移であり，和歌山県のGRPとある程度の正の相関（2006-18年度の相関係数：0.75）がある．20年

度はリーマンショック期の各年度の落ち込み幅と同程度であることがわかる．

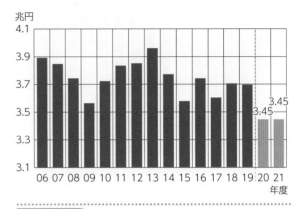

図3-3-11　和歌山県の実質GRP

資料) 2011-2019年度：新基準値の和歌山県「令和元年度和歌山県民経済計算」，
　　　2006-2010年度：旧基準値の「平成30年度和歌山県民経済計算」（ただし，
　　　2011年度の旧基準値と新基準値の比率を用いて新基準値に接続して利用.），
　　　2020-2021年度：APIRの早期推計モデルより筆者作成.

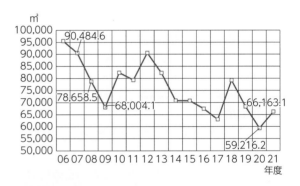

図3-3-12　和歌山県の建築着工床面積（月次・年度平均値）

資料) 国土交通省「建築物着工統計」より筆者作成.

(8) 府県別のまとめ

　最後に，図3-3-13に2019-21年度の関西経済の成長率に対する府県別寄与度を示した．

　20年度はCOVID-19の経済的影響のもと，関西各府県のマイナスの寄与度が大きく増し，国全体（-4.5%）を上回るマイナス成長になると見込まれる．21年度には，大阪府と兵庫県の反転の動きから関西全体で+1.1%のプラス成長であるが，同年度の国は+2.1%であり，その程度には及ばないと予測される．

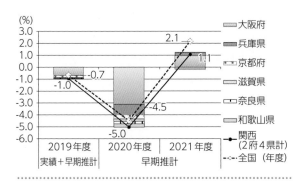

図3-3-13　関西の実質成長率への府県別寄与度

資料）内閣府「国民経済計算」，各府県「県民経済計算」およびAPIRの早期推計モデルより筆者作成.

大阪公立大学大学院経済学研究科 教授
小川 亮

Part I

Part II

Part III

Part IV

Section 4
分配面からみた関西経済の課題

1. はじめに：分配面への着目

　昨年度の『アジア太平洋と関西―関西経済白書2021』では，家計と企業のコロナ禍からの調整過程を確認し，企業については，収益環境の悪化と雇用調整に焦点を当てた[1]．2014年頃からコロナ禍前まで関西ではインバウンド需要が好調で対面型サービス業[2]を中心に雇用が伸びていた．しかし，COVID-19感染拡大を受け，休業や営業時間の短縮要請といった感染防止策により，非製造業，特に宿泊業や飲食業といった対面型サービス業で売上高が大幅に減少した．結果，主にパートタイム労働者として働く女性に雇用調整圧力が大きかったことを明らかにした．

　折しも2021年9月に自民党総裁に選出された岸田文雄首相は10月4日に行われた就任記者会見において，新しい資本主義を実現する車の両輪が成長戦略と分配戦略であると強調した．すなわち，「分配戦略」とは，「働く人への分配機能の強化」と「中間層の拡大，そして少子化政策」であり，「中間層の所得拡大に向け，国による分配機能を強化」するとした．その後，内閣府から日本経済の現状分析や見通しなどをまとめたレポート（『日本経済2020-2021－成長と分配の好循環実現に向けて－』，内閣府 2022）において，分配面に焦点を当てた分析が行われたこともあり，一層分配面に関心が高まった[3]．

　コロナ禍からの調整が進む中，労働所得や資産所得の分配はどのように変化したのだろうか．本節では，内閣府（2022）で展開された議論に基づき，関西における所得分配について分析した．2項では，コロナ禍以前の所得分配について，労働所得や資産所得の動向を確認する．3項では，コロナ禍での所得分配を確認するとともに，関西では特に中間層の所得環境が厳しい状況に置かれていることを示す．

4項では，厚い中間層を取り戻すためにも，岸田政権が掲げる分配政策の中でも賃金上昇と「人への投資」，つまり人的資本投資の充実を通じた労働生産性向上が重要であることを述べる．

2. コロナ禍以前の所得分配

(1) 労働所得の分配状況

　まず始めに，2000年代以降における労働所得の分配状況を俯瞰する．具体的には，個人の年間労働所得をいくつかの階級に分け，該当する個人の割合を示した所得分布を経年比較するとともに，中央値を確認する．

　図3-4-1から全国の年間労働所得（主な仕事からの年間収入）の分布を2002年以降で経年比較すると，東日本大震災の翌年である12年を除き，最近になるにつれて300万円未満の割合が増加傾向であることがわかる．一方，労働所得が300〜799万円の中所得層はほぼ変化がみられず，800〜1,499万円の高所得層の割合は減少傾向で推移している．

　次に，図3-4-1の下段で関西（2府4県ベース）について経年比較すると，全国と同様に，300万円未満の所得層の割合は増加傾向，300〜799万円では大きな変化はみられず，800〜1,499万円では減少傾向で推移している．注意すべきは，300万円未満の所得層の中で全国と関西では異なるパターンがみられることである．この層のうち，全国では200-299万円の層の割合が高く，関西では100万円未満の層の割合が一番高い．2017年における100万円未満の層に注目すれば，関西が18.4％に対し，全国は16.7％である．関西の平均所得は全国と比べ低いが，これらが一要因となっている可能性がある．

　次に，年間労働所得の中央値を確認してみよう．中央値は，所得の高い順から低い順に順位を付け，中央に位置する所得である．図3-4-2をみると，全国，関西ともに労働所得が減少傾向で推移していることがわかる[4]．水準では2017年の労働所得の中央値は全国で276万円，関西で271万円となって

---

1) 詳細は木下・郭（2021）を参照．
2) 対面型サービス業の定義については，本書第3章1節や第5章1節を参照．
3) 日本経済新聞，2022年2月7日朝刊など．
4) 2012年は東日本大震災の翌年に該当するため，減少幅が大きくなっていると考えられる．

おり，関西は全国を下回っていた．また，02年と比較すると，減少幅は全国で17万円（292万円→276万円），関西では27万円（298万円→271万円）で，関西のほうが，減少幅が大きいことがわかる[5].

【全国】

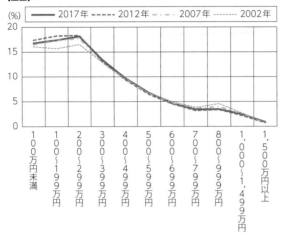

【関西（2府4県）】

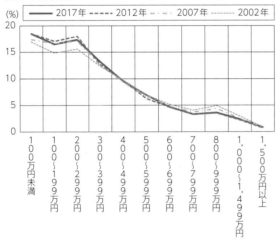

図3-4-1 　年間労働所得の分布の変化：全国 vs. 関西

注）主な仕事からの年間収入．関西は滋賀県，京都府，大阪府，兵庫県，奈良県，和歌山県の各所得階層の人数を合計し，シェアを計算している．
資料）総務省統計局『就業構造基本調査』より筆者作成

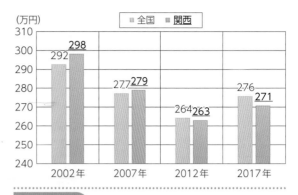

図3-4-2 　年間労働所得の中央値の変化：全国 vs. 関西

注）主な仕事からの年間収入
資料）総務省統計局『就業構造基本調査』より筆者作成

労働者個人単位の労働所得では，最近になるにつれて中央値が低下しており，また関西のほうが全国よりも下回っていることをみたが，こうした傾向は世帯単位でも確認できるだろうか．

図3-4-3は全国と関西について，1世帯（勤労者世帯）当たりの年間収入階級を年収300万円未満の低所得層，300〜799万円の中所得層[6]，1,000万円以上の高所得層の3つにまとめ直し，2014年と19年の世帯数の比率を比較したものである．

図3-4-3をみると，低所得層では全国がほぼ横ばい（2014年：15.5%→19年：15.3%）であるのに対し，関西は＋2.9%ポイント（14年：14.4%→19年：17.3%）上昇している．また，中所得層では，全国，関西ともに低下しているが，減少幅では全国は-1.9%ポイント（14年：61.5%→19年：59.6%）の低下に対し，関西では-4.9%ポイント（14年：63.8%→19年：58.9%）の低下となっており，関西のほうが大きくなっている．一方，高所得層では，全国，関西ともに上昇しているが，増加幅は関西（＋1.5%ポイント）のほうが全国（＋2.0%ポイント）より小さい．全国，関西ともに所得階層の二極化が確認できるが，関西では低所得層の増加が特徴であるといえよう．

---

5) 内閣府（2022），p.144では，労働所得の格差を示す代表的な指標としてジニ係数が計算されている．全国のジニ係数は2007年をピークとして，12年，17年と緩やかな低下がみられる．この背景として，団塊の世代が労働市場から退出したことを受け，もともとジニ係数の水準が高い55〜59歳の割合が低下したことが寄与したとされる．一方，25〜34歳では主に男性の非正規雇用者の増加により，ジニ係数は上昇しているとされている．

6) 本稿では，関西経済連合会（2021）で定義された，300〜800万円の世帯所得の層を中間層とする定義に従っている．なお，中間層の定義は所得や資産などの金融指標を始め，様々な定義が存在する．本書Chapter1のSection4では，所得に基づく定義として，絶対的アプローチと相対的アプローチを紹介している．また，OECDでは，世帯所得が国の所得中央値の75%〜200%の範囲内にある世帯と定義している（OECD 2019）．厚生労働省（2012）では，所得面からみた中間層の割合を試算しており，①単身200〜600万円，二人以上300〜1,000万円にした場合，②単身300〜600万円，二人以上500〜1,000万円とした場合，③中位所得の50〜150%（単身200〜600万円，二人以上400〜1,000万円）とした場合の3通りの結果が紹介されている（割合は全体の5〜7割）．また，日本における中間層の推移と特徴については，田中・四方（2019）を参照．

図3-4-3　1世帯当たり年間収入額の変化：全国vs. 関西

注) 総世帯のうち勤労者世帯．全国は第6-54表より計算．関西は滋賀県，京都府，大阪府，兵庫県，奈良県，和歌山県の各所得階層の世帯数を各府県の第9-0表より計算している．
資料) 総務省統計局『全国家計構造調査』より筆者作成

　また，勤労者世帯について1世帯当たり年間収入額の中央値を計算したところ，全国では2014年の546万円から19年は556万円に増加していたが，関西では，547万円から533万円へと減少している．個人単位の労働所得は全国，関西ともにこの間低下傾向にあった．勤労者世帯ベースではこの傾向は幾分緩和されているが，世帯主以外の労働所得が増加したためと思われる．しかし，関西では個人ベースでも世帯ベースでも減少した．

　こうした関西における世帯所得減少の背景を探るため，以下では雇用形態に焦点を当てて分析する．雇用形態に注目する理由として，一般的に非正規雇用者は労働時間が短く，時間当たりの賃金率が低いことから，非正規雇用者の増加は労働者間の給与所得の格差拡大に影響するとされている[7]．そこで総務省『労働力調査（詳細集計）』を用いて全国における，男女別，雇用形態別に年間収入の分布をみたものが，図3-4-4である．

　男性について，2019年の正規雇用者の分布をみると，年収200～999万円の所得層が大部分を占めている．一方，非正規雇用者で最も多いのは100～199万円の所得層となっている．また，02年と19年で分布の形状を比較すると，正規雇用者はほとんど変化がみられないものの，非正規雇用者では年収400万円未満の所得層で人数が増加していることがわかる．

　次に，図3-4-4の下段から女性について，

　2019年の正規雇用者の分布をみると200～299万円が最も多く，次に300～399万円となっている．02年と比較すると，100～199万円の所得層で人数が減少する一方で，300～699万円では増加がみられる．また，2019年の非正規雇用者では，最も多い所得層は100～199万円で，多くが300万円未満となっている．02年との比較では，50～149万円の所得層で顕著な増加がみられることが特徴である．

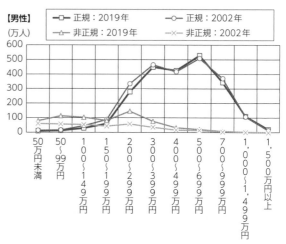

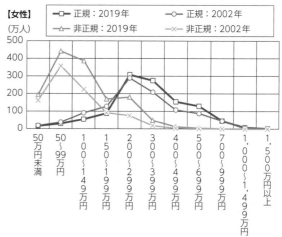

図3-4-4　男女別・雇用形態別の年収分布の比較：全国

注) 仕事からの収入（年間）．2002年の非正規雇用者は「パート・アルバイト」「労働者派遣事業所の派遣社員」「契約社員・嘱託」の合計．
資料) 総務省統計局『労働力調査（詳細集計）第II-12表』より筆者作成

　なお，図3-4-5から女性のみに絞って非正規雇用の内訳をみると，特にパート・アルバイトで年間収入が50～149万円の所得層の人数が増加していることがわかる．以上から，パートやアルバイトと

---

7)　石井・樋口（2015）では，非正規雇用者の労働時間が短いことだけでなく，時間当たり賃金率に大きな格差があり，それが労働者間の所得格差拡大に大きく寄与していることを指摘している．

いった非正規雇用者が増加することで収入分布の二極化が進んだと考えられる.

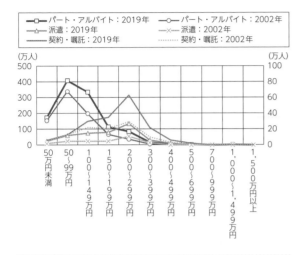

図3-4-5　女性の非正規雇用者の年収分布比較：全国

注）パート・アルバイト労働者は左軸，その他は右軸
資料）総務省統計局『労働力調査（詳細集計）』より筆者作成

それでは関西ではどうだろうか. 図3-4-4,3-4-5で用いた『労働力調査（詳細集計）』は地域別のデータが入手できないため，各府県が公表する『毎月勤労統計調査』から関西におけるパートタイム労働者比率を確認する. 図3-4-6をみると，関西は全国よりもパートタイム労働者比率が3～4%ポイント程度高くなっており，比率も上昇傾向で推移している. したがって，全国と同様，関西でもパートタイム労働者が増加し，年収分布の二極化が進んでいる可能性がある.

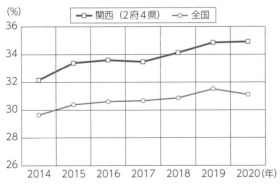

図3-4-6　パートタイム労働者比率の比較：全国vs.関西

注）事業所規模5人以上
資料）厚生労働省『毎月勤労統計調査』及び関西2府4県の自治体の公表資料より筆者作成

8）内閣府（2022），p.149-150を参照.

以上から，関西では，コロナ禍以前から低所得層が増加することで中所得層が減少し（図3-4-3参照），家計は収入面で厳しい状況に置かれていた. 関西では，2010年代中頃から19年までインバウンド需要が高まり，対面型サービス業の中でも観光関連産業（飲食サービス業，宿泊業等）で働く人が増加していた. これらの業種の従業員の多くはパートタイム労働者やアルバイトなどの非正規雇用者が中心で，相対的に収入が低く，世帯所得の低下につながったと考えられる.

(2) 資産所得の動向

本項の最後に，資産所得の動態についても確認をしておく. 内閣府（2022）では，全国について2014年及び19年の家計資産総額（純金融資産と住宅・宅地資産の合計）の十分位階級別に金融資産残高の分布をみている. 特に，金融資産残高全体の40%，世帯当たり平均では5,000万円程度を保有する第十分位の保有割合が高まっていたとされている[8].

そこで，『全国家計構造調査』を用いて全国と同様に関西の家計が保有する金融資産総額を資産階級別に示したのが図3-4-7である. 図が示す通り，関西でも5,000万円以上を保有する世帯では1世帯位当たりの家計資産総額が増加している. 一方で，600万円未満の世帯では減少していることがわかる.

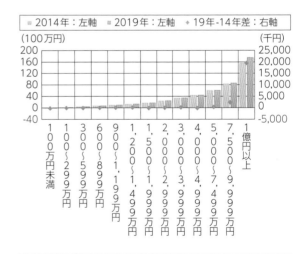

図3-4-7　関西の資産階級別金融資産保有額の変化：2014/19年

注）総世帯のうち勤労者世帯. 関西は第30-0表より作成，滋賀県，京都府，大阪府，兵庫県，奈良県，和歌山県の各所得階層の平均値. 家計資産総額は「純金融資産（金融資産残高−金融負債残高）」と「住宅・宅地資産」を合計したもの.
資料）総務省統計局『全国家計構造調査』より筆者作成

また，図3-4-8から関西における2019年の家計資産残高の内訳を資産階級別にみると，金融資産残高が大きな層ほど，株式などを含む有価証券の保有割合が大きくなっていることがわかる．全国では，有価証券の保有割合が大きい第十分位の保有金融資産の収益率は低下したものの，高水準にあるとされている．加えて，利子・配当金収入の分布でも，第十分位の割合が上昇していることから，資産所得格差が拡大していることが指摘されている[9].関西でも有価証券を保有する世帯が高額の資産を保有する世帯で多いことは，資産所得の格差を拡大させる要因になっていると考えられる．

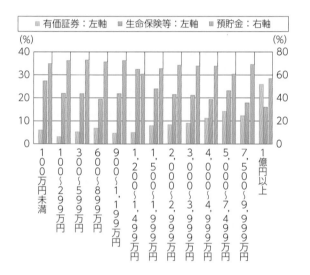

| ■ 有価証券：左軸 | ■ 生命保険等：左軸 | ■ 預貯金：右軸 |

横軸（左から右）：1,000万円未満／1,000～2,999万円／3,000～5,999万円／6,000～8,999万円／9,000～1,199万円／1,200～1,499万円／1,500～1,999万円／2,000～2,999万円／3,000～3,999万円／4,000～4,999万円／5,000～7,499万円／7,500～9,999万円／1億円以上

図3-4-8　関西における金融資産残高の内訳：2019年

注）総世帯のうち勤労者世帯．関西は第30-0表より作成，滋賀県，京都府，大阪府，兵庫県，奈良県，和歌山県の各所得階層の平均値．
資料）総務省統計局『全国家計構造調査』より筆者作成

3. コロナ禍での所得分配と中間層

(1) コロナ禍前後の所得分配状況

前項では，COVID-19の影響が表面化する前から，関西における家計の所得環境は厳しい状況に置かれていたことをみた．それでは，コロナ禍は家計の所得分配に，どのような影響を与えたのだろう

か[10].

表3-4-1では，総務省統計局の『家計調査』から，全国の2019～21年における二人以上世帯のうち，勤労者世帯の年間収入十分位階級別にみた年間収入額を示している[11].これをみると，平均年収は729万円（19年），733万円（20年），737万円（21年）と微増している[12].

また，2019年から20年にかけては第Ⅰ分位と第Ⅲ分位で，19年から21年にかけては第Ⅰ分位で年収は減少がみられる．一方，第Ⅹ分位などでは年収が増加している．したがって，年収の平均値が増加したのは高所得層の年収が増加したことが一因であり，対照的に低所得層では年収の減少により，厳しい状況であったとみられる．

表3-4-1　年間収入十分位階級別でみた年収の推移：全国

（単位：万円）

	平均	Ⅰ	Ⅱ	Ⅲ	Ⅳ	Ⅴ	Ⅵ	Ⅶ	Ⅷ	Ⅸ	Ⅹ
2019年	729	292	423	501	569	636	709	791	886	1,037	1,449
2020年	733	290	424	499	570	642	714	795	900	1,043	1,458
2021年	737	290	425	503	572	638	709	793	896	1,049	1,500
19→20差	4	-2	1	-2	1	6	5	4	14	6	9
19→21差	8	-2	2	2	3	2	0	2	10	12	51

注）二人以上の世帯のうち勤労者世帯
資料）総務省統計局『家計調査 第2-5表』より筆者作成

(2) 深刻な「細る中間層」

表3-4-1では，コロナ禍による経済情勢の悪化に伴い，全国では主に低所得層で年収が減少する一方で，高所得層では増加していることをみた．それでは，中間的な所得層（以下，中間層）ではどうなっているだろうか（なお，中間層の定義については，注6を参照）．

中間層の位置を確認するため，総務省統計局『家計調査』から図3-4-9を作成した．図では，全国と関西における年間収入300万円未満，300～799万円，1,000万円以上のそれぞれの階級に属する世帯数の全体に占める割合を示している．

---

9) 内閣府（2022），p.150を参照．
10) 2項で展開した資産所得は，『全国家計構造調査』の最新年が2019年であること，『全国家計構造調査』ほど詳細な項目が『家計調査』からは入手できないことから，コロナ禍前後の動態については，労働所得に絞って分析している．
11) 年間収入階級の「十分位階級」とは，全ての世帯の年収を低いほうから順番に並べ，調整集計世帯数を基に十等分して10個のグループを作った場合の各グループのことを指す．収入の低いほうから順次，第Ⅰ，第Ⅱ…，第Ⅸ，第Ⅹ分位階級と呼んでいる．
12) なお，2020年には定額給付金，21年にはコロナ禍からの経済回復の影響があることに注意を要する．20年の世帯収入は定額給付金により，二人以上世帯であれば，合計20万円分の収入増加が見込まれる．しかし，表3-4-1からは第Ⅱ，第Ⅳ分位では，19年と比べてわずか1万円の増加にとどまっており，定額給付金がなかった場合，年間収入は減少していたと考えられる．

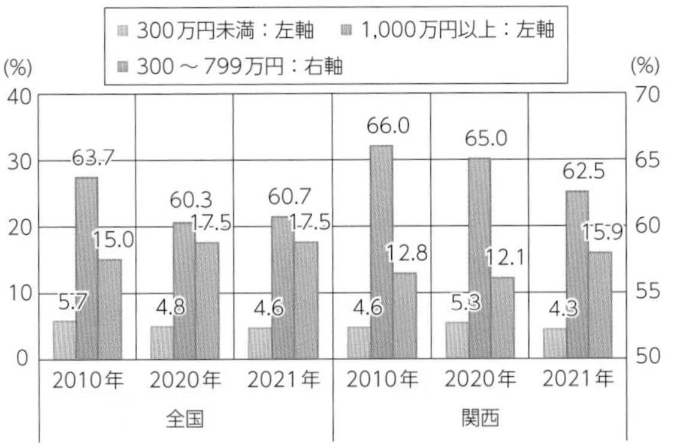

図3-4-9　年間収入階級別世帯割合の比較：全国vs.関西

注）二人以上の世帯のうち勤労者世帯，関西は近畿地域
資料）総務省統計局『家計調査』より筆者作成

コロナ禍前の2010年と足下の21年を比較してみると，年収300万円未満の低所得層の世帯割合は，全国（10年：5.7%→21年：4.6%），関西（10年：4.6%→21年：4.3%）ともに低下しているが，関西の低下幅は全国より小さいことがわかる．

次に，中間層である年収300～799万円の世帯割合は，全国（2010年：63.7%→21年：60.7%），関西（10年：66.0%→21年：62.5%）ともに低下していることがわかる．しかし，低下幅は関西のほうが全国より大きい．

年収1,000万円以上の高所得層の世帯割合では，全国（2010年：15.0%→21年：17.5%），関西（10年：12.8%→21年：15.9%）いずれも上昇しているが，関西の割合は依然全国を下回っている[13)]．

ちなみに，コロナ禍直後の2020年の動きを見ると21年とは異なった姿がみえてくる．

300万円未満の低所得層の割合をみれば，全国では低下（2010年：5.7%→20年：4.8%）している一方で，関西では世帯割合が上昇している（10年：4.6%→20年：5.3%）．

また，年収1,000万円以上の高所得層の割合をみれば，全国で上昇している（2010年：15.0%→20年：17.5%）一方，関西では，低下がみられる（10年：12.8%→20年：12.1%）．

このように，関西に注目すると，2020年はコロナ禍の影響を大きく受けたことで，低所得世帯の割合は上昇し，高所得世帯の割合は低下している[14)]．

まとめると，以前と比べると関西の中間所得層の環境はコロナ禍により一層厳しさを増しているといえよう．

前述した通り，近年関西ではインバウンド需要の高まりを受け，飲食サービス業や宿泊業などで非正規雇用者を中心に雇用が増加してきた．2020年以降，コロナ禍でインバウンド需要が蒸発したことに加え，数度にわたる緊急事態宣言の発令や，まん延防止等重点措置といった感染拡大を抑え込むための行動制限が行われたことから，関連する業種で働く労働者に大きな雇用調整圧力となった[15)]．中間層の先細りは消費の低迷をもたらし，関西経済のコロナ禍からの反転の勢いに水を差すことになる．インバウンド需要の高まりは関西経済にとって大きな成長要因ではあったものの，所得分配面では中間層を薄くし，大きな経済ショックに対して脆弱な経済構造につながった．それがコロナ禍で表面化したと考えられる．

4. おわりに：人的資本投資の充実を

本節では，コロナ禍前後における関西の労働所得や資産所得の動態を『就業構造基本調査』や『全国家計構造調査』など代表的な統計を用いて，全国と比較しその特徴を述べた．

関西では，コロナ禍以前から中間所得層が減少し，低所得層と高所得者層が増加するという二極化が進んでいた（**図3-4-1**及び**図3-4-3**）．その後，コロナ禍の影響が広がる中で，中間層の所得が一層減少し，これまでの中所得層が低所得層へと移行し（細る中間層），家計は収入面で厳しい状況に置かれることとなった（**表3-4-1**及び**図3-4-9**）．

本節の最後に，再び厚い中間層を取り戻す鍵とし

13) コロナ禍の最初の年である2020年の関西では，年収1,000万円以上の世帯割合は12.1%と10年より低下している．金融資産大幅減少の影響が出ているといえよう．
14) 産経新聞2021年12月6日付の記事を参照．
15) 木下・郭（2021）の関西の女性就業者について産業別の寄与度を示した図3-5-5では，「宿泊業，飲食サービス業」といった対面型サービス業で女性のほうが男女計と比べて，減少幅が大きかったことを指摘している．一般的に対面型サービス業では非正規やパートタイム労働者の比率が高いとされるが，図3-5-6では，関西ではコロナ禍において一般労働者数よりもパートタイム労働者数の減少幅が大きく，雇用調整圧力が大きかったことを指摘している．

て，賃金上昇と人的資本投資の充実が重要であることを述べる．

岸田首相は主要政策の「分配戦略」として，「所得の向上につながる『賃上げ』」，「『人への投資』の抜本強化」，「未来を担う次世代の『中間層の維持』」の3つを掲げている[16].

この中でも中間層の支援については，既に経済団体やシンクタンクから関連する提言が出されており，中間層の支援は重要な政策課題となっている[17]．しかしながら，所得向上につながる「賃上げ」については，道半ばといわざるを得ない．近畿財務局『法人企業統計調査』を用いて関西の企業の資金使途をみると[18]，全産業ベース人件費は，2001年度は10.6兆円であったが，19年には8.1兆円と−23.3％減少している．コロナ禍の20年度は8.0兆円（同−24.8％），21年度は7.9兆円（同−25.2％）とさらに減少している．また，『毎月勤労統計調査』から足下の所得環境をみても，関西は全国と比べて賃金の伸びは低く[19]，消費の増加につながりにくいという問題は未だ解消されていない．特に関西では，図3−4−9でみたように，低所得者の世帯割合が全国と比べてほとんど低下していない．したがって，短期的には，低所得者層を対象とした経済支援策が重要であると考えられる[20].

また，中長期的な施策としては，人への投資を充実させることによる労働生産性向上が鍵となろう．今後，少子高齢化によって労働力人口減少が一層進む中，労働生産性の分子に当たる付加価値をいかに伸ばすかが重要である．

特に，2022年6月7日に閣議決定された経済財政運営と改革の基本方針（以下，骨太の方針2022）では，重点投資分野として最初に「人への投資」が掲げられた．この「人への投資と分配」に関する施策として，副業促進，学び直しといった以前から提示されていた項目に加え，新たに「スキルアップを通じた労働移動の円滑化」のため，リカレント教育といった学び直しを促進することとされている．

さらに，骨太の方針2022では，「新しい資本主義」の実現に資するため，デジタル化に対応したイノベーション人材の育成等，大学，高等専門学校への社会変化への対応を加速するとされている．質の高い教育の実現を通じた成長の促進も重要であろう．特に，関西における人材面での課題として，関東における高付加価値型のサービス産業の興隆に伴い，同地域へ知識集約型人材が多数移動していることがあげられる[21]．人的資本投資を充実させることで知識集約型の人材育成を図るとともに，長期化した雇用調整助成金の特例措置により，滞留した労働力を低生産性部門から成長分野へと移していくことも中長期的には重要となろう．

また，これまでの関西経済低迷の要因の一つが投資不足であったことを本書第6章1節では指摘している．今後，関西では2025年の大阪・関西万博を始めとして，1兆円規模の大規模投資が相次いで予定されている．人的資本の充実と併せて，内外からの投資を呼び込み，優れた人材を関西に呼び込むことも重要であろう．

これらの積極的な施策が実現されることにより，1970年の大阪万博以降，低迷してきた関西経済が反転成長に向かい，成長と分配の好循環が実現されることを望みたい．

参考文献

OECD (2019)," Under Pressure: The Squeezed Middle Class", https://www.oecd.org/publications/under-pressure-the-squeezed-middle-class-689afed1-en.htm （最終閲覧日：2022年7月13日）

21世紀政策研究所（2022），「中間層復活に向けた経済財政運営の大転換」報告書，2022年6月，http://www.

---

16) 首相官邸，主要政策トップページより．

17) 例えば，関西経済連合会では，仕事と子育てや家事が両立できるよう，中間層の負担軽減策を盛り込んだ提言を発表している（関西経済連合会 2021）．また経団連が設立したシンクタンクである21世紀政策研究所は2022年6月に「中間層復活に向けた経済財政運営の大転換」という題名で報告書を公表している（21世紀政策研究所 2022）．

18) 近畿財務局管内（近畿2府4県）に本店を有する資本金10億円以上の法人（金融業，保険業を除く）を対象としている．

19) 2021年通年の関西の名目賃金の伸び率は，前年比＋0.6％に対し，全国は同＋0.3％と関西が幾分上回ったが，2018年から3年連続で全国の伸びを下回る状況が続いていた．

20) 例えば，内閣府から新型コロナウイルス感染症が長期化する中，速やかな生活・暮らしの支援として，住民税非課税世帯等に対し，1世帯当たり10万円の臨時特別給付が行われている．また，大阪市では低所得のひとり親世帯や子育て世帯を対象に，児童1人当たり一律5万円の特別給付金の支給が行われるなど，各自治体において様々な支援措置が実施されている．

21) 吉田・稲田・松林・野村（2020），p120を参照．

21ppi.org/pdf/thesis/220602.pdf（最終閲覧日：2022年7月13日）

石井加代子・樋口美雄（2015），「非正規雇用の増加と所得格差：個人と世帯の視点から：国際比較に見る日本の特徴」，三田商学研究58巻3号，pp.37-55

「関西，関東より年収悪化　中間層の強化急務」，産経新聞2021年12月6日，産経WEST, https://www.sankei.com/article/20211206-XGMTVEK3SVK6DDRFXZI6ESPIEA/（最終閲覧日：2022年7月13日）

関西経済連合会（2021），「中長期的な税財政の見直しに関する提言〜持続可能な経済社会実現への責任と，未来を拓く税財政制度に向けて〜」，https://www.kankeiren.or.jp/material/211206ikensho.pdf（最終閲覧日：2022年7月13日）

木下祐輔・郭秋薇（2021），「コロナ禍と企業の対応」，一般財団法人アジア太平洋研究所『アジア太平洋と関西―関西経済白書2021』，Chapter3，Section5日経印刷株式会社

厚生労働省（2012），「第2節 分厚い中間層の復活に向けた課題」，『平成24年 労働経済の分析』，https://www.mhlw.go.jp/wp/hakusyo/roudou/12/（最終閲覧日：2022年7月13日）

首相官邸（2021），「岸田内閣総理大臣記者会見」，2021年10月4日，https://www.kantei.go.jp/jp/100_kishida/statement/2021/1004kaiken.html（最終閲覧日：2022年7月13日）

―――，主要政策トップページ，https://www.kantei.go.jp/jp/headline/seisaku_kishida/bunpaisenryaku.html（最終閲覧日：2022年7月13日）

―――，経済財政運営と改革の基本方針2022 新しい資本主義へ〜課題解決を成長のエンジンに変え，持続可能な経済を実現〜，https://www5.cao.go.jp/keizai-shimon/kaigi/cabinet/2022/2022_basicpolicies_ja.pdf（最終閲覧日：2022年7月13日）

「所得格差，若年層で拡大 少子化に拍車の懸念」，日本経済新聞，2022年2月7日，https://www.nikkei.com/article/DGXZQOUA04A8T0U2A200C2000000/（最終閲覧日：2022年7月13日）

田中聡一郎・四方理人（2019），「日本における中間層の推計:1994-2009年 」，Keio-IES Discussion Paper Series DP2019-001

内閣府（2022），「日本経済2021 − 2022 −成長と分配の好循環実現に向けて−」，2022年2月，https://www5.cao.go.jp/keizai3/2021/0207nk/keizai2021-2022pdf.html（最終閲覧日：2022年7月13日）

吉田茂一・稲田義久・松林洋一・野村亮輔（2020），「対中貿易構造と関西経済」，一般財団法人アジア太平洋研究所『アジア太平洋と関西―関西経済白書2020』Chapter3，Section4，日経印刷株式会社

大阪商業大学経済学部経済学科 専任講師
木下 祐輔

甲南大学 名誉教授
稲田 義久

アジア太平洋研究所 研究員
野村 亮輔

アジア太平洋研究所
吉田 茂一

Part I

Part II

Part III

Part IV

Column A 貿易面からみたロシアのウクライナ侵攻による日本・関西への経済的影響

1. はじめに

ロシアのウクライナ侵攻の長期化がもたらす経済的な影響は，商品市況や貿易，金融市場など様々なチャネルを通じて世界に拡がりつつある．本コラムでは，特に貿易面からみた影響を中心に分析を進める[1]．

分析にあたり，ロシアのウクライナ侵攻の直接的・間接的なインパクトを理解するために，図3-CA-1を作成した．ここにはロシアと主要国・地域の経済規模と貿易関係（シェア）を示している．

本コラムではまず，主要国・地域のロシアとの貿易状況を2021年の貿易データを用いて品目別にまとめ，その対ロシア依存度を計算した．品目ごとに全世界からの輸出（輸入）額のうち，ロシアが占める輸出（輸入）額の比率を対ロシア依存度として算出し，総額の同シェアとの比較を行った．

本コラムでは，貿易シェアと，個別財の貿易シェアを次のように定義する．

$$第i国の第j国に対する貿易シェア=\frac{X_{ij}}{\sum_j X_{ij}}\ (1)$$

$$そのうち，第k財の貿易シェア=\frac{X_{ij}^k}{\sum_j X_{ij}^k}\ \ (2)$$

（ただしiは貿易当該国，jは貿易相手国，X_{ij}は第i国と第j国の貿易額，X_{ij}^kは財kの第i国と第j国の貿易額を示す．）

自国（i）の相手国（j）に対する貿易シェア（1）と個別財の貿易シェア（2）を比較することにより，当該国・地域の個別貿易財のリスク指標とした．相手国の貿易シェアが低くとも，個別財ベースで貿易シェアが高いケースが出てくる．

例えば，3項で述べる日本の対ロシア貿易状況をみれば，日本の全世界からの輸入のうち，ロシアが占める割合は1.8％と低いものである．しかし個別の財でみれば，例えば木材では13.1％などロシアへの依存が高くなっている．

今般の情勢の悪化により，特定の財の供給が

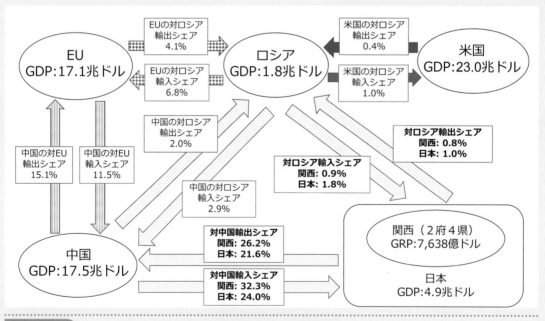

図3-CA-1 ロシアと各国・地域の経済規模と貿易依存関係（再掲）

出典）IMF DataMapper, UN Comtrade, 財務省『普通貿易統計』から筆者計算．

---

1) ロシアのウクライナ侵攻からみえてきた関西経済の諸リスクについての詳細な分析は稲田・野村・吉田（2022）を参照

途絶した場合，当該国・地域の経済活動の停止につながり，こういった依存度の高い財は安全保障上大きなリスクとなる．なお，このリスク指標が高いほどサプライチェーンに負荷がかかるが，戦争状態だけでなく，災害やパンデミックが起こった場合でも同様である．

2. 各国の対ロシア貿易状況と依存度について

　各国のロシアとの貿易状況について，ここでは米国，EU，中国の2021年の貿易データを品目別にまとめ，対世界貿易に占めるロシアへの依存度が特に高くなっている品目を分析した．

(1) 米国の対ロシア貿易状況と依存度：品目別

　米国の対ロシア貿易概況をみれば，2021年において対ロシア輸出額は64億ドル，輸入額は308億ドルとなっている．米国の輸出入総額（輸出額：1兆7,531億ドル，輸入額：2兆9,330億ドル）に占めるシェアは，輸出が0.4%，輸入は1.0%程度となっており，米国の対ロシア貿易依存度は高くない．

　以下の表では，1列目に貿易金額上位10品目を示し，2列目にはその金額と総額，3列目に財別の貿易シェアと対ロシア貿易のシェア（総額ベース）を示す．最後に第4列では，上で定義された個別財の貿易シェア（2）と総額ベースのシェアが示されている（**表3-CA-1**）．

　米国の対ロシア輸出について，上位10品目をみれば，自動車の部分品（6.7%），自動車（4.7%），航空機類（3.4%）など輸送用機械が比較的高いシェアを占めている．一方，対ロシア輸入をみれば，石油及び同調整品（42.9%）が大部分を占める．次いで原油（15.7%），プラチナ（8.0%），銑鉄など（3.9%），甲殻類

（3.6%）と続く．エネルギー関係で対ロシア輸入全体の6割となっていることが特徴である．

　米国の対ロシア輸出の上位10品目の依存度をみると，輸出総額の対ロシア依存度（0.4%）と比較して，高いのは航空機類（6.1%）である．一方，輸入総額の対ロシア依存度（1.0%）に比して，銑鉄など（35.0%），鉄類（21.9%），放射性化合物（21.6%），石油及び同調整品（20.6%）や窒素肥料（20.2%）[2]の依存度が高い．ただし，石油及び同調性品の依存度は高いが，米国は原油生産については自国で供給可能であり，安全保障上問題はない．

表3-CA-1　米国の対ロシア貿易と依存度（単位：100万ドル，%）

■米国の対ロシア輸出				■米国の対ロシア輸入			
品目	金額	シェア(%)	輸出依存度	品目	金額	シェア(%)	輸入依存度
自動車の部分品	426	6.7	1.2	石油及び同調整品	13,211	42.9	20.6
自動車	301	4.7	0.5	原油	4,843	15.7	3.5
航空機類	216	3.4	6.1	プラチナ	2,450	8.0	13.4
医療用血液	205	3.2	0.5	銑鉄など	1,198	3.9	35.0
トラクター	140	2.2	2.7	甲殻類	1,108	3.6	10.1
医療用機器	123	1.9	0.4	鉄類	927	3.0	21.9
エンジン類	121	1.9	1.6	窒素肥料	793	2.6	20.2
調製食料品	100	1.6	1.4	放射性化合物	671	2.2	21.6
データ処理機械	99	1.5	0.4	アルミニウム	523	1.7	4.5
タイヤ	98	1.5	2.2	フェロアロイ（合金鉄）	469	1.5	13.9
総額	6,388	100.0	0.4	総額	30,762	100.0	1.0

出典）UN Comtradeより筆者作成.

(2) EUの対ロシア貿易状況と依存度：品目別

　EUの対ロシア貿易概況をみれば，2021年において対ロシア輸出額は1,045億ドル，輸入額は1,688億ドルとなっている．EUの輸出入総額（輸出額：2兆5,756億ドル，輸入額：2兆4,942億ドル）に占めるシェアは，輸出が4.1%，輸入は6.8%程度となっており，EUの対ロシア貿易依存度は米国に比して比較的高い（**表3-CA-2**）．

　EUの対ロシア輸出について上位10品目をみれば，医薬品（6.5%）並びに自動車の部分品（3.7%）や自動車（3.5%）で14%程度となっている．一方，EUの対ロシア輸入をみれば，原油（34.0%），石油及び同調整品

---

2) ロシアは世界有数の肥料生産国であり，各国がその輸入に依存している．このため，輸入の停滞により肥料価格が高騰し，農業経営に影響を及ぼしている（日本経済新聞社2022年6月21日付）．

（15.8%），石油ガス（13.2%），石炭及び練炭（3.6%）と，エネルギー関連財が66.6%と非常に高い．

　EUの上位10品目の依存度をみると，輸出総額の対ロシア依存度（4.1%）と比較して，高いのは遠心分離機（7.1%），データ処理機械（6.5%），自動車の部分品（6.2%）などである．一方，輸入総額の依存度（6.8%）に比して，鉄類（50.8%），石炭及び練炭（45.2%），石油及び同調整品（39.4%）等が高い．原材料及びエネルギー関連財のロシア依存度が非常に高い．ウクライナ情勢の深刻化により，これら製品の輸入が大きく減少し，対ロシア依存度が高いがゆえにEU経済にとっては大きな痛手となっている．

表3-CA-2　EUの対ロシア貿易と依存度（単位：100万ドル，%）

■EUの対ロシア輸出				■EUの対ロシア輸入			
品目	金額	シェア(%)	輸出依存度	品目	金額	シェア(%)	輸入依存度
医薬品	6,790	6.5	4.8	原油	57,390	34.0	24.9
自動車の部分品	3,813	3.7	6.2	石油及び同調整品	26,623	15.8	39.4
自動車	3,653	3.5	2.4	石油ガス	22,322	13.2	30.5
航空機類	2,646	2.5	6.1	石炭及び練炭	6,114	3.6	45.2
医療用血液	2,186	2.1	1.9	その他	4,656	2.8	6.3
データ処理機械	1,508	1.4	6.5	コールタール蒸留物	3,245	1.9	39.3
医療用機器	1,431	1.4	4.3	鉄類	3,103	1.8	50.8
遠心分離機	1,276	1.2	7.1	銅	2,711	1.6	35.8
機械類	1,263	1.2	5.7	プラチナ	2,486	1.5	22.0
コック，弁	1,230	1.2	5.9	ダイヤモンド	2,130	1.3	17.3
総額	104,465	100.0	4.1	総額	168,754	100.0	6.8

出典）UN Comtradeより筆者作成．

（3）中国の対ロシア貿易状況と依存度：品目別

　中国の対ロシア貿易概況をみれば，2021年において対ロシア輸出額は669億ドル，輸入額は790億ドルとなっている．中国の輸出入総額（輸出額：3兆2,991億ドル，輸入額：2兆6,844億ドル）に占めるシェアは，輸出が2.0%，輸入は2.9%程度となっており，中国の対ロシア貿易依存度はEUと比べれば低いが，米国や後に示す日本と比べれば高い（表3-CA-3）．

　中国の対ロシア輸出について上位10品目をみれば，電話機（8.0%），データ処理機械（4.9%）が高い．一方，輸入をみれば，原油

（51.3%）が圧倒的に高く，次いで石炭及び練炭（8.9%）等が続く．

　中国の上位10品目のシェアをみると，輸出総額の対ロシア依存度（2.0%）と比較して，高いのは衣類及び同附属品（54.8%）が圧倒的に高く，次いで自動車（6.2%），履物（4.8%）と続く．一方，輸入総額の依存度（2.9%）に比して，木材（38.7%），冷凍魚（29.6%），石炭及び練炭（26.1%）や原油（15.7%）等が高い．輸入市場としては，中国は原材料やエネルギーに関して，ロシア依存度が高いといえよう．

表3-CA-3　中国の対ロシア貿易と依存度（単位：100万ドル，%）

■中国の対ロシア輸出				■中国の対ロシア輸入			
品目	金額	シェア(%)	輸出依存度	品目	金額	シェア(%)	輸入依存度
電話機	5,387	8.0	2.1	原油	40,541	51.3	15.7
データ処理機械	3,302	4.9	1.6	石炭及び練炭	7,066	8.9	26.1
自動車	1,518	2.3	6.2	銅	3,905	4.9	10.8
自動車の部分品	1,423	2.1	3.1	石油ガス	3,697	4.7	5.3
衣類及び同附属品	1,376	2.1	54.8	木材	3,044	3.9	38.7
玩具	1,280	1.9	2.8	鉄鉱石	1,488	1.9	0.8
履物	1,086	1.6	4.8	石炭及び同調整品	1,322	1.7	7.9
家庭用電気機器	1,000	1.5	3.1	鋼鉱石	1,219	1.5	2.1
照明器具	942	1.4	1.9	プラチナ	1,191	1.5	11.9
気体ポンプ類	918	1.4	3.8	冷凍魚	1,039	1.3	29.6
総額	66,946	100.0	2.0	総額	78,971	100.0	2.9

出典）UN Comtradeより筆者作成．

3. 日本と関西の対ロシア貿易状況と依存度について

　次に，財務省『普通貿易統計』を用いて日本及び関西の対ロシア貿易（輸出入）の状況を概況品目別にみていく．

（1）日本の対ロシア貿易状況と依存度：品目別

　日本の対ロシア貿易概況をみれば，2021年において対ロシア輸出額は8,624億円，輸入額は1兆5,489億円となっている．日本の輸出入総額（輸出額：83兆914億円，輸入額：84兆7,607億円）に占めるシェアは，輸出が1.0%，輸入は1.8%程度となっており，日本の対ロシア貿易依存度は高くない（表3-CA-4）．

　日本の対ロシア輸出について，上位10品目

をみれば，自動車（41.5%），自動車の部分品（11.6%）や建設用・鉱山用機械（6.7%）となっている．日本の対ロシア輸出市場では，自動車（41.5%）や自動車の部分品（11.6%），原動機（5.3%）が中心で，自動車関連物品で輸出全体の50%を超えている．輸入では，天然ガス及び製造ガス（24.0%），石油及び同製品（19.1%），非鉄金属（18.9%），石炭，コークス及び練炭（18.3%），魚介類及び同調整品（8.9%）や木材（3.4%）が上位となっており，エネルギー関連財，原料及び食料が中心といえる．

表3-CA-4	日本の対ロシア貿易と依存度（単位：億円，%）

■日本の対ロシア輸出				■日本の対ロシア輸入			
品目	金額（億円）	シェア（%）	輸出依存度	品目	金額（億円）	シェア（%）	輸入依存度
自動車	3,575	41.5	3.3	天然ガス及び製造ガス	3,724	24.0	7.4
自動車の部分品	1,001	11.6	2.8	石油及び同製品	2,965	19.1	3.3
建設用・鉱山用機械	579	6.7	4.4	非鉄金属	2,924	18.9	10.3
ゴム製品	466	5.4	5.3	石炭，コークス及び練炭	2,831	18.3	9.8
原動機	461	5.3	1.8	魚介類及び同調整品	1,374	8.9	9.1
再輸出品	275	3.2	0.5	木材	534	3.4	13.1
荷役機械	208	2.4	3.5	鉄鋼	454	2.9	4.3
ポンプ及び遠心分離機	166	1.9	1.2	金属鉱及びくず	151	1.0	0.3
自動車等の電気機器	97	1.1	1.8	有機化合物	92	0.6	0.5
電気計測機器	94	1.1	0.5	パルプ及び古紙	56	0.4	4.0
総額	8,624	100.0	1.0	総額	15,489	100.0	1.8

出典）財務省『普通貿易統計』より筆者作成．

日本の対ロシア輸出の上位10品目の依存度をみると，輸出総額の対ロシア依存度（1.0%）と比較して，高いのはゴム製品（5.3%）や建設用・鉱山用機械（4.4%）が挙げられるが，対ロシア依存度は低いといえよう．一方，輸入総額の対ロシア依存度（1.8%）に比して，木材（13.1%），非鉄金属（10.3%），石炭，コークス及び練炭（9.8%）や魚介類及び同調整品（9.1%）は高い．これらの輸入停止は建設業，エネルギー産業や飲食業に与える影響が大きいと考えられる．

（2）関西の対ロシア貿易状況と依存度：品目別

関西の対ロシア貿易概況をみれば，2021年において対ロシア輸出額は1,431億円，輸入額は1,414億円となっている．関西の輸出入総額（輸出額：18兆6,002億円，輸入額：15兆4,888億円）に占めるシェアは，輸出が0.8%，輸入は0.9%程度となっており，日本全体と比較すると，関西の輸出シェアは同程度だが，輸入シェアはより低い（表3-CA-5）．

次に上位10品目でみると，輸出は建設用・鉱山用機械（29.6%）がトップで，自動車（16.5%），原動機（6.6%），荷役機械（5.6%）や自動車の部分品（4.3%）が続く．一方，輸入をみれば，天然ガス及び製造ガス（45.2%），石炭，コークス及び練炭（20.7%），魚介類及び同調整品（8.7%）や鉄鋼（6.4%）が中心となっている．

関西の対ロシア輸出の上位10品目の依存度をみると，総額の対ロシア依存度（0.8%）と比較して，高いのは，自動車（10.9%），建設用・鉱山用機械（6.5%），荷役機械（5.0%）となっている．一方，関西の対ロシア輸入依存度をみると，輸入総額に占めるロシアの依存度（0.9%）と比較して高いのは石炭，コークス及び練炭（11.8%），天然ガス及び製造ガス（7.5%），魚介類及び同調整品（5.4%）である．石炭，コークス及び練炭では関西は日本全体より高い依存度となっている．

表3-CA-5	関西の対ロシア貿易と依存度（単位：億円，%）

■関西の対ロシア輸出				■関西の対ロシア輸入			
品目	金額（億円）	シェア（%）	輸出依存度	品目	金額（億円）	シェア（%）	輸入依存度
建設用・鉱山用機械	424	29.6	6.5	天然ガス及び製造ガス	639	45.2	7.5
自動車	236	16.5	10.9	石炭，コークス及び練炭	292	20.7	11.8
原動機	94	6.6	1.8	魚介類及び同調整品	124	8.7	5.4
荷役機械	81	5.6	5.0	鉄鋼	91	6.4	2.9
自動車の部分品	62	4.3	2.7	非鉄金属	53	3.8	1.8
再輸出品	55	3.8	0.5	石油及び同製品	27	1.9	0.4
ゴム製品	39	2.7	3.2	金属鉱及びくず	21	1.5	0.5
石油製品	32	2.2	2.3	有機化合物	21	1.5	0.4
ポンプ及び遠心分離機	32	2.2	1.2	たばこ	20	1.4	0.7
有機化合物	21	1.4	0.5	無機化合物	12	0.9	0.5
総額	1,431	100.0	0.8	総額	1,414	100.0	0.9

出典）財務省『普通貿易統計』より筆者作成．

4. おわりに

これまでの分析で明らかになったように，ロシアのウクライナ侵攻に伴う直接的な影響は，EU-ロシア間の貿易に顕著に出ている．EUの対ロシア輸入の依存度を品目別でみれば，総額

ベースに比して，鉄類，石炭及び練炭，石油及び同調整品等が高い．特にエネルギー関連財を中心にロシアへの依存度は非常に高い（前掲**表3-CA-2**参照）．今回のロシアのウクライナ侵攻に対する欧米諸国（NATO）及び日本の対ロシア経済制裁とロシアによるエネルギー関連財の報復により，EU経済は景気減速の可能性が高まってきている．ウクライナ情勢の深刻化は，EUに対ロシアエネルギー依存からの脱却を迫っているが，調整には時間がかかるため，EU経済にとっては当面，経済下押し圧力が働くことになる．一方，日本の対ロシア輸入依存度は米国とともに全体的には低いが，品目別にみると木材，非鉄金属，石炭や魚介類及び同調整品の依存度は相対的に高い（前掲**表3-CA-4**）．このため，これらの財の輸入停止は，建設業，エネルギー産業や飲食業に大きな影響を与えよう．また関西経済の対ロシア輸入依存度は，石炭，コークス及び練炭，天然ガス及び製造ガス，魚介類及び同調整品が高く，なかでも，石炭，コークス及び練炭の依存度は日本全体よりも高くなっている（前掲**表3-CA-5**）．このように貿易相手国の個別財貿易シェアと全体の貿易シェアとの比較はサプライチェーンのリスク指標となる．

　次にウクライナ情勢悪化に伴う，日本及び関西経済への間接的な影響を考えてみよう．その際，重要なのは前掲の**図3-CA-1**で示したように，EUと中国の貿易依存関係である．EUと中国の貿易関係は非常に強いものとなっている．先にみたように，EUは特にエネルギー関連の品目においてロシア依存度が高くなっており，ロシアからのエネルギー関連財の輸入が途絶えれば，EU経済は減速を余儀なくされる．そして，EU経済の減速は対中輸入（中国の対EU輸出）の減速を通じて中国経済に下押し圧力となる．

　また，前掲**図3-CA-1**から，中国と日本及び関西との貿易面での繋がりの強さも読み取れる．日本の輸出総額（7,571億ドル）に占める対中輸出シェアは21.6%（1,639億ドル），輸入総額（7,723億ドル）に占める対中輸入シェアは24.0%（1,857億ドル）である．関西貿易の対中輸出シェアは26.2%，対中輸入シェアは32.3%といずれも日本全体の対中シェアよりも高く，関西経済は高度に中国経済に依存しているのが特徴である．EU経済の減速は中国経済に波及し，対中貿易依存度の高い日本及び関西経済にとっては，大きな逆風となる．これらがウクライナ情勢深刻化の間接的な影響である．ロシアのウクライナ侵攻の経済的影響を考える場合，上述したように，直接的な影響と間接的な影響を併せて考慮すべきであろう．

参考文献

アジア太平洋研究所（2020），『アジア太平洋と関西 関西経済白書2020』，第1章1節pp.159-160，丸善出版株式会社，2019年9月．

稲田義久　野村亮輔　吉田茂一（2022），『ロシアのウクライナ侵攻から見えてきた関西経済の諸リスク』，APIR Trend Watch No.80，(https://www.apir.or.jp/research/11056/，最終閲覧日：2022年7月5日)

日本経済新聞社（2022），「肥料高騰 農業に打撃」，2022年6月21日付夕刊記事(https://www.nikkei.com/article/DGKKZO61897980R20C22A6MM0000/，最終閲覧日：2022年6月30日)

アジア太平洋研究所
吉田 茂一

Column B　台湾と中国がCPTPPに加盟した場合の関西経済に及ぼす影響 [1]

1. はじめに

　2021年9月16日，中国が環太平洋パートナーシップに関する包括的及び先進的な協定（以下CPTPP）への加盟申請を発表し，その後9月22日に台湾も加盟申請を行った．メガFTAのメンバー拡大は，関税撤廃によって輸出品・輸入品の価格競争力を変化させるだけでなく，グローバル・サプライチェーン構築の戦略にも影響を及ぼす．

　本コラムは関西・台湾・中国間における貿易の特徴を明らかにするとともに，台湾と中国がCPTPPに加盟した場合，関税撤廃により関西の産業がどのような影響を受けるかを示す．加えて，関西企業のグローバル・サプライチェーン構築に台湾と中国のCPTPP加盟が及ぼす影響についても考察する．

　台湾と中国の加盟申請に関する記事や評論は多くあるが，関西の産業に与える影響について論じたものは少ない．国際情勢などの関係で，加盟に関わる交渉には時間がかかると予想される．交渉結果への見通しが立たない中，本コラムの分析結果は関西企業にとって将来の経済環境の変化を考えるうえでの有益な判断材料となろう．

2. 関西・台湾・中国間貿易の特徴と現状

　台湾と中国がCPTPPに加盟した場合の影響を考察する前に，まず三者の間における貿易の現状と特徴について概観する．

　表3-CB-1は関西の輸出と輸入それぞれにおいて，貿易金額が上位7位までの国・地域を示している．広域経済圏のASEANとEUを除くと，台湾は輸出入の両方において中国と米国を次いで第3位の貿易相手である．一方，中国は輸出入の両方において，全体に占めるシェアは他の国・地域を大きく上回り，首位の貿易相手となっている．

表3-CB-1　関西の貿易相手

順位	輸出		輸入	
	国・地域	シェア	国・地域	シェア
1	中国	26.2%	中国	32.3%
2	ASEAN	15.8%	ASEAN	15.0%
3	米国	13.7%	EU	12.5%
4	台湾	10.7%	米国	8.8%
5	EU	9.9%	台湾	5.3%
6	韓国	6.6%	オーストラリア	5.0%
7	香港	5.9%	韓国	4.4%

資料）財務省『貿易統計』（2021年）

　なお，対台湾貿易と対中貿易のいずれも，輸出・輸入が全体に占めるシェアは，全国と比べて関西の方が高い．関西には電子部品・デバイス・電子回路製造業，機械器具製造業などが集積しており，同様な主要産業を持つ台湾と中国との間に産業内の分業体制が築かれており，高度な相互補完関係があるためである．

　以下は関西の対台湾貿易と対中貿易の両方について，その内訳を詳細に分析することを通じて，三者間の競合と連携関係を考察する．

(1) 関西の対台湾輸出入の内訳

　表3-CB-2は関西の対台湾輸出金額上位10品目である [2]．内訳を見ると，半導体関連製品は最も重要な輸出品目であり，対台湾輸出の半分程度を占めている．

---

1) 本コラムで，関西とは滋賀県，京都府，大阪府，兵庫県，奈良県，和歌山県の2府4県を指す．関西と台湾の間の貿易データは，2府4県に所在する税関官署の『貿易統計』（財務省）データを集計した結果である．
2) 輸出入の内訳を詳細に把握するために，本コラムはHSコード4桁で見た上位50品目を調べている（表は集計された結果の順位10位まで掲載）．上位50品目が輸出全体に占める割合は83.2%，輸入では81.1%であり，全体の8割程度をカバーしている．なお，再輸出品（輸出シェア4.4%）及び再輸入品（輸入シェア16.6%）は含まれる製品の内容は公表されていないため，分析から除いている．

表3-CB-2	関西の対台湾輸出金額上位10品目	

順位	品目名	輸出シェア
1	半導体（個別半導体；集積回路）	41.4%
2	半導体の製造装置及び測定用・検査用機器	9.3%
3	半導体を除いた電子部品・デバイス	8.5%
4	プラスチック及びその製品	4.3%
5	化学工業の生産品	3.8%
6	機械類（半導体の製造装置を除く）	3.2%
7	卑金属及びその製品	2.0%
8	自転車の部分品及び附属品	1.4%
9	半導体材料	1.1%
10	電気機器	1.0%

注）HSコード4桁で見た上位50品目を集計し，統計品と概況品の分類を
参考に，性質が近いと思われる製品をまとめた品目ごとに順位をつけ
ている．表は集計された結果の順位10位まで掲載している．
資料）財務省『貿易統計』（2021年）より筆者作成．輸出（輸入）シェアは
輸出（輸入）金額で計算されている

　それぞれの品目について，台湾の輸入市場に
おける関西企業の競争地位を把握するために，
日本からの輸入が全体を占める割合を調べ
る[3]．2020年の台湾の輸入金額を見ると，半導
体において日本からの輸入が占める割合は
13.2％で，第4位の輸入先であるが，首位の輸
入先である中国（25.8％）との開きが大きい．
また，電気機器と半導体を除いた電子部品・デ
バイスにおいても，日本は第2位の輸入先であ
るものの，全体に占める割合は12.8％で中国
（55.2％）には及ばない．対台湾輸出の主要品
目である半導体を含めて，電子部品・デバイ
ス，電気機器及び機械類（半導体の製造装置を
除く）の多くは，台湾の対中依存度が対日依存
度を上回っている．これらの産業では，台湾の
輸入市場において，中国が最大の競争相手と
なっている．
　一方，半導体の製造装置及び測定用・検査用
機器，プラスチック及びその製品，化学工業の
生産品，卑金属及びその製品のいずれにおいて
も，日本は首位の輸入先となっており，全体の
2～3割を占めている．
　次に，表3-CB-3は関西の対台湾輸入金額

上位10品目を示す．内訳を見ると，最もシェ
アが高い輸入品目は半導体であり，対台湾輸入
全体の3割を占めている．半導体関連製品は輸
出入のどちらにおいても首位であるが，輸出は
主に実装されていない記憶素子及びフラッシュ
メモリー，製造装置や測定用・検査用機器であ
るのに対して，輸入は主にプロセッサー及びコ
ントローラーとその他の集積回路，ROMと
DRAMである．したがって，半導体関連産業
では関西と台湾の得意分野が異なっており，補
完的関係にあることが窺える．

表3-CB-3	関西の対台湾輸入金額上位10品目	

順位	品目名	輸入シェア
1	半導体（個別半導体；集積回路；半導体媒体）	31.7%
2	卑金属及びその製品	7.9%
3	プラスチック及びその製品	4.5%
4	化学工業の生産品	4.0%
5	機械類（半導体の製造装置を除く）	3.3%
6	半導体を除いた電子部品・デバイス	3.0%
7	パソコン，電話機，デジタルカメラ等	2.5%
8	半導体の製造装置及び検査用機器	1.2%
9	半導体材料	1.0%
10	貴金属及び貴金属を張った金属	0.9%

資料・注）同表3-CB-2

　関西の輸入において台湾からの輸入が占める
割合が際だって高いのは半導体であり，台湾か
らの輸入は半導体輸入全体の50.5％を占める
（中国からの輸入は2位で17.7％）．特に半導
体のプロセッサー及びコントローラーと
DRAMの輸入に占める台湾の割合は，それぞ
れ84.2％と87.0％と8割以上になっている．
液晶フィルムの輸入は80.9％を占めている．
また，卑金属及びその製品とプラスチック及び
その製品においては，3割以上を占める首位の
輸入先である中国には及ばないが，台湾は第3
位の輸入先として全体の1割程度を占めている．

3)　関西企業の競争地位を調べるのに，本来は台湾の輸入における関西からの輸入が占める割合を計算すべきである
　　が，台湾の貿易データから関西2府4県との貿易金額を割り出すことができない．そのため，各品目について日
　　本の輸入が占める割合を計算した．なお，データ出所はUnited Nations Commodity Trade Statistics
　　Database（UN Comtrade）である．入手可能な最新データは2020年分である．

(2) 関西の対中輸出入の内訳

　表3-CB-4は関西の対中輸出金額上位10品目を示す[4]．対台湾輸出と同様に，半導体関連製品は最も重要な輸出品目であり，対中輸出の2割を占めている．機械類（半導体の製造装置を除く）と半導体を除いた電子部品・デバイスも重要な輸出品目であり，それぞれ1割程度を占めている．

順位	品目名	輸出シェア
1	半導体（個別半導体；集積回路）	17.0%
2	機械類（半導体の製造装置を除く）	11.5%
3	半導体を除いた電子部品・デバイス	10.4%
4	化学工業の生産品	8.1%
5	プラスチック及びその製品	6.8%
6	卑金属及びその製品（鉄鋼，銅）	5.9%
7	ミクロトーム，光学機器，測定機器，検査機器等（半導体用の物を除く）	5.1%
8	半導体の製造装置及び測定用・検査用機器	4.7%
9	電気機器	2.4%
10	電話機及びその他の機器	1.2%

表3-CB-4　関西の対中輸出金額上位10品目

注）HSコード4桁で見た上位100品目を集計し，統計品と概況品の分類を参考に，性質が近いと思われる製品をまとめた品目ごとに順位をつけている．表は集計された結果の順位10位まで掲載している．
資料）財務省『貿易統計』（2021年）より筆者作成．輸出（輸入）シェアは輸出（輸入）金額で計算されている

　中国の輸入市場における関西企業の競争地位を把握するために，各品目について中国の輸入市場における日本からの輸入が占める割合を調べる[5]．2021年の中国の輸入金額を見ると，半導体において日本は第4位の輸入先であるが，日本からの輸入が占める割合は6.7%であり，上位2位の台湾（40.3%）と韓国（22.8%）との開きが大きい．

　一方，その他の電子部品・デバイス，半導体の製造装置及び測定用・検査用機器，機械類のいずれにおいても，日本は首位の輸入先となっており，全体の約2～3割を占めている．

　また，自動車とその部品においても日本は第2位の輸入先であり，全体に占める割合は19.2%である（首位ドイツ，30.0%）．特にハイブリッド車では日本からの輸入が全体に占める割合は96.9%に達する．

　次に，表3-CB-5は関西の対中輸入金額上位10品目を示す．内訳を見ると，最もシェアが高い輸入品目はパソコンと電話機及びその他の機器であり，対中輸入全体の13.3%を占めている．2位以下では，紡織用繊維及びその製品と機械類（半導体の製造装置を除く）はそれぞれ1割程度を占めている．

順位	品目名	輸入シェア
1	パソコンと電話機及びその他の機器	13.3%
2	紡織用繊維及びその製品	12.1%
3	機械類（半導体の製造装置を除く）	10.4%
4	家具，玩具等雑品	7.1%
5	電気機器	6.4%
6	半導体を除いた電子部品・デバイス	6.3%
7	プラスチック及びその製品	2.8%
8	卑金属及びその製品（鉄鋼，アルミニウム等）	2.5%
9	化学工業の生産品	2.2%
10	半導体（個別半導体；集積回路）	1.8%

表3-CB-5　関西の対中輸入金額上位10品目

資料・注）同表3-CB-4

　関西の輸入において中国からの輸入が占める割合が際だって高いのはパソコンと電話機及びその他の機器であり，中国からの輸入はその全体の83.3%を占める．雑品，紡織用繊維及びその製品においても，首位の輸入先として，それぞれ全体の61.7%と73.6%を占めている．また，機械類と半導体を除いた電子部品・デバイスにおいても中国は首位の輸入先であり，輸入全体の5割程度を占めている．プラスチック及びその製品と卑金属及びその製品においても

---

4)　対中貿易は，対台湾と比べてより多くの品目に分散しているので，全体の8割程度を把握するために，HSコード4桁で見た上位100品目を調べた（表は集計された結果の順位10位まで掲載）．上位100品目が輸出全体に占める割合は83.2%，輸入では74.4%である．なお，再輸出品（輸出シェア5.3%）及び再輸入品（輸入シェア1.6%）は含まれる製品の内容は公表されていないため，分析から除いている．
5)　注3で述べた対台湾輸出の場合と同様に，中国の貿易データから関西2府4県との貿易金額を割り出すことができないため，中国の輸入市場における関西企業の競争地位を直接調べることができない．そのため，各品目について日本の輸入が占める割合を計算した．なお，データ出所はUN Comtradeである．入手可能な最新データは2021年分である．

首位の輸入先であり，輸入全体に占める割合は3割程度である．

3. CPTPP の特徴と現状

CPTPPは2018年12月に発効された．現在の加盟国は日本の他に，ブルネイ，マレーシア，シンガポール，ベトナム，カナダ，メキシコ，チリ，ペルー，オーストラリア，ニュージーランドの計11か国である．発足した11か国以外にも，イギリスが21年2月に初の新規加盟を申請した．同年6月に加盟手続きが開始され，現在具体的な品目や関税などについて交渉が行われている．

CPTPPは，物品の関税撤廃やサービス貿易の自由化に加え，非関税分野や新しい分野におけるルール作りを目標としている．関税撤廃では，加盟国全体で関税を撤廃する品目は工業製品の99％に達するほど，高水準の貿易自由化が求められている．また，原産地規則は完全累積制度が採用され，CPTPP域内で生産された付加価値が累積で一定の割合以上に達する製品については，無関税で加盟国に輸出できる．そして，ルール作りの面では，投資，知的財産，政府調達など世界貿易機関（WTO）で既にルールが設けられている分野だけでなく，労働，環境などの新しい分野も含まれている．

こうしたCPTPPに対して，台湾は2016年以降加盟の意向を示すとともに関連法令の整備など準備を進め，21年9月，加盟申請を行った．CPTPP加盟国との間で自由貿易協定（FTA）に相当する貿易協定を発効させた国は，現在シンガポールとニュージーランドの2か国のみであるため，加盟による貿易と投資の拡大が期待されている．

一方，中国は2020年以降加盟への関心を公言しており，21年9月に加盟申請を行った．

背景には，経済面における投資の呼び込みや輸入拡大の狙いがあるとされるが，CPTPP加盟国のうち中国と既にFTAを発効させた国は9か国に上っている．そのため，経済面でのメリットより国際的なルール・メイキングへの影響力の強化など，政治的な意図が強いことが指摘されている（渡邉他2021）．

次項からは経済的な側面に焦点を当てて，台湾と中国の加盟が関西の産業に与える影響について考察する．

4. 関税撤廃による関西産業への影響

日本は台湾と同じくWTO加盟国であるため，WTOメンバーへの実行最恵国待遇（MFN）税率が適用される．WTOの「Tariff Profile」によると，2020年時点で台湾の平均関税率は6.8％，非農産品については4.8％となっている[6]．台湾がCPTPPに加盟した場合，原則的に工業製品のほとんどが無関税となる．

一方，日本と中国の間には地域的包括的経済連携（RCEP）協定が2022年1月1日に発効したため，RCEP協定税率が適用される．RCEP協定で最終的に関税が撤廃される品目は全体の91.5％となるが，発効とともに即時撤廃される品目の割合は僅か25％で，自動車部品など多くの品目は発効後の11年目以降段階的に撤廃される予定である．一方，CPTPPの即時撤廃率は高く，日本から加盟国への輸出で86.9％の品目は即時撤廃となっている[7]．中国がCPTPPに加盟した場合，関税撤廃が大きく進むことが期待される．

以下では，現時点における台湾と中国への輸出・輸入金額上位100品目（HSコード6桁）の平均実行関税率を見ることで，関税撤廃による影響を受ける産業を特定する．そのうえ，関

---

6) World Tariff Profiles 2021. https://www.wto.org/english/res_e/publications_e/world_tariff_profiles21_e.htm （2022年6月3日閲覧）
7) 財務省関税局「TPP11協定の概要」．https://www.mof.go.jp/about_mof/councils/customs_foreign_exchange/sub-of_customs/proceedings_customs/material/20180314/kana20180314siryo1.pdf （2022年6月3日閲覧）

税削減効果を試算する.

(1) 台湾との貿易

　輸出金額の半分以上を占める半導体やコンデンサーなど電子部品・デバイスは無関税である. また, レジストや液晶フィルムなどの材料, 半導体の製造装置, 測定用機器等も無関税である. これは, 台湾と日本は共にWTOの情報技術協定（ITA）の参加国であるため, コンピュータ, デジタル機器, 半導体などの情報技術（IT）関連製品の多くで既に関税が撤廃されているためである.

　一方で, 電子部品の一部（蓄電池, スイッチ, 電気制御用又は配電用の盤等）は0.6～9.2％の平均実行関税率が課されている. また, 輸出シェアが高い化学工業の生産品は0.9～5％, プラスチック及びその製品は2.5～5％, 機械類とその部品（半導体の製造装置を除く）は0.6～6.5％, 自転車の部品及び付属品は5％の平均実行関税率が課されている. その他の輸出品も5％以上の平均実行関税率が課されている品目が多い.

　台湾への輸出の大半を占める半導体関連製品は既に無関税であるため, 関税撤廃による影響は限定的といえよう. しかし, 電子部品・デバイス・電子回路製造業（IT関連製品を除く）, 機械器具製造業, 電気機械器具製造業, 化学工業, 非鉄金属製造業, 自転車・同部分品製造業など, 関西の主要産業の多くで関税撤廃による価格競争力の強化が期待される. 特に電子部品・デバイス（半導体を除く）, 機械類, 電気機器の製品に関して, 台湾の輸入市場での最大の競争相手である中国は, 海峡両岸経済協力枠組協定（ECFA）によって日本より低い関税率が適用されている. 台湾がCPTPPに加盟すれば, 関税面での不利な立場が改善され, 関西企業の対台湾輸出が拡大することが期待される.

　また, 台湾に小売業や製造業の日系企業が多く進出している. 日本貿易振興機構（2021）によれば, 台湾における日系企業の原材料・部品の調達先のうち, 日本からの輸入調達は36.0％を占めている. したがって, 現地の日系企業にとって, 日本から原材料や部品を調達する際に関税負担が軽減されるメリットが生じると考えられる.

　輸入の面では, 半導体関連製品, 電子部品・デバイス（半導体を除く）, 機械類, 電気機器など輸入のおよそ半分を占める品目は現在既に無関税である. そのため, 関西の主要産業である電子部品・デバイス・電子回路製造業, 機械器具製造業, 電気機械器具製造業は関税撤廃による影響は受けないと考えられる.

　一方で, 化学工業の生産品には0.9～3.9％, プラスチック製品には0.9～4.8％, 鉄鋼製品には2.8％, 非鉄金属とその製品には2～3％の平均実行関税率が課されている. これらの製品の生産に関わる関西企業は, 輸入関税の撤廃によって価格競争力が上昇した輸入品増加による影響を受けるだろう.

　最後に, 関西の輸出入における台湾のCPTPP加盟による関税削減額を試算する. WTO関税データベースで提供されている台湾と日本の平均実行関税率を適用し, 2021年の関西の対台湾輸出入に課される関税額を計算する[8]. 台湾の加盟が実現された場合, 工業製品が原則的に無関税になるため, 現行の関税額を関税削減額とみなす. ただし, 実際の関税引き下げ対象製品と引き下げ幅は交渉結果によって変わること, また引き下げが段階的に行われることで, 関税削減効果がすぐに表れない可能性があることに注意を要する.

　試算した結果, 台湾への輸出における関税削減額は249億円, 関税削減率は1.2％となる[9]. 一方, 台湾からの輸入における関税削減額は

---

8)　具体的に, 輸出金額に台湾の対日輸入適用関税率, 輸入金額に日本の対台湾輸入適用関税率をかけることで, 現行の関税額を計算する.
9)　WTO関税データベースで提供されている台湾の2021年のHSコード6桁ベース（HS2017）の平均実行関税率を用いた. 関西から台湾への輸出で, 従量税と関税率の記載のない品目（7品目）を除き, 従価税が課される2,731品目を対象に, 関税削減額＝輸出金額×平均実行関税率, 関税削減率＝関税削減額÷輸出金額で計算した.

53億円，関税削減率は0.6％となる[10]．したがって，関西が輸出で得られる関税削減率の方が，輸入で台湾に与える関税削減率を上回る．そのため，台湾がCPTPPに加盟した場合，台湾よりも関西に大きな関税削減効果を与えることになる．

(2) 中国との貿易

日本と台湾と同様に，中国もWTOの情報技術協定（ITA）に参加しているため，対中輸出の多くを占める半導体関連製品は既に関税が撤廃されている．一方で，一部の電子部品・デバイスと電気機器は3～9％の平均実行関税率が課されている．また，輸出シェアが高い化学工業の生産品は0.5～8.7％，プラスチック及びその製品は3～7.5％，機械類（半導体の製造装置を除く）は3～8.9％，光学機器や精密機器及びその部分品は1.9～9.7％の平均実行関税率が課されている．その他の輸出品も5％以上の平均実行関税率が課されている品目が多い．

RCEP協定は発効されたが，即時撤廃率が低いため，実行関税率は依然として高い．中国がCPTPPに加盟し，現加盟国と同程度の即時撤廃率を実現させた場合，機械類や電子部品・デバイスと電気機器などの製品において，中国の輸入市場での主な競争相手であるドイツや韓国より価格競争力が強化される．また，中国に製造拠点を持っている日系企業は多く，中国の輸入関税削減により日本から原材料や部品を調達する際の負担が軽減される．

輸入の面では，台湾の場合と同様に，全体の約4割を占める機械類，電子部品・デバイス及び電気機器は既に無関税である．これらの製品の関連産業は関税撤廃による影響は受けないと考えられる．

一方，主要輸入品目の繊維及びその製品には5.2～9.6％，革製品やハンドバッグなどには7.2％，サンダル等履物には6.4％の平均実行関税率が課されている．また，プラスチック及びその製品には2.5～3.2％の平均実行関税率が課されている．これらの製品の生産に関わる関西企業は，輸入関税の撤廃によって価格競争力が上昇した輸入品増加による影響を受けるだろう．

なお，冷凍野菜やウナギ等魚介類には現在7.9～9.6％の平均実行関税率が課されている．日本はCPTPPにおいて全品目での関税撤廃率は約95％に達しているが，農林水産品では約82％にとどまっている．即時撤廃ではなく，発効後の6年目又は11年目後に段階的に撤廃される品目も多い．そのため，中国がCPTPPに加盟したとしても，輸入関税はある程度維持されると予想される．

最後に，関西の輸出入における中国のCPTPP加盟による関税削減額を試算する．中国への輸出における関税削減額は1,436億円，関税削減率は2.9％となる[11]．一方，中国からの輸入における関税削減額は910億円，関税削減率は1.8％となる[12]．したがって，関西が輸出で得られる関税削減率の方が，輸入で中国に与える関税削減率を上回る．そのため，台湾の場合と同様に，中国がCPTPPに加盟した場合，中国よりも関西に大きな関税削減効果を与えることになる．

---

10) WTO関税データベースで提供されている日本の2020年のHSコード6桁ベース（HS2017）の平均実行関税率を用いた．台湾から関西への輸入で，従量税と関税率の記載のない品目（8品目）を除き，従価税が課される1,969品目を対象に，関税削減額＝輸入金額×平均実行関税率，関税削減率＝関税削減額÷輸入金額で計算した．

11) FedEx Trade Networks社が提供したデータベース「World Tariff」の2022年のHSコード6桁ベース（HS2022）の平均実行関税率を用いた．関西から中国への輸出で，従量税と関税率の記載のない品目（83品目）を除き，従価税が課される3,194品目を対象に，関税削減額＝輸出金額×平均実行関税率，関税削減率＝関税削減額÷輸出金額で計算した．

12) 財務省税関が公表した実行関税率表（2022年4月1日版）を用いて，HSコード6桁ベースの平均実行関税率を計算した．中国から関西への輸入で，従量税と関税率の記載のない品目（484品目）を除き，従価税が課される3,186品目を対象に，関税削減額＝輸入金額×平均実行関税率，関税削減率＝関税削減額÷輸入金額で計算した．

5. 関税以外の面での影響

(1) 台湾が加盟した場合

前述したように，関西と台湾は主要産業において，産業内の分業体制が築かれており，高度な相互補完関係にある．特に，多くの工業製品に欠かせない半導体等電子部品・デバイスにおいて，台湾は関西の首位の輸入先である．台湾がCPTPP加盟国となった場合，完全累積制度の下で原産地規則を満たすことがより容易になり，関西企業においては輸出入のコスト削減と貿易手続きの簡素化につながることが期待される．

また，関西には輸出ポテンシャルの高い非輸出事業所が多く存在しており，輸出の裾野拡大の余地が大きい（経済産業省2016）．これまでも，アジア諸国への進出に際し，日台間の産業協力は有力な選択肢とされてきた（三菱総合研究所2018；アジア経済研究所等2015）．台湾がCPTPPに加盟することで投資と通商に関するルールが共有され，関西企業にとっては台湾と連携したグローバル・サプライチェーンの構築がより容易になる．

(2) 中国が加盟した場合

中国とASEANに海外拠点を置く関西企業は多い（日本貿易振興機構2020）．アジア域内で関税撤廃が進むと，国境をまたぐ分業体制を最適化するようにサプライチェーンを再構築することで経済効果が得られる．RCEPの発効はそのようなメリットをもたらすと期待されるが，中国の対日関税撤廃率（品目ベース）は86％にとどまっているうえ，即時に撤廃される品目の割合が低いため，企業によるサプライチェーンの見直しは控えられていると思われる[13]．一方，CPTPPで即時に関税撤廃が行われる品目が多いため，サプライチェーンの再構築による経済効果が期待される．

加えて，CPTPPにおいてデータの自由な流通，国有企業に対する補助金の禁止，強制労働の禁止などのルールが盛り込まれている．現状では中国はいずれのルールにおいても大きな課題を抱えているが，加盟に際してこれらのルールに従順することになれば，関西企業にとって通商環境が改善されるメリットがある．ただし，これらの問題はいずれも中国の政治・経済体制の本質と深くかかわっているため，中国は加入交渉で例外規定の適用を要求する可能性が高いとみられる．

6. おわりに

2021年9月に中国と台湾が相次いで加盟を申請した後，12月には更に南米エクアドルが申請手続きを行い，同月に韓国が加盟するための国内手続きに着手したと報じられている．今後CPTPPの加盟国拡大によって，地域統合が更に広がり，グローバル・サプライチェーン構築の戦略にも影響を与える．特に関西の主要産業である電子部品・デバイス・電子回路製造業では，台湾，中国及び韓国との連携が強いことから，加盟申請がアジア全域でのサプライチェーン構築に与える影響に関する考察を進めていくことは，今後の課題である．

参考文献

アジア経済研究所・財団法人中華経済研究院（2015）「日台ビジネスアライアンスの東南アジアにおける現状と可能性」(https://www.ide.go.jp/Japanese/Publish/Reports/Collabo/cier_2015.html，2022年6月3日閲覧)

経済産業省（2016）「第3章　中堅・中小企業の輸出拡大をはじめとする地域の対外経済関係」『通商白書2016』

日本貿易振興機構（2020）「関西企業の海外事業展開に関する傾向（2019年度）」(https://www.jetro.go.jp/ext_images/_Reports/02/2020/bd54af576dfd88ac/202007.pdf，2022年6月3日閲覧)

日本貿易振興機構（2021）「2021年度　海外進出日系企業実態調査（アジア・オセアニア編）」(https://

---

13) 日本貿易振興機構「特集：各国進出企業に聞く－RCEPへの期待と発効を見据えた事業戦略　実際の活用にはメリットの見極めを要する（中国）」．https://www.jetro.go.jp/biz/areareports/special/2021/0702/a6d5aaf7f76cea2.html（2022年6月3日閲覧）

www.jetro.go.jp/ext_images/_Reports/01/6e
5157e362606548/20210045.pdf，2022年6
月3日閲覧）

三菱総合研究所（2018）「平成29年度新興国市場開拓
事業（【東南アジア等】日台企業の第三国市場開拓
に関する可能性調査）報告書」（https://www.
meti.go.jp/meti_lib/report/H29FY/000216.
pdf，2021年6月3日閲覧）

渡邉真理子・加茂具樹・川島富士雄・川瀬剛志（2021）
「中国のCPTPP参加意思表明の背景に関する考察」,
RIETI Policy Discussion Paper Series 21-P-016

アジア太平洋研究所 研究員

郭 秋薇

Chapter 4
関西経済の課題と展望

Section 1

国勢調査からみた関西の人口減少の課題

はじめに

日本の人口の長期推移をみれば，2010年の1億2,806万人をピークに，以降減少傾向で推移し，60年には8,808万人まで減少すると予測されている（図4-1-1）．総務省が21年に公表した『令和2年国勢調査』によれば，20年日本の総人口（外国人含む）は1億2,614万6千人と，前回調査（『平成27年国勢調査』）から94万8,646人減少し，人口減少に歯止めがかかっていない．また，関西においても人口減少は喫緊の課題であり，重要なのは全国を上回るペースで将来人口の減少が見込まれていることである（図4-1-2）．

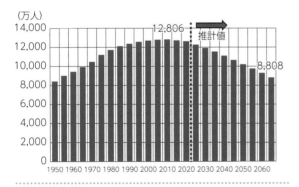

図4-1-1　日本の総人口推移：1950－2060年

注）将来人口推計は出生中位（死亡中位）．
資料）2020年までは総務省『国勢調査』，25年以降は国立社会保障・人口問題研究所『日本の将来推計人口』（2017年公表）より作成．

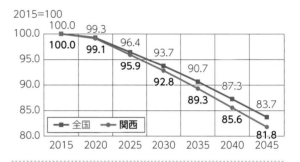

図4-1-2　将来人口の推移：関西vs.全国

注）将来人口推計は出生中位（死亡中位）．
資料）2020年までは総務省『国勢調査』，25年以降は国立社会保障・人口問題研究所『日本の将来推計人口』（2017年公表）より作成．

そこで本節では，最新の統計である『令和2年国勢調査』を用いて2015年，20年における関西の人口動態及び人口移動動態について分析を行う．本節の構成は以下の通りである．まずは1項では関西各府県における人口動態を総人口及び年齢階級別人口から確認する．特に年齢階級別では，労働力の中心となる生産年齢人口の動態に注目して分析を行う．また，産業別の就業者数を男女別にみることで，就業構造の特徴を明らかにする．2項では15年及び20年における転入・転出状況を年齢階級別，地域別に確認し，関西の人口移動動態を分析する．3項では上述の分析結果を受け，関西各自治体の人口減少下における対応策を紹介し，最後に今後の関西における人口減少の課題を述べる．

1. 人口動態の特徴：2020/15年

本項では最新の国勢調査を基に，関西各府県の人口動態の特徴を明らかにする．はじめに各府県の人口の推移を確認し，次に年齢階級別にみる．特に年齢階級別では，生産年齢人口の動態に注目する．最後に各府県における就業者数を男女に分け，産業別

に比較する.

(1) 各府県の総人口

はじめに関西各府県の人口推移を確認してみよう.

図4-1-3が示すように，関西の総人口は2010年の2,090万人をピークに減少に転じ，足下20年の人口は2,054万人と，前回調査（『平成27年国勢調査』）から18万3,992人減少した.

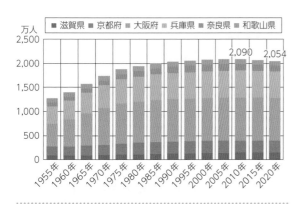

| 図4-1-3 | 関西各府県の総人口推移：1955-2020年 |

注）2015年，20年は年齢不詳補完より作成.
資料）総務省『国勢調査』より作成（1955〜20年）.

| 表4-1-1 | 関西各府県，全国及び東京都の総人口の比較：2020/15年 |

	人口：2020年	人口：2015年	変化率：20/15	変化幅：20/15
単位	人	人	%	人
滋賀県	1,413,610	1,412,916	0.05	694
京都府	2,578,087	2,610,353	-1.24	-32,266
大阪府	8,837,685	8,839,469	-0.02	-1,784
兵庫県	5,465,002	5,534,800	-1.26	-69,798
奈良県	1,324,473	1,364,316	-2.92	-39,843
和歌山県	922,584	963,579	-4.25	-40,995
関西	20,541,441	20,725,433	-0.89	-183,992
東京都	14,047,594	13,515,271	3.94	532,323
全国	126,146,099	127,094,745	-0.75	-948,646

注）2015年，20年は年齢不詳補完より作成.
資料）総務省『令和2年国勢調査』より作成.

表4-1-1から府県別に2015年から20年における総人口の変化をみれば，滋賀県は141万3,610人と，15年から694人の小幅増加にとどまったものの，その他の府県はいずれも減少している. うち，兵庫県は546万5,002人と，15年から6万9,798人減少し，減少幅が最も大きい. 次いで和歌山県が92万2,584人と，15年から4万995人の減少となった. 特に和歌山県では15年の総人口が96万3,579人と100万人を割り込んで以降，人口減

少が一層進んでいる.

なお，東京都をみれば，1,404万7,594人と，15年から53万2,323人増加し，総人口の11.1%を占める.

(2) 各府県の生産年齢人口

以上では，総人口についてみてきたが，次に生産年齢人口の動態についてみてみよう. 生産年齢人口（15〜64歳人口）は労働力の中心となる年齢階級であるため，経済的な影響を考える上で重要となる.

関西各府県の生産年齢人口について2015年から20年の変化をみれば，すべての府県で減少していることがわかる. うち，兵庫県では15年と比して12万5,552人減少しており，大きな落ち込みをみせている. 次いで，大阪府が6万2,930人，奈良県が5万4,062人，京都府が5万1,252人の順で減少幅が大きい. なお，東京都をみれば，892万7,428人と，15年から35万7,000人増加し，全国の生産年齢人口の12.4%を占めている（表4-1-2）.

| 表4-1-2 | 関西各府県，全国及び東京都の生産年齢人口の比較：2020/15年 |

生産年齢人口	2020年	2015年	変化率：20/15	変化幅：20/15
単位	人	人	%	人
滋賀県	849,686	868,481	-2.16	-18,795
京都府	1,527,284	1,578,536	-3.25	-51,252
大阪府	5,363,326	5,426,256	-1.16	-62,930
兵庫県	3,197,092	3,322,644	-3.78	-125,552
奈良県	749,514	803,576	-6.73	-54,062
和歌山県	509,212	549,190	-7.28	-39,978
関西	12,196,114	12,548,683	-2.81	-352,569
東京都	9,284,428	8,927,428	4.00	357,000
全国	75,087,865	77,354,097	-2.93	-2,266,232

注）2015年，20年は年齢不詳補完より作成.
資料）総務省『令和2年国勢調査』より作成.

次に府県単位から市町村単位でみることで，より詳細な人口動態の特徴を確認する. 表4-1-3は市町村別の生産年齢人口について，2015年からの増加率及び減少率が大きい10市町村をそれぞれ整理したものである. 表が示すように，増加率が大きい市町村をみれば，向日市（6.0%），木津川市（4.5%）や大山崎町（3.6%）など京都府南部地域において4〜6%程度増加していることがわかる. 一方で，減少率が大きい市町村をみれば，曽爾村，笠置町（-27.6%），御杖村（-27.5%）や吉野町（-25.9%）

など奈良県東部や南部地域を中心に20%を超える減少率となっている.

表4-1-3		市町村別生産年齢人口の変化率順位:関西:2020/15年:%	
市町村名	変化率	市町村名	変化率
向日市	6.0	曽爾村	-27.6
木津川市	4.5	笠置町	-27.6
大山崎町	3.6	御杖村	-27.5
守山市	3.5	吉野町	-25.9
栗東市	3.5	野迫川村	-23.7
草津市	3.0	東吉野村	-23.4
京田辺市	2.6	山添村	-22.8
大阪市	2.4	和束町	-21.7
茨木市	2.0	黒滝村	-21.6
摂津市	1.9	天川村	-21.1

注) 2015年, 20年は年齢不詳補完より作成.
資料) 総務省『令和2年国勢調査』より作成.

表4-1-2でみたように京都府全体では生産年齢人口は減少となっているものの,市町村別にみれば京都市や大阪市への交通アクセスのよい市町村では増加しているなど,府県単位とは異なった動態となっている[1].また,後掲の図4-1-8が示すように,大阪市や京都市内への交通アクセスのよい大阪府北部(茨木市,摂津市,吹田市など)地域も増加している[2].

(3) 産業別就業者数の特徴

ここでは関西と全国における就業者を男女に分け,主要な産業を取り上げてそのシェアをみてみよう.

図4-1-4は男性の産業別就業者シェアをみたものである.2020年のシェアをみれば,各府県において「製造業」のシェアが高いことがわかる.中でも滋賀県が34.6%と他府県よりも高く,兵庫県(23.9%),京都府(20.5%),奈良県(20.3%)も全国(20.0%)を上回っている.滋賀県のシェアの高さについては,同県が工業立地に取り組んでいる結果,国内でも有数の産業集積地となっていることが影響していると考えられる.次に「卸売・小売業」のシェアをみれば,大阪府(15.5%),奈良県

(14.9%),京都府(14.4%)や兵庫県(13.6%)が全国(13.5%)を上回るシェアとなっている.

2015年のシェアと比較すれば,和歌山県を除き各府県において「製造業」のシェアが低下しており,うち大阪府が-1.5%ポイント,奈良県が-1.2%ポイントと低下幅が大きい.また,「卸売業,小売業」はすべての府県で低下しており,兵庫県が-0.5%ポイント,京都府,和歌山県がそれぞれ-0.4%ポイント低下している.一方,シェアが上昇した産業のうち,「医療,福祉」では,いずれの府県も上昇しており,うち奈良県が1.1%ポイント,和歌山県,京都府が0.9%ポイントとそれぞれ上昇している.

【2015年_男性】

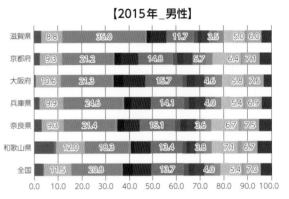

【2020年_男性】

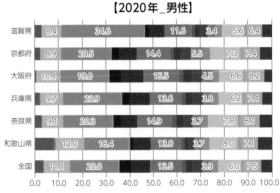

図4-1-4	産業別就業者シェア:男性:2020/15年

注) 2015年, 20年は年齢不詳補完より作成.
資料) 総務省『令和2年国勢調査』より作成.

---

1) 特に,向日市(京都府)では2014年10月にイオンモール京都桂川がオープンし,周辺の区画整理が進んだことで住宅や大型マンションの建設が進み,ファミリー世代を中心に流入したと考えられる.
2) 日本経済新聞社2021年7月16日付の記事においても,大阪府北部地域における交通アクセスの利便性の高さや地域の住みやすさについて言及されている.

次に女性の産業別就業者シェアを示したのが図4-1-5である．2020年のシェアをみれば，各府県において「医療，福祉」のシェアが高いことがわかる．特に和歌山県が25.8％と最も高く，滋賀県（22.3％）を除き，各府県いずれも全国シェア（22.6％）を上回っている．次いで「卸売業，小売業」をみれば，大阪府（19.8％）や奈良県（19.7％）が高いシェアとなっており，滋賀県と和歌山県を除き，全国シェアを上回っている．

【2015年_女性】

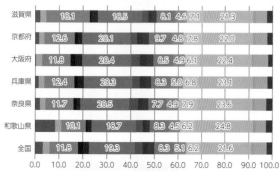

【2020年_女性】

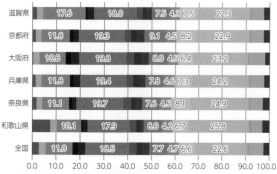

図4-1-5　**産業別就業者シェア：女性：2020/15年**

注）2015年，20年は年齢不詳補完より作成．
資料）総務省『令和2年国勢調査』より作成．

2015年のシェアと比較すれば，いずれの府県においても「医療，福祉」が上昇しており，うち奈良県が1.3％ポイント，兵庫県が1.1％ポイント，滋賀県，和歌山県が1.0％ポイントいずれも上昇している．一方，「卸売業，小売業」はすべての府県で低下しており，うち，京都府，兵庫県，奈良県，和

歌山県がそれぞれ-0.8％ポイント減少している．また，「宿泊業，飲食サービス業」も各府県で低下しており，特に京都府が-0.6％ポイント，滋賀県，大阪府，兵庫県がいずれも-0.5％ポイント低下している．

以上のように，産業別就業者シェアを男女別にみれば，高齢化の進展とともに，この5年間で男性，女性とも「医療，福祉」のシェアが上昇している．一方，「卸売業，小売業」をみれば，2020年はコロナ禍で営業時間の短縮や休業措置などが影響したこともあり，男女ともシェアは低下している．特にシェアの低下幅は女性の方が総じて大きいことが特徴といえよう．

2. 人口移動動態の特徴：2020/15年

（1）年齢階級別転入・転出状況

前項では，関西の人口動態の特徴を述べたが，本項では関西各府県の年齢階級別にみた人口移動動態の特徴を分析する．

図4-1-6は2015年及び20年の関西各府県における転入及び転出状況を年齢階級別にみたものである．図が示すように，20～24歳における転入超過数をみれば，関西全体で15年は＋5万7,127人であったが，20年は＋5万8,323人と幾分拡大した．うち，大阪府では15年の＋4万4,054人から20年には＋5万8,270人へと拡大しており，関西での拡大の大部分が大阪府で生じていることがわかる．

次に25～29歳をみれば，関西全体では転出超過数が2015年の-2万835人から20年は-1万1,818人へと縮小していることがわかる．府県別では大阪府だけが転入超過となっており，転入超過数は15年の＋1万812人から20年に＋2万9,107人へと拡大している．

30～34歳をみれば，関西全体では2015年が-7,324人の転出超過であったのが，20年には＋6,683人の転入超過になっている．うち，大阪府が15年の-3,287人の転出超過から20年は＋1万人へと転入超過に転じていることが特徴的である．

35～39歳をみれば，関西全体では-396人から2020年には＋6,663人の転入超過に転じており，府県別では大阪府が15年の-3,258人から20年に

は＋1,170人の転入超過に転じている.

このように，関西全体で転入超過が拡大しているのは，各年齢階級において大阪府の転入超過が拡大した影響が大きいと考えられる.

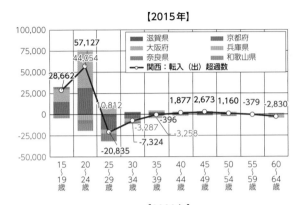

【2015年】

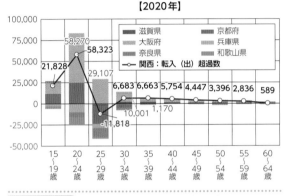

【2020年】

図4-1-6　年齢階級別転入・転出超過数：2020/15年

注）2015年，20年は年齢不詳補完より作成.
資料）総務省『令和2年国勢調査』より作成.

(2) 地域別にみた年齢階級別転入・転出状況

ここでは前述した年齢階級別の転入及び転出状況を地域別[3]にみてみよう. 関西以外の他府県からみて関西はどのような魅力があるのだろうか. そこで以降では，関西域内からではなく，関西以外の他地域から関西への転入・転出状況に限定して移動動態を分析する（詳細は後掲表4-1-5参照）.

図4-1-7より，前述した転出超過から転入超過に転じた30〜34歳をみると，2015年と比較すれば，南関東（-1万4,122人），九州（-1,008人），沖縄（-702人）では引き続き転出超過となったも

のの，北陸（＋391人），東海（＋408人），中国（＋6人），四国（＋99人）においては転出超過から転入超過に転じている. 特に東海では15年の-2,195人から転入超過に転じていることが特徴的である. 加えて，国外からの転入者が増加（＋9,296人）しており，全体では転入超過に寄与している.

同様に，35〜39歳においても，東海が前回の転出超過（-875人）から転入超過（＋739人）に転じ，東北，南関東，中国，四国，九州においては転出超過数が縮小している. また，国外からの転入者が増加（＋4,124人）した影響で，転出超過から転入超過に転じた.

一方，20〜24歳をみれば，南関東の転出超過数は拡大（-1万3,407人）しており，中国，四国を除いた地域で転入超過数が縮小している. ただし，国外からの転入者が増加（＋1万6,671人）した結果，全体としては転入超過が拡大した.

以上の分析から明らかなように，国外からの転入者の増加が転入超過に大きな影響を与えている. この背景としては，近年に日本で暮らす外国人が増加したことや新型コロナウイルスの感染拡大で外国に居住していた日本人が帰国したこと等が考えられる. また，国内においては，2020年は緊急事態宣言の発出[4]で府県間の往来が制限されたこともあり，大学進学や転勤を機に転出する人が減少したことも影響しているものと思われる.

---

3) ここでの地域区分は以下の通りである.
　北海道：北海道，東北：青森県，岩手県，宮城県，秋田県，山形県，福島県，南関東：埼玉県，千葉県，東京都，神奈川県
　北関東・甲信：茨城県，栃木県，群馬県，山梨県，長野県，北陸：新潟県，富山県，石川県，福井県，東海：岐阜県，静岡県，愛知県，三重県，中国：鳥取県，島根県，岡山県，広島県，山口県，四国：徳島県，香川県，愛媛県，高知県，九州：福岡県，佐賀県，長崎県，熊本県，大分県，宮崎県，鹿児島県，沖縄：沖縄県
4) 2020年には4月7日〜5月25日の期間で緊急事態宣言が発出された.

【30〜34歳】

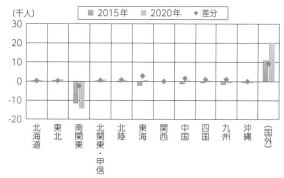

【35〜39歳】

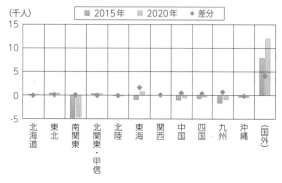

【20〜24歳】

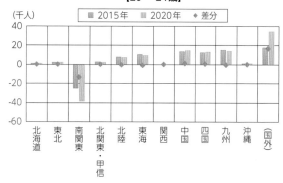

図4-1-7　地域別年齢階級別転入・転出超過数の比較：2020/15年

注）2015年，20年は年齢不詳補完より作成.
資料）総務省『令和2年国勢調査』より作成.

3. 関西自治体における人口減少への対応

　これまでにみたように関西の人口動態は，都市部周辺の自治体では生産年齢人口が増加しているものの，その他の自治体では減少となっている．また，関西の人口移動動態を年齢階級別にみれば，20〜24歳や25〜29歳などの若年層においては依然，南関東を中心に転出が続いている状況である．そこで本項では，関西における人口減少に向けた対応策を紹介する（表4-1-4参照）．対象とする自治体

としては，1項で示した通り，人口減少が顕著に表れている和歌山県，奈良県及び兵庫県とする.

表4-1-4　和歌山県，兵庫県及び奈良県における人口減少対応策

和歌山県の取り組み

【関係人口の拡大】

豊かな自然，伝統ある歴史・文化，恵まれた風土，特色ある産業など，和歌山の魅力を積極的に情報発信することで，和歌山を知ってもらい，興味をもつ人を増やす.

県内企業の海外展開の拡大や県産品の国内外の販路拡大を推し進めて，和歌山の製品，サービス，農林水産物などの魅力を実感してもらう機会を充実させる.

大阪・関西万博に関西が一体となって取り組み，世界の人々との交流や和歌山の魅力発信の機会を創出.

和歌山に興味をもち，和歌山を感じてもらうことで，和歌山に愛着をもつ「和歌山ファン」を増やす.

【交流人口の拡大】

本県のもつ多彩な資源を生かした観光の振興，スポーツ・文化活動を通じた交流の推進，産業の活性化や賑わいの創出に積極的に取り組み，多くの人が訪れる和歌山を創る.

高速道路や幹線道路の整備，関西国際空港や南紀白浜空港等の利便性の向上に取り組むことにより，国内外からの来県者を増やす.

多くの人が和歌山を訪れ，県民の温かい人間性や和歌山の暮らしに直接触れてもらうことで，二地域居住や移住・定住人口の増加につなげる.

兵庫県の取り組み

【定住人口・関係人口の創出・拡大】

二地域居住・都市農村交流の促進
・NPOや大学が企画・実施する都市と農山漁村との交流促進
・遊休農地を活用した農園整備や空き家の住居・農業体験民宿への改修支援　など

地域再生大作戦の展開
・地域おこし協力隊や県版地域おこし協力隊による地域の活動促進
・集落のコミュニティ機能を維持するための商業・交流拠点の整備支援など

地域特性に応じた空き家等の有効活用
・都市部の空き家・空き地の有効活用の推進
・ニュータウンにおける空き家の掘り起こしと流通モデルの構築

【地域資源を活かした交流人口の拡大】

県内外からの誘客促進
・日本遺産や歴史文化遺産，六甲山や山陰海岸ジオパーク等の自然，スポーツ，食，温泉等，兵庫の地域資源を活かしたコンテンツの開発
・自然や文化資源，スポーツ拠点等，地域にある既存の観光スポットの見直し，ツーリズム資源への磨き上げ

国際ツーリズムの促進
・ひょうご観光本部と，せとうちDMO，関西観光本部等の広域連携DMOや，豊岡，淡路等の近隣DMOとの連携による広域観光周遊ルートの形成促進　など

観光客受入基盤の整備
・観光案内所や案内板等における多言語化や公衆トイレの洋式化，ハラール・ベジタリアン等への対応等の推進
・古民家等を活用した宿泊施設の整備

奈良県の取り組み

・働く場所づくり
・暮らしやすい地域づくり
・災害に強いインフラの整備
・移住・定住の促進
・関係人口の創出
・観光資源となる地域資源の発見と創出
・南部地域・東部地域を多くの人に知ってもらうための情報発信
・実際に南部地域・東部地域に訪れてもらうための仕掛けづくり

注）人口減少に関する部分を一部抜粋している.
資料）奈良県『第2期奈良県地方創生総合戦略』，兵庫県『兵庫県地域創生戦略（2020〜2024）』及び和歌山県『和歌山県まち・ひと・しごと創生総合戦略（2020（令和2）年3月改定）』より作成.

　和歌山県では1項の（1）で述べたように，総人口が2015年に100万人を割って以降，定住人口の減少が続いている．そこで同県において取り組んでいる人口減少対応策についてみてみよう．和歌山県

は2015年に『和歌山県まち・ひと・しごと創生総合戦略（2020（令和2）年3月改定）』を策定しており，戦略の基本目標の1つである「地域を創る」を柱として，定住人口減少への対応策を展開している．具体的には和歌山県が有している自然，歴史文化など同県の魅力を国内外へ情報発信することに加え，人々が訪れやすいように，高速道路や幹線道路の整備を行うことで，関係人口[5]や交流人口の拡大を図る施策に取り組んでいる．

次に，兵庫県では1項の（1）で確認したように2020年において人口の減少幅が最も大きかった．兵庫県が20年に策定した『兵庫県地域創生戦略2020-2024』によれば，重点目標の1つである「内外との交流が活力を生む兵庫をつくる」を基に，施策に取り組んでいる．具体的には都市部の空き家や空き地を有効活用することで定住人口の創出・拡大に取り組んでいる．また，定住人口のみならず，県内にある日本遺産や歴史文化遺産などの観光資源を用いて国内外から誘客を行い交流人口の拡大等にも取り組んでいる．

最後に，奈良県では1項の（2）で指摘したように県東部や南部における生産年齢人口の減少幅が大きい．そこで同県が行っている人口減少への対応策について紹介する．奈良県が2020年に策定した『第2期奈良県地方創生総合戦略』によれば，基本目標の1つである「誇らしい「都」をつくる」を基に，施策に取り組んでいる．具体的には，人口減少が進んでいる奈良県南部地域や東部地域についての情報発信を行うとともに，起業家等が「集まる」「つながる」「育つ」小規模多機能な拠点づくりを推進し，新たな雇用を創出するとしている．

このように3県とも人口減少に対する戦略は一様ではないが，基本的には県外への情報発信を行うとともに，県内の地域資源を活用し，関係人口及び交流人口の創出・拡大による定住人口の増加を促進していることがわかる．

おわりに

これまでに関西における人口減少という中長期的

な課題について，国勢調査を用いて関西の人口動態及び移動動態について分析を行い，各自治体の人口減少の対応策を確認した．今後，関西及び日本において少子高齢化が一層進む中，将来の労働力不足をいかに解決するかが課題となろう．特に関西は先述した通り，全国を上回るペースで人口減少が進むことが予測されているため，対応策の実現が急務となる．その際，各府県の事例でも取り上げたように，定住人口の拡大・創出のみならず，各自治体が有する地域資源を上手く活用し，交流人口の拡大や創出することが重要となろう．また，コロナ禍で人々の生活様式が変化し，都市部から地方へ移住を考える人も増えつつある中，自治体は移住者に対して受入環境を整備し，住みよい地域づくりを行うことが，今後一層重要となろう．すなわち，地域のブランド力の一層の磨き上げが必要といえよう．

参考文献

奈良県（2020）『第2期奈良県地方創生総合戦略』，2020年3月25日，(https://www.pref.nara.jp/40445.htm，最終閲覧日：2022年7月5日)

日本経済新聞社（2021）「関西の人口，都心集中一段とベッドタウンの増加顕著」，2021年7月16日(https://www.nikkei.com/article/DGXZQOUF2942W0Z20C21A6000000/　最終閲覧日：2022年7月7日)

兵庫県（2020）『兵庫県地域創生戦略（2020～2024)』，2020年3月，(https://web.pref.hyogo.lg.jp/kk07/documents/0603dai2kisenryaku.pdf，最終閲覧日：2022年7月5日)

和歌山県（2020）『和歌山県まち・ひと・しごと創生総合戦略（2020（令和2）年3月改定)』，2020年3月，(https://www.pref.wakayama.lg.jp/prefg/020100/tihousousei/tihousousei_d/fil/03senryaku_kaitei.pdf，最終閲覧日：2022年7月5日)

アジア太平洋研究所 研究員
野村 亮輔

大阪商業大学経済学部経済学科 専任講師
木下 祐輔

---

5) 総務省によれば，関係人口とは「移住した「定住人口」でもなく，観光に来た「交流人口」でもない，地域と多様に関わる人々を指す言葉」と定義されている．

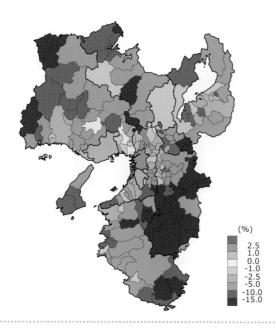

図4-1-8　**生産年齢人口の変化率**

注）2015年，20年は年齢不詳補完より作成.
資料）総務省『令和2年国勢調査』より筆者作成.

表4-1-5　**地域別年齢階級別転入・転出超過数の比較：2020/15年**

■2015年	総数	15〜19歳	20〜24歳	25〜29歳	30〜34歳	35〜39歳	40〜44歳	45〜49歳	50〜54歳	55〜59歳	60〜64歳
北海道	2,748	422	856	761	146	110	169	215	150	61	-120
東北	5,298	959	2,006	588	472	431	304	123	-66	-283	-367
南関東	-82,967	-4,410	-25,249	-31,649	-11,630	-4,690	-2,288	-1,949	-1,087	625	1,984
北関東・甲信	4,223	1,032	2,452	-684	51	403	199	257	231	132	15
北陸	10,245	3,622	7,654	-109	-318	-86	-232	84	9	-160	-141
東海	7,214	5,871	10,277	-7,375	-2,195	-875	-469	417	381	103	166
関西	0	0	0	0	0	0	0	0	0	0	0
中国	11,507	5,546	13,611	-117	-1,504	-958	-668	-300	-303	-716	-1,498
四国	12,524	5,041	12,199	28	-796	-691	-348	42	-80	-413	-1,068
九州	5,768	4,717	14,749	311	-1,796	-1,595	-988	-635	-558	-1,138	-2,680
沖縄	-1,457	478	1,018	-575	-543	-324	-243	-160	-165	-157	-202
（国外）	86,738	5,384	17,554	17,986	10,789	7,879	6,441	4,579	2,648	1,567	1,081
総計	61,841	28,662	57,127	-20,835	-7,324	-396	1,877	2,673	1,160	-379	-2,830
■2020年	総数	15〜19歳	20〜24歳	25〜29歳	30〜34歳	35〜39歳	40〜44歳	45〜49歳	50〜54歳	55〜59歳	60〜64歳
北海道	2,864	274	683	1,134	293	95	126	185	164	91	-35
東北	6,231	456	1,833	1,231	702	479	284	353	217	188	34
南関東	-113,877	-3,481	-38,656	-47,113	-14,112	-4,629	-2,240	-2,619	-1,797	844	2,011
北関東・甲信	4,491	749	2,158	-589	521	335	309	235	403	261	4
北陸	9,974	2,391	7,205	386	391	-149	-111	4	-48	-41	-87
東海	13,103	5,000	9,167	-7,335	408	739	686	557	903	548	401
関西	0	0	0	0	0	0	0	0	0	0	0
中国	17,589	3,214	14,292	2,738	6	-524	-205	59	-46	-355	-849
四国	15,886	3,898	12,695	1,912	99	-332	-275	-113	-70	-309	-640
九州	10,335	3,204	14,013	1,548	-1,008	-923	-764	-250	-131	-681	-1,595
沖縄	-2,361	446	708	-846	-702	-431	-309	-195	-223	-184	-160
（国外）	144,746	5,677	34,225	35,116	20,085	12,003	8,253	6,231	4,024	2,474	1,505
2020年-15年差	総数	15〜19歳	20〜24歳	25〜29歳	30〜34歳	35〜39歳	40〜44歳	45〜49歳	50〜54歳	55〜59歳	60〜64歳
北海道	116	-148	-173	373	147	-15	-43	-30	14	30	85
東北	933	-503	-173	643	230	48	-20	230	283	471	401
南関東	-30,910	929	-13,407	-15,464	-2,482	61	48	-670	-710	219	27
北関東・甲信	268	-283	-294	95	470	-68	110	-22	172	129	-11
北陸	-271	-1,231	-449	495	709	-63	121	-80	-57	119	54
東海	5,889	-871	-1,110	40	2,603	1,614	1,155	140	522	445	235
関西	0	0	0	0	0	0	0	0	0	0	0
中国	6,082	-2,332	681	2,855	1,510	434	463	359	257	361	649
四国	3,362	-1,143	496	1,884	895	359	73	-155	10	104	428
九州	4,567	-1,513	-736	1,237	788	672	224	385	427	457	1,085
沖縄	-904	-32	-310	-271	-159	-107	-66	-35	-58	-27	42
（国外）	58,008	293	16,671	17,130	9,296	4,124	1,812	1,652	1,376	907	424

注）2015年，20年は年齢不詳補完より作成.
資料）総務省『令和2年国勢調査』より筆者作成.

Section 2
コロナ危機が地方財政に及ぼした影響

1. コロナ危機による地域経済停滞

2020年1月に日本で初めて感染が確認された新型コロナウイルス感染症の感染拡大は，海外からの旅行客等の入国制限や国内における外出自粛，休業要請などの社会経済活動の抑制策により，地域経済を大きく減速させた．地域経済の停滞は広範囲に及んでおり，鉄道，バス，ホテル，旅館，飲食，小売業を中心に，地域の企業や事業者は大幅な減収を余儀なくされ，存続の危機にも瀕した．

こうしたコロナ危機に対応し，感染拡大の防止や医療提供体制の整備，地域経済や住民生活への支援など，現場対策を担ったのが地方自治体である．

コロナ危機の影響は，対応のための財源確保と支出の拡大ということで，地方財政の歳入と歳出の両面に大きな影響を及ぼすことになる．

昨年11月，都道府県および市町村の2020年度普通会計決算が公表されたが，20年度決算が新型コロナウイルス対応の影響を通年で受けた初めての決算となる．そこで，20年度決算から，コロナ危機が地方財政に及ぼした影響をまとめてみる．

2. コロナ危機初年度の地方財政

(1) 法人関係二税の大幅な減収

地方財政における主要な財源は地方税であるが，税収は個人や法人の所得や収益の状況に大きく左右される．特に，経済危機や大震災といったショックに伴い，地方税収が大幅に減少することがある[1]．

すなわち，企業収益が悪化すると，企業が納める地方税のうち，法人所得，つまり，企業の利益に課税する法人住民税や法人事業税が減少する．また，従業員の収入減少や雇止めとなった場合は従業員が納める個人住民税も減少する．コロナ危機による企業収益の悪化は，法人関係二税の税収の動向に影響を及ぼす．

近年，海外からの訪日旅行客を呼び込んで地域経済の活性化を図ってきた多くの自治体は，観光業がダメージを受けることによって，この面からも地方税の減少が見込まれる．

表4-2-1と表4-2-2に示すとおり，2020年度決算では，コロナ危機の影響を受けた事業者の経営悪化を反映し，法人住民税と法人事業税，すなわち，法人関係二税の大幅な減収となった．外出自粛等の影響による不動産取引の停滞から，不動産取得税も減収になっている．

なお，個人住民税については減収がないが，前年所得に対する課税なので，コロナ危機の影響は2021年度決算に出てくる（国の所得税が現年の所得を対象に課税されるのと異なる）．

表4-2-1　道府県税の税目ごとの税収決算額

(単位：億円，％)

区分	2020年度収入額	対前年度増減額	対前年度増減率
道府県民税・個人分	49,545	1,146	2.4
道府県民税・法人分	5,480	▲2,732	▲33.3
事業税・法人分	40,823	▲3,028	▲6.9
事業税・個人分	2,160	45	2.1
地方消費税	54,238	6,282	13.1
不動産取得税	3,743	▲299	▲7.4
道府県たばこ税	1,335	▲61	▲4.4
自動車税	16,234	353	2.2
軽油引取税	9,101	▲347	▲3.7
その他	1,028	▲1,109	▲51.9
合計	183,687	250	0.1

資料）総務省「都道府県普通会計決算概要」より作成

表4-2-2　市町村税の税目ごとの税収決算額

(単位：億円，％)

区分	2020年度収入額	対前年度増減額	対前年度増減率
市町村民税・個人分	84,267	1,015	1.2
市町村民税・法人分	18,126	▲5,826	▲24.3
固定資産税	93,801	940	1.0
市町村たばこ税	8,171	▲368	▲4.3
都市計画税	13,296	119	0.9
その他	6,909	11	0.2
合計	224,570	▲4,108	▲1.8

注）市町村税には，東京都が課税する特別区に係る法人住民税，固定資産税，都市計画税などが加算されている．
資料）総務省「市町村普通会計決算概要」より作成

---

1) リーマン・ショック時の税収の変化をみると，リーマン・ショックの前後を比べると，全自治体の2009年度の地方税収額は対前年度11.1％のマイナスとなった．東日本大震災では，被災自治体の税収は，発災年度に大きく減少した．

(2) 国の交付金で支出財源を確保

　地方税は，地方税法に定められたルールに従って課税・徴収される．地方税はコロナ危機のような緊急事態には税率を引き上げることにより税収増を図ることは困難であり，経営が悪化した法人や経済的に苦しむ住民からは税収減となるばかりか，税の減免や徴収猶予も求められる．

　一方で，新型コロナウイルス感染症への対応のための歳出は増加を余儀なくされた．2020年度の地方自治体の普通会計の純計決算額は，前年度と比べて大幅に増加し，歳出が125.5兆円と，過去最高額となった．総務省において，2020年度の地方自治体における普通会計の新型コロナウイルス感染症対策関連経費を調査した結果によると，表4-2-3に示すとおり，関連経費の歳出については純計額が25.6兆円と，普通会計の歳出純計決算額の通常収支分の対前年度からの増加額26.4兆円と概ね同規模となっている．

表4-2-3	新型コロナウイルス感染症対策関連経費の状況

```
歳出額　25.6兆円
（主な事業）
 ・特別定額給付金　12.8兆円
 ・制度融資等の貸付金　4.8兆円
 ・営業時間短縮等に係る協力金　1.0兆円
 ・生活福祉資金貸付事業　1.0兆円
 ・病床確保支援事業　0.8兆円
 ・医療従事者等への慰労金　0.6兆円　等

（財源内訳）
国庫支出金　20.1兆円
 ・特別定額給付金給付事業費補助金
 ・地方創生臨時交付金
 ・緊急包括支援交付金　等
地方債　0.3兆円
その他の収入（貸付金元利収入等）　4.5兆円
一般財源　0.7兆円
```

資料）総務省「2022年版地方財政白書」より作成

　表4-2-3からわかるとおり，地方自治体の一般財源が乏しいなかで，新型コロナウイルス感染症対策関連経費の財源確保に大きな役割を果たしたのが，国からの国庫支出金[2]であった．国民に対し1人10万円給付した特別定額給付金給付事業費補助金12.8兆円という特別なものはあるが，地方自治体のコロナ対策支援のために新型コロナウイルス感染症緊急包括支援交付金や新型コロナウイルス感染

症対応地方創生臨時交付金という国庫支出金も導入された．特に，新型コロナウイルス感染症対応地方創生臨時交付金は，感染拡大の防止とともに，感染拡大の影響を受けている地域経済や住民生活を支援するため，地方自治体が地域の実情に応じて必要な事業を実施できるようにするものであり，地方自治体側の要望も受けて，2020年度，補正予算と予備費で計6.9兆円が措置されている．

　しかし，コロナ対策の交付金については，制度を決定する国と現場で対応する自治体の間に認識のずれがあり，地域の実情に応じた柔軟な運用ができにくいという問題が生じた．顕著な例は，新型コロナウイルス感染症対応地方創生臨時交付金は，当初，休業補償には使えないと国は説明していたが，自治体の反発を招き，後日，休業補償支援金に使うことが認められたことである．

　より大きな問題となったのは，コロナ対策の財政需要が大きくても，財政力指数[3]が高い自治体は極めて低い交付限度額になったということである．交付金の各自治体への交付限度額は，人口，感染状況等，および財政力によって算定される．都道府県と市町村ともに財政力指数が配分基準の算式に含められている．そのため，人口当たりの交付限度額は，人口が少なく財政力の低い自治体に傾斜配分されることになってしまう．

　これをデータで確認したのが，図4-2-1である．新型コロナウイルス感染症対応地方創生臨時交付金の各都道府県分の交付限度額，各都道府県分と各都道府県内の市町村分の交付限度額の合計，財政力指数（都道府県）の関係を示している．明らかに，感染者数が多くコロナ対策の財政需要があっても，財政力指数の高い自治体は，人口当たりの交付限度額は極めて低いものとなっている．人口当たり交付限度額は東京都が最も少ない額になっている．感染者数の多い東京都の近隣3県，愛知県，京都府，大阪府，兵庫県への交付限度額も小さい．

　コロナ対策においては，都道府県は大きな役割を果たしている．都道府県は，制度融資，営業時間短縮の要請等に応じた飲食店等に対する協力金等の給

---

2)　国庫支出金は，地方財政法に基づく各府省の制度と予算で決定される．使途は限定される．一般的には．国庫補助負担金であるが，コロナ対策の交付金もここに含まれる．

3)　財政力指数とは，地方自治体の財政力を示す指数で，基準財政収入額を基準財政需要額で除して得た数値の過去3年間の平均値である．財政力指数が高いほど，普通交付税算定上の留保財源が大きいことになり，財源に余裕があるといえる．都道府県で唯一，東京都は財政力指数が1を超えており，普通交付税の不交付団体となっている．

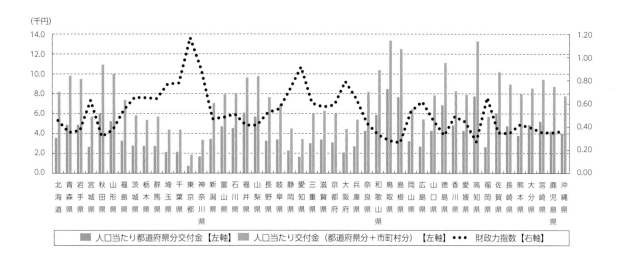

（千円）

| 人口当たり都道府県分交付金【左軸】 | 人口当たり交付金（都道府県分＋市町村分）【左軸】 | 財政力指数【右軸】 |

図4-2-1　人口当たりの新型コロナウイルス感染症対応地方創生臨時交付金限度額・一次補正分

注1）交付金は，都道府県別人口当たりの限度額.
注2）財政力指数は，都道府県ベースで，2018〜20年度の3年間の平均値.
資料）総務省「地方財政状況調査」，内閣府地方創生推進事務局資料，2020年国勢調査人口集計結果より作成

付事業，生活福祉資金貸付事業，病床確保支援事業，医療従事者等への慰労金給付事業など，コロナ対策を幅広い範囲で行っている．こうした都道府県の役割を踏まえると，財政力指数が高いものの，東京都や大阪府などの大都市を抱える自治体への交付金額が小さくなるのは好ましいことではないだろう．

図4-2-2に示すとおり，緊急事態宣言を受けた中小企業・個人事業者への休業要請に伴う協力金の予算規模と比べても，東京都や大阪府への地方創生臨時交付金の配分額はとても小さい．東京都は，財政調整基金[4]から単年度では過去最大の4,721億円という取り崩しを行っている．感染者数が相対的に少ない地方の県は，地方創生臨時交付金の範囲内で休業協力金の予算が確保できるばかりか，基金の大幅な取り崩しを回避できている[5]．

感染者の大きな集積地である東京都，大阪府などの大都市を抱える自治体への交付金限度額が低くてよいのかは大きな問題といえよう．大都市から地方への人流による感染拡大という傾向も踏まえれば，感染者が多く財政需要が大きいところに交付金を適切に傾斜配分することが，日本全体の感染拡大を抑えるのに効果があったのではないかと考えられる．

今後，感染症対策での交付金の配分基準については，今回の効果の検証を行うとともに，財政力指数による調整をはずすことも含めた見直しが必要と考える．

3. 明らかになった地方財政の課題

新型コロナウイルスの感染拡大のような危機的な事態に際しては，国の交付金を待たずに，地方自治体が地域の実情に沿ってスピーディーに独自の経済対策を講じられるようにすることが必要である．自治体が経済対策を，スピード感をもって展開することは，地域の中小企業や個人事業者に希望とやる気をもたらす．自治体の経済対策は，地域経済の崩壊を食い止め，再稼働を促すことに少なからぬ効果があると考える．

地方自治体が打ち出す独自の経済対策は，自治体の財政力によって地域間の格差が出てしまうという問題が起こりえる．2020年の最初の緊急事態宣言の際，都道府県が，知事の休業要請に応じて事業者へ協力金を支給したが，物価や賃金に違いがあるにしても，同じ休業補償に関する支給額に大きな開き

4)　財政調整基金は，決算剰余金などを積み立てた基金であり，税収減収による財源不足や災害等の緊急時に取り崩される．これに加えて，減債基金（任意積立分）も緊急時に活用可能である．
5)　普通交付税の不交付団体の全体でみると，2020年度の基金残高は増えている．基金残高は2019年度が16.4兆円，2020年度が16.8兆円となっている．

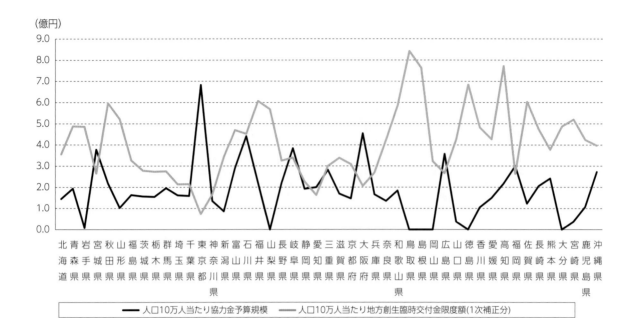

(億円)

凡例:
── 人口10万人当たり協力金予算規模　　── 人口10万人当たり地方創生臨時交付金限度額(1次補正分)

横軸ラベル: 北海道　青森県　岩手県　宮城県　秋田県　山形県　福島県　茨城県　栃木県　群馬県　埼玉県　千葉県　東京都　神奈川県　新潟県　富山県　石川県　福井県　山梨県　長野県　岐阜県　静岡県　愛知県　三重県　滋賀県　京都府　大阪府　兵庫県　奈良県　和歌山県　鳥取県　島根県　岡山県　広島県　山口県　徳島県　香川県　愛媛県　高知県　福岡県　佐賀県　長崎県　熊本県　大分県　宮崎県　鹿児島県　沖縄県

| 図4-2-2 | 人口10万人当たりの都道府県の休業協力金予算規模と地方創生臨時交付金限度額 |

注) 休業協力金予算規模は,2020年度で,市町村との共同事業としての額も含み,全国計で3,209億円.東京新聞調べによる.
資料)「東京新聞」2021年5月2日付の電子版,内閣府地方創生推進事務局資料,2020年国勢調査人口推計結果により作成

が出た[6].財政力格差によって,政策内容に差異が出て,地域経済の回復状況が異なるのは好ましくない.

コロナ対策で財源が不足する地方自治体は,国に交付金を求めているが,地方分権にふさわしく,かつ,危機時にスピーディーに経済対策を講じられる地方財政基盤はどうあるべきかという議論が行われるべきではないだろうか[7].

地方自治体が講じるべき対策は,感染症対策だけにとどまらない.災害対策,教育,福祉,医療・介護,子育て支援,社会資本の老朽化対策,行政のデジタル化など,地域のさまざまな財政需要に責任を持って応えていくことも必要である.

そこで,抜本的な地方財政基盤の充実が必要と考える.その方策として,地方交付税の法定率引上げ,地方税標準税率の引上げと連動した地方財政計画の歳出規模の拡大,課税自主権のさらなる拡大,税収が安定的で偏在性が少ない地方税体系の構築[8]を提案したい.

最後に,今回のコロナ対策の地方財源のほとんどは,国債の追加発行による国の重い財政負担によっている.国の財政悪化が一段と進んだことを看過してはならないと指摘しておきたい.

参考文献

平岡和久・森　裕之(2020)『新型コロナ対策と自治体財政－緊急アンケートから考える－』,自治体研究社,2020年12月
藤原幸則(2020)「新型コロナウイルス対策で見えた地方の財政力格差－税源交換による地方税の偏在是正・税収安定化を－」,APIR Trend Watch No.64,2020年8月

大阪経済法科大学経済学部 教授
藤原 幸則

---

6)　関東の都県では,中小企業・個人事業者への支給額が,東京都50〜100万円,千葉県10〜40万円,神奈川県10〜30万円,埼玉県20〜30万円となっている.また,関西の府県では,中小企業・個人事業者への支給額が,大阪府50〜100万円,兵庫県5〜100万円,京都府・奈良県・滋賀県10〜20万円であった.
7)　平岡和久・森　裕之(2020)において,自治体財政担当課へのアンケート調査をもとに,コロナ対策と自治体財政運営の課題が詳細に指摘されており,参考になる.
8)　たとえば,偏在性の最も大きい地方の法人関係二税の課税分と国の消費税分について,同額で税源交換し,地方消費税を拡充することが考えられる.提案内容の詳細は,藤原幸則(2020)を参照されたい.

Section 3
関西における
ESG地域金融の展開

1. ESG地域金融とは

　金融庁は，『令和3事務年度 金融行政方針』において，「間接金融の比率が高い日本においては，銀行をはじめとする金融機関が，サステナビリティの視点を織り込み，投融資先の脱炭素化支援を推進することで実体経済の移行を支え，あわせて，自身のリスク管理態勢の構築を進めることが重要である」と指摘しており，地域金融においてもサステナブル・ファイナンスが重要な行政課題になってきたことがうかがえる．

　地域金融機関によるサステナブル・ファイナンスの取り組みとしては，環境省が2022年3月に公表した「ESG地域金融実践ガイド2.1－ESG要素を考慮した事業性評価に基づく融資・本業支援のすすめ」(以下，「実践ガイド」)が参考になる[1]．これは，19年から，環境省が金融庁などの協力を得て実施している「地域におけるESG金融促進事業」の成果物である．この事業は，希望した地域金融機関のESG金融への取り組みを公的資金を使って支援するものである．関西の金融機関の取り組み事例を表4-3-1にまとめている．

　「実践ガイド」では，次のようにESG地域金融を定義している．第1に，「ESG地域金融とは，ESG要素（環境・社会・ガバナンス）を考慮した事業性評価と，それに基づく融資・本業支援等である．」第2に，「ESG地域金融の本質は，これまでも地域や地域企業の課題解決に向けて地域金融機関が取り組んできた取組に内在しているものである．」つまり，ESG地域金融とは，地域金融機関がこれまで取り組んできた事業性評価を高度化するものだと位置づけているのである．

　従来の事業性評価においては，SDGsといった観点から顧客の外部環境の把握が十分ではなかったといえるのである．すなわち，「実践ガイド」では，次のように指摘している．第1に「地域の持続的成長を促すには，地域資源や地域課題（環境・社会）

を把握する事が必要.」第2に，「地域や地域企業がさらされている国内外の環境・社会（ESG要素）に起因するリスク・機会（ESGリスクと機会）を中長期的に見据えることも重要.」

　ESGと銀行のパフォーマンスについては，これまでも研究が行われている．たとえば，Gangi et al. (2019a) は，35カ国の142銀行のデータ（2011年～15年）を使って実証分析を行い，環境を重視する銀行ほど経営が安定していることを報告している．彼らはその理由として，環境に留意することでリスクの低い借り手を見つけることができていたり，環境に配慮する銀行との評判によって，預金者が進んで預金をしてくれることで収益性を高められたり，預金が安定的に調達できるようになったりしているためであろうと指摘している．

　Batae et al. (2021) は，CO_2削減と財務パフォーマンスには正の相関がみられることを見いだしている．さらに，Gangi et al. (2019b) も，ESG活動も含めたCSR (Corporate Social Responsibility) 活動が銀行の財務パフォーマンスを高めていることを見いだしている．

表4-3-1	地域におけるESG金融促進事業に採択された関西金融機関	
2021	京都銀行	地域における上場メーカー・サプライヤーが一体となったESG/SDGsの取組促進
2020	京都信用金庫	アフターコロナにおけるESG金融の実践を通じた地域エコシステムの構築事業
2020	奈良中央信用金庫	良質な森林資源"吉野材"を活用した新たな居住様式の創造による地方創生奈良モデルの確立
2019	大阪信用金庫	中小ものづくり企業のエコアクション21サポート
2019	みなと銀行	埋めない，燃やさない低炭素型プラスチック循環プロジェクト
2019	滋賀銀行	焼却炉建設兼廃棄物発電計画

注）環境省HP資料より筆者作成

2. 発展途上にあるESG地域金融

　環境省は，ESG地域金融に関する金融機関の取り組みを把握するために，毎年，金融機関に対してアンケート調査を実施しており，最新の結果が2022年3月に公表されている（「ESG地域金融に関する取組状況について－2021年度ESG地域金融に関するアンケート調査結果取りまとめ－」

---

1)　https://www.env.go.jp/press/110824.html

2022年3月) [2].

それによると，「すでに各関係部署で取組を実施している」との回答が，17％（2019年）→31％（20年）→33％（21年）と着実に増加しており，ESG地域金融の取り組みが広がっていることが確認できる．しかも，この分野が「将来的な成長領域であり，資金需要が拡大していく」と積極的に捉えている金融機関が37％（20年）から52％（21年）へと急増している．逆に，「将来的な成長領域であるが，短期的には資金需要は多くない」との回答は，52％から40％に減少している．ほとんどの金融機関は以前から，成長領域であると認識していたが，潜在的な資金需要の大きさについても認識が強まってきているのである．

ただし，課題もある．「事業性評価におけるESG要素の考慮を行っている」と回答した金融機関（62社）に対して，「環境や社会に与える影響等に関する確認・評価をどのような仕組み（ルール）で行うか」という質問が行われたところ，「内部規定において，必須の審査項目として明文化している」というのは13％，「審査におけるガイドラインの評価項目として記載がある」が24％にとどまり，「担当者が案件ごとに判断して評価している」が55％であった．つまり，ESG地域金融の取り組みは始まっているものの，組織的，継続的な対応をとれるようになっている金融機関はまだまだ少ないのである．

ESG要素を考慮した事業性評価を行う上で，地域資源の強みや弱みをよく理解し，さらにESG要素から当該産業の状況を把握することが不可欠であるが，地域分析・産業分析を踏まえてESGやSDGsの取り組みを展開している金融機関は少ない．また，地方自治体や商工団体など地域の組織との連携が不可欠であるが，4割の金融機関は地域内での情報共有の場を持っていない．

3. 各種ESG指標への関西地域銀行の採用状況

各金融機関がESGにどの程度取り組んでいるのかを客観的に捉えるのは難しいことから，さまざまな評価機関が独自のESGに関する指標を開発している．日本取引所グループが主なESG指標としてまとめたもののうち，地域銀行の収録が多いアラベスク・グループのESGスコアについて紹介しよう [3]．

アラベスク・グループのESGスコアは，企業の事業にとって財務的に重要なESGトピックに関する企業のパフォーマンスを評価するものである（0－100で表示され，平均スコアは50）．同社は，企業のサステナビリティ関連の公開情報およびニュース等のデータを予め決められた評価方法に基づき，サステナビリティに関係する300以上の項目に整理してインプットし，毎日スコアリングしている．

ESGスコアが付与されている地域銀行（グループを含む）は30社であった（2022年4月23日閲覧のため，その3カ月前の状況）[4]．関西地銀についてのESGスコアをまとめたのが，表4-3-2である．

全体では，横浜銀行を傘下に持つコンコルデイアFGがトップであった（51.36）．関西地銀では滋賀銀行が地銀30行中の4位であった．以下，京都銀行（18位），池田泉州ホールディングス（28位），紀陽銀行（29位）であった．注意しておきたいのは，このESGスコアが付与されていない地域銀行が多数に上るということであり，点数を付けるための十分な情報が開示されていないなどの課題があることがうかがえる．

一般利用者がESGの取り組みを評価して銀行を選ぼうとした場合，地域銀行の多くはそもそもスコアがなく，選択できないことになる．金融システム危機時には，銀行の信用格付けを利用して預金者が預金の預け替えを行うことがあったが，将来，ESGを基準とした銀行選びが行われるようになることは十分に予想される．そうした事態に備えて，地域銀行においてもESG情報の開示を進めていくことが必要である．

表4-3-2　アラベスク・グループのESGスコア

滋賀銀行	45.45
京都銀行	36.12
池田泉州ホールディングス	34.15
紀陽銀行	31.62

注）2022年4月23日閲覧．

2) http://www.env.go.jp/press/files/jp/117867.pdf
3) https://www.jpx.co.jp/corporate/sustainability/esgknowledgehub/esg-rating/index.html
4) https://sray.arabesque.com/list

日本経済新聞社が運営しているNIKKEI Financial（NF）は，第1地銀と第2地銀についてのESG評点を算出して公表している．NFのESG評点は，「地域や社会に対する貢献やガバナンスの実力を示す」もので，預貸率，中小企業向け貸出比率，リスク管理指標，ESG指標，ミスコンダクト指標の5つの指標の偏差値から算出されている．ここで，ESG指標はディスクロージャー誌でのESG／SDGsの扱いやESG格付けを踏まえてプロモントリー・フィナンシャル・ジャパンが算出したものであり，ミスコンダクト（経営層や従業員の社会規範を逸脱した行動）指標は2018年度以降のミスコンダクト関連の報道からシステム障害や行政指導まで勘案して，プロモントリー・フィナンシャル・ジャパンが評点化したものである．

2022年4月23日閲覧のデータに基づくと，ESG評点が最高点（S）であったのは，千葉銀行，伊予銀行，福岡銀行の3行であった．関西地銀では，滋賀銀行が第2位グループ（Aランク　12行）の一つに入っているのみであり，上位15行中1行のみという状況では，関西地銀が日本のESG地域金融を主導しているとは言いがたい．ちなみに，Bランクが，みなと銀行，紀陽銀行，京都銀行の3行であり，Cランクが関西みらい銀行，南都銀行，池田泉州銀行，Dランクが但馬銀行となっている[5]．

4. 滋賀銀行の取り組み事例

(1) ESGで地銀界をリードする滋賀銀行

滋賀銀行は，ESG分野で地域銀行をリードしている存在である．たとえば，フジサンケイグループが主催する地球環境大賞の第13回のフジサンケイグループ賞を受賞し[6]，2020年に，環境省が主催する第1回ESGファイナンス・アワード・ジャパンの融資部門で銀賞を受賞し，さらに，21年の第2回ESGファイナンス・アワード・ジャパンの間接金融部門（地域部門）では金賞（環境大臣賞）を受賞している．

(2) 滋賀銀行のESGの取り組みの歩み[7]

滋賀銀行は，2004年に先駆的に「CSR室」を設置し，05年に「しがぎん琵琶湖原則（PLB）」を制定した．これは，①環境配慮行動を組み込んだ生産・販売・サービス基準，②環境配慮行動とビジネスチャンスの両立，③環境リスクマネジメント情報の共有化を3原則とするものであり，エクエーター原則に習って制定された[8]．この原則に賛同する企業に対して，「環境格付け（PLB格付け）」を付与して，融資を行う仕組みを構築した．

2007年に「CSR憲章（経営理念）」を制定した．同憲章では，地域社会，役職員，地球環境との共存共栄を謳っている．10年には「環境方針」（99年制定）の改定（20年に再改定）と「生物多様性保全方針」の制定を行った．11年に，21世紀金融行動原則に署名している．17年には，「しがぎんSDGs宣言」を発表している．

2018年7月には，TCFD（気候関連財務情報開示タスクフォース）提言（気候関連のリスクと機会を把握・評価し，経営戦略・リスク管理へ反映するとともに，財務上の影響を把握・開示することを推奨）に賛同する旨を公表した．関西地銀のTCFD賛同の状況は表4-3-3に示したとおりであり，滋賀銀行の先駆性は明らかである．

さらに，2020年2月には，責任銀行原則（PRB）に署名した．これは，地域銀行としてはわが国の第1号である．20年10月には，サステナビリティ方針を制定している．そこでは，①マテリアリティ（重要課題）の特定と事業活動を通じた地域の課題解決，②事業活動による社会的インパクトを重視した経営，③地球環境の保全・再生に資するビジネスモデルの確立，④人権の尊重と社会との信頼関係の構築，⑤自ら考え行動できる人材の育成と職場環境の整備，が定められている．

5）ただし，ESG評点の詳しい内容（たとえば，各指標のウエイトや具体的な各指標の点数など）が不明であり，一つの見解に過ぎないことに注意が必要である．

6）https://www.sankei-award.jp/eco/jusyou/kako.html

7）大道（2017）を参照している．

8）プロジェクトファイナンスにおける社会・環境リスクを判断，評価，管理するための金融業界基準のこと．
https://www.env.go.jp/council/02policy/y0211-05/ref03.pdf

表4-3-3　関西地銀のTCFD提言への賛同の状況

2018年7月	滋賀銀行
2021年7月	南都銀行
2021年10月	京都銀行
2021年11月	池田泉州ホールディングス
2021年11月	紀陽銀行

注）みなと銀行や関西みらい銀行を傘下に持つりそなホールディングスは2018年10月に賛同.

（3）滋賀銀行の具体的な取り組み事例

　滋賀銀行は「お金の流れで地球環境を守る」を合い言葉にして，次のような環境に配慮した総合金融サービスとしての商品やサービスの開発・提供に努めている.

エコプラス定期

　エコプラス定期は，2003年に取扱を開始した商品で，滋賀銀行の取り組みの中でも最も古い取り組みの一つである.

　通常の定期預金であるが，インターネット預金などで，定期預金の申込用紙の紙資源を使わないことを理由にして，1回の預入れごとに7円（定期預金申込用紙の紙資源消費削減分相当額）を滋賀銀行が負担し，琵琶湖の生物多様性を守るための活動資金（ニゴロブナ・ワタカ放流事業の資金）として活用する仕組みである．2020年度までに70万匹の放流を実現している.

　預金者に対しては，コスト削減分の還元として，通常の定期預金に対する金利の上乗せが行われている.

環境格付け

　2005年に策定した「しがぎん琵琶湖原則（PLB）」の3原則に賛同する企業数は11,375件（21年3月末）となり，全事業先の60.9%となっている．PLB格付の付与先が10,991件，PLB格付BD（生物多様性格付）の付与先が6,078件となっている．環境格付け評価（15項目3段階評価）で5ランクに格付けして，格付けによって金利を引き下げるも

のである．これまでの融資実行件数が1,883件，融資実行額が371億円となっている.

サステナビリティ・リンク・ローン

　サステナビリティ・リンク・ローン（SLL）は，事前に定めた目標を満たせなかった場合に利払いが増えるタイプの貸出である．日本では，2020年3月に，環境省がサステナビリティ・リンク・ローンガイドラインを策定している．滋賀銀行は，2020年に取扱を開始し，21年には，「しがCO₂ネットゼロプラン」の取扱を開始している.

　SLLはおおよそ次のような構造となっている．①融資を受けたい企業が客観的に検証可能なESGに関する挑戦目標を設定する．たとえば，廃棄物におけるリサイクル率，ZEH（ゼロエネルギーハウス）の建設件数，CO₂削減率（しがCO₂ネットゼロプランの場合）などである．こうした挑戦のための方法などを銀行から提案する．②これらの目標の妥当性を，評価機関が検証する．③借り手は，期間中，毎年1回，挑戦目標に関する指標の開示を行う．この開示には滋賀銀行の営業店や滋賀銀行のシンクタンクが支援をするが，モニタリング手数料として毎年11万円がかかる．④達成状況に応じて金利などの融資条件（個別に決定）が優遇される.

　2020年9月に，「『しがぎん』サステナビリティ・リンク・ローン」の第1号として，株式会社山﨑砂利商店に対し融資（運転資金5億円）を実行した．「サステナビリティ・リンク・ローンの商品化」は地方銀行で初めてとのことである[9]．環境省のHP資料によると，滋賀銀行に続いて第2号は21年5月の中国銀行の取扱であるが，滋賀銀行は第1号案件の後も，コンスタントに取り組んでいる[10].

　Fernandes（2021）は，ボンドを発行する企業は限られているので，グリーンボンドによる対応だけではサステナビリティ金融を進めるのは難しく，SLLの重要性を指摘している．また，グリーンローン（使途をグリーンに限定した融資）とSLLには重要な違いがある．すなわち，SLLの場合には，借り手が借入金をグリーンプロジェクトにのみ振り向けなければならないという制約がない．しかし，借

9)　https://www.shigagin.com/news/topix/2221
10)　http://greenfinanceportal.env.go.jp/loan/sll_issuance_data/sll_issuance_list.html

り手はサステナビリティの成果を高めたいというインセンティブを持っている．外部検証の仕組みを含めることで，見せかけだけの環境保全の取り組み（greenwashing）を排除できるように構築されている．

　Fernandes（2021）が指摘するように，目標が客観的に設定され，その状況を定期的に検証しつつ，借り手の環境に配慮した行動を促すような仕組みをいかに現実的なものとするかは決して容易なものではない．SLLの商品内容の工夫は今後も進めていかねばならない課題である．そうした課題に，滋賀銀行が先導的に取り組んでいることに敬意を表したい．

5. むすび

　地域金融機関が取引先企業の強みや弱みを理解するためには，ESG的な要素を含めて事業性評価を行う必要性が高まってきている．その点は多くの地域金融機関で認識されているが，一部の先行している金融機関を除くと，具体的な取り組みは発展途上にあるといえる．

　2025年に開催される予定の2025年日本国際博覧会（大阪・関西万博）が目指すものとして，持続可能な開発目標（SDGs）達成への貢献が掲げられている．関西の地域金融界では，滋賀銀行の取り組みが先行しているが，他の金融機関でも取り組みの気運は高まってきている．万博を契機として，関西地域金融界がESG地域金融の取り組みの点でも全国をリードしていくことを期待したい．

参考文献

大道良夫（2017）「エシカルと環境経営」『廃棄物支援循環学会誌』vol.28, 293-302.

Batae, O. M.; V. D. Dragomir and L. Feleaga. 2021. "The Relationship between Environmental, Social, and Financial Performance in the Banking Sector: A European Study." Journal of Cleaner Production, 290, 1-21.

Fernandes,Nuno. 2021. "Banks need to get to grips with sustainability-linked loans." The Banker, 13 October 2021.

Gangi, F.; A. Meles; E. D'Angelo and L. M. Daniele. 2019a. "Sustainable Development and Corporate Governance in the Financial System: Are Environmentally Friendly Banks Less Risky?" Corporate Social Responsibility and Environmental Management, 26 (3), 529-47.

Gangi, F.; M. Mustilli and N. Varrone. 2019b. "The Impact of Corporate Social Responsibility (CSR) Knowledge on Corporate Financial Performance: Evidence from the European Banking Industry." Journal of Knowledge Management, 23 (1), 110-34.

神戸大学経済経営研究所 所長・教授
家森 信善

Section 4
関西・大阪におけるDXの活用について

1. DXの本質としての,「ヒトのプロセス」の変革

　デジタルトランスフォーメーション（以下,DX）が我々の生活に浸透しつつある一方で,DXはICTに限定された話だとする誤解も未だに多い.DXすなわちデジタル技術の導入は変革を進める手段の一つであり,その本質はガバナンスの変革,企業・組織のマネジメントの改革であるという理解が必要である.

　アジア太平洋研究所（以下,APIR）のIoT及びDXに関する研究プロジェクトでは,デジタル技術によって都市のサービスが持続的に進化していくモデルとして,「人々の幸せ」を実現すべく,「モノのプロセス」と「ヒトのプロセス」が相互に最適化されていくと考えてきた（図4-4-1）.「モノのプロセス」の内容がデジタル化によって変化すると,「ヒトのプロセス」,つまり組織とオペレーションにも,それに沿った変革が必要になるというものである.

　本稿では,「ビジネスモデルの変化」と「組織・企業文化・風土の改革」という2つの視点から,DXに伴う「ヒトのプロセス」にどのような変革が求められるかについて述べたい.その際,APIRが2021年度に実施した研究会「関西・大阪における都市ぐるみ,都市レベルのDX」と,22年3月に開催したシンポジウム「コロナ後の持続可能な企業のデザインとDX」の内容も踏まえる[1].

2. ビジネスモデルの変化：顧客との長期的関係の構築

　コロナ禍を挙げるまでもなく,ビジネスを取り巻く環境は複雑に,かつ変化が激しくなっている.さらに,「モノからコトへ」あるいは「所有から体験へ」という消費者の志向の変化もあり,売り切りモ

| 図4-4-1 | 「都市におけるIoTの活用」全体像 |

資料）アジア太平洋研究所（2017), p.160, 図6-CB-1

---

1)　研究会の詳細については,アジア太平洋研究所（2022a）を,シンポジウムの詳細については,アジア太平洋研究所（2022b）を,それぞれ参照されたい.

デルに頼るのみでは，製品のライフサイクルや顧客の増減による業績の変動が激しくなる．そのため，新しい顧客の獲得とともに，特に今ある顧客との関係を維持，拡大し続けることが，ビジネスモデルの一つの潮流になっている．

　一方，顧客のサービスの利用データ，あるいはセンサーが継続的に取得したデータ等を蓄積し，そこからAIが学習・分析することによって，サービスの内容を顧客満足が向上する方向へ変化させやすくなりつつある．

　このように，デジタル技術を利用して顧客と長期的な関係性を維持，向上する際に「ヒトのプロセス」の側に求められる施策を，「新しい価値の継続的な提供」と「新技術の社会実装」の2点で考察する．

（1）新しい価値の継続的な提供

　サービスの利用者に継続的に新しい価値を提供することで，顧客の満足を向上し続けることができる．このことを，「サブスクリプション」を例に述べたい．

　サブスクリプションとは，製品やサービスの利用回数ではなく，利用期間に基づいて定額料金を取るビジネスモデルである[2]．ただし，長期的な契約を前提とするモデルのため，サービスが長期間変化しない場合，顧客が飽きて利用をやめたり，より良いと判断した他社のサービスに顧客が乗り換えたりする．そのためサブスクリプションの事業者は，個々の顧客の嗜好を反映したり（パーソナライゼーション），製品・サービスのより上位の機能を提供したり（アップセル），サービスを他分野へと拡大したり（クロスセル）して，提供する価値を増やしていく必要がある．サービスの利用実績はデータとして蓄積し，分析することで，サービスを変化させやすい．

　なお，取り扱う商材がハードウェアかソフトウェアか，どんな手段で価値を提供するかによって，サブスクリプションの具体的なあり方は違ってくる（表4-4-1）．特にハードウェアを扱う製造業の「サービス化」については，サブスクリプションに

よる以下のサービス化の流れが起こりつつある．

　一つの類型は，設備をはじめとするモノをサービス提供者が所有し，運用を代行して，得られるサービスだけを顧客に提供するサービスである．ただ運用するだけでなく，設備の利用データを取り続け，分析することで，省エネや故障の予防をはじめとする，新しい価値を提案することができる．研究会で取り上げたダイキン工業では，空調機を事業者が保有し，サブスクリプションで空調サービスを顧客に提供する事例が見られた．

　ハードウェアに関するもう一つの類型は，モノの利用権をサブスクリプションの対象にすることである．この場合の考え方は，モノを必要時のみ利用する点で，シェアリングと考え方が近い．ここでも，顧客の利用実績をもとに，どのようなハードウェアの需要が高いかを分析，把握する仕組みとして，デジタル技術が効果を発揮する．前出のダイキン工業には，運営するシェアオフィスの利用状況を分析し，それをもとにオフィスのしつらえを変更して利用増を狙う事例も見られた．

　これらのサービス化において，ハードウェアの機能を変えなくても，ソフトウェアを随時アップデートすることで，比較的容易にサービスの価値を増やしていけるという点で，ソフトウェアの利用はサブスクリプションに適している．ただし，顧客のニーズが明確にわかっていない場合，新しい価値創出は一度に完成するものではない．完璧なものを狙うのでなく，新しい製品やサービスを試作し（トライアル），修正を繰り返す進め方が有効な場合がある．このようなプロセスが，後述する「プロトタイピング」である．

2）サブスクリプションは本来の「定期購読」から定義が拡大してきた．経済産業省（2020a）では，サブスクリプションの定義を「定額の利用料金を消費者から定期的に徴収し，サービスを提供するビジネスモデルを指す」としている（p.38）．一方，Tzuo（2018）は，継続性，創造性をより強調し，「特定の顧客のウォンツ（欲求）のニーズ（必要）に着目し，そこに向けて継続的な価値をもたらすサービスを創造すること」としている（訳書p.1）．

表4-4-1　サブスクリプションの類型と例

対象となるサービス	具体的な商材	例
コンテンツの利用	映画，音楽，ニュース	Netflix，アマゾン，アップル，日本経済新聞社など
ソフトウェアの使用	ビジネスアプリ，ゲームソフト	マイクロソフト，Adobe，ソニーなど
サービスの利用	外食，美容・ヘルスケア	favy，キリン（Tap Marché），Jocy，Spartyなど
	事業者向け分析サービス	Neautech，カシオ，KYB，オプテックスなど
消費財の宅配	食品，花，雑貨，おもちゃ	オイシックス・ラ・大地，日比谷花壇，トラーナなど
耐久消費財の利用	自動車，家具，家電，衣類，住宅設備	KINTO，subsclife，パナソニック，ラクサス・テクノロジーズ，エアークローゼット，ダイキン工業など
不動産の利用	住宅，山	HafH，クロスハウス，unito，ADDress，MOKKIなど

資料）各種報道をもとに，筆者が作成.

（2）新技術の社会実装

　新しいサービスの提供に新技術を用いる場合，新技術には法律による規制が追い付かない．そのため，法律のないところではサービスの提供者自らが顧客とのルールを決める必要があるが，これについて2つの観点から，以下で述べる．

①新技術に関する説明責任

　サービスは実際に利用しないと，その真の価値やリスクはわからない．デジタル技術としてはカメラ画像やAIなどが想定されるが，それがどのような技術なのか，採用することに伴うリスクはないか，といった懸念を顧客が抱くことがありうる．そのため，新技術や新サービスを提供する際は，十分な説明によって情報の非対称をなくし，懸念を取り除いていくことが必要となる．またその積み重ねが，新技術そのものの社会での評価を確立していくことになる．

②新技術のルール形成への参画

　サービスが形成されておらず，まだ顧客のいない研究開発段階でも，違った形だが倫理は必要である．
　研究会で取り上げた例の一つに，メルカリでの研究開発がある．同社は，研究開発において倫理的に問題のない活動をするという「研究開発倫理指針」を自ら策定，公表した．これは，将来のサービスの受け手に対する信頼を早くから構築する行動と見ることもできる．

　また同社は，研究成果を積極的に情報発信し，社会での評価を早めに形成していくことにも注力するとしている．新技術には様々な利用方法が派生し，既存のルールで十分に律することはできないため，社会実装する企業側から既存の法規制や社会通念へ働きかけることで，これらを変えていくことができる．
　新技術をいち早く社会実装したい企業にとって，自らルール形成に参加できることは有利に働く．ただし，その際は，「新しいサービスを普及することで，このような世の中にするのか」というイメージがなければ，ルールを考えるのは難しい[3]．自社のみでは十分な検討が難しい場合，同様の技術の社会実装を考えている他社や大学などとの議論も必要であろう．
　上記した，説明責任とルール形成のいずれにおいても，共通の土台として，企業には倫理観と想像力が必要である．これは自社による研究開発に限らず，外部の技術を利用する場合にも同様である．

3.　組織，企業文化，風土の改革：新しい価値を出し続けていく組織作り

　本稿の冒頭で，DXの本質は，企業・組織のマネジメントの改革だと述べた．新しい価値を創出するトライアルにとって組織文化は重要である．特に，組織が文化を共有していれば，組織のメンバーが自律分散的に動きつつも，一つの方向におのずと向かうことができる．その逆もまたしかりである．
　ここでは，新しい価値を出し続ける組織の文化について，前述した「プロトタイピング」，そして「デザイン思考」に焦点を当てる．

（1）プロトタイピングの環境

　プロトタイピングとは，前出のように，試作を繰り返して現実のニーズなどと突き合わせ，修正点を発見して直していく過程を指す．そのための環境をどうデザインするかがここでの課題である．

①失敗できる環境作り

　プロトタイピングにとって必要なものの一つは，「失敗できる環境（サンドボックスと呼ばれることもある）」を作ることである．失敗は物理的なもの

---

3)　Society5.0における企業価値向上の考え方をまとめた経済産業省（2022）でも，企業は，「デジタル技術による社会及び競争環境の変化の影響」を踏まえて経営ビジョンやビジネスモデルを作っておくべきであるとしている（p.3）.

とは限らず，SNS でのいわゆる「炎上」のような社会的な失敗を含む．

新しい施策にトライする中で大きな失敗をしないためには，いわば「安心して炎上できる場」が必要である．扱う失敗が物理的なものだけでないため，必要な環境も物理的な場だけではない．トライアルを支援する専門家集団や，学生のような新しいリスクを取りやすい人材，また中立的な立場・視点でトライアルを調整できるハブ的な人材など，人の面での手当ても必要である．

だが，企業の普通の現場でそのような場を用意するのは難しい．例えば大学をはじめとして外部の場を活用することには大きなメリットがあり，そのような場所も現在増えている．昨年の関西経済白書で紹介した関西のオープンイノベーションの場[4]もこれにあたるが，さらにNTT西日本が22年3月に大阪・京橋に開設したQUINTBRIDGE（クイントブリッジ）や，ダイキン工業らが19年から運営しているコンソーシアム，point0（ポイントゼロ）も，企業の枠を超えたトライアルの場として使われている．自社の資源だけですべてをまかなうのでなく，オープンに連携していくことを前提とすべきである．

②シーズとニーズ，両面の蓄積

新しいサービスに対するニーズを知った時，既に多くのシーズを知っていると，両者を組み合わせる選択肢が増え，プロトタイピングに着手しやすくなるためである．浅く広くでもよいので，シーズについても知っておくことが大事になる．

シンポジウムに登壇されたパネリストの一人，神戸市役所の長井伸晃氏は「シーズを知っておく」ことの重要性を挙げている．つまり，求める結果のために必要な施策がわかったとしても，実現手段についてのリサーチもできていなければならないということである．コロナ禍に対応した例の一つとして，神戸市が飲食店のテイクアウト対応を支援した際，テイクアウトにシフトする飲食店にはこれまで以上

の食中毒の防止策が求められており，市役所の専門家から支援を得る必要があった．

一方で，ニーズの収集については「誰のニーズを拾うか」も問題である．課題に対して，できる限り多様なステークホルダーの声を聞く必要があるが，このとき大切なのは，声を聞ける相手を，日ごろから組織の内外にいかに多く作っておくかである．

③フィードバックを改善に結び付ける

長井氏によれば，神戸市がコロナ対策を進めた際には，特に速さを重視し，完璧な施策を遅く出すよりも，施策をまず世に問うてから改善を進めたとのことである．これはまさにプロトタイピングそのものである．

最初に出した施策はスピード重視のため，Twitter等で課題が指摘されることもあるが，これは解決の方法を考えられるヒントでもあり，学びが得られることになる．このようなSNSによるネガティブな指摘をフィードバックとして役立てるかどうかも，その組織の文化によるとのことである．

(2) 組織のデザイン

上記ではプロトタイピングのための環境について述べたが，一方でプロトタイピングを可能にする組織作りについても述べたい．

プロトタイピングを実践する考え方が「デザイン思考」である[5]．デザイン思考においては，組織そのものもデザインの対象である．ここでは2つのポイントについて述べたい．

①課題を共有するコミュニティ作り

前述したシンポジウムのもう一人のパネリストであるKESIKI Inc.の石川俊祐氏によれば，新しい価値を最初に探索し，生み出す人にとっては，その人を支えるフォロワーの存在が非常に大切とのことであった．そのため，課題を共有し，価値づくりを支えられる人たちの関係作りや，課題感を持つ人が集まる，共感で繋がるコミュニティを作ることが有効

---

4) アジア太平洋研究所（2021）p.151を参照．
5) デザイン思考の定義として，経済産業省（2020）では，第一人者であるトム・ケリー氏の言葉として，「デザイナーが仕事のなかで培ってきた「手法」（ツールセット）や「思考の方法」（マインドセット）を，プロダクトだけではなく，より複雑な問題を孕んだサービスやシステムを設計するために利用すること」としている（p.4）．また，野村総合研究所（2014）では，「デザインが商品・サービス等の開発におけるマーケティング，企画，広告，ブランディング等企業活動のすべてに関係するものであると認識し，企業活動に取り入れること」としている（p.3）．いずれにしても，デザインの技法を企業経営や社会課題の解決に応用するものである．

に働く.

　また，課題を共有していても，参加のハードルが高く感じられることで，コミュニティ等の施策に参加しない人もいる. コミュニティ参加の機会のハードルをどうやって低くするかと，わかりやすいインセンティブをどう設定するか，この2点が必要であるとのことであった.

②心理的安全性の確保

　石川氏が指摘したもう一つの大切な点は，新しい価値を探索することに付きまとう「曖昧さ」を安心して扱えるようにすることである. 言い換えれば「心理的安全性」を確保することである. これは，プロトタイピングを浸透させるために不可欠な条件である.

　例えば，「完成していないアイデアを他者に不安なく見せる」ことができるか. ひとまず試作した，隙の多い不完全な「仮説」を，どんどん他者にシェアして，フィードバックを受けて完成に近づけていく必要がある. 実際のニーズに合っているかどうかはシェアするまでわからない.「完成するまでシェアできない」というマインドでは進められない.

　また，「複雑で曖昧な課題を無理にシンプル化，数値化せず，曖昧なまま解決していく」ことができるか. 課題を単純化することで解決はしやすくなるが，課題が持つ様々な側面が抜け落ち，より充実した解決を生み出せなくなる. 曖昧さはあえて残し，色々な専門家が参加することで，解決していくことが望ましい.

　曖昧さに関連して，長井氏からも「何か気持ち悪い」とか，「理屈は合っているけれど，感覚的には間違っている」という「正しい違和感を抱けているか」も大切という指摘があった. この「違和感」をブレイクダウンして言語化することは，難しいものの重要である. 課題を抱えている顧客のSOS に対して，理屈は合っているといって見て見ぬふりをするのでなく，違和感を覚えたらいったん立ち止まるのは大事な視点である.

　上記した，不安，曖昧さ，違和感，そのいずれを感じてもよいし，さらにそれを共有してよいのだという，心理的安全性のある組織が必要である.

(3) 組織のリーダーの理解

　プロトタイピングは最終の姿を得るまで時間がかかり，すぐに収益に直結しないため，プロトタイピング及びデザイン思考の実施には，経営者の理解は必要である[6]. ここでは，プロトタイピングの実施による留意点について例を挙げたい.

①「ブランド」としてのプロトタイピング

　前出の石川氏によれば，プロトタイピングのカルチャーの有無は社員の存続やモチベーションに直結し，社員のモチベーションが高い企業は売上に直結するとのことである[7]. プロトタイピングを通じて，顧客からインサイト（気づき）を得て，次の市場を作ることができることが中長期的に差を生む.

　企業がそのミッションを追求する手段としてプロトタイピングを位置づけると，プロトタイピングを行うこと自体が企業のブランドになる. このときのブランディングはマスマーケティングではなく，むしろ，個々の顧客の立場に対応した共感を呼ぶものである. どの受け手にどのような反応を期待するかも，データを利用すると可能になるだろう.

②「物語」のメディア露出

　個々の人に企業のミッションへの共感を呼ぶのに，ミッションを物語として発信する（ストーリーテリング）方法がある. 発信した物語をメディアが取り上げることまでを想定するのが望ましい. 前出の長井氏が神戸市で新しい施策を開始する際は，メディアによる波及効果まで考慮し，どう取り上げてほしいかまで考えているとのことである.

③組織内の意思統一

　プロトタイピングの文化を浸透させることは，組織の規模が大きく，個人の役割も細分化されるほど難しくなる. 特に部門を超えてプロトタイピングを行う場合，施策の意図や目標を共有するための交流

---

6)　デザイン思考を経営に持ち込むことで企業の競争力を向上させることは，大阪府（2021）での事例紹介や，近畿経済産業局の「関西デザイン経営プロジェクト」のような形で官庁でも推進されている.
7)　経済産業省・特許庁（2018）では，欧米での調査ではあるが，デザインを経営に導入することで，売上，利益，株価などにプラスの効果があるとしている（p.5）.

に時間をかける必要がある．研究会で取り上げた
JR西日本の例では，DXの推進を担う部門と鉄道の
管理部門ではトライアルに対する考え方が大きく異
なっており，DXを進める際は部門間の交流を進め，
相互理解に力を注いだとのことであった．

　自治体においても，コロナ禍の中で迅速なプロト
タイピングができた神戸市に対し，例えば大阪市で
プロトタイピングを行うとすれば，その規模の違い
から，単純に同じ進め方をするのは難しいと思われ
る．都市，府県，国と大きな組織になるにつれて，
このような施策をどう進めるかは，非常に難しい
チャレンジとなる．

4. 最後に

　本稿では，DXの本質は組織のガバナンスの改革
であることを述べた．そして，デジタル技術による
「モノのプロセス」の革新に伴う「ヒトのプロセス」
に関する革新について，「顧客との長期の関係性作
り」の視点からサブスクリプションを，「新しい価
値を出し続けていく組織作り」という視点からプロ
トタイピングとデザイン思考を，それぞれ例に挙げ
て述べてきた．顧客との長期的な関係づくりやその
ための透明性の確保は，今やESG投資の対象とな
るなど，グローバルな傾向でもある．

　これら「ヒトのプロセス」が変革され，効率化さ
れると，次は再び「モノのプロセス」としてのデジ
タル技術に革新が求められる．個々の業種や取り組
みの内容によってその流れは一律ではないとして
も，モノとヒトの両者は，最適なプロセスの組み合
わせを目指して，今後も互いに進化を続けていく必
要があろう．その目指すところは「人々の幸せ」で
あり，変革には倫理観と想像力が合わせて求められ
る．

参考文献
Tzuo, T. (2018), "Subscribed", (桑野順一郎（監訳），御
　立英史（訳）(2018)，『サブスクリプション「顧客の成
　功」が収益を生む新時代のビジネスモデル』,ダイヤモン
　ド社）.
アジア太平洋研究所（2017)，『アジア太平洋と関西　関西
　経済白書2017』.
アジア太平洋研究所（2021)，『アジア太平洋と関西　関西
　経済白書2021』.
アジア太平洋研究所（2022a)，『研究プロジェクト「関西・
　大阪における都市ぐるみ，都市レベルのDX」研究会報
告書（2021年度）』.
　(https://www.apir.or.jp/wp/wp-content/
　uploads/2021_apir_research_report_DX.pdf, 最終
　閲覧日2022年8月3日)
アジア太平洋研究所（2022b)，「コロナ後の持続可能な企業
　のデザインとDX」，『APIR NOW』，No.31, p.12.
　(https://www.apir.or.jp/wp/wp-content/uploads/
　apir_now_no31.pdf, 最終閲覧日2022年8月3日)
大阪府（2021)『デザイン経営視点での中小企業の競争力向
　上について』，大阪府資料No.186.
近畿経済産業局ウェブサイト，「関西デザイン経営プロジェ
　クト」.
　(https://www.kansai.meti.go.jp/2tokkyo/
　10design_keiei/design_top.html, 最終閲覧日2022
　年8月3日)
経済産業省・特許庁（2018)『「デザイン経営」宣言』.
　(https://www.meti.go.jp/report/whitepaper/
　data/pdf/20180523001_01.pdf,最終閲覧日2022年
　8月3日)
経済産業省（2020a)，『令和2年度　産業経済研究委託事業
　（電子商取引に関する市場調査）報告書』.
　(https://www.meti.go.jp/policy/it_policy/
　statistics/outlook/210730_new_hokokusho.pdf,
　最終閲覧日2022年8月3日)
経済産業省（2020b)，『デザインにぴんとこないビジネス
　パーソンのための"デザイン経営"ハンドブック』.
　(https://www.meti.go.jp/press/2019/03/
　20200323002/20200323002-1.pdf, 最終閲覧日
　2022年8月3日)
経済産業省（2022)『デジタルガバナンス・コード』.
　(https://www.meti.go.jp/shingikai/mono_info_
　service/dgs5/pdf/20201109_01.pdf, 最終閲覧日
　2022年8月3日)
野村総合研究所（2014)『国際競争力強化のためのデザイン
　思考を活用した経営実態調査　報告書』，国立国会図書館
　ウェブサイト.
　(https://warp.da.ndl.go.jp/info:ndljp/
　pid/10217941/www.meti.go.jp/policy/mono_
　info_service/mono/creative/design_thinking_
　report.pdf, 最終閲覧日2022年8月3日)

アジア太平洋研究所 総括調査役・研究員
大島 久典

大阪大学サイバーメディアセンター長・教授
下條 真司

Column A　関西製薬会社の新型コロナへの取り組みと今後の展望

1. 新型コロナウイルスへの取り組み

　大阪市中央区道修町は江戸時代から薬の町として栄え，今も多くの製薬会社が関西に本社を構えている．本コラムにおいては関西に本社を構える製薬会社が現在抱えている課題及び今後の展望について，コロナ禍の状況を踏まえ考察していきたい．

(1) 新型コロナ感染状況とワクチン接種状況

　2020年1月16日，日本で初めて新型コロナ感染者が確認され，2年以上が経過した現在においても感染は依然発生している状況である．22年5月30日現在，総感染者数8,831,816人，死者数30,584人[1]となっている．

　日本国内の新型コロナワクチン接種は欧米諸国から2か月程度遅れ，2021年2月17日に医療従事者から始まった．全人口に占める接種率は22年5月30日現在，2回目：80.6%，3回目：59.1%[1]となっている．

　2022年5月末現在日本で薬事承認された新型コロナワクチン（表4-CA-1）はファイザー社（アメリカ），モデルナ社（アメリカ），アストラゼネカ社（イギリス，製造はKMバイオロジクス），ノババックス社（アメリカ，製造は武田薬品工業），の4種類であるが，実際に接種されているのはファイザー社，モデルナ社2社の新型コロナワクチンが大半を占めている．

　2022年5月現在，日本国内でも開発（表4-CA-2 新型コロナワクチン開発及び取り組み状況）がすすめられているものの新型コロナワクチンは海外の製薬会社が開発したものに依存している．

表4-CA-2	新型コロナワクチン開発及び取り組み状況（日本国内）	
開発企業	ワクチンタイプ	取り組み状況
塩野義製薬 国立感染症研究所 UMNファーマ（塩野義製薬子会社）	組換えタンパク	・最終段階の臨床試験実施中
第一三共 東京大学医科学研究所	mRNAワクチン	・第Ⅲ相を2022年上期に開始意向
アンジェス 大阪大学 タカラバイオ	DNAワクチン	・高容量製剤開発に注力 ・第Ⅰ/Ⅱ相完了
KMバイオロジクス（明治HD連結子会社） 東京大学医科学研究所 国立感染症研究所 医薬基盤・健康・栄養研究所	不活性化ウイルス	・第Ⅲ相実施中
VLPセラピューティクス ※1	mRNAワクチン	・ブースター用試験の第Ⅱ相を2022年度内に開始意向
メディカゴ ※2 （田辺三菱製薬のカナダ子会社）	植物由来ウイルス様粒子	・カナダで承認済（2022年2月24日） ・日本では2021年10月より第Ⅰ/Ⅱ相開始

※1 日本人科学者がワクチン開発のためアメリカで設立した会社の日本法人
※2 海外子会社が海外で開発
資料）厚生労働省「コロナワクチン開発進捗状況（国内開発）」
　　　各社HPプレスリリース より執筆者作成

(2) 新型コロナウイルスワクチン開発における課題

　「アジア太平洋と関西　関西経済白書2021」第1章1節でも述べているが，日本は欧米諸国と比べ，研究開発費用の規模，ワクチン開発体制，ワクチン開発技術いずれにおいても歴然とした差が存在する．2022年5月末時点においてなお，日本で開発されたワクチンは承認に至っていない．

　現在国内で承認されている新型コロナワクチンは特例制度にて承認されているのだが，海外での臨床試験に加え日本国内での臨床試験にて安全性・有効性を確認しているため欧米諸国の承認後数カ月遅く承認となっている．特例制度は外国で既に流通されている医薬品が対象となるため日本国内で開発されている

表4-CA-1	日本で承認された新型コロナワクチン		
開発企業	ワクチンタイプ	海外承認日	日本国内の状況
ファイザー	mRNA	英：2020/12/02 米：2020/12/11 EU：2020/12/21	国内承認 2021/02/14
モデルナ	mRNA	米：2020/12/18 EU：2021/01/06 英：2021/01/08	国内承認 2021/05/21 武田薬品工業が輸入・流通
アストラゼネカ	ウイルスベクター	英：2020/12/30 EU：2021/01/29	国内承認 2021/05/21 JCRファーマが製造
ノババックス	組換えタンパク	EU：2021/12/20 英：2022/02/03	国内承認 2022/04/19 武田薬品工業が製造・流通
ジョンソン&ジョンソン （ヤンセンファーマ）	ウイルスベクター	米：2021/02/27 EU：2021/03/11	承認申請中 （2021/05/24）

資料）厚生労働省「コロナワクチンに関する状況（海外開発）」
　　　各社HPプレスリリース より執筆者作成

---

1)　NHK新型コロナウイルス特設サイトより https://www3.nhk.or.jp/news/special/coronavirus/

医薬品は対象にならない．そのため日本でもアメリカにおける緊急使用許可（Emergency Use Authorization：EUA），EUにおける条件付き販売承認（Conditional marketing authorisation）と同等な緊急承認の制度の必要性が求められていた．2022年5月20日，ようやく「医薬品，医療機器等の品質，有効性及び安全性の確保等に関する法律」（薬機法）の改正案が施行され，日本における緊急承認制度が始まった．これにより日本国内で開発された医薬品の緊急承認が可能となった（表4-CA-3 海外における緊急時の委託品使用許可制度について，表4-CA-4日本の薬事承認制度）．

また平時におけるワクチン開発体制である

が，欧米諸国は感染症リスクを安全保障の位置づけとしてとらえ，研究体制を平時より整えていた．

これまで日本は公衆衛生の向上により感染症に対する危機意識が相対的に低く，ワクチン等開発における最先端の研究及び平時における政府の支援体制が不十分であった．しかし今回のパンデミックを機に2022年3月22日，日本医療研究開発機構（AMED）のなかに先進的研究開発戦略センター（SCARDA）[2]が新設された．SCARDAは感染症有事を見据えて感染症ワクチンの開発，ワクチン開発に資する新規モダリティの研究開発を支援するとしており，国内ワクチン等の実現に向け平時よりトップレ

表4-CA-3　海外における緊急時の医薬品使用許可制度等について

	日本	米国	EU
制度名	緊急時の薬事承認	緊急使用許可 Emergency Use Authorization（EUA）	条件付き販売承認 Conditional marketing authorisation
適用の条件	①国民の生命及び健康に重大な影響を与えるおそれがある疾病のまん延その他の健康被害の拡大を防止するため緊急に使用されることが必要な医薬品等であること． ②他に代替手段が存在しないこと．	以下の①及び②を満たす場合に適用 ①国土安全保障官，国防省，保健福祉省長官のいずれかが化学的，生物学的，放射線学的，及び核にかかる緊急事態であることを決定した上で，保健福祉省長官が，当該決定に基づき，EUAの発動が正当化される状況であると宣言すること ②①の宣言を受けた上で，以下にあたること ・重篤または命に関わる疾病・状況を生じること ・他に入手可能な承認された製品がないこと	以下のいずれかの医薬品に対して適用 ・重度の衰弱性疾患又は生命を脅かす疾病に対するものであること ・WHO又は欧州連合によって正式に承認された公衆衛生上の脅威への対応として，緊急事態で使用されるものであること ・オーファンドラッグ
運用の基準 （主なもの）	1．有効性については，「推定」 2．安全性については，「確認」 ※有効性が推定可能な程度のデータを基に承認	1．効果があるかもしれない 2．既知及び起こりうるベネフィットが，既知及び起こりうるリスクを上回る ※当該時点で利用可能（available）なデータを元に許可	1．リスク・ベネフィットバランスがポジティブ 2．申請者が今後包括的な臨床データを提供できる立場にある 3．即時に医薬品が入手できることによる公衆衛生へのベネフィットが，追加データが必要であることに由来するリスクを上回る

資料）厚生労働省令和3年11月医薬品医療制度部会資料
　　　厚生労働省令和3年12月3日医薬品医療機器制度部会資料　より執筆者作成

表4-CA-4　日本の薬事承認制度

	緊急時の迅速な承認		通常承認	医薬品の性質に応じた平時の承認	
	緊急承認 ※	特例承認		条件付き承認	再生医療等製品 条件・期限付き承認
対象	全ての医薬品等	外国（日本と薬事制度と同等の水準の制度を有する国）で流通している医薬品等	全ての医薬品等	希少疾病用医薬品，先駆的医薬品又は特定用途医薬品その他の医療上にその必要性が高いと認められるもの	均質でない再生医療等製品
制度趣旨	緊急時に健康被害の拡大を防止するため，安全性が確認された上で有効性が推定される医薬品等に承認を与えるもの．	緊急時に健康被害の拡大を防止するため，外国において販売等が認められている医薬品等に承認を与えるもの．	科学的なエビデンスに基づき，医薬品等の有効性・安全性が確認された医薬品等に承認を与えるもの．	医療上にその必要性が高い医薬品等だが，有効性・安全性を検証するための十分な人数を対象とする臨床試験の実施が困難であるものに承認を与えるもの．	再生医療等製品の特性（製品の品質や薬理作用物の発現量が不均一）に鑑み，少数例による安全性が確認された上で有効性が推定されるものに承認を与えるもの．
有効性・安全性	有効性：推定 安全性：確認	有効性：確認 安全性：確認	有効性：確認 安全性：確認	有効性：確認 安全性：確認	有効性：推定 安全性：確認
各種特例	GMP調査 国家検定 容器包装等	GMP調査 国家検定 容器包装等	－	第Ⅲ相試験無しで企業からの申請が可能	－

※医薬品，医療機器等の品質，有効性及び安全性の確保等に関する法律（薬機法）の改正案，2022年5月20日施行
資料）厚生労働省令和3年度第3回医薬品等安全対策部会資料　より執筆者作成

2)　https://www.amed.go.jp/program/list/21/index.html

ベルの研究開発拠点や研究開発をサポートする機関の整備を行うとされている.

　これにより平時より官民学の研究・開発の連携が図られることとなり，パンデミック時における早期のワクチン開発が期待できる体制が整った.

（3）関西製薬会社の新型コロナウイルスへの取り組み

　表4-CA-2は現在における国内製薬会社の新型コロナウイルスワクチンの取り組み，表4-CA-5は承認済の新型コロナウイルス治療薬，表4-CA-6は国内における治療薬への取り組み（国内外の製薬会社）を示している．関

表4-CA-5　承認済の新型コロナウイルス治療薬（2022年5月1日現在）

販売名（成分名）	製造販売業者	分類	対象者	備考
ベクルリー点滴静注用（レムデシビル）	ギリアド・サイエンシズ	抗ウイルス薬（RNAポリメラーゼ阻害薬）	軽症～重症	エボラ出血熱の治療薬として開発されていた．国際共同試験において回復までの期間が本剤群で10日であり，プラセボ群の15日よりも有意に短縮．R.2.5.7特例承認，R.3.8.12保険適用，R.3.10.18から一般流通が開始されている．軽症者については，海外第Ⅲ相試験において，入院又は死亡の割合を87%有意に減少させ，R.4.3.18に対象拡大.
デカドロン錠等（デキサメタゾン）	日医工等	抗炎症薬（ステロイド薬）	重症感染症	重症感染症の治療薬として従来から承認されていたステロイド薬．投与方法は経口，経管，静注．英国の大規模臨床研究において死亡率を有意に減少させた．R.2.7.17に診療の手引き掲載.
オルミエント錠（バリシチニブ）	日本イーライリリー	抗炎症薬	中等症Ⅱ～重症	関節リウマチ等の薬として承認されていたヤヌスキナーゼ（JAK）阻害剤．レムデシビルと併用して用いる．国際共同試験において回復までの期間が本剤群で7日であり，プラセボ群の8日よりも有意に短縮．R.3.4.23通常承認.
ロナプリーブ注射液セット（カシリビマブ・イムデビマブ）	中外製薬	中和抗体薬	軽症～中等症Ⅰ※重症化リスク因子有り発症抑制※曝露後の免疫抑制患者等	2種類の中和抗体を組み合わせることにより変異株にも効果を持つことが期待されている．海外臨床試験において入院又は死亡の割合が70%有意に減少．R.3.7.19特例承認．R.3.11.5に曝露後の免疫抑制患者等に対する発症抑制の適応追加及び皮下投与の投与経路追加を特例承認．R.3.12.24に感染しているウイルス株がオミクロン株の場合は中和活性が減弱することから，推奨されないことが示された．厚生労働省が買い上げ，配分対象医療機関に無償譲渡している.
ゼビュディ点滴静注液（ソトロビマブ）	GSK	中和抗体薬	軽症～中等症Ⅰ※重症化リスク因子有り	ウイルスの変異が起きにくい領域に結合することにより変異株にも効果を持つことが期待されている．海外臨床試験の中間解析において入院又は死亡の割合を85%有意に減少させた（最終解析では79%）．R.3.9.27特例承認．厚生労働省が買い上げ，配分対象医療機関に無償譲渡している．R4.4.18にオミクロン株（B.1.1.529/BA2系統）については，有効性が減弱するおそれがあることから，他の治療薬が使用できない場合に本剤の投与を検討すること，とされている.
ラゲブリオカプセル（モルヌピラビル）	MSD	抗ウイルス薬（RNAポリメラーゼ阻害薬）	軽症～中等症Ⅰ※重症化リスク因子有り	国際共同試験の中間解析において入院又は死亡の割合を50%有意に減少させた（全症例解析では30%）．R.3.12.24特例承認．厚生労働省が買い上げ，配分対象医療機関に無償譲渡している.
アクテムラ点滴静注（トシリズマブ）	中外製薬	抗炎症薬	中等症Ⅱ～重症	関節リウマチの治療薬として国内で承認を取得している．炎症性サイトカインであるIL-6（大阪大学・岸本忠三氏らが発見）の作用を抑制し，抗炎症効果を示すとされている．英国の大規模臨床研究において死亡率を有意に減少させた．R.4.1.21通常承認.
パキロビッドパック（ニルマトレルビル・リトナビル）	ファイザー	抗ウイルス薬（プロテアーゼ阻害薬）	軽症～中等症Ⅰ※重症化リスク因子有り	国際共同試験において入院又は死亡の割合を89%有意に減少させた．R.4.2.10特例承認．併用禁忌の薬剤が多数あり，取扱いに留意が必要．厚生労働省が買い上げ，配分対象医療機関に無償譲渡している.

資料）厚生労働省「承認済の新型コロナウイルス治療薬及び現在開発中の主な新型コロナウイルス治療薬（2022年5月1日現在）より執筆者が作成

表4-CA-6　現在開発中の主な新型コロナウイルス治療薬（2022年5月1日現在）

成分名（販売名）	開発企業	分類	開発対象	備考
ファビピラビル（アビガン錠）	富士フイルム富士化学	抗ウイルス薬（RNAポリメラーゼ阻害薬）	軽症～中等症Ⅰ（第Ⅲ相）	新型又は再興型インフルエンザを対象として国内で承認を受けている．非重篤な肺炎を有する患者を対象とした国内第Ⅲ相試験の結果に基づきR,2,10,16に承認申請されたが，R,2,12,21の薬食審において継続審議とされた．軽症から中等症の患者を対象とした海外第Ⅲ相試験において統計的有意差が示されなかったと発表されている．重症化リスク因子を有する発症早期の患者を対象に国内で実施中であった第Ⅲ相試験はR4.4.6募集終了を公表.
S-217622	塩野義製薬	抗ウイルス薬（プロテアーゼ阻害）	無症状，軽症～中等症Ⅰ（第Ⅱ/Ⅲ相）	現在，無症候及び軽症から中等症までの患者を対象とした国際共同第Ⅱ/Ⅲ相試験を実施中の経口剤．R.4.2.25に条件付き承認を希望する申請がなされた.
イベルメクチン	興和	抗ウイルス薬	軽症～中等症Ⅰ（第Ⅲ相）	寄生虫薬として国内で承認を受けている経口剤．北里大学大村智特別栄誉教授がノーベル医学・生理学賞を受賞（2015年）．北里大学病院が軽症から中等症までの患者を対象とした医師主導治験を実施，R.3.10.30募集終了を公表．興和が軽症の患者を対象とした国内第Ⅲ相試験を実施中.
AZD7442	アストラゼネカ	中和抗体薬	発生抑制，軽症～中等症Ⅰ（第Ⅲ相）	2成分の長期作用型抗体からなる筋注製剤．海外第Ⅲ相試験（曝露前予防）及び日本を含む国際共同第Ⅲ相試験（治療）において統計的有意差が示されたと発表されてる．曝露前発生抑制についてR.3.12.8米国がEUA（緊急使用許可），R.4.3.25EUで承認.

資料）厚生労働省「承認済の新型コロナウイルス治療薬及び現在開発中の主な新型コロナウイルス治療薬（2022年5月1日現在）より執筆者が作成

西拠点の製薬会社の新型コロナに対するワクチン及び治療薬に対する取り組みについては各社さまざまである.

武田薬品工業は海外の製薬会社との提携に重点を置いている. 提携の海外製薬会社開発の新型コロナワクチンの国内の臨床試験を実施しており, モデルナ社ワクチンにおいては輸入したワクチンの国内供給を, またノババックス社ワクチンにおいては国内でワクチンを製造し2022年5月下旬から国内供給を開始している.

田辺三菱製薬はカナダにある子会社において植物由来ウイルス様粒子のワクチンを開発し既にカナダにおいて承認済である. 現在日本国内においては2021年10月より臨床試験を開始している.

塩野義製薬は自社にて新型コロナワクチン及び治療薬を開発している. 組換えタンパクのワクチンを開発し, 2022年5月の段階で最終段階の臨床試験を実施している. また治療薬（経口薬）については22年2月25日に条件付き承認制度の適用を希望する製造販売承認申請を行った. その後, 5月に創設された緊急承認制度に移行され審議されている.

アンジェスはDNAワクチンを手掛けたものの臨床試験において十分な結果が得られなかった. 現在は高用量製剤へ開発体制をシフトし, 高用量製剤での第Ⅰ/Ⅱ相の臨床試験を終了している. また治療薬であるがカナダのVasomune Therapeutics社とともにアメリカ・カナダの補助金を受け共同で開発・研究をしている.

JCRファーマはアストラゼネカ開発の新型コロナワクチンの国内供給分を製造している.

2. 医療用医薬品の市場と今後

(1) 医療用医薬品の市場

日本の医薬品は医療用医薬品（医師が発行する処方箋が必要）とOTC医薬品（ドラッグストアなどで直接購入できる要指導医薬品, 一般医薬品）と大きく二つにわけられる. ここでは市場規模の大きい医療用医薬品について述べていく.

日本の医療用医薬品の国内市場規模[3]は2021年では10兆5,990億円である. 16年（10兆6,240億円）からみると市場規模はマイナス0.2%となっている. 近年は医療費の抑制による薬価見直しやジェネリック医薬品への転換が図られ医薬品の市場は横ばいとなっており, 今後も成長が望めない状況である.

一方世界の市場規模[4]は2021年では1兆4,240億ドルである. 16年（1兆1,120億ドル）から市場規模はプラス28.1%と拡大している. 今後も年3〜6%の拡大が見込め, 26年は1兆7,500億ドルになると予想されている.

(2) 創薬の現状

医薬品は従来型の化学化合物である低分子医薬品, 現在の開発の主流であるバイオテクノロジーを用いて開発された高分子医薬品（バイオ医薬品）, ペプチド医薬品とよばれ今後開発が期待される中分子医薬品に分けられる. 2020年世界で販売された医薬品におけるバイオ医薬品の割合は36.8%であり年々割合が増加している. さらに世界売り上げ上位100品目でみれば45品目をバイオ医薬品が占めている.

バイオ医薬品の開発においては高度な最先端技術の研究がなされ, バイオベンチャーの存在が大きい. 世界で開発されたバイオ医薬品はバイオベンチャーが開発したものが多数を占めている. 日本は低分子領域の開発では10%近いシェアを持っているが, 新興のバイオベンチャーの存在感が総じて低く, バイオ医薬品において日本の企業の開発は3%程度のシェア[5]にとどまっている. 今後バイオ医薬品の開発において日本が存在感を示すためには, 学術機関

3) IQVIA医薬品市場統計売上データより
4) IQVIA「The Global Use of Medicines 2022 Outlook to 2026」より
5) 厚生労働省「医薬品産業ビジョン2021」より

での研究，バイオベンチャーの育成が必要であると思われる．

(3) 関西製薬会社の成長戦略

　このように製薬会社を取り巻く環境について述べたが，関西製薬会社売上げ上位5社の戦略について述べていきたい．

　武田薬品工業はグローバル戦略を明確にし，海外M＆Aを積極的に展開している．また事業の選択と集中により中核となる領域の治療薬に集中し，非中核事業については積極的に売却を進めている．

　住友ファーマは日本・北米・中国を柱とした地域戦略を明確にし，精神領域・がん・再生細胞でのグローバル展開を打ち出している．

　田辺三菱製薬はアメリカ・日本を中心とした事業の強化を打ち出している．研究開発においては中枢神経領域・免疫炎症領域・ワクチン領域を重点領域としている．

　小野薬品工業の海外戦略は韓国・台湾においては現地法人を設立し自社販売に注力している．また次の段階として欧米への強化を打ち出している．研究開発においては医療ニーズが高いがん・免疫・神経を重点領域としている．また臨床開発の機能をアメリカの現地法人へ移管し早期の臨床試験及び承認申請をできる体制を整備している．

　塩野義製薬は中国及び欧米での事業展開を強化している．感染症及び中枢神経領域を重点領域としている．またヴィーブヘルスケア社によるHIVフランチャイズの進展によるHIV治療薬の展開を図るとしている．

　医薬品の国内市場の成長は頭打ちと言われており，各社とも今後成長が見込める海外市場に注力している．武田薬品工業は海外売上が80％を超え，住友ファーマ，塩野義製薬は60％を超えている．また海外比率が低い田辺三菱製薬，小野薬品工業においても今後海外展開に注力する方針を打ち出している．また研究開発においては各社主力となる領域の医薬品により集中していることがうかがえる．（表

4-CA-7 関西製薬会社大手5社の比較）

表4-CA-7　関西製薬会社大手5社の比較

		武田薬品工業	住友ファーマ	田辺三菱製薬	小野薬品工業	塩野義製薬
売上(億円)	前年比(%)	35,690 11.6	5600 8.5	3859 2.2	3614 16.8	3351 12.8
内海外	前年比(%)	29,100 13.3	3703 13.4	677 4.5	1194 23.9	2156 64.3
海外比率(%)		81.5	66.1	17.5	33.0	64.3
重点地域(日本以外)		グローバル	北米・中国	アメリカ	韓国・台湾・欧米	中国・欧米
研究開発費(億円)	前年比(%)	5,261 15.4	940 ▲3.2	969 33.5	759 21.6	730 34.6
開発(件)*	申請中	3	3	8	1	4
	第Ⅲ相	34	4	7	2	8
	第Ⅱ相	16	9	5	2	10
	第Ⅰ相	24	14	4	6	7
重点領域		消化器系・希少疾患 血漿分画・オンコロジー 神経精神	中枢神経 がん 再生細胞	中枢神経 免疫炎症 ワクチン	がん 免疫 神経	感染症 中枢神経 HIV

＊同じ医薬品で複数の国及び複数の適応症で複数申請されている場合は最上の開発段階でカウント
資料) 各社決算発表資料・HPより作成

　現在医薬品の新薬の研究開発の主体はバイオ医薬品の高分子医薬品である．さらに今後は中分子医薬品，再生医療，遺伝子治療などより多様化・複雑化が進むとされ，より高度かつ最先端の技術が必要とされる．また研究開発にかかる費用も増大してきており，かつ研究開発期間も長いため，投資リスクが大きくなってきている．自社での研究開発はもちろんのことではあるが，大学及びバイオベンチャーとの連携，さらに従来の枠にとどまらず多業種連携・IT活用など効率的・迅速に研究開発を進める必要がある．

参考文献

厚生労働省（2021）「医薬品ビジョン2021」
　　https://www.mhlw.go.jp/stf/newpage_20785.html
　　2022年6月3日最終確認
厚生労働省（2022）「開発状況について」
　　https://www.mhlw.go.jp/stf/seisakunitsuite/bunya/0000121431_00223.html
　　2022年6月3日最終確認
厚生労働省（2021）「令和3年11月医薬品医療制度部会資料」
　　https://www.mhlw.go.jp/stf/newpage_22281.html
　　2022年6月3日最終確認
厚生労働省（2021）「令和3年12月3日医薬品医療機器制度部会資料」
　　https://www.mhlw.go.jp/stf/newpage_22502.html
　　2022年6月3日最終確認

厚生労働省（2022）「令和3年度3回医薬品等安全対策
　　部会資料」
　　https://www.mhlw.go.jp/stf/newpage_24331.
　　html
　　2022年6月3日最終確認
厚生労働省（2022）「承認済の新型コロナウイルス治
　　療薬及び現在開発中の主な新型コロナウイルス治
　　療薬（2022年5月1日現在）」
　　https://www.mhlw.go.jp/content/10900000/
　　000959036.pdf　　2022年6月3日最終確認
IQVIA　医薬品市場統計売上データ
　　https://www.iqvia.com/jajp/locations/
　　japan/thought-leadership/topline-market-
　　data
　　2022年7月1日最終確認
IQVIA「The Global Use of Medicines 2022
　　Outlook to2026」
　　https://www.iqvia.com/insights/the-iqvia-
　　institute/reports/the-global-use-of-medicines-
　　2022
　　2022年7月1日最終確認

アジア太平洋研究所 総括調査役・研究員

今井 功

Part I

Part II

Part III

Part IV

Chapter 5

関西経済と観光：コロナ禍でみえてきた，これからの観光地域づくり

2021年のインバウンド並びに国内観光は新型コロナウイルス（以下，COVID-19）の感染状況と対応策が影響し，コロナ禍前を回復するには至っていない．昨年の『アジア太平と関西　関西経済白書2021』では，各観光地経営に携わる観光地域づくり法人（Destination Management/Marketing Organization，以下DMO）の役割に注目し，今後の更なる活躍が期待されると指摘した．そこで今年度も引き続きDMOの活動を紹介するとともに，21年度のAPIRシンポジウムの成果から，関西におけるDMOの具体的な事例を取り上げ，誘客効果を分析する．また，この2年間でDMOがコロナ禍にどのように対応してきたのかに注目する．

本章では以下のような展開をとる．第1節では，長期化するコロナ禍が観光業にどのような影響を及ぼしたのかを主要統計を用いて確認する．また，各自治体が行った需要喚起策を取り上げるとともに，その効果を検証する．第2節では昨年度の白書で整理した関西DMOのうち，特徴的ないくつかのDMOを取り上げ，同DMOのマーケティング・マネジメントエリアにおける観光誘客効果を検証する．第3節では，観光地域づくりにおいて重要なブランド力に注目し，「プレイス・ブランディング」をキーワードとして，関西におけるプレイス・ブランディングの取組を取り上げた．そしてコラムAでは第2節，第3節の議論のもととなる，2021年度にAPIRが行ったシンポジウムの概要を掲載した．

Section 1
2021年度 関西観光の振り返り：コロナ禍における各府県の需要喚起策

本節では2021/22年における関西観光業の動態を振り返るとともに，コロナ禍への各自治体の対応策を取り上げる．

1項では主に2021/22年のサービス産業の動態や雇用状況を主として対面型サービス業を中心に取り上げる．加えて，関西における国内旅行消費の推移を振り返る．2項では関西各府県が実施した旅行需要喚起策の内容を取り上げ，その効果について日本人延べ宿泊者の動向から分析を行う．最後に3項では，足下，政府が検討している旅行需要喚起策やインバウンド需要について今後の展望を述べる．

1. 2021年度の観光動態

本項ではまず，緊急事態宣言及びまん延防止等重点措置[1]が2021/22年の対面型サービス産業の活動に与えた影響を確認する．次に観光業を構成する主要産業の雇用に注目し分析を行う．これら供給側への影響に加え，需要側への影響を国内旅行消費額の推移で確認する．

(1) サービス産業の活動動態

コロナ禍は財とサービスの生産に大きな影響を及ぼした結果，いずれもコロナ禍前の水準を回復できていない．図5-1-1をみれば，鉱工業生産指数及

---

1) 緊急事態宣言とまん延防止等重点措置の発出期間は以下の通りである．
緊急事態宣言（第1回：2020年4月7日〜5月25日，第2回：21年1月7日〜3月21日，第3回：21年4月25日〜6月20日，第4回：21年7月12日〜9月30日）.
まん延防止等重点措置（2021年4月5日〜9月30日，22年1月9日〜3月21日）.

び第3次産業活動指数とも，2020年5月を大底（鉱工業生産：77.2，第3次産業：86.7）とし，以降緩やかな回復にとどまっていることがわかる．

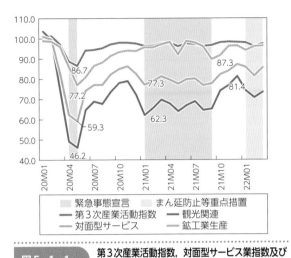

図5-1-1　第3次産業活動指数，対面型サービス業指数及び観光関連指数の推移：2020年1月-22年3月

資料）経済産業省『第3次産業活動指数』より作成

　サービス産業の中でも，対面型サービス産業[2]は緊急事態宣言並びにまん延防止等重点措置の発出と解除を受け，指数は上昇と低下を繰り返した．また対面型サービス業のうち，特に観光関連業[3]の回復は遅れている．そこで以降では，主として対面型サービス産業，観光関連業の動向について確認する．

　2020年5月に，対面型サービス業指数は59.3，観光関連業指数は46.2と，前述した鉱工業生産指数や第3次産業活動指数と比べて一層の落ち込みとなった．その後，緊急事態宣言の解除や政府のGo To トラベル事業の開始もあり，20年後半にかけて回復傾向を示した．

　しかしながら，Go To トラベル事業の停止や緊急事態宣言の再発出で，2021年1月に，対面型サービス業は77.3，観光関連業は62.3と回復傾向を示した20年後半からいずれも大幅低下した．以降，緊急事態宣言とまん延防止等重点措置の発出が繰り返され，9月まで両指数は弱い動きが続いた．10月から感染状況が和らいだことに加え，各自治体の旅行需要喚起策の再開もあり，12月の対面型サービス業指数は87.3，観光関連業指数は81.4と

いずれも上昇した．

　緩やかに持ち直しつつあった対面型サービス業であったが，2022年に入り変異株（オミクロン株）による感染拡大で再び悪化した．1月からまん延防止等重点措置が各都道府県に順次発出されたことで，対面型サービス業指数，観光関連業指数は2カ月連続でいずれも低下した．3月21日にまん延防止等重点措置が全面解除となり，3月は上昇に転じたものの，1-3月期をコロナ禍前（19年10-12月期）の水準（対面型：100.4，観光関連：102.4）と比較すれば，対面型サービスは-16.0％ポイント，観光関連は-29.4％ポイントといずれも低い．

（2）観光業の雇用状況

　次に回復の遅い観光業の雇用状況をみてみよう．

　前述した観光関連指数のうち，指数を構成するウェイトの高い産業（宿泊業，飲食サービス業，生活関連サービス業，娯楽業，運輸業）に注目し，関西と全国の当該産業の就業者数をみたのが図5-1-2である．

　はじめに「宿泊業，飲食サービス業」の就業者数をみれば，関西，全国とも，第1回の緊急事態宣言が発出された2020年4-6月期（全国：373万人，関西：62万人）に大幅減少して以降，飲食店への時短要請や宿泊施設の休業もあり就業者数は足下，22年1-3月期においてもコロナ禍の底（20年4-6月期）を回復できていない．

　次に，「生活関連サービス業，娯楽業」の就業者数をみれば，全国は2020年4-6月期（225万人）を大底に，7-9月期，10-12月期と2四半期連続で増加した．しかし，21年以降，再び減少傾向に転じ，22年1-3月期は224万人となったが，依然就業者数は弱い動きが続く．一方，関西は20年4-6月期（36万人）に減少し，7-9月期は増加に転じたが，10-12月期以降，減少傾向で推移し，以降全国と同様に緩慢な動きとなっている．

　一方，「運輸業，郵便業」についてみれば，コロナ禍で巣ごもり需要が増加した影響もあり，上述した「宿泊業，飲食サービス業」や「生活関連サービス

---

2)　対面型サービス業は，運輸業，宿泊業，飲食店，飲食サービス業，その他の生活関連サービス業及び娯楽業を指す．
3)　ここでの観光関連業指数は第3次産業活動指数のうち，観光庁「旅行・観光サテライト勘定」の分類に対応する，鉄道旅客運送業，道路旅客運送業，水運旅客運送業，航空旅客運送業，旅客運送業，その他のレンタル，自動車賃貸業，宿泊業，飲食店，飲食サービス業，旅行業，映画館，劇場・興行団の各指数の加重平均．

業，娯楽業」と異なる動きとなった．

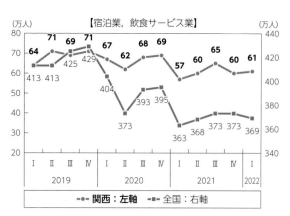

【宿泊業，飲食サービス業】

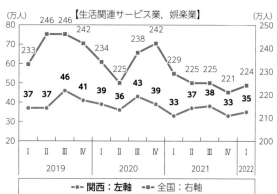

【生活関連サービス業，娯楽業】

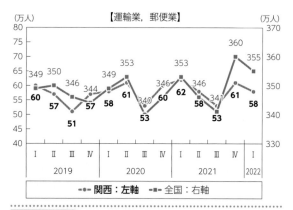

【運輸業，郵便業】

図5-1-2　産業別就業者数の推移：2019年1-3月期 -22年1-3月期

資料）総務省『労働力調査』より作成

　上で述べたように，「宿泊業，飲食サービス業」や「生活関連サービス，娯楽業」はコロナ禍で大きな打撃を受けた．影響を緩和するため，政府は2020年4月1日から雇用調整助成金の特例措置を行った[4]．以下ではその影響を休業者比率で確認しよう．

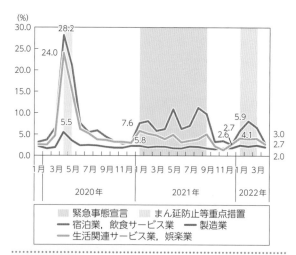

図5-1-3　業種別休業者比率の推移：2020年1月 -22年4月

注）休業者比率＝休業者数÷就業者数
資料）総務省『労働力調査』より作成

　図5-1-3は「宿泊業，飲食サービス業」，「生活関連サービス業，娯楽業」及び「製造業」における休業者[5]比率の推移を示したものである．図が示すように，第1回の緊急事態宣言時にあたる4月に「宿泊業，飲食サービス業」（28.2％）と「生活関連サービス業，娯楽業」（24.0％）はいずれもコロナ禍前の水準から急上昇し，5月も高水準となった．一方，製造業も4月に5.5％まで上昇したが，上で述べた産業と比べると，低水準にとどまった．その後，2020年後半は経済活動の正常化に伴い，各産業の休業者比率は5％を割る水準まで低下した．

　2021年1月は緊急事態宣言が再発出されたことで「宿泊業，飲食サービス業」（7.6％），「生活関連サービス業，娯楽業」（5.8％）の休業者比率は再び上昇に転じた．緊急事態宣言及びまん延防止等重点措置の影響を受けた，21年1-9月の平均休業率をみれば，「宿泊業，飲食サービス業」で8.1％，「生活関連サービス業，娯楽業」で4.5％といずれも高水準となった．その後21年10月から感染防止策が全面解除となったことで再び比率は低下し，12月は「宿泊業，飲食サービス業」で2.6％，「生活関連サービス業，娯楽業」で2.7％まで低下した．なお，21年の「製造業」における休業者比率は2％程度にとどまっており，影響は対面型サービス業に強く

---

4)　雇用調整助成金の内容については観光庁（2022）pp.49-50を参照．
5)　休業者とは，仕事を持ちながら調査週間中に少しも仕事をしなかった者のうち，①雇用者で給料・賃金（休業手当を含む）の支払を受けている者又は受けることになっている者，②自営業主で自分の経営する事業を持ったままで，その仕事を休み始めてから30日にならない者のことを指す．

表れたといえよう．

2022年1月はまん延防止等重点措置が再び発出されたことで「宿泊業，飲食サービス業」は5.9%，「生活関連サービス業，娯楽業」は4.1%と再び上昇に転じた．2月，3月も高水準で推移していたが，3月21日にまん延防止等重点措置が解除されたこともあり，4月は「宿泊業，飲食サービス業」は3.0%，「生活関連サービス業，娯楽業」は2.7%まで低下した．

以上のように，特に大きな影響が表れた対面型サービス業に従事する就業者の多くは失業者にはならず，休業者という形で調整が行われたことが分かる．

(3) 国内旅行消費額の推移

これまでにみたように，コロナ禍でサービス産業の活動は停滞し雇用状況は弱い動きが続いている．加えて，感染防止策による国内観光需要も大きく落ち込んだ．以降では関西[6]における国内旅行消費額の推移を確認しよう．

図5-1-4をみれば，国内旅行消費額は2020年4-6月期を底とし，7-9月期以降，経済活動の正常化と政府によるGo To トラベル事業の開始もあり，宿泊旅行消費額（以下，宿泊），日帰り旅行消費額（以下，日帰り）とも減少幅は縮小していた（20年7-9月期：宿泊：19年同期比-49.3%，日帰り：同-46.4%，10-12月期：宿泊：同-40.4%，日帰り：同-45.3%）．

しかし，2021年の国内旅行消費は緊急事態宣言の再発出によるGo To トラベル事業の停止や府県をまたぐ往来自粛等の影響もあり低迷した．21年1-3月期は第2回の緊急事態宣言が京都府，大阪府，兵庫県に発出されたこともあり，宿泊（19年同期比-63.2%），日帰り（同-55.1%）はいずれも20年10-12月期から減少幅が拡大した．21年4-6月期は，宿泊（同-80.7%），日帰り（同-75.3%）ともに減少幅は更に拡大し，20年4-6月期と同程度の落ち込みとなった．7-9月期は宿泊（同-63.9%），日帰り（同-62.9%）とも，前期からマイナス幅は縮小し，10-12月期は緊急事態

【消費額】

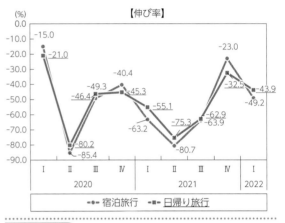

【伸び率】

図5-1-4　宿泊・日帰り旅行消費額及び伸び率の推移：関西：2019年1-3月期-22年1-3月期

注）2022年1-3月期は速報値．伸び率は2019年同期比．
資料）観光庁『旅行・観光消費動向調査』より作成

宣言の全面解除と後述する各自治体の旅行需要喚起策の実施もあり，宿泊（同-23.0%），日帰り（同-32.5%）とも2四半期連続で減少幅は縮小した．

しかしながら，2022年1-3月期はまん延防止等重点措置の発出や自治体の旅行需要喚起策の停止もあり，宿泊（同-49.2%），日帰り（同-43.9%）とそれぞれ減少幅は拡大した．

このように2021/22年の関西の国内旅行消費額の推移をみれば，21年は1-9月期における感染防止策の影響で国内旅行は低迷した．その後，10-12月期にかけて一旦持ち直したものの，19年同期と比べると，75%程度しか回復できていない．そして，22年1-3月期には再び国内旅行消費は停滞した．そこで次項では特に21年後半にかけて各府県が行った独自の旅行需要喚起策に注目し，キャンペーンの効果を主として日本人宿泊者の動向から分析を行う．

6）　ここでの関西とは，福井県，三重県，滋賀県，京都府，大阪府，兵庫県，奈良県，和歌山県，鳥取県，徳島県の2府8県を指す．

2. コロナ禍における各自治体の旅行需要喚起策

　前述したように，緊急事態宣言等の感染防止策が観光業へ与えた影響は大きく，コロナ禍前の水準を回復できていない．2021年における関西の国内旅行消費額[7]をみれば，1兆7,157億円，19年比-58.4%と，20年（2兆145億円，同-51.2%）から更に減少した．そこで政府や各自治体では落ち込んだ旅行需要を回復するため，独自の需要喚起策を行った[8]．本項では主として関西各府県が行った21年以降の需要喚起策を取り上げ，政策が与えた影響について分析する．

(1) 関西各府県の需要喚起策

　政府は2020年7月よりGo To トラベル事業を行ったものの，感染状況の悪化を受け，Go To トラベル事業は21年以降，停止された．そこで事業が停止されている間，各自治体は主として自府県民を対象とした独自の旅行需要喚起策を開始した．表5-1-1は21/22年に関西各府県が行った独自の旅行需要喚起策を示している．表が示すように，福井県，鳥取県や和歌山県など早くからキャンペーンを開始した自治体があるものの，緊急事態宣言やまん延防止等重点措置の影響もあり，21年10月以降に開始する府県が多かった．また当初，各事業の対象は主に自府県民としていたが，感染状況の動向を踏まえつつ，近隣府県民に対して対象を拡大する府県もみられた．

(2) 日本人延べ宿泊者数の動向

　図5-1-5は関西と全国における日本人延べ宿泊者数の伸び率（2019年同月比）の推移を示している．図が示すように，20年5月（関西：同-82.5%，

表5-1-1　関西における旅行振興施策：2021/22年

	キャンペーン名	キャンペーン期間（宿泊割引）	対象府県（予定含む）
福井県	ふくいdeお得キャンペーン	2021年2月17日〜12月31日（21年6月28日〜7月21日，8月4日〜9月30日は利用停止）2022年1月1日〜6月30日まで（4月29日〜5月8日除く）	新潟県，長野県，富山県，石川県，**福井県**，滋賀県，静岡県，岐阜県，愛知県，三重県，京都府
三重県	みえ得トラベルクーポン	第2弾：2021年10月15日〜12月1日 第3弾：2021年12月1日〜12月31日	**三重県**
滋賀県	今こそ滋賀を旅しよう	第4弾：2021年7月9日〜12月31日（8月5日〜コンビニ券の販売停止，8月27日〜新規予約自粛）第5弾：2022年1月14日〜3月6日（1月25日〜利用停止）	第4弾：**滋賀県** 第5弾：**滋賀県**
京都府	きょうと魅力再発見旅プロジェクト	2021年10月22日〜22年3月31日（22年1月25日〜3月18日新規予約受付停止）	滋賀県，**京都府**，大阪府，兵庫県，奈良県，福井県，三重県
大阪府	大阪いらっしゃいキャンペーン2021	2021年11月24日〜22年2月28日　1月12日より新規予約受付停止	**大阪府**，兵庫県，京都府，奈良県，和歌山県
兵庫県	ふるさと応援！ひょうごを旅しようキャンペーン	2021年10月14日〜22年2月28日（2月2日〜利用停止）	**兵庫県**，大阪府，京都府，和歌山県，奈良県，滋賀県，岡山県，鳥取県，徳島県，香川県
奈良県	いまなら.キャンペーン2021	2021年12月1日〜22年2月28日	**奈良県**
和歌山県	わかやまリフレッシュプラン2nd	2021年6月22日〜12月31日	**和歌山県**
和歌山県	わかやまリフレッシュプラン3rd	2021年10月8日〜12月31日	**和歌山県**
鳥取県・島根県	＃WeLove山陰キャンペーン	2021年3月1日〜22年7月11日（予定）（21年7月26日〜9月30日まで一時停止）	**鳥取県，島根県**※22年5月25日から岡山県，山口県，徳島県，香川県，愛媛県，高知県も対象
徳島県	みんなで！とくしま応援割	2021年10月1日（割引適用再開）〜22年3月10日（22年1月20日〜新規予約の受付停止）	**徳島県**，兵庫県，和歌山県，香川県，愛媛県，高知県

資料）各自治体公表資料等より作成

---

7) なお，全国における2021年の国内旅行消費額は9兆1,835億円，19年比-58.1%となっている（20年：9兆9,738億円，同-54.5%）．
8) アジア太平洋研究所（2021）の第6章4節によれば，Go To トラベル事業による需要創出効果は，波及効果計でコロナ禍による付加価値減少分を7.8%，雇用減少分を7.5%，政策で回復したと推計している．

全国：同-79.0%）を底として，その後Go To ト
ラベル事業の影響もあり11月に関西は同-8.1%，
全国は同-9.6%まで減少幅は縮小した．

しかし，2021年は事業が停止されたため，再び
減少幅は拡大した．5月に関西は19年比-62.6%，
全国は同-51.5%と，いずれも大きく減少したが，
関西の方が落ち込みは大きい．10月以降，感染状
況の落ち着きから自治体の旅行需要喚起策の開始も
あり，関西，全国とも減少幅が縮小し，12月に関
西は同+3.9%，全国は同+1.9%と，一時的にコロ
ナ禍前を回復した．

2022年に入り感染状況の悪化から再び減少幅は
拡大したが，足下22年3月はまん延防止等重点措
置の解除もあり，関西は同-19.5%，全国は同
-20.4%と減少幅は縮小している．

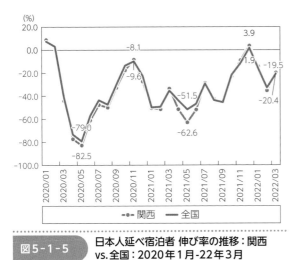

図5-1-5 日本人延べ宿泊者 伸び率の推移：関西 vs. 全国：2020年1月-22年3月

注）2021年1月-22年3月まで速報値．伸びは2019年同月比．
資料）観光庁『宿泊旅行統計調査』より作成

次に関西の日本人延べ宿泊者数を県内と県外に分
けて伸び率（2019年同月比）をみたものが図
5-1-6である．

県内の推移をみれば，2020年5月（19年同月比
-73.9%）から減少幅は縮小し，10月に同+7.5%
とコロナ禍前を上回った．しかし，21年に入ると，
Go To トラベル事業の停止により，弱い動きが続
いた．その後，各府県の旅行需要喚起策の影響によ
り，10月（同+20.9%），11月（同+38.0%），12
月（同+73.9%）と3カ月連続で増加幅は拡大した．

22年は再び感染防止策がとられたことで減少傾向
で推移するも，コロナ禍前を上回っている．

一方，県外をみれば，県内と同様2020年5月
（19年同月比-87.2%）を底に減少幅は縮小したが，
県内に比して依然コロナ禍前を下回っている．21
年以降も，マイナス圏内での推移が続いたが，10
月（同-27.7%），11月（同-12.6%），12月（同
-6.2%）は3カ月連続で減少幅が縮小した．しか
し，22年は再び減少幅は拡大し，依然，コロナ禍
前を回復するには至っていない．

このため各自治体の需要喚起策の開始もあり，県
内客には一定程度効果が表れていると言えよう．

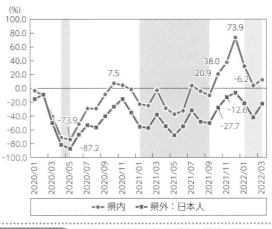

図5-1-6 県内・県外宿泊者 伸び率の推移：関西：2020年1月-22年3月

注）灰色のシャドーは緊急事態宣言期間，黄色のシャドーはまん延防止等重点措置期間．2021年1月-22年3月まで速報値．伸びは2019年同月比．
資料）観光庁『宿泊旅行統計調査』より作成

3. 今後の展望

以上みてきたように，長期化するコロナ禍によ
り，各自治体は落ち込んだ旅行需要喚起策を行っ
た．需要喚起策は県内客には一定程度効果がみられ
たものの，関西，全国とも国内観光は依然本格的な
回復に至っていない．しかしながら，2022年4月
以降，感染状況が落ち着きをみせていることから，
政府は22年7月前半より，全国を対象とした観光
需要喚起策開始を検討し始めている[9]．また，イン
バウンドについても変化の兆しがみえ始めた．日本
はこれまで厳格な水際対策を続けていたが，22年
3月以降，入国者数の上限を段階的に引き上げ，6

9）7月に入りCOVID-19の感染状況が悪化したため，検討されていた全国を対象とした旅行需要喚起策については延期が決
定された．

月から団体ツアーに限定した形ではあるものの，約2年ぶりに外国人観光客の受入れを再開した．

　このように2022年後半にかけて国内観光，インバウンドは回復の兆しがみえつつある．特に今後のインバウンドについては，アジア太平洋研究所（2020）で指摘した「安全・安心・安堵」の考えを基に，感染防止の徹底などコロナ禍に対応した形で外国人観光客の受入れ環境整備を進めることが必要である．加えて，各自治体は訪日外客に地域の魅力を訴求することが一層重要となろう．そこで次節では，観光地域づくりをリードするDMOが主にコロナ禍前に行った観光誘客策について，関西における事例を取り上げて効果の分析を行う．

参考文献

一般財団法人アジア太平洋研究所（2020）『アジア太平洋と関西　関西経済白書2020』
一般財団法人アジア太平洋研究所（2021）『アジア太平洋と関西　関西経済白書2021』
観光庁（2022）『令和4年版観光白書』

甲南大学 名誉教授
稲田 義久

アジア太平洋研究所 研究員
野村 亮輔

Section 2
関西DMOの観光誘客策とその効果：3つのDMOを例にとって

　前節で述べたように，観光業はコロナ禍の影響を大きく受け，依然本格的な回復には至っていない．このため関西各府県はこれまでの観光戦略の見直しを始めている．すなわち，インバウンドのみならず国内観光を含めた観光産業全体の高付加価値化を明確に志向している．その際，自治体とともに観光地域づくりをリードする立場であるDMOの役割が重要となる．

　そこで本節の1項では昨年白書で取り上げた関西DMOのうち，特徴のあるケースの観光誘客策を振り返り，マーケティング・マネジメントエリア内の誘客効果を評価する．2項では，分析から得られた含意と今後の課題を整理する．最後の3項では，現在各自治体でコロナ禍を受け，改定が進められている観光戦略を取り上げ，観光資源の磨き上げの重要性を指摘する．

　なお，本節で取り上げるDMOは，後掲コラムAにて紹介するシンポジウムに参加した京都府，奈良県，和歌山県のDMOである．

1. 関西3DMOの観光誘客策とその効果

　本項では，京都府，和歌山県，奈良県に存在する特徴のあるDMOを取り上げ，エリア内の日本人宿泊者数及び外国人宿泊者数などの観光動態を概観し，観光誘客策の効果を検証する．

　分析にあたっては各府県が公表している観光統計データや観光庁が公表している『宿泊旅行統計調査』のオープンデータを用いる．加えて，日本人及び外国人宿泊者数が市町村単位で把握可能な『宿泊旅行統計調査』の個票データ[1]も用いる．

(1) 京都府DMOの事例[2]
①京都府の観光状況
　京都府DMOの事例を取り上げる前に，京都府に

おける観光状況を振り返る．京都府では，世界でも有数の観光都市となった京都市を有していることもあり，国内外から観光客を多く集めている．しかし，多くの観光客は京都市での宿泊が中心であり，京都市以外の地域（以下，府域）での宿泊が課題となっている．ここではまず，京都府における宿泊者の動向について日本人と外国人に分けて確認しよう．

図5-2-1　京都府における観光客数の動態：延べ宿泊者ベース

注）白抜き数値は延べ宿泊者数全体の伸び，他の数値は外国人延べ宿泊者数の寄与度．
資料）観光庁『宿泊旅行統計調査』より作成

　図5-2-1は京都府における延べ宿泊者数の前年比伸び率への寄与度を日本人と外国人とに分けてみたものである．2012-20年の間で，全体の伸びが減少したのは，14年（前年比-15.4%），16年（同-3.3%），そして20年（同-59.6%）の3年である．14年については，消費増税に伴う国内不況の要因もあり日本人の延べ宿泊者数が大きく減少し，全体を押し下げた．16年については，外国人延べ宿泊者数は前年（爆買い）の反動で伸びが減速した（15年：同+39.1%→16年：同+0.5%）ことに加え，日本人延べ宿泊者が減少したためである（同-4.6%）．20年については，コロナ禍の影響が大きく出ている．

　以上のように，コロナ禍前の延べ宿泊者の推移をみれば，訪日外客は一貫して全体の押し上げに寄与していることがわかる．特に2019年は，京都府の延べ宿泊者数の伸び（前年比+50.4%）の半分以上を訪日外客が寄与し（28.2%ポイント），また京都市における混雑化現象も注目された年でもある．京都府にとっては府域に訪日外客をいかに持続可能

---

1)　本分析は国土交通省近畿運輸局との共同研究の一成果である．記して謝す．
2)　京都府DMOの詳細な分析内容については稲田義久・古山健大・野村亮輔（2022-a）を参照．

な形で伸ばすかが，大きな政策課題となっている．
そこで以降では，広域での観光振興に取り組んでい
る府域DMOの活動状況を確認する．

②京都府DMOの活動状況

　まず府域DMOの設立経緯と活動状況についてみ
てみよう．表5-2-1は府域DMOの設立に至るま
でを時系列で整理したものである．京都府は広域観
光プロジェクト，「もう一つの京都」を進めている．

それは，「海の京都」，「森の京都」，「お茶の京都」，
「竹の里・乙訓」のエリアに分けられ，京都市と連
携しつつ観光振興に取り組んでいる[3]．

　中でも，海の京都DMOは他のDMOより設立が
1年早いことに加え，インバウンド戦略計画を策定
し，海外プロモーションや受入環境整備に積極的に
取り組んでいることが特徴的である．

　また各府域DMOはそれぞれ観光客のターゲット
層を設定し，観光誘客に取り組んでおり，それを整

表5-2-1　府域DMOの設立経緯

年	海の京都		森の京都		お茶の京都	
2013	4月	海の京都構想に基づき「海の京都観光推進協議会」設立				
2014	6月	観光圏整備法に基づく「観光圏」の認定				
2015			6月	森の京都構想を策定	6月	お茶の京都構想を策定
2016	**6月**	**海の京都DMO設立**				
2017	11月	日本版DMOに登録	**3月**	**森の京都DMO設立**	**3月**	**お茶の京都DMO設立**
2018			3月 7月	**森の京都地域における観光地域づくり戦略**を策定 日本版DMOに登録	3月 7月	**お茶の京都DMO観光地域づくり戦略**を策定 日本版DMOに登録
2019	1月 2月 4月	海の京都観光圏整備計画を策定 **海の京都DMOインバウンド戦略計画**を策定 外国人材1名を登用				
2020						

資料）京都府HP，観光庁HP「観光地域づくり法人形成・確立計画」より筆者作成

表5-2-2　府域DMOのターゲット層

海の京都	森の京都	お茶の京都
ターゲット層		
欧米豪：ロングステイによる観光消費額の拡大への期待	**欧米豪**：ロングステイによる観光消費額の拡大への期待．また四季の体感や自然体験ツアーへの関心が森の京都エリアの特性との親和性が高い	**欧米豪**：京都市エリアを訪れる外国人のうち割合が高く，長期滞在型の傾向もあるため，隣接しているお茶の京都エリアにも訪れてもらう
東アジア：台湾を中心に海の京都エリアを訪れる外国人の約8割を占める地域であり，今後も安定かつさらなる訪日客の増加が見込める	**東アジア**：森の京都エリアを訪れる外国人の中で最も割合が高く，今後も安定的な来訪が見込める	**香港・台湾・中国を中心としたアジア系の訪日リピーター**：お茶の京都エリアを訪れる外国人の約9割を占める地域であり，引き続き推進する
東南アジア：LCC就航・増便による訪日客数が増加している地域．親日国で国民の嗜好が海の京都の強みである食と合致するタイ，リピート率が高く，体験型観光を嗜好とするシンガポールなど海の京都との親和性が高く，今後もさらなる来訪客の増加が見込める		**京都市へ訪れている観光客（国内外問わず）**：京都市からのアクセスがよく，日本茶の文化・歴史を資源としている点が京都市と親和性が強いため，同エリアへの誘客を図る

資料）京都府HP，観光庁HP「観光地域づくり法人形成・確立計画」より筆者作成

---

3)　各エリアの構成市町村は以下の通りである．
　　海の京都：福知山市，舞鶴市，綾部市，宮津市，京丹後市，与謝郡（伊根町，与謝野町）
　　森の京都：福知山市，綾部市，亀岡市，南丹市，船井郡（京丹波町）
　　お茶の京都：宇治市，城陽市，八幡市，京田辺市，木津川市，久世郡（久御山町），綴喜郡（井手町，宇治田原町），相楽郡（笠置町，和束町，精華町，南山城村）
　　竹の里・乙訓：向日市，長岡京市，乙訓郡（大山崎町）

理したのが表5-2-2である.

　表が示すように，各DMOとも今後も安定的な訪問が期待される東アジア地域や東南アジア地域に加えて，欧米豪地域にもターゲット層を絞っていることがわかる．この背景として，前者についてはLCC就航・増便により訪日客数が増加しており，今後もさらなる来訪客の増加が見込めること，後者についてはロングステイによる観光消費額の増大が期待されることから，いずれも精力的にプロモーション活動を行っている．以下では各DMOのターゲット層に対する具体的な取組を紹介する.

　海の京都DMOでは，欧米豪地域へのプロモーションに関して，2021年9月に欧州の海外旅行会社2社とパートナーシップ協定を締結し，訪日観光情報の収集やマーケティングのほか，観光情報の発信やオンラインファムツアー・商談会の開催等，インバウンド誘客事業に戦略的に取り組んでいる.

　森の京都DMOでは，2021年12月にUNWTO（国連世界観光機関）から世界の「ベスト・ツーリズム・ビレッジ」の一つとして選定された南丹市美山町を有している．今後，認定のロゴを使用した広報活動が認められるほか，UNWTOからの支援と情報発信により世界的な認知度の向上が期待されている.

　一方，お茶の京都DMOでは，京都市を訪れている国内外の観光客をターゲットとしており，京都市からもう一足伸ばして同地域への訪問を促進するように，交通事業者と連携した取り組みを進めている．ただ，エリアが広範囲であるため，二次交通の問題や宿泊施設数が少ないことが課題となる.

③京都府DMOの誘客効果分析

　前述したように各エリアにおける観光客に対するターゲット層は一様ではない．そこで，以降では各エリアにおける誘客効果について主として外国人宿泊者の動態に注目してみよう.

　図5-2-2は各エリアの全宿泊者に占める外国人宿泊者比率の推移をみたものである．図が示すように，京都市の比率が2012年（13.4%）から19年（38.2%）にかけて急上昇しており，外国人宿泊者の増加が顕著にあらわれている.

　一方，府域をみれば，海の京都DMO（2012年：1.8%→19年：6.2%），森の京都DMO（12

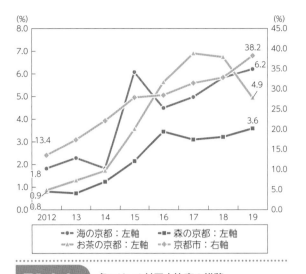

図5-2-2　各エリアの外国人比率の推移

資料）観光庁『宿泊旅行統計調査』個票データより作成

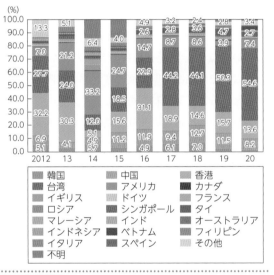

図5-2-3　国籍別外国人宿泊者シェアの推移：海の京都

注）従業者10人以上の施設より集計.
資料）観光庁『宿泊旅行統計調査』個票データより作成

年：0.9%→19年：4.9%），いずれの地域も外国人比率は上昇している．特に海の京都DMOは年々増加傾向を示していることから，誘客策の効果が表れつつあると考えられる．同DMO内における外国人宿泊者動態を国籍別のシェアにみると，台湾，香港など東アジアのシェアが高い（図5-2-3）．うち，台湾に注目してみると，14年以降，台湾のシェアが高くなっており（14年：12.0%，15年：18.5%，16年：22.9%），17年以降は外国人宿泊者数の約半数を占めている（17年：44.2%，18年：44.1%，19年50.3%）．これは，海の京都DMOが17年，18年に実施した台湾最大級の旅行博への

出展や，現地でのプロモーション等の効果があらわれているものと思われる.

　以上のように府域DMOでの外国人宿泊者の比率は着実に上昇しているが，依然京都市が圧倒的に高い．しかしながら，海の京都DMOが行ったプロモーション活動のように，着実に外国人誘客を進めた結果，一定の効果があらわれているといえよう.

(2) 和歌山県DMOの事例[4]

①和歌山県の観光状況

　ここでは和歌山県の観光状況についてみる．和歌山県には世界遺産の高野山や熊野古道に加え，白浜など有数の観光地を有していることもあり，国内，インバウンドともに注目されている県である．また，同県は『和歌山県観光立県推進条例』に基づき，『和歌山県観光振興実施行動計画』を毎年策定しているなど，観光行政に力を入れている．そこで，以降では和歌山県の観光客動態を国内客と訪日外客とに分けてその特徴をみていく.

　図5-2-4は最近の和歌山県における観光客の動態で，延べ宿泊者数の前年比伸び率とそれへの寄与度を国内客と訪日外客とに分けてみたものである．この間（2012-20年）で，延べ宿泊客総数の伸びが減少したのは，16年（前年比-7.7%），17年（同-1.5%），そして20年（同-41.0%）の3年である．16年は，14年の消費増税による景気停滞の影響もあり国内客が大幅減少（-9.0%ポイント）したことに加え，訪日外客も前年（爆買い）の反動で伸びが減速した（15年：+2.4%ポイント→16年：+1.3%ポイント）．また20年には，コロナ禍の影響が大きく出ている．図が示すように，この間，国内景気（所得の変動）の影響を受け，国内宿泊客の全体への寄与度は大きく変動する一方で，訪日外客は一貫して全体の押し上げに寄与してきた.

②和歌山県DMOの活動状況

　和歌山県にある特徴的なDMOを取り上げ，各DMOの設立経緯と活動状況を整理したものが表5-2-3である.

　高野町観光協会は2015年7月に設立，20年1月に地域DMOとして登録され，これまで情報発信と

図5-2-4　和歌山県における観光客の動態

注）白抜き数値は延べ宿泊客総数の伸び，他の数値は外国人延べ宿泊客数の寄与度．両者の差は国内宿泊客の寄与度となる.
資料）和歌山県『観光客動態調査報告書』より作成

して地域コミュニティFMや国際線機内でのビデオ放映などを行い，受入環境の整備ではHPの多言語化やトイレの洋式化，キャッシュレス決済導入のサポートなどを行った．観光資源の磨き上げという点では，ナイトツーリズム，時間消費型観光の推進などを実施している．また，22年夏に開業が予定されている高野山デジタルミュージアムのプロモーション活動も行っている.

　田辺市熊野ツーリズムビューローは，田辺市の合併を契機に2006年に設立され，10年には法人化，旅行業登録を行い，着地型旅行業を開始した．19年3月に地域DMOとして登録され，21年度には観光庁から重点支援DMOとして選定されている.

　情報発信として2014年に田辺市とスペイン・サンティアゴ・デ・コンポステーラ市が観光交流協定を締結し，その後は共同プロモーションの実施や共通巡礼などを行いインバウンド客の誘客に成功している．また，受入環境の整備では，早くからインバウンド対策を実施しており，言語表現の統一化や自社で旅行業取引を行うことで，これまでに多くのインバウンド旅行客のデータを蓄積している．観光資源の磨き上げという点では，トラベルサポートセンター「熊野トラベル」の開設や熊野古道女子部の立ち上げ，「一人旅」「女子旅」をキーワードとしたコンテンツ開発を行っている．20年はコロナ禍で訪日外客が激減したことから，熊野古道の保全を目的に，クラウドファンディングを実施した.

　南紀白浜観光協会は2016年5月にDMO白浜（仮

4）　和歌山県DMOの詳細な分析内容については稲田義久・古山健大・野村亮輔（2022-b）を参照.

称）設立準備協議会を発足させ，7月に地域DMO（候補法人）として登録された．19年3月に地域DMOに登録され，21年4月に白浜観光協会との組織統合により（一社）南紀白浜観光協会が誕生した．

情報発信として，首都圏を中心としたプロモーションに取組み，17年には田辺市との共同プロモーションや関西圏を中心とした合宿誘致事業を展開した．

受入環境の整備という点では，20年に第3種旅行業

表5-2-3	和歌山県主要DMOの設立経緯		

年	高野町観光協会	田辺市熊野ツーリズムビューロー	南紀白浜観光協会
		2006年　設立 2010年　法人化，着地型旅行業開始	
2012			
2013			
2014			
2015	7月　設立		
2016		**2月　地域DMO（候補法人）として登録**	5月　DMO白浜設立準備協議会の発足 **7月　地域DMO（候補法人）として登録（（一社）DMO白浜＜仮称＞）**
2017	**8月　地域DMO（候補法人）として登録**	トラベルサポートセンター「熊野トラベル」開設 熊野古道女子部の立ち上げ	
2018	10月　高野町観光情報センターiKOYA開設		4月　（一社）南紀白浜観光局　設立
2019		**3月　地域DMOとして改めて登録**	**3月　地域DMOとして改めて登録**
2020	**1月　地域DMOとして改めて登録**	「一人旅」「女子旅」をキーワードとしたコンテンツ開発 熊野古道保全のため，クラウドファンディングの実施	旅行業の登録（3種）
2021			4月　（一社）南紀白浜観光局と白浜観光協会が組織統合により「（一社）南紀白浜観光協会」が誕生

資料）観光庁HP「観光地域づくり法人形成・確立計画」より筆者作成

表5-2-4	和歌山県DMOのターゲット層		

高野町観光協会	田辺市熊野ツーリズムビューロー	南紀白浜観光協会
ターゲット層		
国内観光客 （首都圏・関西圏を中心とする若年層およびシニア層） 令和2年度に実施した自主調査において，少なかった年代層に焦点を当て，旅行商品の造成などに取り組む．	**欧米豪の個人旅行者** これまでの実績に加え，熊野エリアの特性が「神仏習合」「自然崇拝」であり，これらが欧米豪の旅慣れた人々の知的好奇心を刺激するという考えがベースのもと，「インバウンド＝欧米豪」とターゲットを絞っている．	**首都圏からの誘客** 「南紀白浜」の知名度が低い首都圏をターゲットとしたプロモーションを実施．「温泉」「パンダ」「白砂のビーチ」等観光資源の知名度を向上させる．
インバウンドの回復に向けて これまでは約8割を欧米が占めていたが，コロナ後の旅行形態が大きく変わることを見据えて，新たな価値と需要を創造する． 引き続き個人旅行者が安心して観光できるインフラ整備や環境づくりに取り組む．	**首都圏及び関西圏の国内観光客** 関西圏は近距離にあり，首都圏においても飛行機を用いれば1時間で移動することができる． 「熊野」という地域に「聖地」としての魅力を感じている方が多いことから，地域ならではのコンテンツをブラッシュアップし，地域産業と組み合わせた新たな体験プランの造成を進める．	**インバウンド客（東アジア地域他）** コロナ禍での海外プロモーションについて検証を行う．JNTOや県からの情報を収集する．
研修や合宿の誘致 エリア内に多くの宿泊施設（宿坊）を持つことを強みに，高野山ならではの宗教性や精神性に触れる体験等，付加価値の高いコンテンツを提案する．	**首都圏を中心とする20〜40代女性** 首都圏で特に女性は「熊野」エリアにスピリチュアルな魅力を感じている方が多く，ターゲットを絞った． 「熊野古道女子部」を立ち上げ，女子目線での熊野古道の魅力を発信し，国内観光客の増加につなげる．	**MICE観光　スポーツ合宿誘致** 新たな誘客コンテンツを検討し，大学や旅行エージェントに対し営業活動を行う．MICEについては誘致の可能性の具体的な検討を行う．

資料）観光庁HP「観光地域づくり法人形成・確立計画」より筆者作成

を取得し，自社での旅行商品の開発，販売を行っている．観光資源の磨き上げの点では，18年からインスタグラムによる写真投稿を促すフォトラリーを開催している．

　次に各DMOにおける観光客のターゲット層を確認する（表5-2-4）．

　高野町観光協会では，自主調査に基づき，国内観光客のうち特に若い世代をターゲットにしている．また，インバウンドではこれまで約8割が欧米地域であったが，今後の旅行形態が大きく変わることを見据え，新たな価値と需要を創造することとしている．

　田辺市熊野ツーリズムビューローでは，これまでの実績から引き続き欧米豪をターゲットとするが，コロナ禍を受け国内観光客も重視している．特に首都圏及び関西圏に注目し，また首都圏の20～40代の女性に絞るなど，世代別に旅行商品を造成，プロモーションしている．

　南紀白浜観光協会では，国内は首都圏を中心に知名度向上を図り，インバウンドはこれまでの実績から東アジア地域をターゲットとしている．

③和歌山県DMOの誘客効果分析

　和歌山県の特徴的なDMOの活動状況をみれば，エリア内の観光資源を上手く活用し，各DMOが定めたターゲット層へ訴求していることがわかる．そこで，以下では各DMOの誘客効果が日本人並びに外国人宿泊者にどの程度あらわれているのかを，高野町，田辺市熊野エリア[5]，白浜町に分けてみてみよう（図5-2-5）．

　はじめに高野町をみれば，全宿泊者数は2014年，16年に一旦落ち込むが，増加傾向を示している．一方，日本人宿泊者数はおおむね同水準での推移となっている．外国人宿泊者の比率は右肩上がりとなっていることから，高野町では外国人宿泊者数の増加が，全宿泊者数の増加につながっていることがわかる．なお，高野町の外国人宿泊者の比率は，足下の19年では約5割に近づいており，全宿泊者の半数が外国人となっている特徴的な地域である．

　次に田辺市熊野エリアをみれば，全宿泊者数は2016年をピークに減少傾向を示しており，日本人

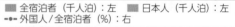

図5-2-5　**各地域における宿泊者数と外国人宿泊比率の推移**

資料）観光庁『宿泊旅行統計調査』個票データより作成

宿泊者数も同様の推移がみられる．一方，外国人宿泊者の比率は上昇傾向（12年：2.4%→19年：8.5%）を示していることから，外国人宿泊者数が日本人宿泊者の減少をカバーしていることがわかる．

　最後に白浜町をみれば，全宿泊者数は2012年か

5）　田辺市熊野エリアとは，田辺市に加え，新宮市，那智勝浦町の地域から成っており，熊野古道ルートに関連する地域を含んでいることに注意．

ら15年にかけて減少傾向で推移したが，16年に底打ちとなり，以降は増加傾向を示している．また，日本人宿泊者数も同様の傾向がみられる．一方，外国人宿泊者の比率は17年にかけ上昇傾向を示し，以降7〜8％で推移している．

　以上のように，各エリアで日本人宿泊者数が横ばいまたは減少傾向で推移する中，外国人宿泊者数は着実に増加している．以降では，特に外国人宿泊者数が着実に伸びている田辺市熊野エリアに注目して，誘客効果について分析を行う．

　図5-2-6は田辺市熊野エリアのうち，「熊野古道」ルートの宿泊施設を対象に絞り，その特徴を示したものである[6]．

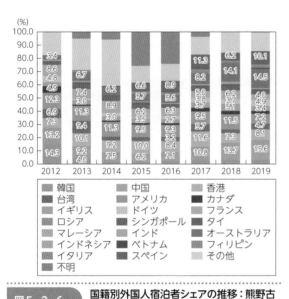

図5-2-6　国籍別外国人宿泊者シェアの推移：熊野古道ルートに絞った田辺市熊野エリア

注）従業者10人以上の施設より集計
資料）観光庁『宿泊旅行統計調査』個票データより作成

　東アジア地域[7]をみれば，3〜4割程度（2012年：41.7%→19年：30.9%）だが，欧米豪[8]のシェアをみれば，4〜5割程度（12年：36.9%→19年：48.3%）と，**表5-2-4**で示したように田辺市熊野ツーリズムビューローがターゲット層としている欧米豪が着実に増加していることがわかる．とりわけオーストラリア（12年：3.4%→19年：14.5%），スペイン（15年：6.6%→19年：10.1%）などが比較的高いシェアを占めており，スペインに関しては共同プロ

モーションの効果があらわれていると考えられる．

（3）奈良県DMOの事例[9]
①奈良県の観光状況

　ここでは奈良県の観光状況をみていく．奈良県では，先に取り上げた2府県と異なり，宿泊による滞在型観光が課題となっている．**図5-2-7**は奈良県，京都府，和歌山県の旅行者数を宿泊と日帰りに分けて推移を比較したものである．図が示すように京都府，和歌山県は宿泊，日帰り旅行者ともバランスがとれている一方，奈良県は日帰りが宿泊を常に上回っている状況である．

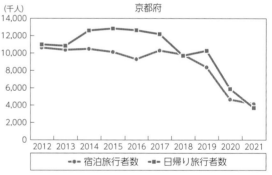

図5-2-7　各府県における宿泊・日帰り旅行者の推移

資料）観光庁『旅行・観光消費動向調査』より作成

---

6)　熊野古道ルート及び関連施設の郵便番号をもとに『宿泊旅行統計調査』の個票データから得られる当該宿泊施設を田辺市熊野エリアから抜き出した．
7)　ここでの東アジア地域は，韓国，中国，台湾，香港を指す．
8)　ここでの欧米豪は，イギリス，ドイツ，フランス，イタリア，スペイン，アメリカ，カナダ，オーストラリアを指す．
9)　奈良県DMOの詳細な分析内容についてはAPIR Trend Watch No.82（近刊）を参照

表5-2-5　奈良県DMOの設立経緯

年	斑鳩産業	吉野ビジターズビューロー	奈良県ビジターズビューロー
			2009年　設立
2012			
2013		2月　設立	
2014	1月　法人設立		
2015			
2016	2月　地域DMO（候補法人）として登録	吉野町観光マーケティング調査実施	4月　地域連携DMO（候補法人）として登録
2017	【観光資源の磨き上げ】 ・体験コンテンツ造成，二次交通整備（周遊タクシー・バギー・レンタサイクル） 【情報発信】 ・パンフレット作成，展示会，商談会に参加，HP多言語化，プロモーション動画作成		【情報発信】 ・奈良県と連携した外国人誘客のためのプロモーション
2018		【観光資源の磨き上げ】 ・旅行業（第2種）を取得し，多様なツアーを企画 【受入環境の整備】 ・吉野山地内に無料Wi-Fiスポットを11か所整備	3月　地域連携DMOとして改めて登録
2019	1月　地域DMO（候補法人）として登録 2月　観光拠点「奈良斑鳩ツーリズムWaikaru」オープン 7月　一棟貸の宿いかるが日和（民泊）オープン 【受入環境整備】 ・Waikaru英語対応スタッフ雇用，ポケトーク完備，HP改良（多言語化）予約システム化等	3月　地域DMO（候補法人）として登録	【観光資源の磨き上げ】 ・外国人旅行者に選好される体験プログラムの造成等 ・十津川村において自然を活かしたプログラムの造成
2020	1月　地域DMOとして改めて登録	11月　地域DMOとして改めて登録 【情報発信】 ・ECサイト開設（物販・ふるさと納税）自社商品ブランド開発・行政と連携した情報発信・プロモーション	【受入環境の整備】 ・橿原市の観光案内所である「かしはらナビプラザ」の運営を受託
2021	4月　WEST NARA広域観光推進協議会　設立		

資料）観光庁HP「観光地域づくり法人形成・確立計画」より筆者作成

②奈良県DMOの活動状況

表5-2-5は奈良県DMOの設立経緯を示したものである．

斑鳩産業は2014年1月に法人が設立され，19年1月に地域DMO（候補法人）として登録された．同年2月には観光拠点「奈良斑鳩ツーリズムWaikaru」を開設し，7月に一棟貸の宿である「いかるが日和」のオープンに取り組んだ．20年に改めて地域DMOとして登録され，21年には「WEST NARA広域観光推進協議会」を設立するなど精力的に観光振興に取り組んでいる．

情報発信としては，ホームページの多言語化やプロモーション動画作成などを行っている．受入環境の整備としては前述した「奈良斑鳩ツーリズムWaikaru」において英語対応が可能なスタッフの雇用やホームページを改良し予約システムの多言語化を行った．また，観光資源の磨き上げにおいては，体験コンテンツ造成，二次交通整備（周遊タクシー・バギー・レンタサイクル）等を行っている．

吉野ビジターズビューローは2013年に法人が設立，19年3月に地域DMO（候補法人）として登録され，20年11月に改めて地域DMOとして登録された．情報発信としてはECサイトの開設，自社商品ブランドの開発や行政と連携したプロモーション活動を行っている．受入環境の整備では，吉野山地内に無料のWi-Fiスポットを設置し，観光資源の磨き上げとしては旅行業（第2種）を取得し，多様なツアーの企画を行っている．なお，吉野町が

表5-2-6	奈良県DMOのターゲット層	
斑鳩産業	奈良県ビジターズビューロー	吉野ビジターズビューロー
ターゲット層		
(国内) 首都圏の50〜70代または，3世代グループの宿泊客 京都市，奈良市とは異なり落ち着いた雰囲気で歴史文化に味わっていただく．県南部の十津川温泉などにも誘客する．	**国内外の奈良好きの個人旅行者** 現時点ですでに奈良に関心を持っている層に対して，まだ知られていない新たな魅力を発信することで，更なるリピーター化や県内の周遊観光促進に取り組む．	**(国内)** **個人旅行型SBNR層（時に都市部の女性）** **自然志向の家族世帯** **定年退職後の夫婦世帯**
(国内) 近畿・中部圏の日帰り客 自家用車での移動に適している地域．Go Toキャンペーンを活用したプランを造成する．	**首都圏を中心とした個人旅行者（特に富裕層）** 06年から毎年JR東海によって行われている首都圏での観光キャンペーンにより，奈良への認知度・関心が比較的高い．また，首都圏からの観光は宿泊を伴ったものになるケースが多いことから，比較的消費単価が高くなる．	**日本文化に理解があり一定の教養水準と知的好奇心を持つ外国人層（特に欧米豪）** 京都など歴史観光地への訪問経験があり，より深く日本人の精神性・信仰観を学びたい「本物志向」の外国人層と，山伏信仰の起源である史跡群は親和性が高い
(海外) 欧米豪 大阪・京都・関西空港からの優れたアクセスを活かし，法隆寺エリアの宿を，各方面にむかう拠点とすることができる．	**欧米豪を中心とした個人旅行者（特に富裕層）** 日本との地理的関係から旅行期間が長くなるので，それに伴いトータルの消費額も多い．また，富裕層は知的好奇心が高く，文化・歴史的背景を強みとする奈良県と相性が良い．	**日本の自然景観に憧れがありロングトレイルなどの山歩きを好む外国人層** 吉野町が有する自然景観は，ロングトレイルや山歩きを愛好する外国人層の通年でのリピーター化を狙うことが可能である．また，アクティブな若年層の比重が高いことからSNSでの拡散力を期待できる．

資料）観光庁HP「観光地域づくり法人形成・確立計画」より筆者作成

16年に行った「吉野町観光マーケティング調査（平成28年度）」を基にDMOは後述するターゲット層を想定している．

奈良県ビジターズビューローは2009年に設立され，16年に地域連携DMOとして登録された．情報発信としては，外国人誘客のためのプロモーション活動を奈良県と連携して行っている．受入環境整備としては，橿原市の観光案内所である「かしはらナビプラザ」の運営を受託し，国内外の観光客へ情報発信を行っている．また，観光資源の磨き上げとして，外国人旅行者向けの体験プログラム，十津川村の地域資源を活かしたツアーや体験プログラムの造成等を行っている．

次にDMOのターゲット層について整理したのが，表5-2-6である．

斑鳩産業は国内客について，首都圏の50〜70代または，3世代（親・子・孫）グループの宿泊客や近畿・中部圏の日帰り客をターゲットとしている．また，インバウンド客については欧米豪をターゲットとしている．

吉野ビジターズビューローは国内客について，地域の歴史遺産や自然資源を活かし，個人旅行者（都市部在住の女性），自然志向型の家族世帯や定年退職後の夫婦世帯などをターゲットとしている．ま

た，インバウンド客については，日本文化に理解があり知的好奇心を持つ外国人やロングトレイルなどの山歩きで自然景観を楽しむ外国人をターゲットとしている．

奈良県ビジターズビューローは国内客について，奈良好きの個人旅行者や首都圏を中心とした富裕層の個人旅行者をターゲットとし，誘客に取り組んでいる．また，インバウンドについては富裕層の欧米豪を中心とした個人旅行者をターゲットとしている．

以上をみれば，各DMOとも欧米豪を中心としたインバウンド客の誘客に取り組むとともに，国内旅行者をもターゲットとしている．そこで以降では，各DMOに関係する市町村における日本人及び外国人宿泊者の動向を確認する．

③奈良県DMOの誘客効果分析

図5-2-8は前述したDMOと関係のある市町村やエリアにおける宿泊者数と外国人宿泊者比率の推移をみたものである．

はじめに斑鳩産業が設立したWEST NARA広域観光推進協議会の構成市町村[10]のエリアをみれば，全宿泊者数は2012年から14年にかけて増加傾向を示し，15年には一旦減少した．16年は増加したものの，以降は横ばいで推移し，19年は再び減少

---

10) WEST NARAエリアの構成市町村は以下の通りである．大和郡山市・平群町・三郷町・斑鳩町・安堵町・王寺町．

している．また日本人宿泊者も同様の傾向がみられる．一方，外国人宿泊者比率をみれば，12年の1.5%から15年に4.8%まで上昇し，以降4%程度で推移している．

図5-2-8　各地域の宿泊者数と外国人宿泊者比率の推移

資料）観光庁『宿泊旅行統計調査』個票データより作成

次に吉野ビジターズビューローがマネジメントエリアとする吉野町をみれば，全宿泊者数は2012年から14年にかけて減少傾向で推移するが，15年以降増加に転じたのち，16年は再び減少した．その後，17年に一旦増加するも，以降は減少傾向が続いている．一方，外国人宿泊者比率をみれば，12

年の0.7%から上昇傾向を示し，15年には6.0%まで上昇した．その後16年以降，低下傾向を示したが，19年には8.8%となっている．

最後に奈良県ビジターズビューローが所在している奈良市における宿泊者の動向を確認する．全宿泊者数をみれば，2012年以降，16年まで増加傾向で推移し，17年一旦減少するも，18年以降再び増加に転じている．次に日本人宿泊者数をみれば，12年以降，微増ないし横ばい傾向で推移している．一方で，外国人宿泊者比率は12年の3.6%から上昇傾向で推移し，19年に24.7%まで上昇している．このように日本人宿泊者が横ばいで推移している中，外国人宿泊者が全宿泊者数を押し上げている．

そこで特に外国人宿泊者比率が高い奈良市に注目し，外国人宿泊者を国籍別にみてみよう．

図5-2-9は奈良市内の国籍別外国人宿泊者シェアを示している．図が示す通り，2012年以降東アジアのシェアが年々上昇している（12年：30.1%→19年：65.4%）．うち，中国のシェアをみれば，爆買いの影響もあり14年（32.9%）から15年（49.8%）にかけて，16.8%ポイント上昇している．その後も上昇傾向が続き19年は56.0%と全体の5割強を占めている．一方，欧米豪のシェアをみれば，東アジアと比べれば高くないことがわかる．

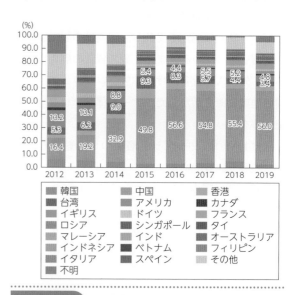

図5-2-9　国籍別外国人宿泊者シェアの推移：奈良市

注）従業者10人以上の施設より集計
資料）観光庁『宿泊旅行統計調査』個票データより作成

2. 分析による含意と今後の課題

　前節までに京都府，和歌山県，奈良県のDMOの観光政策を踏まえつつ，基礎統計を用いて分析を行った．以上の分析を整理し，得られた含意と課題は以下のようにまとめられる．

【京都府】

　コロナ禍前の延べ宿泊者の推移をみれば，外国人延べ宿泊者が一貫して全体の伸びに寄与している．しかし，外国人宿泊者の多くは京都市での宿泊に集中しており，府域への宿泊を伴う周遊が課題である．

　DMOが実施した観光プロモーション事業の展開は重要である．特に，海の京都DMOは台湾最大級の旅行博への出展や現地プロモーションに力を入れた結果，同国のシェアが大幅に拡大していることがみてとれる．

　これまでのプロモーション活動に加え，京都市から，府域へも足を伸ばし，利用客が観光したくなるような一層魅力的な仕組みづくりが必要である．

【和歌山県】

　各エリアの宿泊者数，外国人宿泊者比率をみれば，高野町では，日本人宿泊者数はおおむね同水準で推移しているが，外国人宿泊者比率は右肩上がりで上昇し，2019年では約5割となっている．田辺市熊野エリアでは，日本人宿泊者が16年をピークに減少傾向を示す一方，外国人宿泊者比率は上昇し，外国人宿泊者数が増加している．白浜町では，日本人宿泊者数は12年以降減少傾向で推移したが，16年に底打ちし，以降は増加傾向を示している．一方，外国人宿泊者比率は17年にかけ上昇傾向を示し，以降7〜8％台で推移している．

　田辺市熊野エリアの国籍別外国人宿泊者シェアを「熊野古道」ルートに限定すれば，東アジアに比して欧米豪のシェアが4〜5割程度を占めている．特にスペインに関してはシェアが年々拡大していることから，共同プロモーションを実施した効果が着実にあらわれていると考えられる．

【奈良県】

　国内旅行者数を，京都府，和歌山県と比較すれば，日帰り旅行者数が宿泊旅行者数を常に上回っていることから，宿泊を伴う滞在型観光が課題である．

　各エリアの宿泊者の動向をみれば，各エリアとも日本人宿泊者数が停滞している中，外国人宿泊者比率は着実に上昇している．特に奈良市では25.0％程度まで上昇しており，国籍別にみれば東アジア（特に中国）のシェアが高まっている．一方，宿泊者の多くは奈良市に集中しており，今後は他のエリアへ周遊・滞在を促進するプログラム作りが必要となろう．

3. コロナ禍を踏まえての各府県の観光戦略の対応状況

　これまで述べたように，インバウンド需要が着実に増加していたコロナ禍前では，取り上げた3府県内の特徴のあるDMOは着実に観光誘客策を展開してきた．しかしながら，COVID-19の感染拡大でDMOのみならず各自治体の観光戦略は大きな変容を迫られている．**表5-2-7**は関西各府県がコロナ禍を受けて，新たに策定された観光戦略の内容を一部抜粋したものである[11]．表が示すように，水際対策によりインバウンド需要が消失していることを踏まえ，まずは国内観光需要の回復策を展開する府県が多くみられる．その際，DMOに期待されている役割として，各自治体が有している観光資源の磨き上げが重要となる．次節では関西のブランド力について議論を展開する．

---

11) ここでは関西各府県において，明確に戦略を改訂したものを取り上げている．

| 表5-2-7 | コロナ禍を受けて改訂した観光戦略 |

	滋賀県	兵庫県
戦略	■シガリズム観光振興ビジョン 観光関連産業の回復につながる観光需要の喚起 ・宿泊施設を中心とした観光需要の喚起策 ・教育旅行，観光バスツアー等の需要の喚起策 等	■令和3年度事業 ポスト・コロナを見据えた充実方策 ・新しい旅行スタイルの啓発と宿泊施設・貸切バス・旅客船等の観光事業者の感染症対策の見える化・PRの推進 ・観光地主体の誘客促進の取組（体験プログラム造成，ガイド育成，新規誘客イベント等）への支援 ・国の緊急経済対策に応じた県内観光地での消費喚起，旅行需要の喚起
DMOの役割	・本県における観光振興を担う中核的組織として，多様な主体と緊密に連携しながら，効果的な取組を展開することで，「シガリズム」を推進 ・観光地域づくりの舵取り役として，多様な関係者との合意形成を図り，明確なコンセプトやデータ分析に基づいた計画を策定するとともに，施策を着実に実施するための調整・仕組みづくり，プロモーションを行うコーディネート機能 ・関係機関との情報共有化・連携強化により，広域的な体験・交流型観光や周遊滞在型観光の推進	・観光ビジネスの創出を目的としたセミナーの開催や観光レポートの発行など，ひょうご観光本部の情報・連携のハブ機能の強化 ・DMO間（県内DMO，国内航空路線就航地のDMO等）の連携事業の検討・推進 ・地域の交通・農業・漁業・製造業などの多様な事業者とともに取り組む着地型観光コンテンツ（旅行商品）の開発
	大阪府	奈良県
戦略	■大阪都市魅力総合戦略2025 ・AI，ICT等を活用した新たな観光コンテンツの開発・発信や受入環境整備 ・国内観光の需要喚起，マイクロツーリズム・府域周遊の促進 ・欧米豪をはじめ幅広い国・地域からの誘客，プロモーション展開 ・ウェルネスや特別感・上質感ある体験などの多様なニーズへの対応など	■奈良県観光総合戦略 ・観光振興の土台づくり（Administration） ・自然・歴史・文化資源の活用（Attraction） ・楽しむ（Amusement） ・食の魅力（Appetite） ・宿泊施設の質と量（Accommodation） ・滞在環境の快適性（Amenity） ・便利な交通・道路体系（Access） ・プロモーションの強化（Appeal）
DMOの役割	・持続可能な観光都市の推進 ・観光を支える人材等の育成	各観光振興実施主体が自ら行うべき役割をたゆまずに行い，観光資源の磨き上げに努め，おもてなしの心を持って接することを長きにわたって続ける

資料）各府県公表資料より作成

参考文献

稲田義久・古山健大・野村亮輔（2022-a），「DMOのインバウンド誘客の取組とその効果 ―マーケティング・マネジメントエリアに着目した分析：京都府の事例から―」，APIR Trend Watch No.76，2022年1月7日，（https://www.apir.or.jp/research/10533/，最終確認2022年6月22日）．

稲田義久・古山健大・野村亮輔（2022-b），「DMOのインバウンド誘客の取組とその効果 ―マーケティング・マネジメントエリアに着目した分析：京都府の事例から―」，APIR Trend Watch No.79，2022年3月28日，（https://www.apir.or.jp/research/10533/，最終確認2022年6月22日）．

大阪府（2021），「大阪都市魅力創造戦略2025」，2021年3月，（https://www.pref.osaka.lg.jp/toshimiryoku/toshimiryokusen/index.html，最終確認2022年7月4日）

滋賀県（2022），「シガリズム観光振興ビジョン」，2022年3月31日，（https://www.pref.shiga.lg.jp/file/attachment/5311815.pdf，最終確認2022年7月4日）

奈良県（2021），「奈良県観光総合戦略」，2021年7月2日，（https://www.pref.nara.jp/secure/250854/naraken_kanko_sogosenryaku.pdf，最終確認2022年7月4日）

兵庫県（2021），「令和3年度事業　ポスト・コロナを見据えた充実方策」，2021年2月，（https://www.hyogo-tourism.jp/files/pdf/strategy/doc04_07，最終確認2022年7月4日）

甲南大学 名誉教授
稲田 義久

アジア太平洋研究所 研究員
野村 亮輔

アジア太平洋研究所 総括調査役・研究員
大島 久典

Section 3
関西におけるプレイス・ブランディング

インバウンドに大きく依存していた地域の観光は，コロナ禍によって収益に大きな打撃を受けた．コロナ後に向けた対応が徐々に進められている今，インバウンドの回復を待つのみならず，国内旅行客に対する魅力の掘り起こしも求められている．

前節で，観光消費の決定要因のうち，DMOをはじめとする観光関係者にとって重要なのは，ブランドの磨き上げであることを述べた．今後に向けたブランディング戦略の見直しが求められる中でキーワードになるのが「プレイス・ブランディング」である．

1. プレイス・ブランディングとは何か

プレイス・ブランディングという概念は，観光に限定されるものではなく，地域の文化，自然，歴史，産業，地域の生活など，その地域に関わるあらゆる要素が，地域のイメージを作り上げていくことを意味する．ただし，ブランドイメージを作り上げる要素の中で観光の占める割合が高いことから，観光と結び付けて扱われることが多い．

(1) 定義と，実践に向けた動き

国連観光機関（UNWTO）が2009年に観光関係者向けに実践的なプレイス・ブランディングのハンドブックである"Handbook on Tourism Destination Branding"等を作成した．そこでは，プレイス・ブランディングの定義は「国・地域・都市の政治・文化・経済的発展のための全体論的なブランディングのプロセスであり，観光の重要性を含む」[1]とされている．なお，同書によれば，「ブランド」は，識別性と競争力を伴うものである．また，「プレイス」が指す地理的な単位の大小は，国・地域・都市のいずれにも限定していない．そして，プレイス・ブランディングの取り組みは，地域全体に

よって行うべきものとされている．

これらにより，プレイス・ブランディングは，観光を含めた（ただし，いわゆる観光業にとどまらない），文化，自然，歴史，産業，地域の生活などの様々な要因を合わせて，国・地域のイメージづくり（ブランディング）を行うという，包括的な概念であることがわかる．そのため，地域のプレイス・ブランディングを進めるとき，観光は重要な位置を占めるものの，それのみには限定せず，「地域全体の経済を成長させていく」という視点で取り組む必要がある．

プレイス・ブランディングは，2000年以降にヨーロッパで研究が進められてきた概念であり，早い時期での実践例はヨーロッパにみられた．しかし，日本国内の各地を対象としたプレイス・ブランディングの実践については，若林他（2018）における例や，日本政府観光局（JNTO）ウェブサイトにおける岐阜県の例がある．

日本の政策レベルにおいて，内閣官房・内閣府の「第2期まち・ひと・しごと創生総合戦略（2020改訂版）」では，観光資源を文化やスポーツ等と並ぶ地域の魅力の源泉として位置づけ，また観光と伝統産業など他分野との連携を通じて，地域の「稼ぐ力」を強化することが謳われた．また同戦略では，DMOを核とする観光地域づくりや，ブランディングの推進についても述べている．このことから，日本のDMOはプレイス・ブランディングをリードすることが期待される．

(2) プレイス・ブランディングにおける，ステークホルダーとリーダーシップ

地域のブランド力には，地域の自治体，団体，様々な産業，住民など，あらゆるステークホルダーの活動が影響を及ぼす．そのため，地域のブランド力向上（プレイス・ブランディング）を誰がリードするかには，決まった答えはない．ただ，ブランドイメージは地域への観光を通じて強く形成され，また逆にブランドイメージを向上させることが，地域の観光に好影響をもたらす．よって，観光の担い手がプレイス・ブランディングをリードし，地域のあらゆるステークホルダーがそこに参加するのが一つ

---

1) 和訳は宮崎（2020）p. 22による．

の形である．

DMOがプレイス・ブランディングを通じて地域の「稼ぐ力」を強化し，地域の経済にメリットをもたらすことができる．そのため，例えば商工会のような地域経済を担うステークホルダーとの関係は，ブランディングの方針決定にとって必然的に重要となる．寺社が重要な観光資源である地域では，寺社の意向も重要になる．有力な観光の担い手が存在せず，自治体が観光政策を主導している場合には，自治体の考え方も重要になる．

このようなステークホルダーの中心に位置し，それらの意向を掴み，全体最適の視点で調整し，方針立案へと結びつけるDMOの舵取りが重要である．

ここでは，プレイス・ブランディングの概要についてまとめた．次項では，関西の3つの地域における，プレイス・ブランディングの取り組みを紹介する．

2. 3つのDMOにおける，プレイス・ブランディングの事例

アジア太平洋研究所（以下，APIR）では2022年3月，関西にある3つのDMOを招き，シンポジウムを開催した．そこでは，それぞれの地域でのプレイス・ブランディングの特徴や違いをもとに，コロナ後のDMOのありかたを議論した．議論の内容は後掲のコラムAに収録しているが，ここではその中から，「DMOは，産・官・民の枠を超えた連携による，価値づくりや地域づくりをどう行っているか」，「地域をリードするにあたり，DMOであることによる良さと難しさ」という2つの視点から要約を示す．

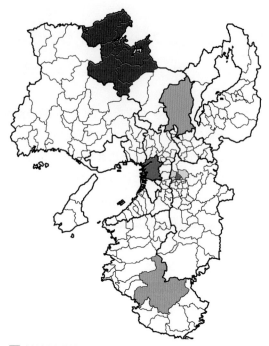

■ 京都府北部地域連携都市圏振興社
■ 斑鳩産業（斑鳩町）
■ 田辺市熊野ツーリズムビューロー（田辺市）
□ （WEST NARA広域観光推進協議会の参加自治体：ただし斑鳩町を除く）
■ （京都市）
■ （大阪市）

図5-3-1   3つのDMOの活動地域

資料）観光庁ウェブサイト「観光地域づくり候補法人「候補DMO」の形成・確立計画」にて，各DMOの「形成・確立計画」に記載の「マーケティング・マネジメント対象とする区域」をもとに，近畿2府4県にマッピングしたもの

（1）京都府北部地域連携都市圏振興社（略称：海の京都DMO）（京都府）

2016年に設立された海の京都DMOは，京都府北部の7つの市町を活動地域とし，京都市から府域への誘客を目指す「もう一つの京都」構想に基づくプロモーションとブランディングを行っている．

①産業，地域の枠を超えた連携による価値づくり，地域づくり

本DMOは，「天地山海にいきづく和（やまと）の源流」というコンセプトを掲げており，このコンセプトに沿って，「地域に共通した強み」である，歴史，文化，産業，暮らしを，インバウンドも含めて訴求するとしている．これらの強みを生かした取り組みとして，京都府北部の12の蔵元の試飲ツアー，さらに2次交通の弱さを補うe-BIKEのツアーなど，7市町という広域をカバーする施策を打ち出してきた．

また，地域の事業の育成にも取り組んでいる．本DMOは新たなミッションとして「観光を入口とした持続可能な地域づくり」を掲げ，観光のみならず滞在，移住まで含めた地域づくりを進めている．その実践のため，2021年3月には府内の他のDMO[2]，金融機関と共同で基金「地域づくり京ファンド」を設立し，域内のスタートアップ支援を開始した．海の京都DMO単独でも，企画提案を選定して共同実施する事業「企業提案型持続可能な地域づくり事業」にも着手しており，複数の交通機関を組み合わせたツアーや，猟師とジビエ料理の組み合わせ，ふるさと納税の返礼品として地酒セットを発送する事業などを，事業者と共同で進めている．

本DMOもコロナ禍によりインバウンド，国内旅行とも事業が停滞したが，コロナ後の誘客に向けて，オンラインでのプロモーション，エージェントとの情報共有や新たなエージェントの開拓に取り組んでいる．地域をリードする存在として，今後は，海の京都のエリアに2泊，3泊してもらえる商材を作る旗振り役を務め，地域が稼ぐことにも注力したいとしている．

② DMOであることの良さと難しさ

地域をつなぎ，方向づけるプロデューサー役をDMOが担うべきであり，この役割を続けていくとしている．

広域の観光のかじ取りをする半官半民のDMOとしては，登録DMOとして公的な資格を有することは，活動する上で利点であるとしている．組織内に色々な組織の出身者がおり，意思疎通や意思決定が自治体より早いのもDMOのメリットである．

逆にDMOであることによる難しさは，自治体からの受託や補助金への依存度が高いため，施策の自由度がある程度制約されることを意味する．また，本DMOは地域連携DMOであることから，特に京都府北部の広い地域を管轄しており，地域間の調整が難しいことが課題であるとしている．

また，情報を組織の内外に出して，DMOが寄与していることを示したいとしている．DMO自身の成果の訴求が難しいという課題がうかがえる．

(2) 斑鳩産業（奈良県）

同社はDMOとしては比較的珍しい，株式会社の法人格を持ったDMOである．不動産業を営んでいた同社は，地域の活性化を狙いとして，第二創業と位置づけ「まちづくり事業部」を立ち上げた．まちづくり事業部は同社のDMOとしての活動や地域の観光産業を担当し，また後述するWEST NARA広域観光推進協議会の事務局も担っている．

①産業，地域の枠を超えた連携による価値づくり，地域づくり

斑鳩町の三つの塔をバギーで周遊するツアーが，YouTubeで外国人に大反響を得て，これが法隆寺の一つのブランディングとなった．色々な乗り物での周遊を，新しい法隆寺の観光として打ち出している．2次交通も重視し，奈良交通バス1日乗り放題パスを，近隣の観光地への周遊にPRしている．

法隆寺をはじめとする斑鳩三塔のツアーの新しい切り口を提案することで，従来，修学旅行または年配者に対象が固定化されていた法隆寺，斑鳩というブランドに新しいイメージをもたらした．YouTubeで広く視聴されたことによってイメージが素早く拡散された．

また，斑鳩町単独自治体を超えた，近隣自治体と合わせて1市5町（斑鳩町・大和郡山市・平群町・三郷町・安堵町・王寺町）が連携して観光需要を喚起するため，「WEST NARA広域観光推進協議会」を2021年に設立した．大阪から近い立地を生かし，域内各地の観光を組み合わせてツアーを造成し，19年の観光客390万人を25年に500万人にする目標である．22年度は商工会とも連携して地域ブランドを認定し，加えて経産省等の官庁，JR・近鉄・JAL等の企業とも連携して，地域ブランドの事業化の出口も作っていく途上にある．

長期化するコロナ禍に対して，飲食店や小売業はクーポン利用等で対応する一方で，補助金を獲得しにくい寺社を地域で支援すべく，連携の強化を進めている．地元商店の意識改革も促し，観光業につながる商品開発や新事業展開に向けた協業を行う．

---

2) 海の京都DMO以外には，一般社団法人森の京都地域振興社（森の京都 DMO），一般社団法人京都山城地域振興社（お茶の京都 DMO）の2つのDMOが出資した．

② DMO であることの良さと難しさ

自社をDMO登録したきっかけは，地域を活性化することである．そのためには地域の交流人口，関係人口を増やすことが第一で，観光に取り組むためにまちづくり事業部を立ち上げ，その後DMO登録した．地域に本当にDMOは必要なのかという，DMOの存在意義そのものを課題と捉えている．旅前を行政，旅中を観光協会と民間，旅後を民間が分担し，DMOがやるべきなのは全体のマネジメントと考えている．役割を分担し，地域で一体となることが重要としている．

(3) 田辺市熊野ツーリズムビューロー（和歌山県）

市町村合併を機に設立され，2019年にDMOに登録した．海外からの誘客促進のため10年に着地型旅行業を始め，以後売上高は右肩上がりだったが20年にコロナで大きく落ち込んだ．3県にまたがる熊野古道エリア全体を見据えて活動している．熊野古道の世界遺産登録と市町村合併を機にボトムアップで組織を立ち上げ，その後DMOに登録した．

①産業，地域の枠を超えた連携による価値づくり，地域づくり

熊野古道の徒歩旅行に絞り，地域の人々とともに食，宿泊，移動を造成してきた結果，付帯サービスも拡大し，ゲストハウスの増加へと結実した．コロナ禍によるインバウンド需要の急減に伴い，熊野古道を訴求するのみでは日本人観光客を増加させることは難しく，文化的景観を支える森林を活用することで，インバウンドと国内旅行のバランスを図ろうとしている．

熊野古道のみでは日本人に対する訴求に限界があると判断し，ブランドの源を熊野古道を取り巻く山，森，海へと広げ，これらを生かした森林教育ツアーを造成することで，日本人の新しい顧客層に対して新しいブランドイメージを作り出す取り組みを進めている．

DMOの生き残りに加え，熊野古道沿いの小さな宿泊施設や事業者が生き残り，地域のサプライチェーンを保つことを課題としている．旅行業売上のインバウンド比率88％から，今後は国内と海外それぞれの比率を50％にすることを目指している．

1000年前の姿を残す熊野古道と巡礼文化を，観光を通じて次代に引き継ぐべく，コロナ禍で日本人の需要を高めるには，熊野古道を構成する山・川・海の全てを活用した観光振興と地域づくりが必要と考えている．田辺市内の小学校，教育委員会や森林局等とともに森林観光教育に着手しており，将来的には紀伊半島すべてを使い，県外の小中学校の受け入れも目指している．

② DMO であることの良さと難しさ

本当にDMOが必要かを常に問う必要があると考え，地域に経済効果を及ぼせているかを常に留意している．

半官半民の組織なのでパブリックマインドは重要だが，同時にビジネスマインドも重要で，両方のバランスを取りつつ組織を維持存続させるのが一番難しいとしている．

着地型旅行業による自主財源作りに注力してきたことで地域づくりに貢献してきたが，インバウンドの需要が急減したことによる影響が大きく，方向性の見直しを迫られている．

(4) 3つのDMOの戦略と課題の相違

ここまで，3つのDMOのプレイス・ブランディングに関する活動をみてきたが，それぞれの置かれた条件によって内容の相違が明らかになった．以下，2つの軸によって相違点を整理したい．

①活動エリアの規模の相違

1つ目の比較軸は，「観光地域づくりを行う規模」である．

海の京都DMOは京都府北部の7市町を活動地域とし，「地域に共通した強み」を抽出して，それに沿った地域の観光資源をつなぐことにより，ストーリー性のある観光体験を作っている．「地域に共通した強み」が地域に共通したブランドイメージを生み出している．課題としては，広域にわたる7市町間の意向を取りまとめていくこととしている．

一方，田辺市熊野ツーリズムビューローと斑鳩産業はいずれも基礎自治体を活動の基盤とする地域DMOである．その地域に核と位置づけられた観光資源が存在する．どう違った見せ方をしていくかがブランド力を広げ，強めることになろう．

田辺市熊野ツーリズムビューローは田辺市を活動

地域とする地域DMOであるが，熊野古道を活動の基盤とするため，その活動の場は，おのずと熊野古道の沿道地域が中心となる．沿道の宿泊施設等と共存共栄することが必須であり，重要なステークホルダーであるこれらの事業者の生き残りに向けた施策を打ち出すことが課題になる．今後は熊野古道の自然へと活動対象を広げていくとのことであり，沿道以外にも魅力の源泉を掘り起していけるかが注目される．

斑鳩産業は法隆寺の新しい見せ方を自ら提案することが，新たなブランディングにつながった．同DMOは斑鳩町を活動地域としているが，活動地域を近隣市町へと広げ，それらをつなぐ「WEST NARA広域観光推進協議会」を発足させた．近隣自治体とのシナジーがみいだせれば，基礎自治体での活動のみにはこだわらない，柔軟な姿勢をとっている．

②組織の特性の相違

もう一つの比較軸は，それぞれのDMOのもつ組織の特性，特に設立の背景と法人格である．海の京都DMOと田辺市熊野ツーリズムビューローの2つのDMOは，いずれも一般社団法人であり，半官半民の人員構成からなっている．またいずれも，安定的な活動を維持するために，公的な支援が必要であるとしている．

海の京都DMOは京都府の意向で設立されたDMOのため，府の意向が強く反映されていると考えられる．加えて，地域の産業を育成するという，公共の意図も働いている．また官民の関係先からの出向者で組織が維持されているため，数年で職員が入れ替わることによって，組織の持続性を担保することが難しいことを課題としていた．基礎的な財源の支援を課題としていたが，人の面においても，プロパー職員の採用・育成が可能な財政基盤が課題である．

田辺市熊野ツーリズムビューローでも，財源がないと組織・人材は維持できないとしており，DMOを選別するのでなく，DMO運営のベースを支える一定の資金を担保できる施策を望んでいる．

一方，株式会社である斑鳩産業は，社内の事業部によってDMO事業を行っている．経営資源の調達を自ら行うため，指摘する課題点も他のDMOとは異なり，地域の経営者の育成と，観光における官民の役割分担の明確化を指摘している．特に官に対しては，安定した運営のための支援というよりも，直接の収益につながりにくい旅前のプロモーション等は官が担うべきであるとしている．

3.「ブランド力」をどう測るか

前述したように，プレイス・ブランディングの考え方によれば，観光地としての地域の魅力は，いわゆる観光業のみで形成されるわけではない．地域の景観や文化，建築，人々の生活や地元の産業など，観光以外の分野も貢献している．そこで，どの要素がどのように，地域の魅力づくりに貢献しているかを計量化することで，DMO等による地域づくりの課題を明確にし，取り組みの成果を見える化できる可能性がある．

この取り組みに関連した，関西を対象とする先行事例に，関西経済連合会（2009）がある．同書は，観光に限定することなく，有識者の議論と海外アンケート調査を併用し，関西を単一エリアと捉えてブランド力の源泉を抽出したものである．

一方，観光地や都市の魅力に複数の要素がどう寄与しているかを，主成分分析等により分析した事例も存在する．観光地の魅力を，その規模や構図等の特性をもとに分析した溝尾他（1975）や，都市の魅力の要因を分析した菅野・若林（2008），田中（2017）等である．

APIRでは従来，インバウンド消費の決定要因の一つとして「ブランド力」に着目してきたが，その概念が抽象的であり，計測できないことが課題であった．そこで，観光の面でみた地域の魅力の向上を「ブランド力の向上」として示すことができるよう，ブランド力を計測することを目指している．

上記の先行事例を踏まえて，本研究では，観光地の魅力を対象とした独自性のある分析を目指している．

4. 小括

本節では，地域をリードするDMOの事例を3つ述べてきた．これによって，大阪・関西万博以降のインバウンド・国内旅行の戦略を考えるにあたって

ブランド向上の重要性と，そのためのDMOの役割を指摘した．

　いずれの取り組みにおいても，DMO自身は，地域に経済効果をもたらすという意識に基づいて進めているが，その運営のスタイルは異なっている．

　海の京都DMOは，京都府域への観光客の周遊化を促すという行政の意図を強く反映して運営されている．府北部の7市町にまたがる観光資源を共通する強みに基づいてつなげてストーリー性を持たせることでブランドイメージの形成を行っている．観光に限らず移住促進まで視野に入れた地域づくりも行い，ファンドを通じた地域の事業育成にも取り組んでいる．

　斑鳩産業は，不動産業による新規事業が起源となっており，まちに活気をもたらすことがその目的である．観光を活性化するのも，法隆寺をはじめとする寺院が地域の絶対的な観光資源となっているからであり，株式会社のDMOという異色の組織ではあるが，地域の「稼ぐ力」をつけるという目標へ合理的にアプローチしている．

　田辺市熊野ツーリズムビューローは，地域の宿泊施設をはじめとするサプライチェーンの構成者を重要なステークホルダーとしている．インバウンドの回復後は国内旅行との最適なポートフォリオを模索するために，教育旅行という新しいコンテンツを開発する等，ステークホルダーとともに今後の生き残りを模索している．

　活動は三者三様ではあるが，地域の経済に寄与することを重要な存在意義としている点では共通している．

参考文献

観光庁ウェブサイト，「観光地域づくり候補法人「候補DMO」の形成・確立計画」(https://www.mlit.go.jp/kankocho/page04_000055.html, 最終閲覧日：2022年6月30日)

石井康夫，大久保あかね，鈴木大介（2019），「観光マーケティングにおける新たな分析手法の提案〜伊豆半島の観光魅力度に関するテキストマイニング分析を事例として〜」，『知能と情報』31巻4号，pp. 745-753.

観光庁（2013），「観光地域における評価のあり方等に係る基礎検討業務報告書」．(https://www.mlit.go.jp/common/001051089.pdf, 最終閲覧日：2022年5月20日)

関西経済連合会（2009），「はなやか関西〜関西ブランドの構築・発信と集客促進の提案〜」．(https://www.kankeiren.or.jp/material/pdf/090401-1.pdf, 最終閲覧日：2022年5月20日)

国土交通省（2015），『国土交通政策研究第126号　訪日旅行のブランド・イメージに関する調査研究』．(https://www.mlit.go.jp/pri/houkoku/gaiyou/pdf/kkk126.pdf, 最終閲覧日：2022年5月20日)

菅野佐織，若林宏保（2008），「ブランデッド・シティ構築戦略と資産 ― 価値評価モデルの開発」，『マーケティングジャーナル』27（3），p. 82-96.

田中耕市（2017），「「地域ブランド調査」における地域の魅力度の構成要素」，『E-journal GEO』，Vol. 12（1），pp. 30-39.

日本政府観光局（JNTO），「サステイナブル・ツーリズムの国内先進事例として，岐阜県の取組をご紹介（前編）」(https://action.jnto.go.jp/casestudy/2689, 最終閲覧日：2022年3月1日)

日本政府観光局（JNTO），「サステイナブル・ツーリズムの国内先進事例として，岐阜県の取組をご紹介（後編）」(https://action.jnto.go.jp/casestudy/2689, 最終閲覧日：2022年3月1日)

溝尾良隆・市原洋右・渡辺貴介・毛塚宏（1975），「多次元解析による観光資源の評価」，『地理学評論』48巻（10），pp. 694-711.

宮崎裕二（2020），「プレイス・ブランディングとDMO」宮崎裕二・岩田賢（編著），『DMOのプレイス・ブランディング　観光デスティネーションのつくり方』，学芸出版社，pp. 21-39.

若林宏保・徳山美津恵・永尾雅信（2018），電通abic project（編），『プレイス・ブランディング "地域"から "場所"のブランディングへ』，有斐閣.

UNWTO（2009），"Handbook on Tourism Destination Branding".

アジア太平洋研究所 総括調査役・研究員
大島 久典

甲南大学 名誉教授
稲田 義久

アジア太平洋研究所 研究員
野村 亮輔

Column A　地域をリードするDMO：APIRシンポジウムから

はじめに

　アジア太平洋研究所は2022年3月に「観光地域づくり」をテーマとしたシンポジウムを開催した．以下にシンポジウムの開催要領とともに，シンポジウムにおける課題提起と，本章において触れられているパネルディスカッションの内容を示す．

シンポジウム開催要領

・テーマ　　　コロナ禍で見えてきた，これからの観光地域づくり -変革を迫られるDMO-
・開催日　　　2022年3月3日
・会　場　　　オンラインシンポジウム（Zoomウェビナーによる実施）
・次　第
　　主催者挨拶　小浪　明　一般財団法人アジア太平洋研究所 代表理事
　　第1部：課題提起
　　　「DMOエリアに注目した関西の観光の動態の振り返りと，地域『ブランド力』の重要性」
　　　　稲田　義久（APIR 研究統括兼数量分析センター長）
　　第2部：パネルディスカッション
　　〈パネリスト〉
　　　安達　純氏　一般社団法人京都府北部地域連携都市圏振興社プロモーション・サービス事業部長
　　　井上 雅仁氏　斑鳩産業株式会社 代表取締役
　　　多田 稔子氏　一般社団法人田辺市熊野ツーリズムビューロー 会長
　　〈モデレーター〉　稲田　義久
　　主　催：　一般財団法人アジア太平洋研究所（APIR）
　　後　援：　国土交通省近畿運輸局，一般財団法人関西観光本部
　　　　　　　　　　　　　　　　　　（団体名・役職名はシンポジウム開催当時）

第1部：課題提起
「DMOエリアに着目した関西の観光の動態の振り返りと，地域『ブランド力』の重要性」

　コロナ禍により訪日外客数はほぼ消失，2021年には国内旅行客数も過去最少となり，国内旅行消費額も過去最低を更新した．インバウンド，アウトバウンド需要の回復は時間を要するため，国内観光旅行をまず取り戻すことが課題となる．インバウンド戦略には，「ブランド力」「イノベーション」「広域・周遊化」に加え，「安全・安心・安堵」の視点が不可欠である．

　地域の観光戦略をリードする地域DMOの活動と誘客効果の実例を取り上げる．京都府では宿泊が京都市に集中し，府域への周遊化が課題のため，府域25市町村を4つに分け，「もう1つの京都」として，広域観光を推進する．このうち海の京都では「インバウンド戦略計画」を策定し，台湾への誘客が奏功するなど先行している．

　和歌山県も高野山や熊野古道などを生かし，欧米豪の宿泊者数のシェアが上昇した．中でも熊野古道ではオーストラリアの大きな伸びをはじめ，スペインやイタリアのシェアも一定程度ある．白浜では東アジアからの宿泊者のシェアが高く，県全体ではバランスが良い．

　奈良県では宿泊施設の不足から日帰り旅行者数が宿泊旅行者数を上回っている．高付加価値

の日帰り旅行者を増やし，奈良市に集中する宿泊者の他地域への周遊化が課題である．

地域への周遊の長期的な促進には，産業，コミュニティや行政と協力して，「地域のブランド力」を高める努力，すなわち各種の産業，文化・自然などの要因を組み合わせ，国・地域の魅力づくりを行う「プレイス・ブランディング」が必要である．地域の先導役としてのDMOの役割が一層重要になる．

APIRでは，観光地の「ブランド力」を，観光以外の寄与も含めて見える化する指標作りに取り組んでいる．文化，歴史，自然，産業，生活などが，どの程度観光地の魅力を高めているかを計測し，観光地域づくりの施策を検証する材料を提供したい．

第2部：パネルディスカッション 「地域を支える『特色のある DMO』の存在が重要に」

テーマ1：長期化するコロナ禍への対応

稲田：最初の議論は，長期化するコロナ禍にどのように対応しているかについてです．インバウンドが戻ってくれれば何とかなると思っていましたが，コロナ禍が思いのほか長引いたことで，まさに死活問題になっています．第一の質問として，コロナ禍が長期化している今，地域の観光にとって最大の課題は何か．そして，どのように対処しておられるか．現場の生の話をお聞かせください．

安達：コロナでインバウンド，国内とも非常に停滞しています．コロナ後の誘客に向けて，オンラインでのプロモーション，エージェントとの情報共有や新たなエージェントの開拓に取り組んでいます．

井上：飲食店や小売業はクーポン利用等で対応している一方で，政教分離のため補助金を獲得しにくいお寺を地域で支援すべく，連携を進めています．地元商店の意識改革も促し，観光業につながる商品開発や新事業展開に向けた協業を行っています．

多田：DMOの生き残りに加え，熊野古道沿いの小さな宿泊施設や事業者が生き残り，地域のサプライチェーンを保つことが課題です．旅行業売上のインバウンド比率88％から，今後は市場を切り替え，国内と海外半々を目指します．

テーマ2：産業，地域の枠を超えた連携による 価値づくり，地域づくり

価値づくりについて

稲田：コロナによって，産業，地域の枠を超えた連携による，価値づくり，地域づくりが試されていると思います．2番目の質問として，これまでの旅行商品の開発や誘客プロモーションの中で，地域産業，住民等と連携することでうまくいった事例や人気が出た事例，SNS等で反響の高まった事例などをお聞きしたいと思います．そしてまた，長引くコロナ禍による状況変化にどのように対応しているのかもお聞かせください．

安達：海の京都エリアのコンセプト「天地山海にいきづく和（にほん）の源流」に沿って，歴史，文化，産業，暮らしを地域に共通した強みとし，インバウンド向けにも訴求します．そのために丹後ちりめんの工場見学，12の蔵元の試飲ツアー，さらに2次交通の弱さを補うe-BIKEのツアーを造成してきました．

井上：斑鳩町の3つの塔をバギーで周遊するツアーが，YouTubeで外国人に大反響を呼び，これが法隆寺の一つのブランディングとなりました．そこで色々な乗り物での周遊を，新しい法隆寺の観光として打ち出しています．2次交通も重視し，奈良交通バス1日乗り放題パスを，近隣の観光地への周遊にPRします．

多田：熊野古道の徒歩旅行に絞り，地域の人々とともに食，宿泊，移動を造成してきた結果，付帯サービスの拡大やゲストハウスの増加へと結実しました．その財産を生かした様々な取り組みを進めていますが，日本人観

光客を増加させるには熊野古道のみでは厳しいため，文化的景観を支える森林の観光への活用を開始しました．

地域づくりについて

稲田：個別の商品づくりやサービスづくりでの成功事例の経験をお話しいただきました．第三の質問として，モノから地域へと広げて，商品開発だけでなく，産業や官民を超えた地域ブランドを考え，作っていくために，どのような活動をしているのかをお聞きしたいと思います．

安達：DMOの新たなミッションである「観光を入口とした地域づくり」を開始しました．府内金融機関や市町と基金を設立し，域内のスタートアップ支援を開始し，海の京都DMOでも独自に，企画提案を選定して共同実施する事業に着手しました．複数の交通機関を組み合わせたツアーや，猟師とジビエ料理の組み合わせ，ふるさと納税の返礼品としての地酒セットなど，事業者と一緒に進めています．

井上：1市5町の観光需要を喚起するために「WEST NARA広域観光推進協議会」を設立しました．大阪から近い立地を生かし，域内各地の観光を組み合わせてツアーを造成して，19年の観光客390万人を25年に500万人にする目標を設定しています．22年度は商工会とも連携して地域ブランドを認定し，加えて経産省等の官庁，JR・近鉄・JAL等の企業とも連携して，地域ブランドの事業化の出口も作っていきます．

多田：1000年前の姿を残す熊野古道と巡礼文化を，観光を通じて次代に引き継ぎたいと思っています．コロナ禍で日本人の需要を高めるには，熊野古道を構成する山・川・海のすべてを活用した観光振興と地域づくりが必要と考え，田辺市内の小学校，教育委員会や森林局等とともに森林観光教育に着手しました．将来的には紀伊半島すべてを使い，県外の小中学校の受け入れも目指しています．

稲田：産業，地域の枠を超えた連携による価値づくり，地域づくりというテーマでお話を伺いました．コロナでいろいろな問題が出てきた中で，それぞれ対処の仕方が違うことがはっきりしてきました．海の京都DMOでは，異業種への展開につないでいく方向です．斑鳩産業では，海も山も含めて交通をつなげて，日帰り旅行を進めることを意識されています．田辺市熊野ツーリズムビューローでは新たなやり方として，世界遺産をベースに，背景にある森林環境をうまく使って地域ブランドづくりをしていく姿勢を示していただきました．非常に斬新で，なるほど，このような展開になっているのだということがよく分かりました．

テーマ3：DMOとして，地域づくりをリードすることについて

稲田：DMOとして地域づくりをリードするというのは，一体どういうことなのかを議論したいと思います．一番聞きたいのは，DMOであり続けることの難しさと良さで，登録した背景，現実も含めて伺いたいと思います．DMO登録の更新にはその都度労力も必要ですし，DMOは地域を引っ張っていくリーダーにならなくてはいけないわけですが，実際はどうなっているのか．それぞれの法人格などにも違いがあると思いますが，それぞれの違いが出てくれば，聞いておられる方にとっても参考になると思います．

安達：広域の観光のかじ取りをする半官半民のDMOとしては，DMOのお墨付きは活動する上で利点です．組織内には色々な組織の出身者がおり，意思疎通や意思決定が自治体より早いのもDMOのメリットです．逆に難しさは，自己財源が獲得できないこと，数年で人が入れ替わること，広域をまとめるのが難しいことによる，組織の持続性の担保です．

井上：自社をDMO登録したきっかけは，地域を元気にして地元企業の廃業を防ぐことです．そのためには地域の交流人口，関係人口

を増やすことが第一で，観光に取り組むために まちづくり事業部を立ち上げ，その後 DMO登録しました．真の課題は，地域に本 当にDMOは必要なのかということです．旅 前を行政，旅中を観光協会と民間，旅後を民 間が分担し，DMOがやるべきは全体のマネ ジメントだと思います．苦労も含めて役割分 担し，地域が一体となることが重要です．

多田：熊野古道の世界遺産登録と市町村合併を 機にボトムアップで組織を立ち上げ，その後 DMOに登録しました．本当にDMOが必要 かを常に問う必要があると考え，地域に経済 効果を及ぼせているかをいつも心しています．半官半民の組織なので，パブリックマイ ンドは重要ですが，同時にビジネスマインド も重要です．両方のバランスを取りつつ，組 織を維持存続させるのが，一番難しいと思い ます．

稲田：ありがとうございました．今日，お三方 をお招きして非常に良かったのは，それぞれ のDMOの違いがはっきりして分かりやすい ことです．DMOの登録を更新して続けてい くのはそれなりに難しいですが，必要論にま でいったときに，どこを見て自分たちの役割 をもっと拡大するのか，という議論が非常に 重要だと思いました．

田辺市熊野ツーリズムビューローは，パブ リックマインドとビジネスマインドの両方を 持とうとされています．斑鳩産業は，ビジネ スマインドでやるところはやろうとされてい ます．しかし共通しているのは，地域のス テークホルダーをどうつなぐのかというとこ ろです．その中間が海の京都DMOで，官庁 が仕掛ける形になっています．産業と，その 背景にある生活をどう守っていくかも含め て，いかに雇用と所得をつくり出すかという ことで，横のつながりをしっかりやっておら れます．それぞれ一見違うようでいて，それ ぞれの地域で所得と雇用をどうつくり出して いくかを考えています．多分，それができな ければ存在価値がなくなるということだと思

います．お三方に議論いただいたことは本当 にその一部でしかなく，非常に深いというこ とが分かりました．

テーマ4：将来展望や制度面で期待すること

稲田：今日来ていただいたのは，ユニークな活 動をし，日々大きな環境変化に果敢に立ち向 かっておられるDMOの方々です．その経験 や見方が，例えば国の制度としてうまく実現 すればよいと思います．最後に，DMOとし ての将来展望と，そのために今しなければい けないこと，そして，もしあるならば制度面 で望むことについてお話しください．

安達：海の京都のエリアに2泊，3泊してもら えるよう，楽しめるものを旗振り役として 作っていきます．地域が稼ぐことにも注力し たいと思います．情報を組織の内外に出し て，DMOが寄与していることも示したいと 思います．地域をつなぎ，方向づけるプロ デューサー役はDMOが担うべきで，それを 続けていきます．制度面では，補助事業や実 証事業など，DMOが活動を続けていける支 援を望みます．

井上：経営者が力をつけるには，小さくても PDCAを1人で速く回すべきです．2030年 のインバウンド6000万人にはまだ8年あり ます．直近のことを考えて焦るのでなく，苦 しいときは誰かがカバーして日本全体で到達 すればよいと思います．新しいことにチャレ ンジし，みんなで身の丈に合ったスパン，コ ストで携わるべきだと思います．

多田：財源がないと組織・人材は維持できませ ん．自力で財源作りに頑張ってきた分，今大 変になっていますが，そうでないと地域づく りにあまり貢献できなかったとも思います． 頑張っているDMOは応援するというのでな く，DMO運営のベースを支える一定のお金 を担保できる施策があれば，思い切った活動 もでき，薄氷を踏む思いもせずに活動できる ので，それを切に望みたいと思います．

稲田：分かりました．ありがとうございまし

た．皆様方，たくさん言いたいことがある中で，最低限のところを議論しようと進めてきましたが，いろいろなことが分かってきました．DMOについては，がんがんリードしていくDMOよりも，特色あるDMO，地域を支えるDMOが重要だということがよく分かりました．地域のステークホルダーのつながりを大事に維持していくことはしんどいし，やはり財源の問題は本当に大変だと思います．特に田辺市熊野ツーリズムビューローさんのように，外的条件が変わって自力で頑張ってきたことが裏目に出てくることもある．その意味でベースとなるお金は必要で，もちろん自治体でも補助を出しているでしょうが，交流人口を増やして人流を高めていかないと，インバウンドを含めて旅行業として立ち行かないわけですから，そこに向けての資金支援はやはり必要だと思います．

結び

今日は，それぞれのDMOが，形は違えどもいかに地域をつないで支えていくかを大事にして活動されていることも分かりました．そうした努力が，そう悲観すべきではないのでしょうけれども，もっと楽しく続けていけるような工夫も必要だと思います．議論をラップアップするところまで至りませんでしたが，いろいろなポイント，問題点が整理できたかと思います．そして今日一番良かったのは，それぞれタイプの違うところでいろいろな努力をされていて，そこから将来に対する芽が何か見えてきたというところです．ここで出てきた方針や方向，論点は，それぞれ非常に貴重なもので，役に立つのは間違いないと思います．

本日は限られた時間の中，ご議論いただきまして本当に感謝いたします．まさに今，われわれは夜明け前の一番暗いところにいますが，先行きには当然インバウンドが戻ってくるでしょうし，2025年には万博があります．

皆さんのアイデアに新たな方向性を示してくれる，良いチャンスではないかと思います．ちょうど時間も参りましたので，これで今日のシンポジウムはお開きにしたいと思います．本日はありがとうございました．

アジア太平洋研究所 総括調査役・研究員
大島 久典

Chapter 6

関西経済と大阪・関西万博の経済効果：2015年関西地域間産業連関表による分析

第6章の目的は，APIRが新たに作成した2015年関西地域間産業連関表（暫定版）を用いて，大阪・関西万博の経済効果をみることにある．すでに『アジア太平洋と関西—関西経済白書2019』第6章4節において，大阪・関西万博/MICE・IRへの展望を示し，2011年関西地域間産業連関表を用いて，その経済効果を分析した．今回の分析における新たなポイントは以下のとおりである．第一に，大阪・関西万博関連事業の進捗を反映させ，最終需要を消費的支出と投資的支出にわけて見直した．第二に，新たに拡張万博の展開（関西のパビリオン化）という概念を持ち込んだ．加えてバーチャル万博の可能性をも議論した．第三に，分析に用いる産業連関表を2015年表（暫定版）に改定した．

本章の展開は以下のようになる．第1節では関西経済の長期にわたる低迷の原因が投資不足にあることから，大阪・関西万博やIRを梃子に関西経済の反転につなげることは可能かという議論を示す．第2節では，大阪・関西万博，IRを控えたインフラ整備の現状を示し，またインフラ整備がもたらす経済効果の整理を行う．第3節では，APIRが新たに作成した2015年関西地域間産業連関表を用いて，新たな最終需要の想定に基づき大阪・関西万博の経済効果を示す．また，コラム6-A「大阪・関西万博の拡張と共創イノベーション」では，拡張万博の基本的な考え方を説明する．

Section 1
大阪・関西万博，IRを関西経済の反転につなげるために

本節のねらいは，関西経済の1970年以降の50年にわたる地盤沈下（経済のシェアの低下）の原因を分析し，その反転の可能性を探ることにある．筆者は，関西経済の反転の準備が整い，大阪・関西万博やIRによる反転の可能性が高まってきたとみている．1項では，まず地盤沈下する関西経済の推移を時系列的に説明する．2項では，関西経済の地盤沈下の原因が相対的な投資不足にあることを示す．3項では，大阪・関西万博開催や，それに続く統合型リゾート（IR）関連投資等が関西経済反転の起爆剤となる議論を説明する．4項では，関西経済反転を実現するための課題を議論する[1]．

1. 地盤沈下する関西経済

(1) 関西経済のシェアは，大阪万博後の20年で急速に低下

まず関西経済の規模（関西2府4県の名目域内総生産（GRP）の合計）と全国のそれ（名目国内総生産（GDP））を比較しよう．1955年度以降長期にわたる関西経済のシェアの計算にあたっては，6種類の県民経済計算と2種類の国民経済計算を接続して関西と全国の長期時系列を作成した[2]．

関西経済のシェアは大阪万博が開催された1970

---

1) 本稿の議論は稲田（2022）に基づいている．
2) 実質・名目域内総生産の長期系列は以下の要領で作成した．県民経済計算の各基準年の計数を比較して重複している年がある場合は，最新基準年の計数を正式系列とした．利用可能な正式系列の最初の年次の値と，それ以前の基準年計数の値とを比較し，リンク係数を作成する．リンク係数を乗じて，最新基準年の域内総生産の系列を延長推計した．国民経済計算については，2015年基準の1980-1994年度系列に，1990年基準の1955-98年度系列をリンク修正した．県民経済計算と国民経済計算の改定状況については，後掲参考表6-1-1を参照．

年度に19.3％のピークを記録した後，2度の石油危機を経て89年には16.2％にまで一気に低下した．バブルの影響もあり関西経済のシェアは91年に一旦17.1％へと反転したものの，上昇は一時的なものにとどまった．以降90年代後半にシェアは再び低迷し，2000年度に16％を割り込み，今日に至るまで15％台で低迷している（図6-1-1）．

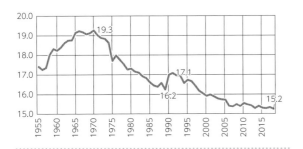

図6-1-1 関西経済のシェア

資料）内閣府『県民経済計算』『国民経済計算』に基づき，筆者作成

(2) 反転の兆し

関西経済は，2015年以降，好調な対中国向け輸出とサービス輸出（訪日外客による消費の増加）という2つの輸出に支えられてきたが，18年には低迷の色を濃くする．この背景には，米中貿易摩擦の深刻化に加え，6月18日の大阪北部地震発生，9月4日の台風21号による関西国際空港閉鎖という自然災害中心の暗いニュースがあった．しかし，11月23日に博覧会国際事務局（BIE）総会で25年国際博覧会の開催国に日本（大阪）が選ばれたことは，これまでの関西経済の将来に対する鬱々とした雰囲気を一変させた．なお，7月20日にはカジノを含む統合型リゾート（IR）実施法が成立しており[3]，大阪・関西万博及びIR関連投資による関西経済反転の可能性に大いに期待が高まった．その後，20-22年のコロナ禍により，日本経済及び関西経済は大幅な調整を迫られたが，関西経済反転の可能性は25年の大阪・関西万博の開催を間近に控え現実味を帯びてきたといえよう．

2. 地盤沈下の原因は投資不足

ここでは，まず成長率の決定要因を示し，関西経済の地盤沈下の原因が投資不足にあることを説明する．

(1) 成長率の決定要因

関西経済のシェアが持続的に低下することは，関西経済の成長率が関西以外の地域の経済成長率を持続的に下回ることを意味する．ここでは，関西経済の成長率低下の原因を探る．

ハロッドの経済成長の基本方程式は，次式のように表される．すなわち，t期の経済成長率（$\Delta Y_t / Y_{t-1}$）はt-1期の投資率とt期の限界資本係数で説明される．

$$\Delta Y_t / Y_{t-1} = (\Delta K_{t-1} / Y_{t-1}) / (\Delta K_{t-1} / \Delta Y_t)$$
$$= 投資率／限界資本係数$$

Y_t：t期の実質GDP，K_t：t期末の資本ストック，
$\Delta Y_t = Y_t - Y_{t-1}$，ただし，$\Delta K_t = K_t - K_{t-1} = I_t$
（投資）

この成長方程式は，GDPのうち貯蓄を通じて資本蓄積（投資）に回る比率が高いほど経済成長率は高くなることを意味する．

(2) 経済成長率と投資率は比例的な動き

図6-1-2は，関西経済の実質（GRP）成長率と投資率との関係をみたものである．ここでの投資率は，GRPと非住宅固定資本形成（＝民間企業設備＋公的企業設備＋一般政府）との比率である．図からわかるように大きな経済ショック（石油危機や世界金融危機）の時期を除けば，関西経済の成長率は投資率と比例的な関係にあることがわかる[4]．

---

3)　2018年の経済に関係する出来事の時系列については，Part III EXPO 2025 Chronologyを参照．
4)　また限界資本係数が安定的であれば投資率の水準がほぼ成長率を決定する．1990年までの限界資本係数は安定的な動きを示しているが，1990-2010年は不安定な動きを示す．2010年以降は再び安定的な動きを示している．

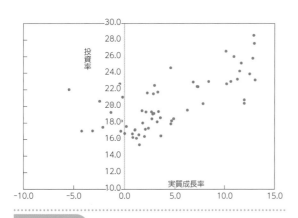

| 図6-1-2 | 実質成長率と投資率 |

資料）内閣府『県民経済計算』に基づき，筆者作成

　次に，成長方程式に基づき関西経済の非住宅投資率と経済成長率の関係を回帰分析した結果が，表6-1-1に示されている．推計期間は1971～2018年度である．推計結果からわかるように，関西の前期の投資率（SRN（-1）：非住宅固定資本形成／名目GRP）が1％ポイント上がれば，関西の今期のGRP成長率（GRPH）は0.46％ポイント上がることになる[5]．なお推計にあたっては，大きな経済ショック期（74年，75年，09年）についてはダミー処理をしている．

| 表6-1-1 | 経済成長率と非住宅投資率の関係 |

	係数	t値
定数項	-6.623137	2.04
SRN（-1）	0.463165	2.74
D74	-9.222536	-3.37
D75	8.392434	3.08
D09	-5.514460	-2.04
決定係数	0.45	

注）SRN（-1）は1期前の関西の非住宅投資比率，D74, D75, D09はそれぞれ1974年，1975年，2009年を1，その他の年を0とするダミー変数を示す．

　この式の意味を，具体的な数値例でみていこう．2018年の関西の名目GRPは86.13兆円であるから，1兆円の投資追加増は投資率を1.16％ポイント（1/86.13*100）押し上げることになる．すなわち，次年度の関西の経済成長率を0.54％ポイント（0.46*1/86.13*100）引き上げる．

　なお，日本経済の実質（GDP）成長率と非住宅投資率の関係を推計した．全国の成長率を説明する投資率の係数は0.479と関西とほぼ同じである．すなわち，投資率の格差が成長率の格差をよく説明することになる．

（3）関西経済の地盤沈下と投資不足

　次に投資率の推移を関西と全国とで比較してみよう．まず非住宅ベースの投資率の推移を見よう（図6-1-3）．関西経済と日本経済の投資率は，高度成長期のピーク（日本：1969年26.8％，関西：25.8％）から2度の石油危機の影響もあり低下トレンドを示したが，80年代半ばに底を打つ．80年代後半はバブルの影響もあり投資率は一旦上昇に転じたが，バブル崩壊後は再び下方トレンドを示している．2000年に入り，下方トレンド底打ちの後，13年には反転の兆しを見せている．なお，非住宅ベース投資率の構成内訳である民間企業部門と公的部門の動向については，後掲の参考図6-1-1及び参考図6-1-2を参照のこと．

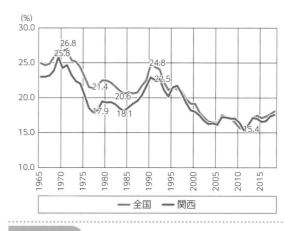

| 図6-1-3 | 投資率の比較：非住宅 |

資料）内閣府『県民経済計算』に基づき，筆者作成

　1996年に至るまで，関西の投資率は一貫して全国の投資率を下回っていた．格差はピーク時の1％ポイントから最大3.6％ポイントまで拡大した．すなわち，一貫して関西の投資不足が続いたことになる．以降，全国と関西の投資率の格差は1％ポイント以下にとどまっており，また09-10年度には投資率格差は逆転している．90年代半ばに至るまで，関西の非住宅の投資率は全国の投資率より一貫して

---

5)　ここでは，投資率を実質ベースではなく，成長率とより安定的な関係がみられる名目ベースを用いている．

低かった．このことは，上で確認した投資率と成長率の関係から，関西の経済成長率が全国のそれを一貫して下回っていたことを意味している．

表6-1-2は全国と関西の平均的な投資率の差を期間別にみたものである．1965-89年度においては，全国と関西の非住宅の投資率の平均差は2.27%ポイント，90-92年度においては，1.72%ポイント，93-18年度においては，0.33%ポイントとなっている．バブル崩壊後に全国と関西の投資率格差は大きく縮小しており，全国と関西の成長率格差もかなり縮小してきている．すなわち，関西以外の地域での成長率減速が相対的に目立つようになってきたといえよう．

| 表6-1-2 | 全国と関西の平均投資率格差の内訳 |

期間	非住宅	内訳	
		民間企業部門	公的部門
1965-1989	2.27	0.54	1.74
	100.0	23.6	76.4
1990-1992	1.72	0.81	0.90
	100.0	47.5	52.5
1993-2018	0.33	-0.35	0.67
	100.0	-107.1	207.1

注）単位は%，%ポイント．数値の上段は，全国と関西の投資率の格差の期間平均値，下段は寄与度を示す．

非住宅の投資率の格差を民間企業部門（民間企業設備）と公的部門（公的企業＋一般政府）に分けて分析しよう．1965-89年度においては，全国と関西の非住宅の投資率の格差（100%）の主因は民間部門（23.6%）ではなく，公共工事を中心とした公的部門（76.4%）にある．関西の公共投資のシェアが全国に比して低下しており，公共部門の投資不足の拡大がこの期間の特徴である．90-92年度においては，非住宅投資率の格差は民間企業部門と公的部門で同程度となっている．93-18年度においては，格差はもっぱら公的部門（207.1%）によってもたらされており，民間企業部門（-107.1%）では，これまでとは異なり全国と関西の格差は逆転している．全期間を通じて，全国と関西の公的部門の投資率格差は縮小していることに加え，また21年

の関西の公共工事は全国の伸びを上回っていることから，足下では公的部門の投資率は関西が全国を上回っている可能性が高い．

3. 大阪・関西万博，IRを関西経済の反転につなげるために

(1) 関西経済と日本経済の平均成長率

1項でみたように関西経済のシェアは大阪万博開催の年にピーク（19.3%）を記録した．しかし，2度の石油危機を経てシェアは下方トレンドを示し，バブルによる一時的な反転はあったものの，その崩壊以降は再び低迷し，足下は15%台となっている．2項では，関西経済の地盤沈下の原因は成長方程式から関西経済の相対的な投資不足にあるとした．したがって，投資不足が解消できれば（投資率が上昇すれば），関西経済の反転が期待できることを示した．

先行きを考える前に過去を振り返ろう（表6-1-3）．関西経済は高度成長期において，その平均成長率は全国を上回ったため，前掲図6-1-1が示すように関西経済のシェアは上昇した．1980年代，90年代の平均成長率は関西，全国ともに低下するが，関西の方が減速の程度が強い．2000-21年度の平均成長率は，全国が0.6%，関西経済は0.3%とほぼゼロ成長となる[6]．

| 表6-1-3 | 実質成長率（年度平均）の比較：関西vs.全国 |

	全国	関西
1956-1969	9.8	10.6
1970-1979	5.0	5.7
1980-1989	3.8	3.7
1990-1999	1.6	1.0
2000-2021	0.6	0.3

注）単位は%．
資料）内閣府『県民経済計算』『国民経済計算』に基づき，筆者作成

内閣府によれば，2021年度の日本経済の潜在成長率は0.5%まで減速している[7]．先行き，全国経済が0.5%の潜在成長率で伸びるケースに比較して，関西経済の成長率について，全国の潜在成長率の仮

---

6) 関西経済は2018年度までが実績，2019-2021年度はAPIRの予測に基づいている．
7) 最新のGDPギャップ，潜在成長率については内閣府から入手可能である．
　（https://www5.cao.go.jp/keizai3/getsurei/2211gap.xls）

定から0.5％ポイント，1％ポイント加速する2つのケースを想定した．この想定の背景には，2項（2）で示したように，1兆円程度の追加投資が関西の経済成長率を0.54％程度引き上げるという推計結果がある．大阪・関西万博やその後のIRへの投資増をはじめとして，内外から更なる投資を呼び込むことができれば，関西経済の反転は可能となろう．以下では，関西の成長率加速による，関西経済反転のシミュレーション結果を示そう．

（2）関西経済反転のシミュレーション

　ベースラインの作成にあたって，ベンチマーク（2021年度）の日本の名目GDPを541.6兆円，関西の名目GRPを84.2兆円とする．日本の名目GDPは実績であるが，関西の名目GRPは確報が18年度までしか利用可能でないため，Chapter3 Section2で示した予測値を用いた．

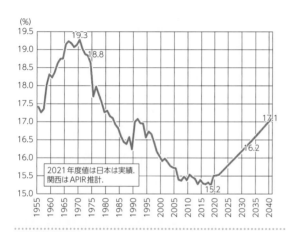

図6-1-4　関西経済反転のシナリオ：関西の成長率0.5％ポイント加速のケース

　2022年度以降については，日本経済が0.5％の潜在成長率で成長すると仮定した．また実質GDPと名目GDPが同率で伸びると仮定している．これらのベースラインに比して，関西が全国を0.5％ポイント上回る成長率（1％）で伸びるケース1を仮定し，関西・全国のシェアを計算した．これによれば，30年度には16.2％，40年度には17.1％に上昇する．結果，関西経済は80年代前半のシェアを回復することになる（図6-1-4）．

　次に，ケース1（追加投資約1兆円／年）に比して，関西の成長率（1.5％）が全国を1.0％ポイント上回るケース2（追加投資約2兆円／年）を想定して，関西・全国のシェアを計算した．このケースで

は，2030年度には17.0％，40年度には18.7％に上昇しており，関西経済は1973年におけるシェアを回復することになる（図6-1-5）．

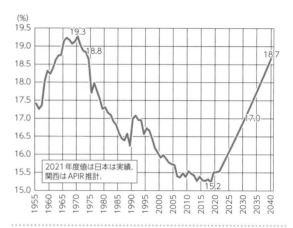

図6-1-5　関西経済反転のシナリオ：関西の成長率1.0％ポイント加速のケース

4.　分析の含意

　本節では，関西経済の50年にわたる低迷の原因を全国に比しての投資不足にあるとした．民間部門の投資不足に加えて，特に公的部門の投資不足が大きいことがわかった．

　成長率と投資率の関係から，1兆円程度の追加的投資は，関西の成長率を0.54％ポイント程度引き上げる．また関西経済が日本経済の成長スピード（潜在成長率）を0.5％ポイント上回るシミュレーションでは，2030年度の関西経済のシェアは足下の15.2％（18年度）から16.2％，40年度には17.1％に上昇する可能性を示した．

　2025年大阪・関西万博の開催とそれに伴う交通インフラの整備，またその後に想定されているIR関連投資は十分に1兆円を超えるものである．本稿で示したシミュレーションは，それなりの根拠に基づいた投資増の影響を示したものである．

　課題は，大阪・関西万博やIRを端緒とした投資増の持続可能性である．これを保証するためには，いかに内外から投資を呼び込めるかがポイントとなる．またいかに"儲かる産業"を呼び込めるか，また"儲かる産業"への転換をどのようにイメージするかも重要なポイントとなろう．関西経済のインフラを整え，反転の条件が整ってきた今，大阪・関西万博のレガシーとして世界に関西の魅力を認知してもらい，結果として人材や資金の好循環を実現する

ことが重要である.

参考文献

稲田義久（2022）「関西経済の反転にむけて：大阪・関西万博，IRを梃子に」APIR Trend Watch No.81（https://www.apir.or.jp/research/11106/，最終確認2022年7月5日）

甲南大学 名誉教授
稲田 義久

参考図表

　県民経済計算と国民経済計算の改定状況

県民経済計算

期間	1955-74	1975-1999	1990-2003	1996-2009	2001-2014	2006-2018	2011-2019
準拠SNA	1968SNA	1968SNA	1993SNA	1993SNA	1993SNA	2008SNA	2008SNA
基準年	1980年基準	1990年基準	1995年基準	2000年基準	2005年基準	2011年基準	2015年基準
実質化の方式	固定基準年方式	固定基準年方式	固定基準年方式	固定基準年方式	固定基準年方式	連鎖方式	連鎖方式
正式系列の期間		1975-1989	1990-95	1996-2000	2001-2005	2006-2018	
参考系列の期間	1955-1974						

国民経済計算

期間	1955-1998	1980-2003	1980-2009	1994-2012	1994-2020	1994-
準拠SNA	1968SNA	1993SNA	1993SNA	1993SNA	2008SNA	2008SNA
基準年	1990年基準	1995年基準	2000年基準	2005年基準	2011年基準	2015年基準
実質化の方式	固定基準年方式	固定基準年方式	連鎖方式	連鎖方式	連鎖方式	連鎖方式
正式系列の期間						1980-1994
参考系列の期間	1955-1998					

資料）内閣府『県民経済計算』『国民経済計算』に基づき，筆者作成

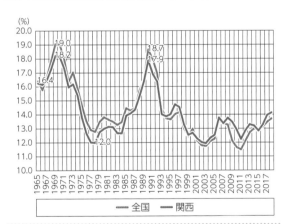

参考図6-1-1　投資率の比較：民間企業部門

資料）内閣府『県民経済計算』『国民経済計算』に基づき，筆者作成

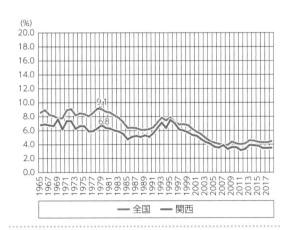

参考図6-1-2　投資率の比較：公的部門

資料）内閣府『県民経済計算』『国民経済計算』に基づき，筆者作成

大阪・関西万博，IRを控えたインフラ整備の現状と展望

　2025年に開催される大阪・関西万博は，大阪市の夢洲が会場となっている．開催まであと3年を切り，会場周辺や大阪市中心部ではインフラ整備が進んでいる．前節では，関西経済の50年にわたる長期停滞の原因について，全国に比して投資が不足してきたためと指摘した．大阪・関西万博に向けて進むインフラ整備は，関西の投資不足を補い，関西経済の反転成長に資することが期待される．

　そこで本節では，大阪・関西万博を見据えた関西でのインフラ整備について整理する．まずインフラ整備がもたらす経済効果について整理した上で，関西における社会資本ストックと府県別の公共投資の状況について確認する．次に，関西で最も大型のインフラ整備案件となる万博の概要と，同じく夢洲が予定地となっているIR施設の誘致に関する動きを整理する．そして，万博に関連するインフラ整備の進捗状況を整理する．なお，ここで示す開催経費や関連事業費を前提として，次節において経済効果の推計が展開される．

1. インフラ整備の経済効果と関西での状況

　まず，インフラ整備がもたらす経済効果について整理した上で，関西における社会資本ストックと府県別の公共投資の状況について確認する．

(1) インフラ整備の経済効果
　インフラ整備の経済効果は，図6-2-1に整理しているように，フロー効果とストック効果の2つがある．フロー効果とは，当該インフラの建設ならびに維持・更新投資が行われる期間中，生産，雇用，消費等の経済活動が派生的に創出され，短期的に経済全体を拡大させる効果を指す．次節で推計する経済効果は，このフロー効果を推計するものである．一方ストック効果とは，インフラが社会資本として蓄積され，機能することで継続的に中長期的にわたり得られる効果を指す．

　ストック効果は，さらに「安全・安心効果」「生活の質の向上効果」「生産性向上効果」の3つに分類できる．安全・安心効果は，地震・津波・洪水等への災害安全性を向上させ，安全・安心を確保する効果である．生活の質の向上効果は，衛生状態の改善，生活アメニティの向上などの生活水準の向上に寄与し，生活の質を高める効果である．生産性向上効果は，移動時間の短縮，輸送費の低下等によって生産性を向上させ，経済成長をもたらす効果である．

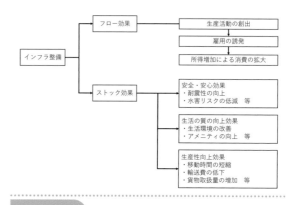

図6-2-1　インフラ整備の経済効果

資料）国土交通省『国土交通白書』より作成

　インフラ整備の具体例として，鉄道や道路など交通ネットワークの整備による経済効果を考えてみよう．交通インフラは，ヒト・モノ・カネを運ぶ輸送・運搬手段であり，移動時間の短縮や輸送コストの低減によって生活の質ならびに生産性を向上させる効果をもたらす．また，災害から身を守るための避難経路，域外からの交流人口拡大といった効果も持つ．すなわち，前述した3つのストック効果全ての効果を発揮すると考えられる．なお当研究所では，高速道路網の整備・拡充に伴う移動時間短縮が関西各府県・各産業にもたらす経済効果を推計した研究事例がある（後掲Box「インフラ整備の経済効果に関する既存研究：APIR研究プロジェクトより」参照）．

(2) 関西でのインフラ整備の状況
　次に，関西におけるインフラ整備について，フローとストックそれぞれの状況を整理しておこう．

　フロー面について，各府県の公的総固定資本形成（以下，公共投資）が経済に占めるウェイトを確認する．図6-2-2は関西各府県における公共投資の

対全国比シェアを，名目GRPの対全国比シェアと比較したものである．これをみると，和歌山県と奈良県では名目GRPシェアに比べて公共投資のシェアが高くなっており，比較的公共投資に傾斜した経済構造となっている．兵庫県や京都府では，名目GRPシェアに見合った割合となっている．大阪府では公共投資のシェアが低い状態が長らく続いている．この結果から，関西においては，都市部と地方部で経済活動に占める公共投資の位置づけがアンバランスとなっているといえる．特に大阪府では半世紀以上にわたって公共投資のシェアが低い状態が続いており，都市部におけるインフラ投資の重要性が示唆される．

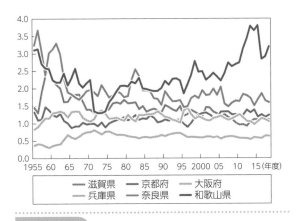

図6-2-2　関西各府県の経済規模に対する公共投資

注）関西における公的総固定資本形成のシェア÷名目GDPシェア．
資料）内閣府「県民経済計算」より筆者作成

次にストック面について見ていく．図6-2-3は社会資本ストック（全体および道路）について，関西2府4県の対全国シェアを見たものである．1975年度の16.6％をピークに，その後減少し2014年度は14.2％となっている．

社会資本ストックのうち，道路のみ取り上げて対全国シェアを見ると，1969年に17.7％まで上昇している．これは前年まで大阪万博（EXPO'70）関連の道路整備が進んだことによる．実際，三井住友トラスト不動産ホームページによると，万博関連の事業費総額6,500億円のうち，道路関係の事業費は全体の51.4％にあたる3,342億円を占めていたとされる．また，1967年から工事が進められた結果，70年には近畿自動車道が開通し，吹田ICが共用されている．その後は万博開催に向けた道路整備効果が剥落し，対全国シェアは69年をピークとして減

少傾向で推移している．14年度は13.8％となっている．

先にも述べたように1970年の大阪万博後には，道路整備効果の剥落もあり，投資不足から関西経済は長期停滞を迎えることとなった．今回は同じ轍を踏まぬよう，万博やIR開業を契機として整備されたインフラを万博のレガシーとして活用することを期待したい．インフラ整備によるストック効果を十分に発揮することで，関西の魅力を世界にアピールし，人材や資金の好循環につなげる途を探るべきである．

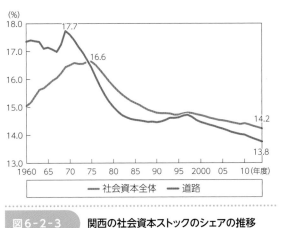

図6-2-3　関西の社会資本ストックのシェアの推移

注）関西は2府4県ベース．
資料）内閣府「社会資本ストック統計」よりAPIR作成

2. 大阪・関西万博，IRへの期待

近年の関西において最も大型となるインフラ整備案件は，2025年に開催される大阪・関西万博であろう．本項では，まず2025年日本国際博覧会協会によって示された万博のマスタープランである「基本計画」により，大阪・関西万博の概要を整理する．また，万博と同じく夢洲が予定地となっているIR施設の誘致に関する動きもあわせて整理する．

(1) 基本計画に見る2025年大阪・関西万博の概要

大阪・関西万博は，2025年4月13日から10月13日までの約半年間，開催される．会場は，大阪市内の臨海部に位置する人工島・夢洲である．会場面積は155haで，夢洲全体390haの約4割を占める．

開催に向けて，2020年12月25日には，2025年日本国際博覧会協会によりマスタープランである「基本計画」が策定され公表された．表6-2-1は，

基本計画で示された大阪・関西万博の開催概要をまとめたものである．

表6-2-1	2025年大阪・関西万博の概要

名称	2025年日本国際博覧会（略称：大阪・関西万博）
テーマ	いのち輝く未来社会のデザイン
サブテーマ	Saving Lives（いのちを救う） Empowering Lives（いのちに力を与える） Connecting Lives（いのちをつなぐ）
コンセプト	People's Living Lab（未来社会の実験場）
会場	夢洲（ゆめしま）（大阪市此花区）
開催期間	2025年4月13日（日）～10月13日（月）
想定来場者数	約2,820万人

資料）日本国際博覧会協会「基本計画」より作成

　以下，基本計画にしたがい，大阪・関西万博の概要を見ていく．基本計画では，大阪・関西万博のテーマ「いのち輝く未来社会のデザイン」を体現する様々な参加形態や事業，会場のデザインを含む会場計画，運営計画，資金計画等がまとめられている．今後は，この基本計画に基づき，参加国，国際機関への招請活動や企業・団体・市民団体等への参加と共創を促進するとともに，各事業の実施計画の策定や具体的な取り組みが推進されることとなる．

　来場者想定規模は過去の国際博覧会の実績や会場の立地条件等をもとに約2,820万人と想定されている．来場者の地域別内訳は，関西が約1,560万人，関西以外の国内他地域が約910万人，海外が約350万人と想定されている．なお，この海外来場者の想定は，博覧会国際事務局（BIE）に提出された登録申請書に記載された人数である．提出時期はCOVID-19感染拡大前の2019年末であり，25年に5,000万人のインバウンドが実現しているとの想定のもとでの試算という点に注意が必要である．

　ところで，大阪・関西万博の成功には，想定来場者2,820万人の円滑な来場の実現が不可欠である．万博開催期間の夢洲へのアクセスは，鉄道・道路・海路・空路を最大限に活用するとされている．来場者の主要なアクセスルートは，鉄道である．大阪メトロ中央線が延伸され，新たに夢洲駅（仮称）が建設される．鉄道アクセスは，来場者の約4割の利用が見込まれている．道路アクセスに関しては，鉄道主要駅及び空港から万博会場まで直通で運行するシャトルバスが運行する．この点で，大阪市が

2026年度末の完成を目指している淀川左岸線2期工事を前倒し・早期整備し，大阪駅や新大阪駅などからのアクセスルートとしての暫定利用が予定されている．なお一般の自家用車は，会場から概ね15km圏内に設ける会場外駐車場でバスに乗り換えるパークアンドライド方式が採用され，夢洲への乗り入れは原則として禁止となる．

　次に基本計画で示されている資金計画を確認する．資金計画での支出項目は，会場建設費と運営費となっている．会場建設費は，施設整備費1,180億円と基盤・インフラ整備費670億円の計1,850億円が計上されている．会場建設にかかる費用は，国，大阪府・大阪市，経済界が3分の1（617億円）ずつ負担することで合意されている．また運営費は809億円と想定されている．これは入場料収入等の開催主体の自己財源により賄われる．

　なお，政府，自治体，外国政府，国際機関，民間企業等がパビリオン等を万博に出展する際にかかる建設費や事業費は，出展者の自己負担となる．このため基本計画の資金計画に金額は計上されておらず，現時点では具体的な金額は不明である．なお大阪府・大阪市や関西経済界が出展する「大阪パビリオン」は，事業費約160億円が予定されており，この費用は公費のほか，民間の協賛金や寄付で賄われる．

　加えて，大阪市が公表した予算情報によれば，鉄道整備や道路改良，埋め立てのための追加工事費用などの関連事業費として1,128億円が見込まれている．これに関しては，次項で詳細を述べる．

（2）IR施設の誘致に関する動き

　万博会場となる夢洲に関しては，さらに大阪府・大阪市によってIR施設の誘致活動が進められている．以下，IR施設の誘致に関する動きについて述べる．

　政府は，2019年の閣議決定の中で，IR施設について「特定複合観光施設区域整備法（いわゆるIR整備法）に基づき，（中略）国際競争力の高い魅力ある滞在型観光を実現し，政策効果を早期に発現させる」とした．また，カジノを含むIR＝統合型リゾート施設については20年代後半の開業を見込んで国内に最大3カ所整備する方針で，整備計画の申請を受け付けていた．

これを受けて関西では，大阪府・大阪市により夢洲を予定地としてIR誘致活動が進められている[1]．2019年12月には「大阪IR基本構想」が公表され，世界水準の規模と質を兼ね備える日本最大の国際会議場及び展示施設等の整備が計画されている．なお22年6月時点で誘致を予定している都市は，大阪と長崎の2カ所である（表6-2-2）．

表6-2-2	IR施設誘致を目指す2都市での施設概要	
	大阪	長崎
中核事業者	MGM，オリックス	カジノオーストリアインターナショナルジャパン
建設地	大阪市・夢洲	佐世保市・ハウステンボス隣接地
開業予定	2029年秋〜冬	2027年秋
施設床面積	77万平方m²	64万平方m²
初期投資額	1兆800億円	4,383億円
年間目標来場者	2,000万人	673万人

資料）各種報道資料より作成

3. 万博関連のインフラ整備計画

大阪・関西万博に向けて進むインフラ整備は，関西の投資不足を補い，関西経済の反転成長に資することが期待される．前項では基本計画により大阪・関西万博の概要を見たが，基本計画では大枠の金額が示されているのみで，インフラ整備の具体的内容については示されていない．そこで本項では，国土交通省ならびに大阪府・大阪市の公表資料や，関係者へのヒアリング等から得た情報をもとに，万博関連のインフラ整備の状況について整理する．

2025年大阪・関西万博に関連するインフラ整備については，21年8月に開催された第2回国際博覧会推進本部において，整備計画が決定された．この計画にしたがって，大阪・関西万博の円滑な開催を支え，開催の効果を高めるとともに，万博後の地域の社会経済活動を支える成長基盤となるインフラ整備が進められることとなる．主な事業としては，①会場周辺のインフラ整備，②会場へのアクセス向上，③安全性の向上，④にぎわい・魅力の向上，⑤広域的な交通インフラの整備の5つが示されている．

以下，それぞれの具体的な内容をみていく．なお後掲のPartIII EXPO 2025 Chronology図5では，地図上で主要な整備計画の位置を示している．

①会場周辺のインフラ整備は，万博会場周辺において旅客輸送力の増強や交通円滑化を図り，万博の円滑な開催を支えることを目的とする．大阪メトロ中央線延伸といった港湾における道路・鉄道などの基盤整備，阪神港におけるコンテナ物流機能の効率化などである．

②会場へのアクセス向上は，鉄道・道路・空路・海路の交通インフラを機能強化するものである．会場の夢洲周辺のみならず，隣接府県から大阪府域へのアクセス道路も事業対象となっている．具体的には，淀川左岸線2期工事の前倒し・早期整備や，関西国際空港の国際線キャパシティ拡大を柱とした抜本的機能強化が予定されている．

③安全性の向上では，会場までのアクセスルートの安全性の確保や施設の耐震化，災害時の活動拠点整備などが計画されている．また，南海トラフ巨大地震対策も含まれている．

④にぎわい・魅力の向上は，都心部や来場者の宿泊が見込まれる地域での来場者の交流拡大をねらいとするもので，夢洲を拠点とする新たな水上・海上ネットワークの形成が図られる．万博開催時には「淀川舟運」が復活し，大阪から淀川上流をつなぐ広域的な交通ネットワークが形成される予定である．また大阪市内では，うめきた2期開発，道頓堀川の水辺魅力空間作り，御堂筋最南端となる難波駅周辺の空間再編など，コロナ禍でダメージを受けたインバウンド回復に向けた整備も含まれる．

⑤広域的な交通インフラの整備は，大阪・関西の成長基盤として鉄道整備や環状高速道路ネットワークの形成を推進するもので，社会経済活動の活性化や大規模災害等に備えた強靭な国土づくりへの寄与が期待されている．例えば新名神高速道路の整備が進めば，大阪・名古屋間の所要時間短縮，交通利便性向上，地域経済の活性化が期待できる．またなにわ筋線は，東西の国土軸と連なる新大阪駅から，うめきた2期開発地域に新設される北梅田駅（仮称）を経由し，関西国際空港に至るまでのアクセス改善

---

1) 関西では大阪府・市のほかに，和歌山県でも，和歌山マリーナシティを候補地としてIR誘致を進める整備計画を検討してきた．しかし，2022年4月に行われた県議会の本会議において，計画を国に申請するための議案が反対多数で否決されたため，4月28日を期限とした計画の申請が不可能となり，IR誘致計画は事実上白紙に戻ることとなった．

が図られる.

また，2022年2月に発表された大阪市「夢洲におけるインフラ整備」に基づき，万博関連事業の予算措置について整理すると，表6-2-3のようになる．関連事業費として，総額で1,929億円が計上されている．主な内訳は中央線の延伸・輸送力増強等の鉄道整備等610億円，此花大橋・夢舞大橋拡幅等の道路改良250億円，埋立等にかかる費用102億円，その他967億円となっている．ただしこの中には25年以降も継続する整備事業や，IR施設の関連事業も混在している．IR施設対象と明記されている事業（表6-2-3の右列に◎が付いている項目）を除くと，事業費は1,128億円となる．なおPartIII EXPO 2025 Chronology表5では，大阪市によるインフラ整備計画のタイムテーブルを示している．

表6-2-3 関連事業費の整理

費目／詳細	予算額（億円）	IR事業の有無（注）
鉄道整備等：中央線の延伸および輸送力増強等	610	
鉄道(南ルート)[事前調査]	1	
鉄道(南ルート)[インフラ部]	346	
鉄道(南ルート)[インフラ外部]	230	
鉄道(南ルート)[Ⅱ期まちづくり開発]	33	○
道路改良：此花大橋・夢舞大橋拡幅等	250	
観光外周道路	49	○
高架道路	98	
駅前施設	30	
夢洲幹線道路	10	
舞洲幹線道路・舞洲東交差点立体交差化	34	
此花大橋(車道6車線化等・歩道)	26	
夢舞大橋(車道6車線化等・歩道)	2	
咲洲コスモ北線	1	
埋立等にかかる費用	102	
埋立・盛土(万博)	89	
埋立・盛土(IR)	13	◎
その他	967	
下水道(抽水所，排水管等：万博)	115	
上水道(ポンプ，配水管等：万博)	34	
係留施設(浮桟橋・待合所，波除堤)	10	
消防拠点設備	20	
土地改良(IR用地)	788	◎
合計	1,929	
(主としてIRに用いられるものを除いた場合)	(1,128)	

注）○は一部IR施設対象を含む事業，◎は主にIR施設対象となる事業であることを示す.
資料）大阪市ホームページより作成

4. むすび：中長期的な関西でのインフラ整備の課題

ここまで，大阪・関西万博を見据えた関西でのインフラ整備について整理した．本節で示した大阪・関西万博開催に伴う新規需要を整理すると，表6-2-4のようになる．次節では，これらの支出額をもとにAPIR関西地域間産業連関表を用いて，大阪・関西万博の経済効果を推計する．

表6-2-4 万博開催に伴う最終需要の想定

（単位：億円）

会場建設費（主催者）

基盤整備（土木造成，舗装，修景工事等）	130
基盤設備整備（電気，給排水工事等）	285
駐車場，エントランス	171
パビリオン施設，サービス施設	1,103
会場内演出	50
その他（調査設計費，事務費）	108
計	1,847

運営費

主催者（総額のみ）	809

関連事業費

鉄道整備等（中央線延伸および輸送力増強等）	610
道路改良等（此花大橋・夢舞大橋拡幅等）	250
埋立等にかかる費用	89
その他	179
計	1,128

資料）日本国際博覧会協会「基本計画」などからAPIR作成

最後に，中長期的な関西でのインフラ整備に関する課題を述べてむすびとする．

万博後を見据えた関西全体におけるインフラ整備の課題として，他地域に比べて効率的な形での整備が遅れていることが挙げられる．当然のことであるが，生産性向上のためにはインフラの利便性が必須であり，いくらインフラ整備を行ってストック量を増やしても，利便性が高くなければ生産性は改善しない．

例えば，関西の高速道路は，関東や中部と比べて国際空港や港湾へアクセスする道路でミッシングリンク（未整備区間）が多く存在している．また都心部において渋滞緩和に必要な環状ネットワーク化が大きく遅れている．国内物流だけでなく，関空から神戸・兵庫などの観光地へのアクセスが不便である

という点は，関西内における広域的な周遊性の障害にもつながっている．例えば，新名神高速道路の八幡京田辺ジャンクション・インターチェンジ（JCT・IC）から高槻JCT・ICの開通が予定より4年遅れた結果，2025年の大阪・関西万博には開通が間に合わなくなったことが報じられている[2]．

この点で，国土交通省による「大阪・関西万博に関連するインフラ整備計画」を具現化できるかどうかが，関西経済の将来にとって極めて重要となってくる．整備計画は，万博後を見据えた中長期的な観点から展開されている．また大阪市内など万博会場の近隣地域のみならず，広域的な交通インフラの整備なども挙げられている．一連の整備計画の実現によって，大阪・関西万博の成功とともに，フロー効果・ストック効果の両面から大きな成果となり，民間部門も含めた関西経済の反転成長に資することを期待したい．

Box　インフラ整備の経済効果に関する既存研究：APIR研究プロジェクトより

本節では，インフラを充実させることによる社会的・経済的な意義を確認した．インフラ整備の経済効果については，これまで生産関数，マクロ計量モデル，産業連関分析，CGEモデルなど様々なアプローチにより定量分析が行われている．本研究所でも，2015年度から17年度にかけて，関西の交通ネットワーク整備・拡充による経済効果をテーマとした研究プロジェクトを実施した．

従来の研究では，高速道路を含む社会資本の整備による地域経済構造の効率化が地域経済にどのような影響をもたらすかについて，十分に検討されていなかった．そこでアジア太平洋研究所（2015）では，高速道路の利用による生活圏間の交流のしやすさを表現した指標として「交通近接性」に着目し，2005年から14年にかけての関西2府4県における交通近接性を推計している．アジア太平洋研究所（2016）では，府県別の交通近接性を織り込んだ生産関数を推定し，高速道路整備による交通近接性の変化が関西2府4県の県内総生産にもたらす影響について検討している．アジア太平洋研究所（2017）では，上記の分析を産業別に展開し，交通近接性の向上による効果を産業別に検討している．

府県別での分析結果では，奈良県を除く2府3県では一定の経済効果が認められ，特に京都府での影響が大きいとの結果を得ている．京都府での効果が大きいのは，交通近接性の改善幅が大きかったことに加え，交通近接性改善の経済に与える効果も他府県より大きいことが要因とする．一方で，奈良県は交通近接性が改善すると，スピルオーバーが発生し域内経済がかえって縮小してしまうおそれがあるとしている．

また産業別での分析結果では，電気・ガス・水道業でプラス，卸売小売業，運輸通信業ではほぼ影響なし，農林水産業，製造業，建設業，サービス業ではマイナスというように，交通近接性の改善の効果は産業によって一様でなかった．この要因として，各産業で高速道路の利用状況が異なることが考えられる．報告書では，近畿産業連関表を用いて産業部門別に域内生産額に占める貨物関連輸送費の大きさを比較し，貨物輸送における費用構造の差異の存在を明らかにしている．

一連の研究をまとめると，高速道路など広域的に影響があらわれるインフラ整備について，交通近接性の改善による経済効果を確認することができた．ただし各地域・各産業で細分化して結果を見ると，経済効果が一様な形で認められる結果ではなかった．これらの結果から，広域的な社会資本整備のあり方を考える上で，地域・産業に配慮した整備計画が必要であるとしている．

参考文献

アジア太平洋研究所（2015）『近畿圏道路ネットワーク効果分析業務』報告書．
アジア太平洋研究所（2016）『近畿圏のインフラ・ストック効果の検証—生産関数による経済波及効果の推計—』「交通網の整備・拡充に伴う交通近接性の改善と期待できる経済効果の予測」プロジェクト報告書．
アジア太平洋研究所（2017）『産業別にみた高速道路のインフラ・ストック効果の検証』「交通インフラ整備の経済インパクト分析」プロジェクト報告書．
計量計画研究所（2012）『高速道路整備の経済波及効果計測に関する研究』．
国土交通省（2016）『国土交通白書2016』．
国土交通省（2021）「大阪・関西万博に向け，インフラ整備を推進～「2025年に開催される日本国際博覧会（大阪・関西万博）に関連するインフラ整備計画」の決定

---

2)　2022年2月9日付日本経済新聞を参照．

　　　～」，2021年8月27日報道発表資料.
日本経済新聞社（2021），「新名神の八幡京田辺―高槻，開
　　　通4年延期 27年度に」，2022年2月9日付朝刊.
三井住友トラスト不動産ホームページ（https://smtrc.jp/
　　　town-archives/city/senri/p07.html，2022年6月28
　　　日最終確認）.

近畿大学短期大学部商経科 教授

入江 啓彰

大阪商業大学経済学部経済学科 専任講師

木下 祐輔

甲南大学 名誉教授

稲田 義久

Section 3
大阪・関西万博の経済効果と拡張万博の検討

第1節では，関西経済の持続的な低下の原因としての投資不足が指摘され，関西地域への投資増加が，関西経済の成長率を引き上げることを明らかにしている．第2節では，関西で最も大型のインフラ整備案件となる万博に関連するインフラ整備の進捗状況と投資の概要を整理してきた．

本節では，大阪・関西万博関連事業の進捗を反映した国際博覧会協会および大阪市の公表資料をもとに，消費支出と投資支出の最終需要から，APIRが新たに作成した2015年関西地域間産業連関表（暫定版）を用いて，大阪・関西万博の経済効果を試算する．ここでの試算は，夢洲会場のパビリオンを中心として最終需要が発生する場合の経済効果である．これに加えて，新たに拡張万博の展開（関西のパビリオン化）という概念を取り入れ，拡張万博の展開がなされた場合の経済効果も試算し，両者の経済効果について比較を行う．またバーチャル万博の可能性も議論し，関西発展のための，大阪だけでなく関西広域での需要拡大の必要性についてみていく．

1. 夢洲会場を中心にみた経済効果

(1) 最終需要の想定

大阪・関西万博の経済効果の計測にあたり，前提となる最終需要の想定について述べる．万博開催に伴い発生する最終需要は，前節でみてきたように，会場建設費，出展事業費，鉄道や道路などの関連事業費に代表される投資支出と来場者による消費支出等に大別される．これらの最終需要について，各項目の地域別，産業別内訳を独自に試算し，関西地域間産業連関表の108部門に対応する部門に割り当てる．表6-3-1は，会場建設費，運営費，関連事業費各費目の内訳の想定を示したものである．

表6-3-1　大阪・関西万博に伴う投資支出額等

1-1. 会場建設費（主催者） （億円）

基盤整備（土木造成，舗装，修景工事等）	130
基盤設備整備（電気，給排水工事等）	285
駐車場，エントランス	171
パビリオン施設，サービス施設	1,103
会場内演出	50
その他（調査設計費，事務費）	108
合計	1,847

1-2. 会場建設費（出展者）

パビリオン施設，サービス施設	495
会場内演出	49
その他（調査設計費，事務費）	106
合計	650

建設費計	2,497

2-1. 運営費（主催者）

企画事業・輸送事業等	565
会場管理・管理人件費等	146
広告・宣伝等	58
計画・事業調整等	39
合計	809

2-2. 運営費（出展者）

会場管理・管理人件費等	876
広告・宣伝等	350
計画・事業調整等	234
合計	1,460

運営費計	2,269

3. 関連基盤整備

鉄道整備等（地下鉄中央線延伸および輸送力増強等）	610
道路改良等（此花大橋・夢舞大橋拡幅等）	250
埋立等にかかる費用	89
その他	179
合計	1,128

関連基盤計	1,128
合計	5,894

資料）2025年日本国際博覧会協会「基本計画」，大阪市ホームページより作成

また来場者の消費支出については，まず来場者数を想定し，これに観光庁「旅行・観光消費動向調査」から得られる1人あたり消費単価を乗じて算出する．来場者数は，全体で2,820万人が見込まれている．内訳は関西が約1,560万人（全体の55％），関西以外の国内他地域が約910万人（同32％），海外が約350万人（同13％）である．この地域区分別に，異なる消費単価を想定する．関西以外の国内地域からの来場者は宿泊客であるとし，宿泊場所に

ついては，大阪・関西万博の開催地である大阪府内で宿泊すると想定している．なお消費支出の費目としては交通費，宿泊費，飲食費，買物代，娯楽サービスについて取り上げる．表6-3-2は以上の方法で推計された消費支出額を示したものである．

| 表6-3-2 | 大阪・関西万博来場者による消費支出額 | | |

（億円）

	国内日帰り客	国内宿泊客	海外
交通費	1,384	633	189
宿泊費	0	704	534
飲食費	612	353	394
買物代	1,143	414	598
娯楽サービス	640	226	70
計	3,779	2,330	1,785

		合計	7,894

資料）2025年日本国際博覧会協会「基本計画」および観光庁「旅行・観光消費動向調査」より作成

投資支出（5,894億円）と消費支出（7,894億円）を合わせた最終需要額（1兆3,788億円）を産業大分類別にみると図6-3-1のようになる．なお最終需要は，万博会場となる大阪府だけで発生するとは限らないため，大阪府内と府外に分けて示している．最終需要は，サービス業・その他が5,947億円と最も多く，次いで，建設業3,312億円，運輸・通信業2,439億円，製造業1,124億円となっている．

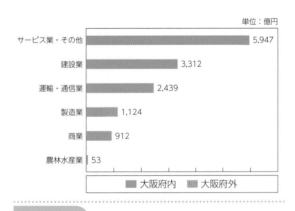

単位：億円

サービス業・その他	5,947
建設業	3,312
運輸・通信業	2,439
製造業	1,124
商業	912
農林水産業	53

■大阪府内　■大阪府外

| 図6-3-1 | 産業別にみた最終需要額 |

資料）筆者作成

また最終需要のほとんどが大阪府（1兆3,257億円）で発生しているが，一部は兵庫県（131億円）や京都府（37億円）など大阪府外でも発生する．

（2）経済効果は2.5兆円

これらの最終需要額の想定をもとに，大阪・関西万博が夢洲会場でのパビリオンを中心として開催される2025年日本国際博覧会協会「基本計画」に基づいたオフィシャルな開催形態の経済効果についてみていく（以下，「基準ケース」）．

大阪・関西万博開催によるわが国全体の生産誘発効果（直接・間接含む）は，2兆5,276億円となる．経済産業省の試算（2.0兆円）よりも大きくなっている．この理由として，周辺地域整備等の関連事業費も含めていることや，当初の想定よりも来場者数が増加したことなどが挙げられる．また粗付加価値誘発効果は1兆4,505億円，雇用者所得効果は7,608億円となっている．

大阪・関西万博の経済効果の発生は，大阪府内だけにとどまらない．わが国全体への生産誘発効果は2兆5,276億円であるが，このうち大阪府での効果は1兆8,496億円であり，6,780億円は大阪府外にもたらされる．

図6-3-2は，大阪府外にもたらされる生産誘発額を地域別にみたものである．その他地域（関西以外）での誘発額が4,763億円であり，大阪府を除く関西1府8県には2,017億円の誘発額がもたらされる．関西内府県でみると最も効果が大きいのは兵庫県（745億円）で，以下三重県，京都府，滋賀県と続く．

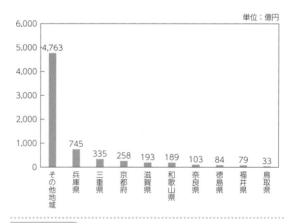

単位：億円

その他地域	4,763
兵庫県	745
三重県	335
京都府	258
滋賀県	193
和歌山県	189
奈良県	103
徳島県	84
福井県	79
鳥取県	33

| 図6-3-2 | 地域別にみた生産誘発額（大阪府除く） |

資料）筆者作成

生産誘発額を産業大分類別にみると図6-3-3のようになる．大阪・関西万博開催で最も大きな効果がある産業は，サービス業・その他で，8,182億円

である（大阪府：6,993億円）．次いで，運輸・通信業4,514億円（大阪府：3,488億円），製造業3,739億円（大阪府：877億円），建設業3,312億円，商業2,622億円（大阪府：1,936億円）となっている．

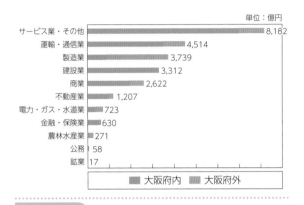

単位：億円

サービス業・その他	8,182
運輸・通信業	4,514
製造業	3,739
建設業	3,312
商業	2,622
不動産業	1,207
電力・ガス・水道業	723
金融・保険業	630
農林水産業	271
公務	58
鉱業	17

■ 大阪府内　■ 大阪府外

図6-3-3 産業別にみた万博開催による生産誘発額

資料）筆者作成

2. 関西全体がパビリオン「拡張万博」

　大阪・関西万博の開催は，開催地である大阪府内のみに影響を与えるものではない．加えて，今回の大阪・関西万博は拡張万博の考えをもとに，広く関西広域にわたっての様々な取り組みが期待されている．拡張万博とは，コラムAで述べるように，万博の概念をテーマ・時間・空間など様々な観点から拡張し，関西全体を仮想的なパビリオンに見立てようとするものである．例えば兵庫県では，大阪・関西万博の開催に合わせて，県全体をパビリオンに見立てた「フィールドパビリオン」を展開し，観光客を呼び込むプランを検討している．以下ではこれらの拡張万博の考えにもとづき，大阪・関西万博を契機として関西全体に様々な取り組みがなされた場合（「拡張万博ケース」）の経済効果について示していく[1]．

(1) 拡張万博で延泊は増加するか

　まず拡張万博のような取り組みを行うことによって宿泊数が増加する（延泊）可能性について，いくつかの先行事例や先行研究をもとに考察していく．

　まず参考になるのがエジンバラフェスティバル・フリンジの事例である．1947年から始まる古典・現代の演劇，オペラ，クラシック・バレエ等を上演する本来の「公式」フェスティバルに対して，小規模な（fringe: 周辺的）イベントとして出発したが，今や世界のあらゆるフェスティバルの中でもっとも大規模な芸術祭として知られている．それぞれの事業主体が連携し共同発信することで相乗効果を得ることにより，経済効果に資するだけでなく，地域住民の誇りを醸成している．

　また先行研究としては，Towse（2010）では，米国マサチューセッツ州のデータを用いて，文化を目的とする観光客は，他の観光客に比べて，消費額が62ドル／日多く，旅行期間中の消費額合計は200ドル多いこと，目的地ごとの滞在日数も半日ずつ多いことを明らかにしている．つまり，文化観光は，滞在日数や消費額の増加という観点から，観光の促進に貢献できる可能性があることを指摘している．オーストラリアの事例においても，サイクルツーリズムによる旅行者の滞在日数の長期化により，2030年までに年間6千万豪ドル以上の経済効果を見込んでいると述べられている[2]．また，わが国の事例としては，赤坂・廣岡（2021）では京都郊外の「お茶の京都」にて，子供連れ外国人旅行客向けの1日ツアーを造成し，モニターツアーの実施を通じた実証分析により延泊意向は62%という結果を明らかにしている．いわゆる「コト消費」の代表格である体験型のツアーが滞在日数にポジティブに影響を与えると考えられている[3]．

　これらのことから，観光客にとって十分魅力的なコンテンツ，滞在型消費を促すようなインセンティブを用意することによって，宿泊数の増加（延泊）が期待される．

---

1) 大阪・関西万博では，関西各地の様々な取り組みだけではなく，バーチャルな体験を通じた取り組み，インターネットを通じた取り組みなどが想定されている．それらのバーチャルな体験を通じた関西地域への経済効果の考え方については，Boxにて整理を行っている．
2) 詳細については，観光庁「体験型観光コンテンツ市場の概観」より「世界のコト消費と海外旅行者の意識・実態の調査結果」を参照のこと．
3) 一方，すべての取り組みが必ず延泊効果をもたらすものではなく，ネガティブな結果となる研究も存在する．その代表例として，Rizzo et al.(2016)では，イタリアの1995年から2010年のデータを使った分析の結果，世界遺産には，滞在を延ばす等の過大な期待があったが必ずしもその効果は明らかではないとしている．

(2) 拡張万博における最終需要の想定

　以上みてきたように，大阪・関西万博の開催を契機に，魅力あるコンテンツを各地域で用意し，受け入れ態勢を整える拡張万博を実施することによって，一定程度の延泊は期待できる．そこで「拡張万博ケース」では，国内宿泊客は1泊延泊すると仮定する[4]．また訪日外客については3泊4日の日程での滞在を想定していたが，本ケースではさらに各地での体験を追加で行うことにより，2泊延泊すると仮定する[5]．

　表6-3-3は，「拡張万博ケース」における来場者消費支出の想定である．1人当たりの消費単価および国内客数の想定は，前項でみた「基準ケース」と同じとしている．また，「宿泊費」のほかに日数に応じて「飲食代」「娯楽サービス」についても増加すると仮定して算出している．「拡張万博ケース」での国内宿泊者の消費支出は3,594億円となり，基準ケース（2,330億円）に比べて1,264億円の増額に，訪日外客の消費支出は2,450億円となり，基準ケース（1,785億円）に比べて665億円の増額となる．また来場者消費支出は1兆325億円である．

表6-3-3	拡張万博ケースの来場者消費支出

（億円）

	国内 日帰り客	国内 宿泊客	海外
交通費	1,567	614	189
宿泊費	0	1,408	890
飲食費	693	706	656
買物代	1,295	414	598
娯楽サービス	725	453	117
計	4,281	3,594	2,450

	合計	10,325

資料）筆者作成

(3) 拡張大阪・関西万博の経済効果

　この「拡張万博ケース」の最終需要の想定をもとに，生産誘発効果，粗付加価値誘発効果，雇用者所得誘発効果を求め，その各効果の大きさについて「基準ケース」と比較したものが図6-3-4である．

　生産誘発額は，「基準ケース」では2兆5,276億円，「拡張万博ケース」では2兆9,182億円と3,906億円上振れしている．粗付加価値誘発額では2,052億円，雇用者所得誘発額では949億円上振れしており，比率に直すと，12.5～15.5％の拡大となっている．

　GRPと比較をするために，経済効果について粗付加価値誘発額でみると，おおよそ1.6％ポイント上昇することが期待される．

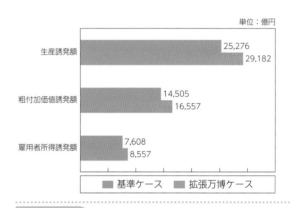

単位：億円

図6-3-4	拡張万博ケースと基準ケースの比較

資料）筆者作成

　次に，地域ごとに「拡張万博ケース」と「基準ケース」の経済効果がどの程度変化したかについて，生産誘発額を「拡張万博ケース」から「基準ケース」を引いて求めた増加額をみたものが図6-3-5である．最も大きく増加しているのは大阪府であり，1,688億円，次いでその他地域799億円，兵庫県776億円，京都府493億円となっている．大阪府が大きく増加している理由として，通常の宿泊において大阪府の比率が高いこと，また，訪日外国人の延泊について1泊目を大阪府と想定したことからその影響が大きく出ていると考えられる．

---

4)　宿泊客は，関西域外からの来場者であると考えられ，拡張万博の効果により関西各地で様々な観光の体験を追加で行うインセンティブは高いと考えられる．
5)　延泊分の宿泊先については，国内の宿泊客については観光庁「宿泊旅行統計調査」（2019年）の大阪府，京都府，兵庫県，奈良県の延べ宿泊客数に応じて算出し，訪日外客については，1泊目は大阪府内，2泊目は国内の宿泊客と同様のウェイトに応じて算出している．

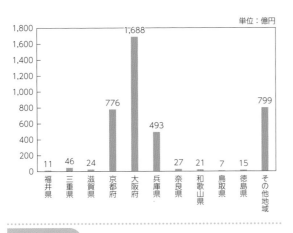

図6-3-5　基準ケースとの差額（地域別）

資料）筆者作成

　地域別と同様に，産業ごとに「拡張万博ケース」と「基準ケース」の経済効果がどの程度変化したかについて，生産誘発額の増加額をみたものが**図6-3-6**である．サービス業・その他が最も大きく2,086億円，次いで製造業516億円，運輸・通信業357億円，商業356億円となっている．このように延泊に伴う宿泊関連産業を中心として，幅広い産業に対して大きく影響していることがわかる．

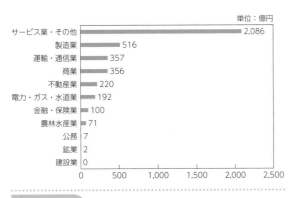

図6-3-6　基準ケースとの差額（産業別）

資料）筆者作成

　次に「基準ケース」と同様に，経済効果が大阪府内にどれだけ留まり，府外へどれだけ影響をもたらしたのかについて生産誘発額をみたものが，**図6-3-7**である．「拡張万博ケース」においてわが国全体への生産誘発効果は2兆9,182億円であるが，このうち大阪府での効果は2兆184億円であり，8,998億円は大阪府外にもたらされる．その他地域（関西以外）での誘発額が5,562億円であり，大阪府を除く関西1府9県には3,436億円の誘発額がもたらされる．関西内府県でみると最も効果が大きい

　のは兵庫県（1,238億円）で，以下京都府，三重県，滋賀県と続く．

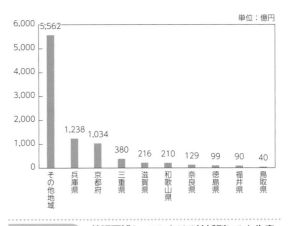

図6-3-7　拡張万博ケースにおける地域別にみた生産誘発額（大阪府除く）

資料）筆者作成

　さらに各産業への生産誘発額をみたものが**図6-3-8**である．「拡張万博ケース」で最も大きな効果がある産業は，サービス業・その他で，1兆268億円である．ついで，運輸・通信業4,871億円，製造業4,255億円，建設業3,312億円，商業2,978億円となっている．

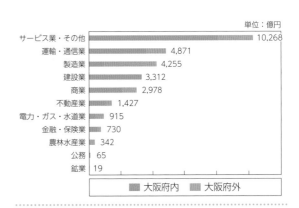

図6-3-8　拡張万博ケースにおける産業別にみた生産誘発額

資料）筆者作成

　以上の分析は，現地に行ってリアルに大阪・関西万博と関西周遊旅行を楽しむことから発生する経済効果をみたものであるが，それ以外に最近注目されているのはバーチャルな体験を通じた経済効果である．本稿では大阪・関西万博におけるその効果を直接分析していないが，その重要性をBox（バーチャルな体験を通じた経済効果の考え方）において，強調した．

Box バーチャルな体験を通じた経済効果の考え方

新型コロナウイルスの流行に伴い，観光ツアーのあり方も様々な変化がもたらされている．その代表的な取り組みの一つとして，オンラインを通じたバーチャルな観光ツアーが挙げられる[6]．ここでは，バーチャルな観光ツアーそのものが与える影響と，バーチャルな体験が実際の体験につながる影響の2種類から経済効果について考える．

前者のバーチャルな観光ツアーが与える影響について，新型コロナウイルスの流行以降，いくつかの調査結果が明らかになっている．前河・妹尾・片平（2022）では，わが国のバーチャルな観光ツアーの市場規模（2020年）は95.9億円，年間成長率は約30％であり，リアルな観光ツアーと別の市場を確立していると述べられている．JTB（2021）では，バーチャルな観光ツアーの体験比率は2.9％としている．総務省（2021）『令和3年　情報通信白書』では，旅行会社HISのバーチャルな観光ツアーの利用者が2万3,000人を超えていることを明らかにしている（2020年10月現在）．佐々木（2021）では，事例として，地域の産品を事前に送りオンラインを通じて地域特有の体験を共有する取り組みの成果が上がっていることを指摘している．

一方，後者のバーチャル体験が地域経済に直接効果を与える影響を考える．バーチャルな観光ツアーだけではその金額も小さいことから，バーチャルな体験が実際の体験にどのようにつながるかが重要となる．バーチャルな体験が実際の体験につながる根拠について，そのヒントになる考えは，インバウンド観光客による帰国後のEC取引の増加がその事例として使えるだろう．新井（2019）では，「わが国のインバウンド観光客にとって，訪日旅行自体が日本の製品，農林水産物，飲食，サービスなどを試す，体感する機会となっており，いわば，訪日旅行，インバウンド観光の『ショールーム効果』によって，帰国後も自国で日本の製品，農林水産物，食品を購入」すると述べられている．バーチャルな観光ツアーも同様に，その体験を呼び水にして実際の体験が誘導されると考えられる．そこで，バーチャルな観光ツアーが実際の観光ツアーや地域の消費につながるのかみていく．日本国内の事例として前述した，前河・妹尾・片平（2022）では，オンラインツアー参加後，88.7％の人が対象地域や施設等に訪問したいと思うようになったと回答し，若年層を中心に地域の特産品購入や訪問などの地域に対する行動をとっていることを明らかにしている．JTB（2021）では，オンラインツアー経験者のツアー参加後の行動は，「実際に地域に来訪した」11.7％，「特産品を購入した」19.1％，さらに「これから行動したい」という回答者を含めると60％近くになると述べられている．訪日外国人の事例として日本政策投資銀行・日本交通公社（2021）では，オンラインツアーは，訪日意向の惹起に対して効果が大きいことを明らかにしている．みずほリサーチ＆テクノロジーズ（2022）では，バーチャルツアーへの参加によって，実際に案内された場所を実際に見に行きたい割合が27.4％にのぼるなど，現地への旅行意向が高まっている調査結果を明らかにしている．

このように，バーチャル体験がリアルへの「呼び水」となることは，先行調査事例でも確認できる．大阪・関西万博においても，バーチャルな体験を通じて実際の観光ツアーにつなげていく取り組みが重要となるだろう．

3. 大阪・関西万博の拡張化とインフラ整備で関西復権を

本節では，大阪・関西万博が夢洲会場でのパビリオンを中心として開催される経済効果に加え，新たに拡張万博の展開（関西のパビリオン化）という概念を持ち込んだ拡張大阪・関西万博の経済効果についても試算を行った．

拡張万博の展開によって，関西広域にわたっての様々な取り組みが期待されており，観光客にとって十分魅力的なコンテンツ，滞在型消費を促すようなインセンティブを用意することになれば，延泊効果を十分に発揮することが期待できる．GRPと比較をするために，経済効果について粗付加価値誘発額でみると，「基準ケース」では1兆4,505億円，拡張万博ケースでは1兆6,557億円と2,052億円上振

---

6)　本節で取り扱うバーチャルな観光ツアーは，いわゆるオンラインツアーを中心に検討を加えている．

れしている．比率に直すと，「基準ケース」と比べて14.1％の拡大となっている．これは，関西広域のGRPと比較すると，おおよそ1.6％ポイント上昇することが期待される．なお，経済効果に占める大阪府の割合についてみてみると，「基準ケース」では73.2％（＝1兆8,496億円/2兆5,276億円）であるが，「拡張万博ケース」では69.2％（＝2兆184億円/2兆9,182億円）まで下がることがわかる．

　最後に，本章での議論を整理しておく．第1節において，関西経済の50年にわたる持続的な低迷の原因として投資不足をあげ，大阪・関西万博等を梃子にした投資増による関西の成長可能性を示唆した．第2節では，インフラ整備がもたらす経済効果についてみたのちに，大阪・関西万博を見据えた関西でのインフラ整備について整理を行った．それを受け，第3節では，大阪・関西万博の経済効果の試算に加えて，拡張万博の展開がなされた場合の関西広域への影響について考察してきた．その影響は，規模だけではなく，及ぼす地域についても大きな違いがみられた．経済効果は大阪府のみならず他地域にも効果をもたらすことがわかった．

　大阪・関西万博に代表される大規模なイベントの経済効果が，特定の地域や特定の時期にとどまるのは望ましくなく，関西広域で中長期的な取り組みがなされていくことが求められる．また，バーチャル万博の可能性についてみてきたように，大阪・関西万博をひとつの「呼び水」として，関西経済の成長につなげていくことも重要である．

　拡張万博のように関西全体で万博を盛り上げるという取り組みを通じて，世界に関西の魅力を認知してもらい，関西に更なる人材や資金の好循環を促していくことが，万博のレガシーであると認識すべきである．好循環を促すことにより，国内外からの投資を呼び込み，関西経済の反転成長につながろう．

参考資料

Cuccia,T., C. Guccio and I. Rizzo (2016) "The effects of UNESCO World heritage list inscription on tourism destinations performance in Italian regions", *Economic Modelling*, Vol.53, pp.494-508.

Towse,R. (2010) *A Textbook of Cultural Economics*, Cambridge University Press, p.53.

赤坂 美保, 廣岡 裕一（2021）「郊外における子供連れ訪日外国人旅行客に向けたコンテンツ開発 －観光庁，最先端観光コンテンツ インキュベーター事業を活用した検証－ 」『観光マネジメント・レビュー』Vol.1, pp.66-77.

新井直樹（2019）「インバウンド観光の意義，効果と課題」『奈良県立大学研究季報』30巻1号，pp.1-34.

観光庁（2019）『「体験型観光コンテンツ市場の概観」世界のコト消費と海外旅行者の意識・実態の調査結果』，(https://www.mlit.go.jp/common/001279555.pdf，最終閲覧日：2022年7月21日)

佐々木文人（2021）『オンラインツアーの教科書　アフターコロナを見据えた「新しい関係人口」と「収益」のつくりかた』やまとこころブックス

JTB（2021）「オンラインツアー経験者に対するアンケート調査」

総務省（2021）「令和3年情報通信白書」

日本政策投資銀行・日本交通公社（2021）「アジア・欧米豪訪日外国人旅行者の意向調査（第2回 新型コロナ影響度 特別調査)」

前河一華・妹尾康志・片平春樹（2022）「「オンラインツアー」の現状および市場規模について」三菱UFJリサーチ＆コンサルティング

みずほリサーチ＆テクノロジーズ コンサルティング（2022）「DXを活用したバーチャルツアーを呼び水とする旅行意向の喚起」

大阪経済大学経済学部 教授

下山 朗

株式会社日本アプライドリサーチ研究所
取締役・主任研究員

下田 充

大阪経済法科大学経済学部 教授
関西学院大学 名誉教授

高林 喜久生

Part I

Part II

Part III

Part IV

Column A　大阪・関西万博の拡張と共創イノベーション

1.　大阪・関西万博がやってくる

　2025年に開催される大阪・関西万博は開催地である関西に，そして我が国に，何をもたらすのであろうか．本稿は，万博開催という千載一遇のチャンスを関西全域でどのように活用すべきかという方法論と，その開催により期待される未来の社会やビジネスの可能性についての一考である[1]．

(1) 大阪・関西万博の姿（あらまし）

　大阪・関西万博（正式名称：2025年日本国際博覧会）は規模の大きい登録博（旧認定博）として55年振りに大阪で開催される万博で，概要（テーマ・コンセプト・目標等）は以下の通り（図6-CA-1）．

| 図6-CA-1 | 2025年日本国際博覧会概要 |

資料）2025年日本国際博覧会協会資料

　この万博のテーマやコンセプトなどの特徴は，単なる万博の会期中だけのものではなく，関西が目指すべき方向そのものではないだろうか．

(2) 万博，祭りのあとに要注意

　例えば，1970年の大阪万博の前後10年間の経済を見ると，大阪府のGDPの全国に占める割合は万博開催までは増加しているが，閉幕直後から急激に低下することとなる（全国比）．

　同様の現象は75年沖縄海洋博でも顕著であり，博覧会の入場客を見込んだ多くの宿泊施設や小売店が苦境に追い込まれたと言われる．更に，続く90年の大阪花博，05年愛・地球博など，過去の万博の多くは，多少の時間差はあれども，開催後に開催地域の経済が対全国比で低下している．

　このような現象は建設投資の減少など「祭りのあと」としてやむを得ない面もあるが，今般の大阪・関西万博ではこのような減少を最小限に抑え，長期にわたり万博効果が地域経済に大きくプラスとなるための地域戦略が重要である．

　特に万博の入場者の誘客を見込んだ観光戦略などは，リピーター戦略や地域ブランド戦略などの万博閉幕後にも落ち込まない方策を当初から検討すべきである．

(3) 万博のソフトレガシーを考える

　1851年の第1回ロンドン博に端を発する万博は，これまで多くの国や地域で開催され，エッフェル塔などの建造物遺産や，ベルの電話機・エジソンの蓄音機などの最先端の技術展示等で多くの人々に大きな感動を与えてきた．

　特に我が国では1970年にアジアで初めて開催された日本万国博覧会（70年大阪万博）の印象が強く，実は筆者自身も当時，子供ながらに13回訪れ，太陽の塔や月の石と共に，最先端の科学技術の展示が深く心に刻まれている．

　しかし，例えば過去の万博ではワインの格付けや国際特許制度などが検討されたり，70年大阪万博では絵文字であるピクトグラムが提示されるなど，万博終了後の後世に役立つ「仕組み」や「ルール」が検討されているところにも注目されたい．

　筆者は，このような以降永続的に関西の産業が発展する「しかけ・仕組み」を「ソフトレガ

---

1)　本稿はあくまで個人的意見で，所属する組織等の公式な見解ではない．

シー（無形の遺産）」と呼び，本万博の成果として最も重視すべきファクターの一つと考える．

2. 万博を超える「拡張万博」

(1) 3軸の拡張と新しい万博概念

大阪・関西万博は，70年大阪万博や先に閉幕したドバイ博に比較し，決して大きな規模ではない．会場面積などの物理的な制約から見ても，万博会場内だけで展示や催しを実施するだけではインパクトは少ない．

「万博」は世界的な大規模イベントで，社会を変えることのできる大きなポテンシャルを秘めており，その効果を最大限に引き出すためには，大阪・関西万博はこれまでの万博とは全く違ったそして現実的な発想が必要である．

この命題に対し，筆者は万博の「テーマ・時間・空間」の概念を拡張した「拡張万博」の考え方を提唱したい．

具体的には，①各自の活動を万博のテーマやSGDs・Society5.0といった目標の切り口で新たなアクションを検討し，②時間的には万博の開催前から開催後にわたる長期的なアクションを考え，③空間的には万博が開催される夢洲会場だけではなく関西一円（更には全国）において，万博と親和性の高い活動を展開する戦略である．

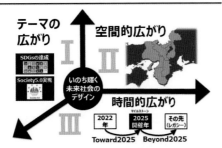

図6-CA-2　万博の拡張概念

（執筆者作成）

つまり，万博の概念をテーマ・時間・空間な

ど様々な観点から拡張し，関西全体を仮想的なパビリオンに見立て，特に取引マートや会期外の活動など，万博会場では実施しにくい事業も含めた「拡張万博」を実践するものである．

そのような観点からすれば，既に「拡張万博」は開幕されており，万博本体が終わっても「拡張万博」は続くことになる．これまでの万博は万博会場内で展示するものであったが，今回の万博はそれも含めた広大な地域全体におけるアクティビティすべてが展示物であり，それらを総称し「拡張万博」と表現することで，より多くの人が万博に関わることができ，従来の万博とは比べものにならない魅力と地域への波及が期待できる．

つまり，拡張万博概念に沿う関西の多くの経済活動や新たなマートやイベントを万博と関連付けてアピールすることで，開催地の「地の利」を最大限に活かした産業の活性化が可能である．

蛇足ながら，既存概念を破った新しい万博には，「70年大阪型万博の成功体験」からの意識チェンジも必要であることを申し添えたい．

図6-CA-3　関西全体をパビリオンに

（執筆者作成）

(2) エジンバラ・フリンジ

「拡張万博」の検討にあたり参考となりうる事例として，「エジンバラ国際フェスティバル」が想起される．ご存じの方も多いと思われるが，同フェスティバルは，1947年に創設され

た英国スコットランドのエジンバラで開催されるオペラや演劇・クラシック音楽等の世界的なイベントである.

　実は，この「エジンバラ国際フェスティバル」開催時に，その周辺で勝手にコメディーやミュージカルなどのユニークなイベントが始められた.これは「エジンバラフェスティバル・フリンジ（fringe＝周辺の意）」と呼ばれ，次第に本体の国際フェスティバルを凌ぐまでに発展することになる.

　その後，このフリンジのようなイベントが次第に増え，今や国際映画祭，ジャズ・ブルース，アートやエンタメ，更にはインターネット関連など多種多彩なジャンルでの15を超える多くの勝手イベントが開催されるようになった.これらは総称して「エジンバラ・フェスティバル」と呼ばれ，世界中から数多くの観光客が訪れている.

　万博本体をエジンバラ国際フェスティバルに例えるならば，関西でフリンジ的な勝手事業（＝拡張万博）が数多く実施されることが非常に重要であり，万博成功の一つの要素となる.

（3）具体的イメージとフリンジマップ

　それでは「拡張万博」のアクティビティはどのようなものであろうか.具体的なイメージとして例えば以下のような活動が考えられる.
　①「現場」のオープン化：これまで見学の場ではなかった場所のパビリオン化.「中小工場＝オープンファクトリー」や「おもてなしサービスの現場」，「大学・研究所」など多様な現場のパビリオン化が考えられる.
　②国際的活動の拡大：国際会議や国際学会などの関西への誘致や恒常的開催.姉妹都市や交流が少ない都市との若者交流や，海外企業との交易促進などが考えられる.
　③マーケット（マート）：万博本体が展示中心であるのに対し，会場外では多くの取引場（マート）を開設し，万博会期後も関西が国際的な商談場としての機能を担う.

　④関西各地への誘導：国内外から万博会場に来訪するビジネス人材を関西各地に誘導.その際，閉幕後のリピート対策や地域の連携が重要.
　⑤共創活動：万博のコンセプト「People's Living Lab」を関西全域で実施.万博後も関西が世界の共創空間として存在し続けるべく万博前から各所で共創活動を展開.

　そのような各地の様々な「拡張万博活動」が実施され，その活動を体系的に把握し，それぞれのアクティビティの特徴をアピールする一覧表（フリンジ活動マップ）があれば，内外からのアクセスが容易である.
　近畿経済産業局では，そのプロトタイプとして，「360°EXPO拡張マップ」と称する活動データ集を作成・公開しているところである.

図 6-CA-4　360°EXPO 拡張マップ

資料）近畿経済産業局360° EXPO拡張マップ

（4）万博とのつながり

　「拡張万博」は関西の様々な活動群であるが，それらを本来の万博と何らかの関連性で意味付けることで，万博活動の一環としての認識をより得やすくなると思われる.
　大阪・関西万博のメインテーマは「いのち輝く未来社会のデザイン」であり，このテーマは非常に広範な概念として捉えることができる.関西の様々な産業群をハード・サービス・コンテンツの面から「いのち輝く産業」としてスペクトル状にマッピングすると，関西の多くの産業がシームレスに配置され，万博と非常に親和性が高いことがわかる.

　万博会場外の活動をこのように万博のテーマと重ね，万博との関連性をアピールすることも「拡張万博」としては重要である．

　また大阪・関西万博の実施主体である「2025年日本国際博覧会協会」では，万博会場外におけるSDGsに沿った活動を登録する「TEAM EXPO 2025プログラム」を推進している．これはこれまでの万博にない新たな取り組みとして，「拡張万博」に非常に近い概念でもあり，このプログラムに登録することで万博との連携性を示すことも一方策であろう．

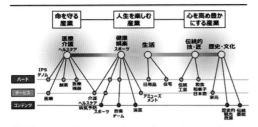

いのち輝く 関西の産業スペクトル群

図6-CA-5　関西の産業スペクトル群

（執筆者作成）

3. 万博がもたらす次世代の共創イノベーション

(1) ビジネス環境が変わる

　コロナ禍において，コミュニケーションツールを活用したテレワークや会議が普及し，ネット配信によるセミナーなども多数開催されている．

　また，旧facebook社のMeta社への社名変更や，Microsoft社のメタバース戦略の発表などが話題となり昨年来「xR[2]」や「メタバース」に非常に注目が集まっている．

　このようなサイバー空間の急速な浸透と，それに対する「人々の適応力の向上」により，多くの人にとってサイバー空間による交流への違和感や抵抗感が無くなっている．

　このようなサイバー空間は，大阪・関西万博

でも大いに活用されると思われ，今後の5G・6Gの普及と平行し益々進展し，生活やビジネスに欠かせないものとなろう．

　一方で，例えば（株）オカムラがTEAM EXPO 2025プログラム活動として自社の共創空間で交流活動を展開したり，NTT西日本が広大な共創空間を創設するなど，近年，リアルな共創空間における様々な企業による共創活動が活発化している．

関西の主なオープン共創空間（セレクション）

図6-CA-6　関西の主なオープン共創空間

資料）近畿経済産業局360°EXPO拡張マップ

(2) 産業クラスターからテーマ発想型共創活動へ

　大阪・関西万博は「People's Living Lab」をコンセプトとしている．「リビングラボ」とはユーザー等を含め様々なプレイヤーが参加するオープンイノベーションによる共創活動であり，前述の「拡張万博」がリビングラボとして活動し，万博閉幕後も関西全域が永続的イノベーション創成装置となることを期待したい．

　産業が活性化した地域という意味で類似する「産業クラスター」は，空間経済学などを理論的拠り所に，近接地域において，主として同業種の産業集積地が「競争しつつ同時に協力し」活性化している状態と言われる．

　前述のサイバー空間の発達により，face to faceの交流が可能な近接的な共創（＝従来の産業クラスター概念）だけでなく，近い将来，

2）「VR（仮想現実）」「AR（拡張現実）」「MR（複合現実）」現実世界と仮想世界を融合する技術の総称．

物理的距離を超えたサイバー空間上での交流や共創活動が一般的となる可能性も十分考えられる．（空間からの解放）

また，従来の産業クラスターは，例えば「産地」のように，歴史的・地政学的に生じた特定産業の集積地であることが多かったが，サイバー空間での共創は，多様な業種のプレイヤーが同時に参加することが容易となり，そこでは「共創するテーマの魅力」がより重要になろう．例えば「未来スポーツ」というテーマがあれば，「イベント」「音楽」「ファッション」「IT・メディア」「教育」など様々な産業が交錯したユニークな共創による新ビジネスが考えられる．（業種からの解放）

ただし，交流活動の全てをサイバー空間上で実施するのではなく，充実しつつある前述のリアルな共創空間を活用しつつ，距離や時間の制約のないサイバー空間を併用したハイブリッドな環境で，かつ「魅力的なテーマ」を重視した共創活動が現実的かつ有効な方法論であると思われる．

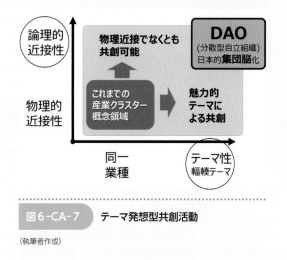

図6-CA-7　テーマ発想型共創活動

（執筆者作成）

（3）強固な人脈形成と共同体活動

近年，企業単位では機動力に限界があり，個人ではパワー不足であることなどから，才ある個人が集まり新商品開発などを目指す共創活動が活発化しつつある．前述のTEAM EXPO 2025プログラムにもSDGsを志向した共創チームが数多く登録されている．

このような，万博開催による人々の未来に対する高揚感（ムードの高まり）は非常に重要なパワーであり，何かを始めようとワクワクする人が集う発想・共創の場なども望まれるところである．

多くの人でアイデアを出し合う集団脳[3]的な方法論は日本人向きであり，このような時に企業組織を超えて「チーム」となる個人と企業の中間となる組織形態を仮に「新中間共同体[4]」と称すると，この新中間共同体が今後の新たな経済主体として中心的に活躍する時代となる可能性もあるだろう．

また最近は次世代のインターネットと言われるWeb3由来の「DAO（分散型自立組織）[5]」などの新たな組織の形態も話題となっており，様々に変化しつつある新たな経済主体となりうる組織形態にも注目したいところである．

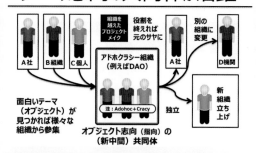

図6-CA-8　テーマ志向の共同体が活躍

（執筆者作成）

---

3)　個体の能力だけでなく，多くの英知が集まって共創し進化するさま．人類が繁栄したのは「集団脳」によるとされる．

4)　中間共同体は国家と個人の中間に位置する存在．明治以降は主に「企業」が担ってきた．ここでは企業と個人の中間に位置する意として表現している．

5)　ブロックチェーン等の技術を活用した分散型のコミュニティや組織．中央集権的な管理者が存在せずとも，同じ目的を持つ人が集まり事業やプロジェクトを推進していくことが可能．

そして，大阪・関西万博が掲げるテーマや目標などは「関西が目指す姿そのもの」であり，万博を契機に会場内外で推進される共創活動は，その成果だけではなく検討プロセスで培われた強固な人脈こそが重要な万博レガシーである．

近畿経済産業局 2025NEXT関西企画室
石原 康行

図6-CA-9　万博契機による強固な人脈形成

（執筆者作成）

(3)「想像する未来」「なりたい未来」

今後，万博をステップにどのような思考で新たなビジネスを考えるのであろうか．

例えば，かつてテレビという革新技術が生まれるとドラマやスポーツ中継等のコンテンツ技術が生まれたように，新たな革新的技術が生まれるとそれに付随した新たなビジネスが次々誕生する．

AIやメタバースが飛躍的に進化しつつある今，想像力を働かせ，先んじて実現しつつある革新技術の波及的ビジネスを検討すべきである．

一方，技術や社会が大きく変化する直中で，多くの人にとってその正確な把握は難しく，未来を予想するのは容易くない．むしろ，未来はこうあって欲しいという「なりたい未来」を想定し，それに向かってバックキャスティングし，新ビジネスを検討することも重要であると思われる．

万博を契機にした各位・各界の新たな取組み・更なる取組みに期待したい．Let's Begin！

Part

III

- COVID-19 Chronology
- EXPO 2025 Chronology

COVID-19 Chronology

目　次

【COVID-19 Chronology の編集について】

・本COVID-19 Chronologyは，アジア太平洋研究所（APIR）のCOVID-19 Chronology班が執筆した.

・世界各国の感染者数や死亡者数等のデータは，各国の発表や世界保健機関（WHO），米ジョンズ・ホプキンス大学のデータを基にOur World in Dataが発表したデータを用いている.

・日本の感染者数や死亡者数のデータについては，基本的には厚生労働省『新型コロナウイルス感染症の現在の状況と厚生労働省の対応について』のデータを，ワクチンに関するデータは「首相官邸ホームページ」を用いている（それ以外の場合は別途出所を記載）. なお，各都道府県のHPや各機関が公開しているデータと差異がみられる場合がある.

・日本の人口については，『令和4年住民基本台帳年齢階級別人口（市区町村別）』のデータを用いている.

・以下のデータの最終確認時点は，2022年6月30日である（例外の場合は注記）.

1. 世界の感染状況

○ 2019年12月初旬，中国武漢で新型コロナウイルス（以下，COVID-19）に関する最初の感染症例が報告されて以降，22年6月29日までの世界の累計陽性者数が5億4,639万人を超え，累計死亡者数は633万人を超えた．

○ 2021年末頃から新たな変異株（オミクロン）により世界中で感染が再拡大した．新規陽性者数（7日間移動平均）の推移をみれば，22年1月15日には米国で過去最高の80万7,817人の感染を確認した．また，人口百万人当たりの新規陽性者数（7日間移動平均）の推移をみれば，フランスが1月25日に5,436人と米国（1月15日：2,426人）を上回る値で感染が拡大した．足下では台湾での感染が拡大しており，5月20日に1日当たりの陽性者数が8万3,631人まで拡大した．その後ピークアウトするも，6月29日時点でも4万2,025人の陽性者が確認されている（**図1**）．

○ 中国では2022年3月に入り，新規陽性者数が急増した（**図2**）．これを受け，COVID-19感染防止策として一貫してゼロコロナ政策を続けている中国政府は，3月11日から長春市を皮切りに主要都市において都市封鎖を行った（**表1**）．28日には上海市の東部が，4月1日には西部が都市封鎖され，西部については4日に都市封鎖継続が決定された．4月中旬にかけて，鄭州市，西安市や蘇州市において住民の移動が制限された．5月には北京市において飲食店での飲食が禁止された．このゼロコロナ政策による強力な移動制限により，都市間での物流が寸断され，生産工場の操業停止も相次いだ．陽性者数は，4月15日の2万6,570人（7日間移動平均）をピークに，陽性者数は減少した．感染状況の落ち着きから，6月1日には上海市の都市封鎖が2カ月ぶりに解除され，6日には北京市の飲食店での飲食禁止も解除された．

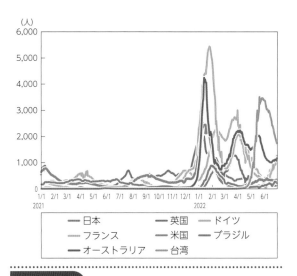

| 図1 | 世界の人口百万人当たりの新規陽性者数 |

注）7日間移動平均．
資料）Our World in Data公開データを基にAPIRにて作成

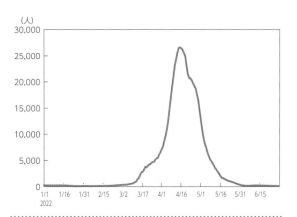

| 図2 | 中国の新規陽性者数の推移 |

注）7日間移動平均．
資料）Our World in Data公開データを基にAPIRにて作成

| 表1 | 中国主要都市における都市封鎖の推移 |

日付	内容
2022年3月11日	吉林省長春市で都市封鎖開始
3月14日	広東省深圳市で都市封鎖開始
3月21日	広東省深圳市の都市封鎖を解除
3月24日	遼寧省瀋陽市で都市封鎖開始
3月28日	上海市東部で都市封鎖開始
4月1日	上海市西部で都市封鎖開始
4月4日	上海市西部で都市封鎖継続決定
4月15日	河南省鄭州市で住民の移動制限を開始
4月16日	陝西省西安市で住民の移動制限を開始
4月16日	江蘇省蘇州市で住民の移動制限を開始
4月18日	遼寧省瀋陽市の都市封鎖を解除
4月20日	陝西省西安市での移動制限を解除
4月28日	吉林省長春市の都市封鎖を解除
5月1日	北京市において飲食店での飲食禁止
6月1日	上海市の都市封鎖が解除
6月6日	北京市において飲食店での飲食禁止を解除

資料）各所報道資料を基にAPIRにて作成

Part I

Part II

Part III

Part IV

2. 日本の感染状況

○日本の新規陽性者数をみれば，2021年7月に入り，陽性者数が拡大し第5波を迎えた．その後ピークアウトし9月30日に緊急事態宣言が解除された．しかし，オミクロン株の登場により22年1月から陽性者数が急増し，36都道府県でまん延防止等重点措置が行われた（第6波）．2月には感染拡大のピークを迎え，第5波のピークと比べて約4倍の陽性者数まで達した（**図3**）．そ

の後，感染力の強いBA.2株の登場や人流に対する大幅な制限がなかったこともあり，減少のペースは緩やかである．足下6月29日時点では2万3,329人とやや増加に転じているものの，第5波のピーク（2万5,975人）を下回っている．

○第4波と第5波を比較すると，重症者数は1.6倍増えたが，死亡者数は減少している（**図4**）．

○第5波と第6波を比較すると，死亡者数は3.6倍であり新規陽性者数と倍率は大きく変わらないが，重症者数は減少している（**図4**）．

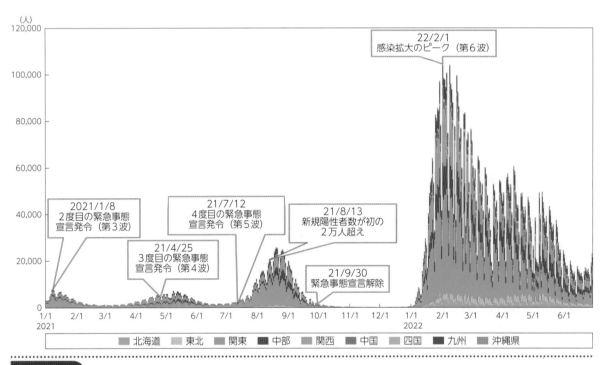

図3 日本の新規陽性者数：地域別

資料）厚生労働省発表資料より作成

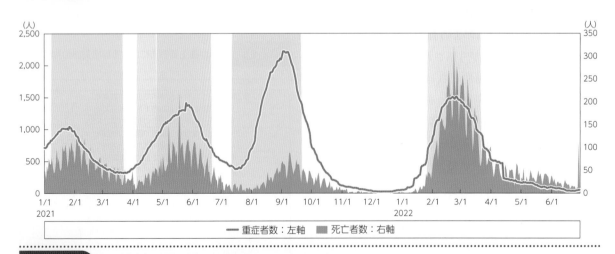

図4 日本の重症者数及び死亡者数の推移

注）灰色のシャドー部分は関西における緊急事態宣言，オレンジ色はまん延防止等重点措置実施期間.
資料）厚生労働省発表資料より作成

3. 関西の感染状況

○関西も全国と同様に2021年7月からの第5波が収束した後，オミクロン株により22年1月から陽性者数が急増し第6波へと感染が拡大した．十万人当たりの新規陽性者数でみると，第6波では和歌山県を除く2府3県において全国を上回る陽性者が確認された．その後2月中旬をピークに減少傾向で推移するも減少のペースは緩やかである（**図5**）．

○関西2府4県の重症病床使用率の推移をみると，大阪府は第4波で一時90％を上回りひっ迫状態であったが，第5波では最大でも50％程度にとどまった．一方，京都府及び奈良県は第5波及び第6波において大阪府を上回る使用率を占めており，奈良県は2022年2月22日に最大76.5％にまで達した（**図6**）．

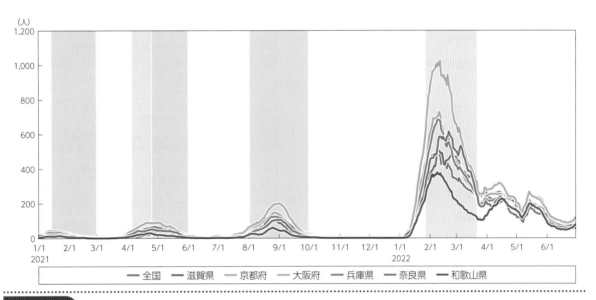

図5	関西の人口十万人当たり新規陽性者数

注）7日間移動平均．灰色のシャドー部分は関西における緊急事態宣言，オレンジ色はまん延防止等重点措置実施期間．
資料）厚生労働省，各自治体発表資料等発表資料より作成

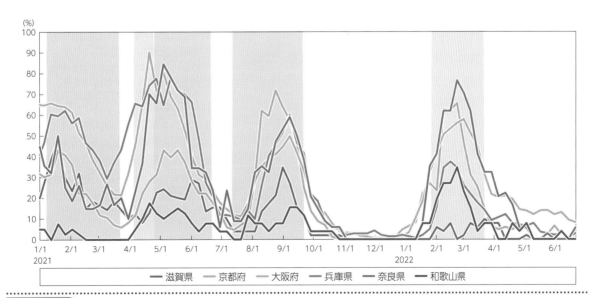

図6	関西2府4県の重症病床使用率の推移

注）推移は週次ペース。灰色のシャドー部分は関西における緊急事態宣言，オレンジ色はまん延防止等重点措置実施期間．
資料）厚生労働省発表資料より作成

4. 日本及び世界主要国・地域の水際対策

○ **表2** は日本及び世界の主要な国・地域の水際対策の動向をみたものである．2021年後半にかけて，イスラエルや米国ではワクチン接種を条件に観光客の受入れを開始した．一方，同時期の日本はビジネスや留学目的などに限定した形の入国制限緩和にとどまった．

○ しかし，2021年11月末からオミクロン株の世界的感染拡大で，英国，米国，イスラエルでは南アフリカ地域からの渡航者の入国制限を強化した．また，日本も1日当たりの入国者数の上限を引き下げるなど再び厳格化した．

○ 2021年12月末から22年1月初頭にかけて，米国や英国は，国内で感染がまん延し水際対策の効果が薄まったことから徐々に入国緩和の方針を打ち出した．また，2月にはタイ，フランスやオーストラリアなどもワクチン接種を条件に入国緩和を行った．また，英国では3月14日から諸外国に先駆けて水際対策を撤廃し，15日にはベトナムが観光客の受入れを再開した．4月はシンガポールやマレーシアでも外国人入国者の受入れを再開するなど，東南アジアにおいて入国緩和が進んだ．

○ 一方，日本では2022年3月1日にビジネス目的などの外国人新規入国者の受入れを再開し，1日当たりの入国者数の上限を5,000人に引き上げた．また，同月14日には7,000人に，4月10日には1万人に，段階的に引き上げた．足下，6月1日には入国者数上限を2万人に引き上げ，10日からは団体ツアーに限定した形だが，2年ぶりに観光客の受入れを再開した．

○ このように諸外国は全面的な水際対策の緩和を進めている一方で，日本は段階的な緩和にとどまっていることがうかがえる．

表2	日本及び世界主要国・地域における水際対策の推移
日付	日本及び世界主要国の水際対策
2021年11月1日	イスラエル：ワクチン接種を条件に個人観光客の受入れを再開
11月8日	日本：ビジネスや留学目的などの外国人新規入国を認可
11月8日	米国：ワクチン接種完了者の入国再開
11月26日	英国：南アフリカ，ナミビア，レソト，エスワティニ，ジンバブエ，ボツワナからの航空機の乗り入れを全面的に禁止
11月27日	イスラエル：すべての外国人の入国を14日間禁止
11月29日	米国：エスワティニ，ジンバブエ，ナミビア，ボツワナ，マラウイ，南アフリカ共和国，モザンビーク，レソトからの入国制限
11月30日	日本：外国人の新規入国を停止し，1日当たりの入国者数の上限を5,000人から3,500人へ引き下げ
12月31日	米国：アフリカ南部8カ国からの渡航規制解除
2022年1月7日	英国：ロンドンを含むイングランド地方の入国制限を緩和
2月1日	タイ：ワクチン接種完了者に限定し，隔離期間なしで外国人の入国を再開
2月12日	フランス：ワクチン接種完了者に限り入国制限を緩和
2月21日	オーストラリア：ワクチン接触者に限り観光客の受入れを開始
3月1日	日本：ビジネス目的などの外国人の新規入国を認可し，1日当たりの入国者数の上限も3,500人から5,000人に引き上げ
3月1日	イスラエル：ワクチン接種の有無にかかわらず全世界から観光客の受入れを開始
3月14日	日本：1日当たりの入国者数の上限も5,000人から7,000人に引き上げ
3月14日	英国：水際対策撤廃を表明
3月15日	ベトナム：外国人観光客の受入れを開始
4月1日	シンガポール：ワクチン接種完了者に対し，隔離期間なしで外国人の入国を認可　マレーシア：ワクチン接種完了を条件に，外国人観光客の隔離なしでの受入れを再開
5月1日	タイ：ワクチン接種完了済みの旅行者は，到着時のPCR検査と待機不要．未接種でも渡航前の検査で陰性を証明できれば，隔離措置を免除
5月2日	スイス：全ての入国制限措置を撤廃
4月10日	日本：入国者数の上限を1万人へ引き上げ
6月1日	日本：入国者数の上限を2万人へ引き上げ
6月10日	日本：団体ツアー客に限定し観光客の受入れ再開

注）▇▇▇は日本，▇▇▇は世界主要国・地域の水際対策を示す．
資料）各所報道発表資料より作成

5. ワクチンの接種状況

○世界全体の総接種回数は2022年6月29日時点で120億6,976万回を超えた.

○前述した世界各国ではワクチン接種を条件に水際対策の緩和が活発化している. その対象主要国の国内の3回目の接種率をみると, シンガポール (6月27日：77.2%) のように接種が進んでいる国もある一方で, 米国 (6月21日：36.7%) やイスラエル (6月29日：57.4%) のように頭打ちとなっている国もある (**図7**).

○関西各府県の3回目ワクチン接種率の推移をみると, 3月1日時点で和歌山県 (26.1%), 奈良県 (24.0%) や兵庫県 (20.8%) は全国平均 (20.4%) を上回る接種率であった. その後, 全国に比して関西各府県の接種率の伸びは鈍化している. 足下6月29日時点で上位である和歌山県 (61.8%) と奈良県 (61.4%) は全国平均 (61.7%) と同程度の接種率となった. 大阪府をみれば54.7%と大きく差が開いている (**図8**).

○日本の3回目のワクチン接種率を年代別にみると (6月27日時点), 高齢者の接種率に比べ10代〜30代の若い世代での接種率がいまだ50%未満と低い. 関西2府4県でみると滋賀県は多くの年代で全国値を上回る接種率で推移している (**表3**).

○若い世代は副反応が強く表れる傾向があり, ワクチン接種を避ける傾向にあることも一因と考えられる. 5月下旬より一部地域でノババックス社 (武田薬品工業製造) 開発の組換えタンパクワクチンの接種が始まったが, 従来のワクチンと比べ副反応が少ないと言われている. 今後副反応の懸念でワクチン接種を避けていた若い世代での接種が進むことが期待される.

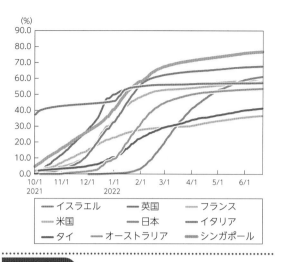

図7 世界の3回目のワクチン接種率

資料）Our World in Data公開データを基にAPIRにて作成

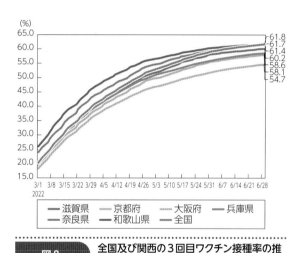

図8 全国及び関西の3回目ワクチン接種率の推移

資料）首相官邸HPよりAPIR作成

表3 全国と関西の年代別3回目ワクチン接種率

単位：%

	12歳〜19歳	20代	30代	40代	50代	60〜64歳	65〜69歳	70代	80代	90代	100歳以上
全国	29.7	44.9	48.6	57.9	75.4	82.5	82.5	90.5	93.9	93.4	90.2
滋賀県	27.0	46.3	47.8	58.1	77.3	84.7	84.4	92.9	95.3	93.7	85.4
京都府	21.4	40.7	43.7	51.8	70.6	80.1	79.9	87.8	93.9	92.2	86.3
大阪府	16.8	34.7	38.9	48.5	69.2	80.1	78.3	86.2	95.5	93.8	86.0
兵庫県	21.0	40.2	44.0	53.2	72.2	82.3	81.9	89.6	94.9	93.4	91.7
奈良県	23.9	43.3	44.9	54.3	73.6	81.9	82.4	90.8	98.1	95.8	93.5
和歌山県	25.2	44.7	46.3	55.1	73.0	81.4	82.1	89.0	91.7	91.2	81.8

注）朱色塗りつぶし箇所は全国値を上回る値.
資料）厚生労働省発表資料より作成

Part I
Part II
Part III
Part IV

6. 日本の財政政策

○**表4**は日本のCOVID-19関連対策の予算（令和3年度補正予算以降）についてまとめたものである．令和3年度の補正予算では医療提供体制の確保をはじめとして18.6兆円が充てられたが，令和4年度の補正予算では2.7兆円と金額も縮小し，内容のほとんどが原油価格や物価高騰対策に充てられている．

○令和3年度及び4年度には新型コロナウイルス感染症対策予備費がそれぞれ5兆円ずつ用意された．**表5**はその使用実績をまとめたものである．令和3年度は使用実績の多くがワクチンの確保及び接種対応に使われてる．令和4年度はまだ1.2兆円ほどのみではあるが，地方創生臨時交付金や低所得の子育て世帯生活支援特別給付金に多くが充てられている．

表4　日本の予算概要と経緯

日時	項目	概要	予算総額（兆円）
2021年12月20日成立	令和3年度補正予算	**新型コロナウイルス感染症の拡大防止：18兆6,059億円** （1）医療提供体制の確保等4兆4,783億円 ・新型コロナウイルス感染症緊急包括支援交付金（病床確保等）：2兆314億円 ・新型コロナウイルスワクチンの接種体制の整備・接種の実施：1兆2,954億円 ・治療薬の確保：6,019億円　等 （2）感染症の影響により厳しい状況にある方々の事業や生活・暮らしの支援：14兆1,276億円 ①事業者への支援 ・事業復活支援金：2兆8,032億円 ・資金繰り支援：1,403億円（既定経費の活用を含めると3兆245億円） ・時短要請等に応じた飲食店等への協力金等（地方創生臨時交付金）：6兆4,769億円　等 ②生活・暮らしへの支援 ・住民税非課税世帯に対する給付金：1兆4,323億円 ・緊急小口資金等の特例貸付：4,581億円 ・新型コロナウイルス生活困窮者自立支援金：937億円 ・学生支援緊急給付金：675億円 ・住居確保給付金：100億円 ・雇用調整助成金の特例措置等：6,547億円 ・雇用保険財政の安定：1兆7,422億円　等 ③エネルギー価格高騰への対策 輸送用燃料に係る負担軽減制度等：800億円（既定経費の活用を含めると893億円）　等	31.5
2022年3月22日成立	令和4年度予算	**新型コロナウイルス感染対策予備費：5兆円** 令和3年度補正予算において，医療提供体制の確保，ワクチン接種体制の整備，治療薬の確保等を措置するとともに，変異株による感染拡大等，予期せぬ状況変化に備え，令和4年度予算においてもコロナ予備費5兆円を措置．	107.6

日時	項目	概要	予算総額 （兆円）
5月17日 成立	令和 4年度 補正予算	コロナ禍における「原油価格・物価高騰等総合緊急対策」関係経費： 2兆6,939億円 （1）原油価格高騰対策：1兆1,739億円 　・燃料油価格激変緩和事業：1兆1,655億円 　・タクシー事業者に対する燃料価格激変緩和対策事業：84億円 （2）今後への備え：1兆5,200億円 　・一般予備費：4,000億円 　・新型コロナウイルス感染症及び原油価格・物価高騰対策予備費： 　　1兆1,200億円	2.7

注）新型コロナウイルスに関わる部分のみを抜粋.
資料）財務省発表資料より作成

表5　　新型コロナウイルス感染症対策予備費使用実績（令和3年度・4年度）

日時	項目	概要（使用実績費用順）	予算残額
2022年 3月25日 公表	令和3年 度一般会 計新型コ ロナウイ ルス感染 症対策予 備費使用 実績	・ワクチンの確保：1兆1,790億円 ・ワクチン接種の促進：8,415億円 ・子育て世帯に対する給付（仮称）：7,311億円 ・適切な患者療養の確保（治療薬の確保等）：6,770億円 ・新型コロナウイルス対応地方創生臨時交付金：5,000億円 ・検疫体制の確保：1,720億円 ・緊急小口資金等の特例貸付：1,549億円 ・住民税非課税世帯等に対する臨時特別給付金：1,054億円 ・抗原検査キットの確保：929億円 ・緊急雇用安定助成金等：841億円 ・コロナ禍で公演を延期した音楽・演劇等に関する開催支援：627 　億円 ・コロナ禍を乗り越えるための文化芸術活動の充実支援事業：180 　億円 <div align="right">合計4兆6,186億円</div>	3,814億円
2022年 4月28日 公表	令和4年 度一般会 計新型コ ロナウイ ルス感染 症対策予 備費使用 実績	・新型コロナウイルス感染症対応地方創生臨時交付金：8,000億円 ・低所得の子育て世帯に対する子育て世帯生活支援特別給付金： 　2,043億円 ・中小企業等事業再構築促進事業：1,000億円 ・新型コロナや原油価格の高騰等を踏まえた環境に配慮した持続可 　能な観光の推進：90億円 ・新型コロナウイルス感染症セーフティネット強化交付金：11億円 ・孤独・孤立に悩む方々に各種支援策を届けるための体制強化等： 　10億円 ・大学生等への新型コロナウイルスワクチン接種促進事業：10億円 ・孤独・孤立対策に取り組むNPO等への支援：7億円 <div align="right">合計1兆1,171億円</div>	3兆 8,830億円

資料）財務省発表資料より作成

Part I
Part II
Part III
Part IV

EXPO 2025 Chronology

目　　次

【EXPO 2025 Chronology の編集について】

・本 EXPO 2025 Chronology は，アジア太平洋研究所（APIR）の EXPO 2025 Chronology 班が執筆した．

・以下のデータの最終確認時点は，2022年6月30日である（例外の場合は注記）．

・公益社団法人2025年日本国際博覧会協会は，記載スペースの関係で「万博協会」と表記した．

1. 年表

○好調な対中国向け輸出等に支えられた関西経済は2018年には低迷の色を濃くする．その背景に大阪北部地震や台風21号による関西国際空港の閉鎖などの暗いニュースがあったが，11月23日に2025年国際博覧会が大阪で開催されることが決定し，関西経済の将来に対する鬱々とした雰囲気を一変させた．しかし，20年のCOVID-19感染拡大により対面でのイベント等は控えられていた．22年に入ると開幕まで3年となり，大阪府以外の地域でも万博に関するイベント等の動きが活発化してきた．

表1 万博関係及び世界・日本の動き：2018〜22年

年	万博関係の動き		世界・日本の動き	
2018	1/22	フランスが25年万博誘致の断念を表明	2/9	平昌オリンピック開幕
	3/6〜8	博覧会国際事務局（BIE）の視察団が現地調査	3/18	新名神高速道路の高槻ジャンクション―神戸ジャンクション間が全線開通
			4/27	板門店で南北首脳会談が開催
			6/18	**大阪北部地震**が発生
			7/20	カジノを含む**統合型リゾート（IR）実施法**が成立
			9/4	**台風21号の被害で関西国際空港が閉鎖（9/21に再開）**
			10/1	京都大学の本庶佑特別教授がノーベル医学・生理学賞を受賞
	11/23	BIE総会で**2025年国際博覧会の開催国に日本（大阪）が選出**	12/30	米国を除く環太平洋連携協定（TPP）参加11カ国が合意した新協定「TPP11」が発効
2019	1/24	経済産業省が2025年国際博覧会の**正式名称**を「**2025年日本国際博覧会**」，略称は「**大阪・関西万博**」と発表	2/1	日本と欧州連合（EU）間の経済連携協定（EPA）が発効
	1/30	「**公益社団法人2025年日本国際博覧会協会（以下，万博協会）**」が発足	3/16	「JRおおさか東線（新大阪―久宝寺）」が全線開通
			5/1	元号が「**令和**」に改元
			5/23	インドで総選挙にてモディ首相が勝利宣言
			6/28	**大阪市で日本初開催であるG20サミット**が開幕
			7/6	仁徳天皇陵古墳を含む大阪府南部の「百舌鳥・古市古墳群」が世界文化遺産に登録
			9/20	第9回ラグビーワールドカップが日本で開幕
			10/1	**消費税が8%から10%に引き上げ**
2020	1/31	「TEAM EXPO 2025」プロジェクトパートナー7社と包括連携協定を締結	1/31	英国がEUを離脱
	2/14	2025年日本国際博覧会アンバサダーを発表	3/11	WHOのテドロス事務局長がCOVID-19の「パンデミック」発生を宣言
	7/13	大阪・関西万博プロデューサー決定	4/7	COVID-19の感染拡大防止のため，**初の緊急事態宣言を発令**
	8/25	ロゴマーク決定	8/17	内閣府による**20年4〜6月期の実質GDP速報値**が前期比7.8%減，**年率換算で27.8%減と戦後最大の下落幅**
	12/1	BIE総会で大阪・関西万博の登録申請が承認	9/16	菅義偉氏が第99代内閣総理大臣に就任
	12/25	大阪・関西万博「基本計画」を策定		
2021			1/20	バイデン氏が米大統領に就任
	6/16	万博協会の新会長に十倉雅和氏が就任	7/23	**東京オリンピック開幕**
			8/24	**東京パラリンピック開幕**
			10/1	**ドバイ国際博覧会開幕**
	12/15	催事企画プロデューサーが決定	10/4	岸田文雄氏が第100代内閣総理大臣に就任
2022	1/28	カナダが参加表明し，G7全て参加決定	2/24	**ロシア軍によるウクライナ侵攻開始**
	2/28	大阪府，市が都市連動型メタバース「バーチャル大阪」を新設	2/27	岸田総理が「国際銀行間通信協会（SWIFT）」からロシアの一部銀行を排除する制裁に参加表明
	3/22	公式キャラクターデザイン決定		
	3/24	大阪パビリオンに7社出展	3/31	ドバイ国際博覧会閉幕
	3/31	経済産業省が日本政府館（日本館）の基本計画を発表	4/4	東京証券取引所が，株式市場を「プライム」「スタンダード」「グロース」の3区分に再編
	4/8	参加表明，計100カ国・地域に到達	4/24	マクロン氏がフランス大統領選再選
	4/18	万博協会が中核となる8パビリオンの基本計画を発表	5/10	尹氏が韓国大統領に就任
	4/27	万博協会が「EXPO 2025グリーンビジョン」を公表	5/15	沖縄の本土復帰50周年
	5/13	徳島県が「とくしまバーチャルパビリオン」を開設	5/23	アルバニージー氏が豪首相に就任
			5/23	インド太平洋経済枠組み（IPEF）が13カ国で発足
	6/3	「大阪・関西万博 来場者輸送基本方針」を策定	6/10	訪日外国人観光客（団体ツアー客に限定）の入国開始
	6/17	大阪府，市が「大阪パビリオン」の外観のイメージを公表	6/26	主要7カ国首脳会議（G7サミット）がドイツで開幕
			6/29	円相場1ドル＝137円台前半と約24年ぶりの円安・ドル高水準

資料）各所報道資料を基にAPIRにて作成

2. 参加表明国・地域及び国際機関

○万博協会は150カ国・地域，25機関の招致を目
指している．2022年6月14日時点で参加を表明
している国・地域は120カ国・地域で，国際機
関は7機関となっている（**表2**，**表3**）．**図1**で
示している通り，アフリカ地域からの参加表明が
少ない状況である．

初めて参加を表明した国：2月10日時点
参加国が50カ国・地域超え：8月20日時点
参加国が100カ国・地域超え：4月8日時点
直近の参加表明国：6月14日時点

	図1	参加表明の国・地域マップ

注）2022年6月14日時点．
資料）万博協会報道発表資料を基にAPIRにて作成

	表2	参加表明の国際機関の推移

累積数	日付	機関名
1	2021年2月10日	イーター国際核融合エネルギー機構（ITER）
2	2月10日	太陽に関する国際的な同盟（ISA）
3	4月7日	国際赤十字・赤新月運動
4	5月28日	アフリカ連合委員会（AUC）
5	7月2日	欧州連合（EU）
6	2022年1月7日	東南アジア諸国連合（ASEAN）事務局
7	4月8日	太平洋諸島フォーラム（PIF）事務局

注）2022年6月14日時点．
資料）万博協会報道発表資料を基にAPIRにて作成

	表3	参加表明の国・地域の推移

累積数	日付	国名
7	2021年2月10日	イエメン共和国，ギリシャ共和国，ジブチ共和国，トルクメニスタン，バングラデシュ人民共和国，ブータン王国，マリ共和国
14	3月12日	アフガニスタン・イスラム共和国，ウズベキスタン共和国，セネガル共和国，バーレーン王国，ブラジル連邦共和国，ブルキナファソ，レソト王国
18	4月7日	カタール国，ギニアビサウ共和国，ジンバブエ共和国，ネパール
19	4月13日	タイ王国
25	4月21日	アルジェリア民主人民共和国，インド共和国，ドイツ連邦共和国，フランス共和国，ヨルダン，ロシア連邦
29	5月14日	アンゴラ共和国，ザンビア共和国，スイス連邦，ラオス人民民主共和国
34	5月28日	イラン・イスラム共和国，ガーナ共和国，ギニア共和国，中華人民共和国，ルクセンブルク大公国
43	6月15日	英国（グレートブリテン及び北アイルランド連合王国），カンボジア王国，キューバ共和国，クウェート国，コモロ連合，中央アフリカ共和国，メキシコ合衆国，モザンビーク共和国，ルーマニア
46	7月2日	アラブ首長国連邦，カザフスタン共和国，スペイン王国
48	7月16日	アメリカ合衆国，大韓民国
49	7月27日	ポルトガル共和国
54	8月20日	インドネシア共和国，エジプト・アラブ共和国，キルギス共和国，スリナム共和国，ベトナム社会主義共和国
57	9月28日	アルゼンチン共和国，ドミニカ共和国，ブルンジ共和国
58	10月15日	サウジアラビア王国
63	11月17日	イタリア共和国，ウガンダ共和国，タジキスタン共和国，ブルネイ・ダルサラーム国，南スーダン共和国
64	11月24日	パラグアイ共和国
67	12月14日	オーストリア共和国，オマーン国，トンガ王国
72	2022年1月7日	アゼルバイジャン共和国，エストニア共和国，オーストラリア連邦，セルビア共和国，トルコ共和国
78	1月28日	アルメニア共和国，カナダ，セントルシア，パプアニューギニア独立国，ホンジュラス共和国，ルワンダ共和国
86	3月4日	ガンビア共和国，スリランカ民主社会主義共和国，赤道ギニア共和国，セントビンセント及びグレナディーン諸島，パキスタン・イスラム共和国，ベルギー王国，マダガスカル共和国，ラトビア共和国
87	3月11日	スロベニア共和国
100	4月8日	アンティグア・バーブーダ，エルサルバドル共和国，ガイアナ共和国，コートジボワール共和国，サントメ・プリンシペ民主共和国，セントクリストファー・ネービス，ツバル，トーゴ共和国，バヌアツ共和国，パレスチナ，ベナン共和国，ボリビア多民族国，マーシャル諸島共和国
105	4月19日	アイルランド，ウルグアイ東方共和国，グアテマラ共和国，コソボ共和国，マレーシア
106	5月10日	モンゴル国
115	5月31日	北マケドニア共和国，ケニア共和国，サモア独立国，シンガポール共和国，ソロモン諸島，ニジェール共和国，ハイチ共和国，ブルガリア共和国，ミクロネシア連邦
119	6月7日	エチオピア連邦民主共和国，オランダ王国，ニウエ，ポーランド共和国
120	6月14日	フィリピン共和国

注）2022年6月14日時点．
資料）万博協会報道発表資料を基にAPIRにて作成

3. 過去の国際博覧会との比較

○直近の国際博覧会（登録博）と大阪・関西万博との比較を表にまとめた．2021年開催のドバイ国際博覧会（以下，ドバイ万博）では，会場規模438haに対し，2,410万人が来場．一方大阪・関西万博では，会場規模155ha（ドバイ万博の約1/3）の会場に2,820万人の来場者数を目標としている．

○一日の平均来場者数について，比較的同程度の会場規模である2015年（前々回）開催のミラノ国際博覧会（以下，ミラノ万博）も加え比較した（**表4**）．ドバイ万博：約13.2万人／日，ミラノ万博：約11.7万人／日，大阪・関西万博：約15.3万人／日（目標）と，過去2回の登録博と比較してもより多くの来場者を見込んでいる．

表4　過去の国際博覧会との比較

	2020年 ドバイ国際博覧会	2025年 日本国際博覧会（大阪・関西万博）	2015年 ミラノ国際博覧会
開催期間	2021年10月1日〜22年3月31日	2025年4月13日〜10月13日	2015年5月1日〜10月31日
会期日数	182日間	184日間	184日間
メインテーマ	Connecting Minds, Creating the Future（心をつなぎ，未来を創る）	いのち輝く未来社会のデザイン	Feeding the Planet, Energy for Life（地球に食料を，生命にエネルギーを）
ロゴマーク			
総来場者　目標数	2,500万人	2,820万人	2,000万人
総来場者数	2,410万人	－	2,150万人
会場規模	438 ha	155 ha	110ha
参加国・地域,国際機関数	192カ国・地域，10機関	150カ国・地域，25機関（目標）	145カ国・地域，3機関
チケット代	1日パス（大人）¥2,850 マルチパス（30日間）¥5,850 会期中パス¥14,850 18歳未満，学生，60歳以上「無料」 換算レート¥30	1日（18歳〜64歳）¥6,000 * 1日（12歳〜17歳）¥3,300 * 1日（4歳〜11歳）¥2,000 * 1日（65歳〜79歳）¥5,000 * 3歳以下，80歳以上「無料」 *	1日パス大人（14歳〜64歳）¥5,300 1日パス学生（14歳〜25歳）¥4,420 1日パス（4歳〜13歳）¥2,140 1日パス（65歳以上）¥3,750 3歳以下「無料」 換算レート¥134
日本館のロゴ・シンボルマーク		－	
日本館のテーマ	Where ideas meet アイディアの出会い	いのちと、いのちの、あいだに-Between Lives	Harmonious Diversity－共存する多様性－

* 日本経済新聞社「大阪万博の入場料　6000円で検討」（2022年6月20日付，https://www.nikkei.com/article/DGXZQOUF184500Y2A610C2000000/）．
資料）各所報道発表資料を基にAPIRにて作成

4. 万博開催に向けた取り組みの紹介

○万博会場の夢洲以外にも関西一円で，万博に向けた機運醸成や，万博を契機とした地域活性化を目的に，さまざまな活動が進められている．その中から特徴的な取り組みを紹介する．

○万博協会が主催する万博の機運を高めるプログラム，イベント（①〜⑤）や，経済産業省近畿経済産業局がサポートする地域活性化を中心としたプログラムなど（⑥，⑦）がある．

① ジュニアEXPO 2025

これからの未来を担う子どもたちが，開催前から大阪・関西万博に向けた取り組みに参加し，万博会場へ行きたくなるよう興味・関心を高めてもらうことを目的とした教育プログラム．
2020年度は大阪府内の小学校及び中学校を対象に，21年度は関西圏を対象に実施，22年度以降はエリアを日本全国に拡大．
実施主体：万博協会
https://www.expo2025.or.jp/overview/education/

② TEAM-EXPO 2025

多様な人たちがチームを組み，多彩な活動で大阪・関西万博とその先の未来に挑む参加型プログラム．
「共創チャレンジ」：万博のテーマ，「いのち輝く未来社会のデザイン」を実現するため，参加者が未来に向け主体となって取り組む活動
「共創パートナー」：複数の共創チャレンジを生み出し，支援する法人・団体．
実施主体：万博協会
https://team.expo2025.or.jp/

③ サイバー万博

万博会場の内容とは別のプログラムをオンライン空間上で展開する．「Action for Lives」をテーマとして掲げ，国境や人種・文化を超えた人間や生物，地球の命を持続させるためのアクションを起こす，もう一つの万博．大阪・関西万博のレガシーとして2025年以降も自走できるプラットフォームとして構築していくことを目指している．
実施主体：万博協会
https://www.expo2025.or.jp/overview/expo_pll_talks/cyber/

④　People's Living Lab促進会議

多様な企業による「万博という『特別な街』で出来る実証実験」への参加促進をはかるため，People's Living Lab（PLL）促進会議を開催．本会議では様々な分野から有識者を招き，「未来社会の実験場」として万博会場でどのような事を実現するかを議論．
実施主体：万博協会
https://www.expo2025.or.jp/pll/

⑤　EXPO PLL Talks

大阪・関西万博のテーマを実現するためのコンセプトとして，「People's Living Lab（未来社会の実験場）」を掲げ，会期前から多様な実践者や有識者が，テーマに関する取り組みを国内外へ発信し，万博を共に創り上げていくオンライントークイベント．
実施主体：万博協会
https://www.expo2025.or.jp/overview/expo_pll_talks/

⑥　万博活用地域活性化戦略（万博活用戦略）

万博の概念を拡張し，その開催パワーを活用することで関西全体を活性化する活動．具体的には，イノベーションの創出と加速化を進める「未来イノベーション創出プロジェクト」，地域のブランド化・誘客など万博開催パワーを活用した地域の振興を志向した「地域万博活用プロジェクト」など．
発行主体：経済産業省近畿経済産業局
https://www.kansai.meti.go.jp/1-2_2025next/index.html

⑦　360°EXPO拡張マップ

大阪・関西万博を訪れる多くの人や企業に対して，「関西全体をパビリオン」と見立てて関西の魅力を伝えるため，2025年の万博開催時及び開催後に向けて飛躍が期待される関西の活動をまとめたマップ．
2021年から半年に1回更新されている．
発行主体：経済産業省近畿経済産業局
https://www.kansai.meti.go.jp/1-2_2025next/360expomap_detail.html

資料）万博協会，経済産業省近畿経済産業局HPを基にAPIRにて作成

5. インフラマップ

○内閣官房国際博覧会推進本部は2021年8月27日にインフラ整備計画を公表した．整備計画内では5つの柱として，「会場周辺のインフラ計画」「会場へのアクセス向上」「安全性の向上」「にぎわい・魅力の向上」「広域的な交通インフラの整備」を掲げている．**図2**はそのうち主要な整備計画を抜粋したものである．大阪市はこの整備計画を基にインフラ整備の事業費として約4,500億円を要望している[1]．

○**図3**及び**表5**は大阪市が示す万博及びIR建設予定地周辺のインフラ整備に関わる整備図並びに工程表である．IR関連の費用も含むが，現時点で会場周辺のインフラ整備に合計1,929億円の支出を予定している．

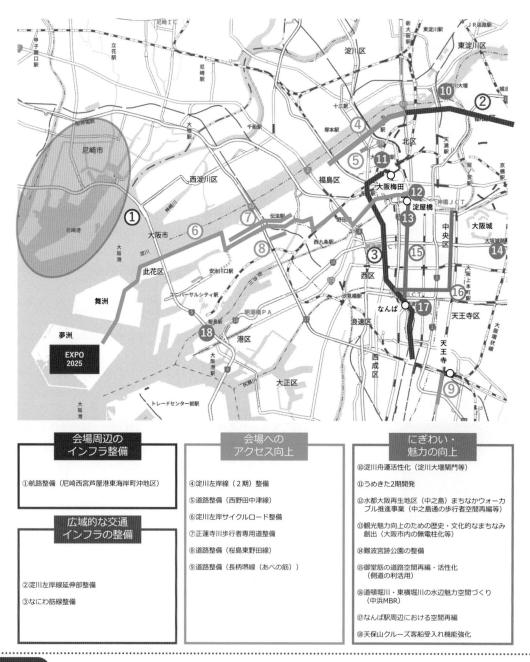

図2　万博関連のインフラ整備計画図

注）各番号の白抜きは該当の線を示し，塗りつぶしは該当のスポットを示す．
資料）内閣官房国際博覧会推進本部インフラ整備計画を基にAPIRにて作成

1)　日本経済新聞社「万博関連インフラ,大阪市の事業費4500億円」（2021年9月2日付, https://www.nikkei.com/article/DGXZQOUF026F50S1A900C2000000/）

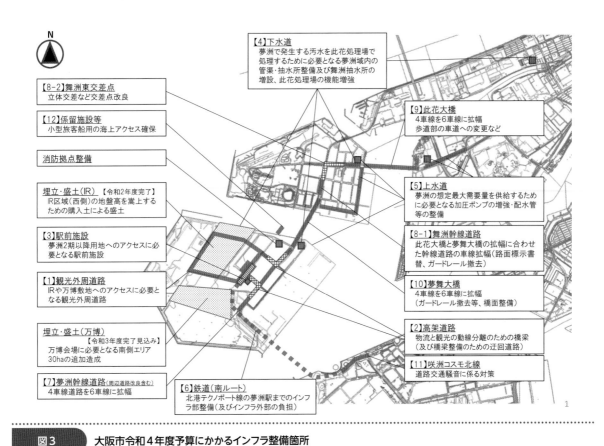

図3　大阪市令和4年度予算にかかるインフラ整備箇所

資料）大阪市報道発表資料　夢洲におけるインフラ整備（2022年2月16日）

表5　大阪市令和4年度予算にかかるインフラ整備概略工程（案）

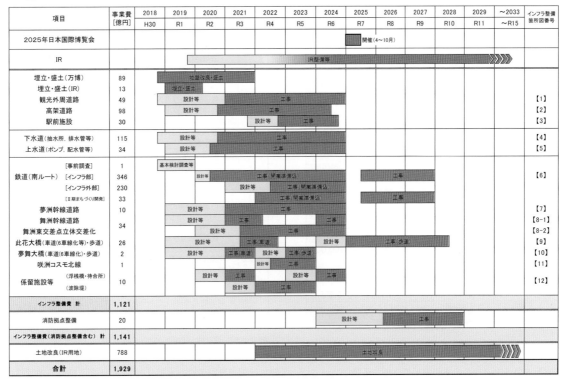

資料）大阪市報道発表資料　夢洲におけるインフラ整備（2022年2月16日）

Part I | Part II | Part III | Part IV

6. 万博関連予算：大阪・関西万博

○**表6～8**は国，大阪府，大阪市の予算を示している．大阪府の予算をみれば，これまでに総額64億9,053万円が計上されている．うち博覧会会場整備で22億7,233万円計上されており，全体の約4割を占める．また，22年度は万博推進局の立ち上げもあり，これまでの予算項目が一元化さ

れている．次に開催場所である大阪市をみれば，2019～22年の総予算額は647億5,330万円となっている．うち，国際博覧会推進事業は106億3,400万円と全体の16%程度である．一方，夢洲地区の土地造成・基盤整備事業は534億9,330万円で予算総額の大部分を占めていることがわかる．

表6 国の予算概要[2)]

単位：億円

年度	事業名	予算額
2019	・国際博覧会出展事業	19.70
	・大阪・関西国際博覧会開催準備事業	2.70
	・博覧会国際事務局（BIE）分担金	0.09
	合計	22.49
2020		予算額
	・国際博覧会事業	34.00
	・博覧会国際事務局（BIE）分担金	0.09
	合計	34.09
2021		予算額
	・国際博覧会事業	28.70
	・博覧会国際事務局（BIE）分担金	0.09
	合計	28.79
2022		予算額
	・国際博覧会事業	36.80
	・博覧会国際事務局（BIE）分担金	0.09
	合計	36.89

資料）経済産業省HPより作成

表7 大阪府の予算概要

単位：千円

年度	■2025日本万国博覧会推進事業費	当初予算	当初予算+補正予算等修正後
2019	1.博覧会協会負担費	135,500	135,500
	2.万博推進関連事業	41,000	41,000
	3.事務費	27,632	27,632
	合計	204,132	204,132
2020	1.博覧会会場整備		
	・会場建設費補助金	99,000	80,500
	・夢洲追加埋立	91,500	91,500
	2.府市事業	78,256	28,000
	3.万博推進関連事業	24,520	15,193
	4.事務費	15,393	11,616
	5.府市事業（万博の桜積立金）		5,719
	6.府市事業（2025年日本国際博覧会大阪パビリオン基金積立金）		50,000
	合計	308,669	282,528
2021	1.博覧会会場整備		
	・会場建設費補助金	1,034,663	510,834
	・夢洲追加埋立	1,433,500	1,433,500
	・地下鉄中央線輸送力増強	202,500	156,000
	2.府市事業	147,582	143,499
	3.万博推進関連事業	17,524	678
	4.事務費	15,151	10,428
	5.府市事業（万博の桜積立金）	65,412	252,066
	6.府市事業（2025年日本国際博覧会大阪パビリオン基金積立金）		-200,000
	7.万博推進局設置関連事業		
	・万博推進局運営費負担金		254,749
	・万博推進局設置準備事業費		1,725
	合計	2,916,332	2,563,479
2022	1.万博推進局設置関連事業	3,192,388	3,440,388
	合計	3,192,388	3,440,388

注）大阪府万博推進局の予算のみを抜粋．
資料）大阪府HPを基にAPIRにて作成

表8 大阪市の予算概要

単位：千円

年度	事業名	当初予算	当初予算+補正予算等修正後
2019	1.国際博覧会推進事業		
	・会場建設費の本市分担金	136,000	136,000
	・市内の機運醸成や海外プロモーションの取り組みを展開	18,000	18,000
	・夢洲まちづくりの実現に向けた基本調査	8,000	8,000
	2.国際博覧会の開催及びIRを含む国際観光拠点形成に向けた夢洲地区の土地造成・基盤整備事業		
	・夢洲地区における土地造成，基盤整備のための調査・設計	560,200	560,200
	・鉄道整備等検討調査・設計	17,100	17,100
	合計	739,300	739,300
2020	1.国際博覧会推進事業		
	・会場建設費の本市分担金	99,000	99,000
	・夢洲地区埋立工事	183,000	183,000
	・パビリオン等地元出展の検討・調査	9,000	9,000
	・市内機運醸成や2020年ドバイ万博の機会を活用した大阪のPR活動等	34,000	34,000
	・夢洲第2期区域のまちづくりの実現に向けた調査	8,000	8,000
	2.夢洲地区の土地造成・基盤整備事業		
	・夢洲地区における土地造成，基盤整備等	3,708,000	3,708,000
	・鉄道・道路・海上アクセス整備	3,852,000	3,852,000
	・夢洲物流車両の交通円滑化に向けた検討調査	14,000	14,000
	・夢洲消防拠点整備事業	31,000	31,000
	合計	7,938,000	7,938,000
2021	1.国際博覧会推進事業		
	・会場建設費の本市分担金	1,035,000	1,035,000
	・夢洲地区埋立工事	2,867,000	2,867,000
	・地下鉄の輸送力増強	202,000	202,000
	・地元パビリオン出展に向けた準備	101,000	401,000
	・機運醸成及び海外プロモーション等	40,000	40,000
	・万博推進局の府市共同設置	0	199,000
	2.夢洲地区の土地造成・基盤整備事業		
	・夢洲地区における土地造成，基盤整備等	7,439,000	7,439,000
	・鉄道・道路・海上アクセス整備	10,216,000	10,216,000
	・夢洲物流車両の交通円滑化に向けた検討調査	431,000	431,000
	合計	22,331,000	22,830,000
2022	1.国際博覧会推進事業		
	・会場建設費の負担金	3,184,000	3,184,000
	・大阪パビリオンの出展に向けた準備	738,000	738,000
	・地下鉄の輸送力増強	1,251,000	1,251,000
	・機運醸成及び海外プロモーション等	222,000	222,000
	2.万博を契機としたバス事業者の脱炭素化促進事業	252,000	252,000
	3.夢洲地区の土地造成・基盤整備事業		
	・夢洲地区における基盤整備	11,705,000	11,705,000
	・鉄道・道路・海上アクセス整備	15,520,000	15,520,000
	4.夢洲物流車両の交通円滑化に向けた対策	374,000	374,000
	合計	33,246,000	33,246,000

資料）大阪市HPを基にAPIRにて作成

2) 万博の「未来社会の実験場」の詳細な予算については，内閣官房国際博覧会推進本部「2025年大阪・関西万博アクションプラン（Ver2）」（2022年6月10日）を参照．

Part IV 資料編

- ● データで見る関西
- ● 各種年表

データで見る関西／目次

＊青文字の図表は資料編に掲載。
　その他ページ数のないものも含め全てのデータは当研究所のHPに掲載（閲覧時パスワード「apirdata22」）。

Part I
Part II
Part III
Part IV

（注）
［データで見る関西］
＊本編の地域区分は，断りのない限り，以下の通りとする.

地　域		都道府県
関　西	タイプA	滋賀県，京都府，大阪府，兵庫県，奈良県，和歌山県
	タイプB	滋賀県，京都府，大阪府，兵庫県，奈良県，和歌山県，福井県
	タイプC	滋賀県，京都府，大阪府，兵庫県，奈良県，和歌山県，福井県，三重県，鳥取県，徳島県
関　東		茨城県，栃木県，群馬県，埼玉県，千葉県，東京都，神奈川県，山梨県
中　部		長野県，岐阜県，静岡県，愛知県，三重県
全　国		関西，関東，中部を含む全都道府県

＊本編の図表の詳細資料は，アジア太平洋研究所HPに掲載している.

1. 人　口

1.1　総人口の推移

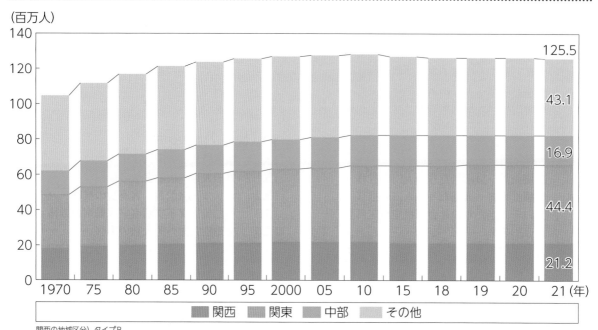

（百万人）

関西の地域区分）タイプB
注）　各年10月1日の数値.
資料）総務省統計局「国勢調査」，同「人口推計」

1.2　関西の年齢階層別人口比の推移

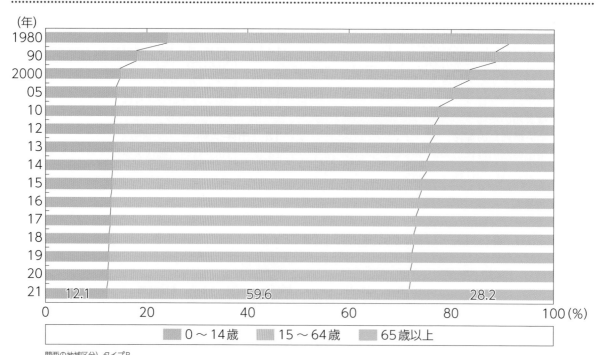

（年）

関西の地域区分）タイプB
注）　年齢不詳人口は含まない.
資料）総務省統計局「国勢調査」，同「人口推計」，2010年から2021年は総務省「住民基本台帳に基づく人口，人口動態及び世帯数」

1.3 人口動態ー自然増加の推移

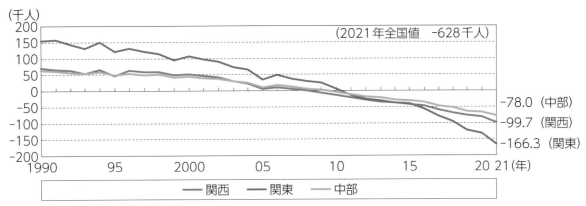

（千人）

（2021年全国値　−628千人）

-78.0 （中部）
-99.7 （関西）
-166.3 （関東）

凡例：関西　関東　中部

関西の地域区分）タイプB
注）　2021年は概数
資料）厚生労働省「人口動態統計」

1.4 人口動態ー社会増加の推移

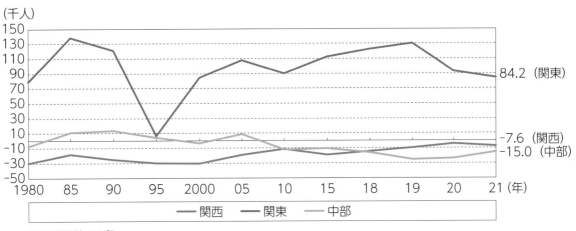

（千人）

84.2 （関東）
-7.6 （関西）
-15.0 （中部）

凡例：関西　関東　中部

関西の地域区分）タイプB
資料）総務省統計局「住民基本台帳人口移動報告」

1.5 高齢化率の推移

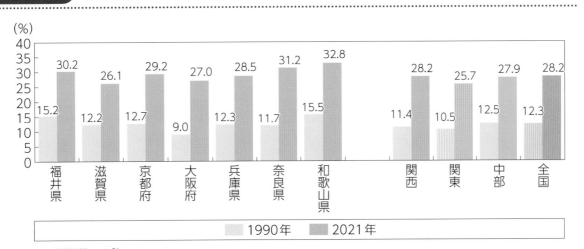

（％）

地域	1990年	2021年
福井県	15.2	30.2
滋賀県	12.2	26.1
京都府	12.7	29.2
大阪府	9.0	27.0
兵庫県	12.3	28.5
奈良県	11.7	31.2
和歌山県	15.5	32.8
関西	11.4	28.2
関東	10.5	25.7
中部	12.5	27.9
全国	12.3	28.2

凡例：1990年　2021年

関西の地域区分）タイプB
注）　高齢化率（％）＝65歳以上人口／総人口×100．1990年は10月1日現在．2021年は1月1日現在．
資料）厚生労働省老人保健福祉局「老人保健福祉マップ数値表」（1990年）
　　　総務省統計局「人口推計」，2021年は総務省「住民基本台帳に基づく人口，人口動態及び世帯数」

Part I
Part II
Part III
Part IV

2. 県民経済計算

2.1　域内総生産（名目）の推移

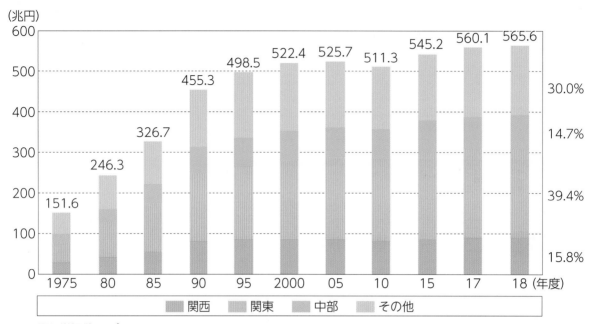

関西の地域区分）タイプB
注）　1975～90年は1968SNA，1990～2005年は1993SNA，2006～18年は2008SNAに準拠している.
資料）内閣府「県民経済計算年報」

2.2　主要国との対比（2019年）

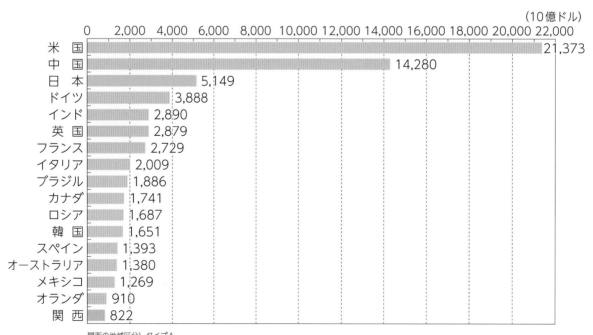

関西の地域区分）タイプA
注）　2019年暦年表示．名目値．ただし関西は2018年度域内総生産（名目）より算出．2019年の対米ドル円レートは109.05円.
資料）UN National Accounts Main Aggregates Database，内閣府「県民経済計算年報」

2.3　関西の経済活動別域内総生産（名目）構成比の推移

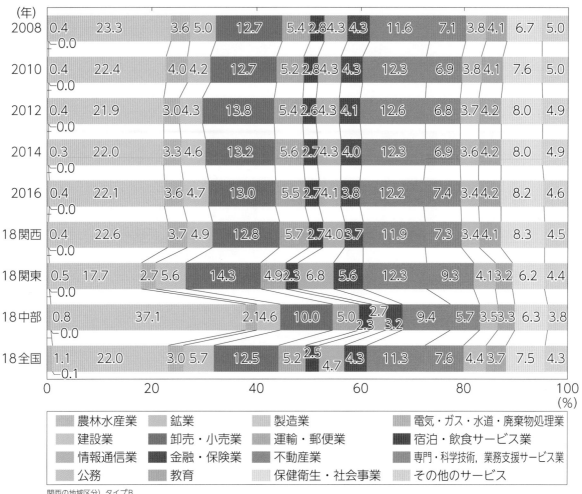

関西の地域区分）タイプB
注）　構成比は，帰属利子等調整前の数値に対する構成比である.
資料）内閣府「県民経済計算年報」

2.4　一人当たり県民所得の推移

関西の地域区分）タイプB
資料）内閣府「県民経済計算年報」

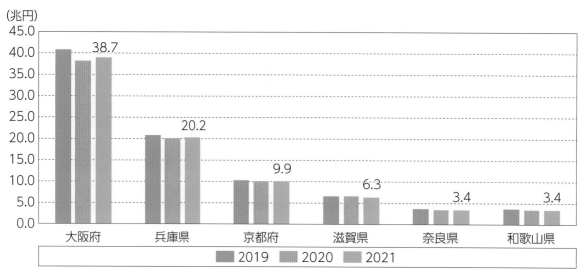

2.5   関西各府県の実質GRP（APIR早期推計）

関西の地域区分）　タイプA
注）　　実質GRPは生産側の連鎖価格表示.
注2）　京都府，奈良県，滋賀県は旧基準の2011年基準値（2006年度から2018年度まで）を採用. 大阪府，兵庫県，和歌山県は新基準の2017年基準値（2011年度から2019年度）を用いている.
資料）　APIR「Kansai Economic Insight Quarterly No.59」

3. 産　業

3.2.1　鉱工業生産指数の推移

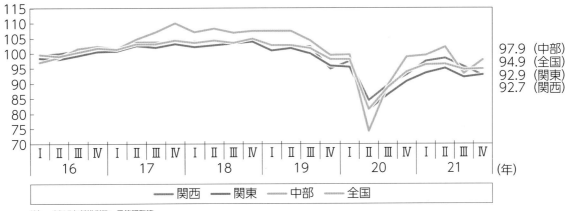

97.9（中部）
94.9（全国）
92.9（関東）
92.7（関西）

関西　　関東　　中部　　全国

注）　2015年基準指数，季節調整済.
　　　関西，関東，中部の地域区分はそれぞれ近畿，関東，中部の各経済産業局の管轄である.
資料）経済産業省「鉱工業生産・出荷・在庫指数」

3.2.2　関西の鉱工業出荷・在庫バランスの推移

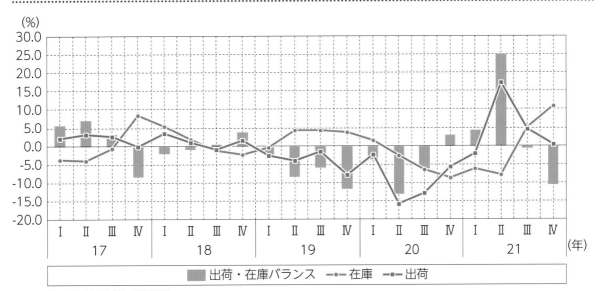

出荷・在庫バランス　　在庫　　出荷

注）　2015年基準指数，季節調整済.
　　　関西，関東，中部の地域区分はそれぞれ近畿，関東，中部の各経済産業局の管轄である.
資料）経済産業省「鉱工業生産・出荷・在庫指数」

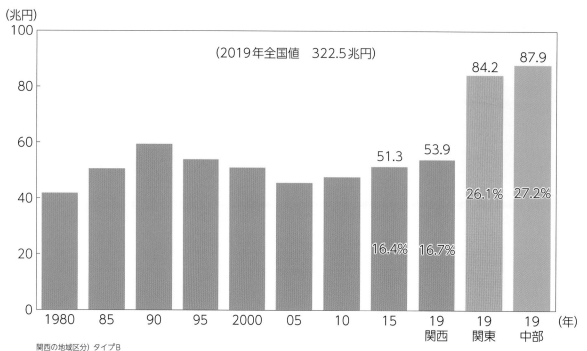

3.3　製造品出荷額の推移

（兆円）

（2019年全国値　322.5兆円）

関西の地域区分）タイプB
注）　従業員4人以上の事業所.
資料）経済産業省「工業統計調査」, 2015年は総務省・経済産業省「平成28年経済センサス-活動調査 調査の結果」

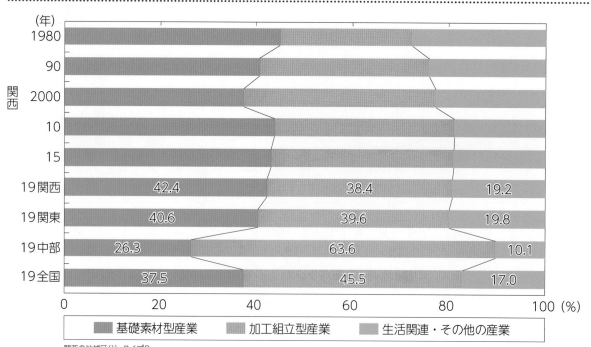

3.4　業種別製造品出荷額構成比の推移

年	基礎素材型産業	加工組立型産業	生活関連・その他の産業
19関西	42.4	38.4	19.2
19関東	40.6	39.6	19.8
19中部	26.3	63.6	10.1
19全国	37.5	45.5	17.0

関西の地域区分）タイプB
注）　従業員4人以上の事業所. 2008年調査で産業・品目分類の改訂が行われたため,
　　　それ以前の数値と連続性がない.
資料）経済産業省「工業統計調査」, 2015年は総務省・経済産業省「平成28年経済センサス-活動調査 調査の結果」

3.7.1　新設住宅着工戸数の推移

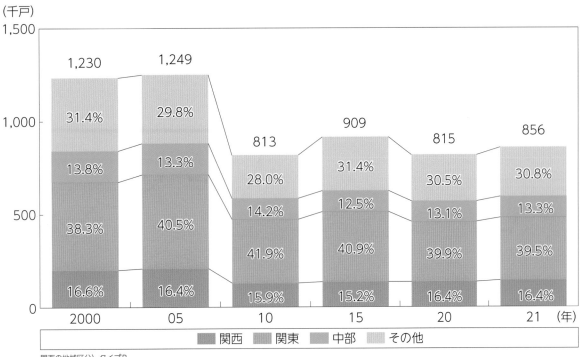

(千戸)

関西の地域区分）タイプB
資料）国土交通省「住宅着工統計」

3.7.2　利用関係別新設住宅着工戸数の推移

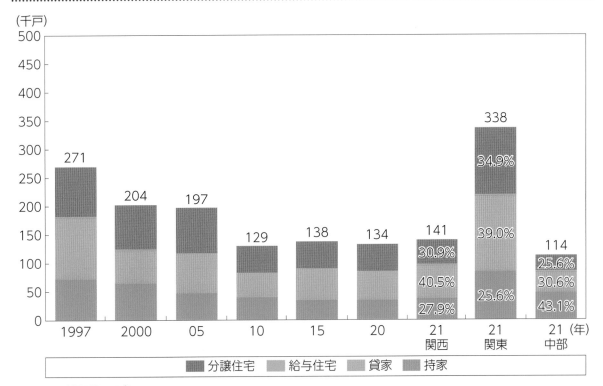

(千戸)

関西の地域区分）タイプB
資料）国土交通省「住宅着工統計」

Part I

Part II

Part III

Part IV

3.8　マンションの新規販売戸数の推移

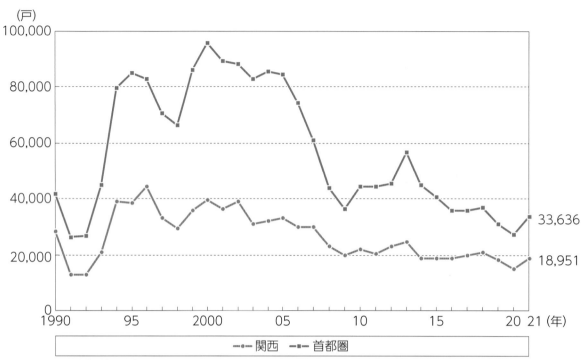

関西の地域区分）タイプＡ
注）　首都圏は，東京都，千葉県，埼玉県，神奈川県．
資料）（株）不動産経済研究所

3.10.1　関西の設備投資の推移

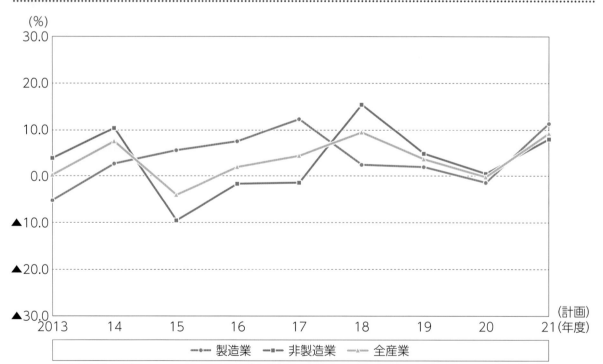

関西の地域区分）タイプＢ
注）　対前年度比．2021年度は2020年12月調査時点での計画値．
　　　土地投資額を含み，ソフトウェア投資を除く．
資料）日本銀行「全国企業短期経済観測調査（短観）」

3.10.2　全国の設備投資の推移

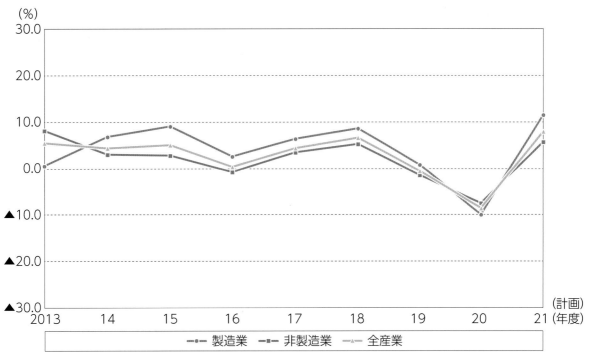

(%)

凡例：
-●- 製造業　　-■- 非製造業　　-▲- 全産業

注)　対前年度比. 2021年度は2020年12月調査時点での計画値.
　　土地投資額を含み, ソフトウェア投資を除く.
資料) 日本銀行「全国企業短期経済観測調査（短観)」

3.12.1　外資系企業進出件数の推移

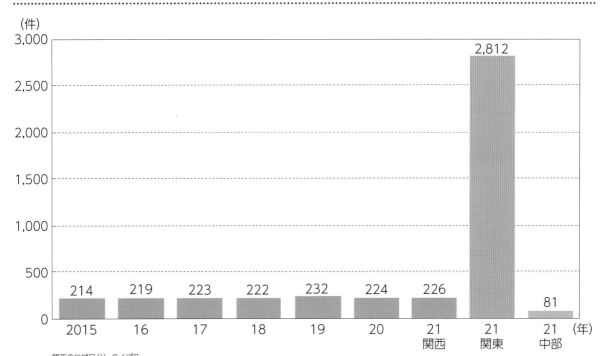

(件)

	2015	16	17	18	19	20	21 関西	21 関東	21 中部
	214	219	223	222	232	224	226	2,812	81

関西の地域区分) タイプB
注)　毎年2月調査.
資料) (株)東洋経済新報社「外資系企業総覧」

Part I
Part II
Part III
Part IV

3.14.3　百貨店・スーパー販売額前年同月比増減率の推移

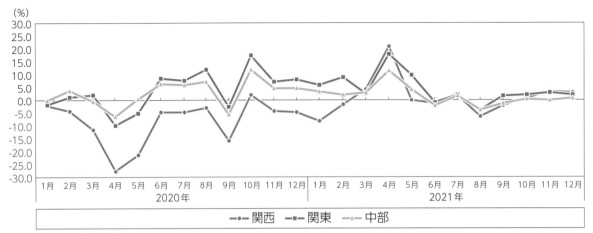

関西の地域区分）タイプB
資料）経済産業省「商業動態統計年報」，2021年より「商業動態統計参考表」

3.14.4　コンビニエンスストア販売額前年同月比増減率の推移

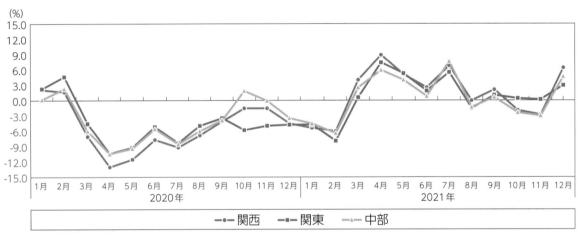

関西の地域区分）タイプB
資料）経済産業省「商業動態統計年報」，2021年より「商業動態統計参考表」

3.14.5　家電大型専門店販売額前年同月比増減率の推移

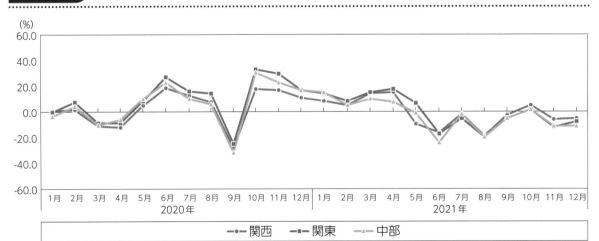

関西の地域区分）タイプB
資料）経済産業省「商業動態統計年報」，2021年より「商業動態統計参考表」

3.14.6　ドラッグストア販売額前年同月比増減率の推移

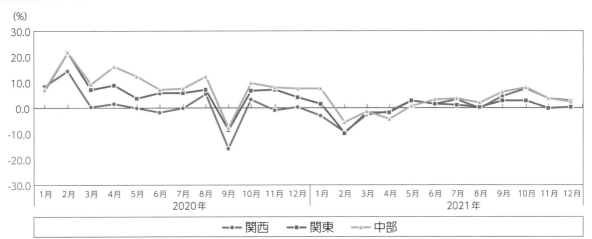

関西の地域区分）タイプB
注）　前年同月比
資料）経済産業省「商業動態統計年報」，2021年より「商業動態統計参考表」

3.18　特許等出願件数の推移

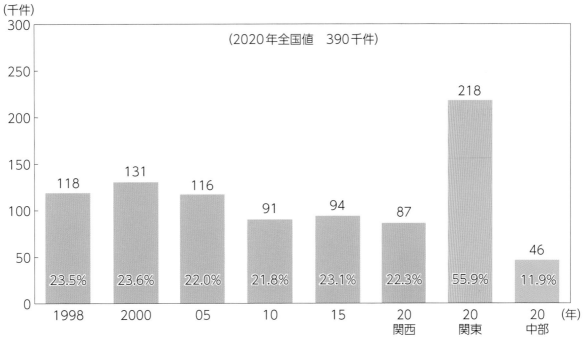

関西の地域区分）タイプB
注）　特許，実用新案，意匠，商標の合計，各年4月1日現在.
資料）特許庁「特許行政年次報告書」

3.19　研究所立地件数の累計推移

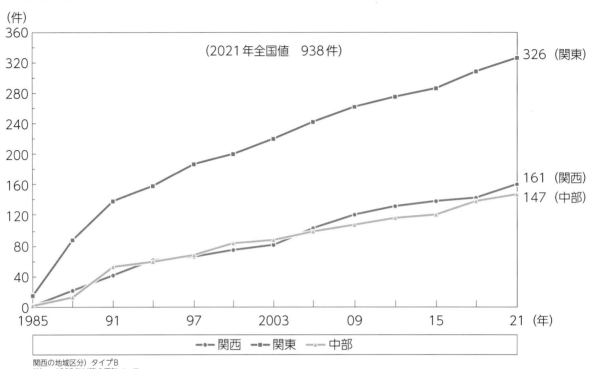

（件）

（2021年全国値　938件）

326（関東）
161（関西）
147（中部）

1985　91　97　2003　09　15　21（年）

-●- 関西　-■- 関東　-▲- 中部

関西の地域区分）タイプB
注）　1985年以降の累計ベース.
資料）経済産業省「工場立地動向調査結果集計表」

3.20　中小製造業の事業所数の推移

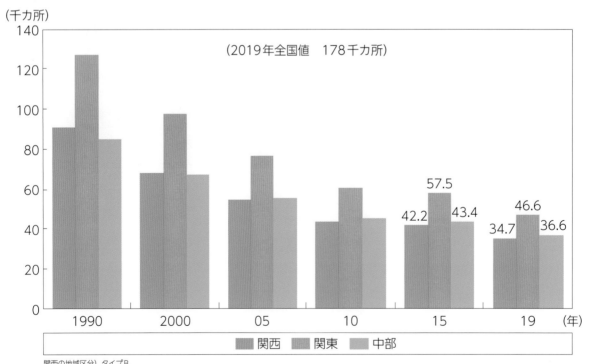

（千カ所）

（2019年全国値　178千カ所）

57.5
42.2　43.4
34.7　46.6　36.6

1990　2000　05　10　15　19（年）

関西　関東　中部

関西の地域区分）タイプB
注）　従業員4人以上，300人未満の事業所.
資料）経済産業省「工業統計調査」，2015年は総務省・経済産業省「平成28年経済センサス-活動調査 調査の結果」

3.21 　中小製造業の製造品出荷額の推移

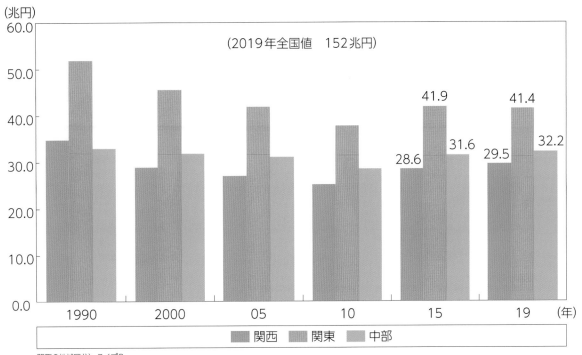

関西の地域区分）タイプB
注）　従業員4人以上，300人未満の事業所.
資料）経済産業省「工業統計調査」，2015年は総務省・経済産業省「平成28年経済センサス-活動調査 調査の結果」

3.22 　関西の従業者規模別製造業事業所数内訳の推移

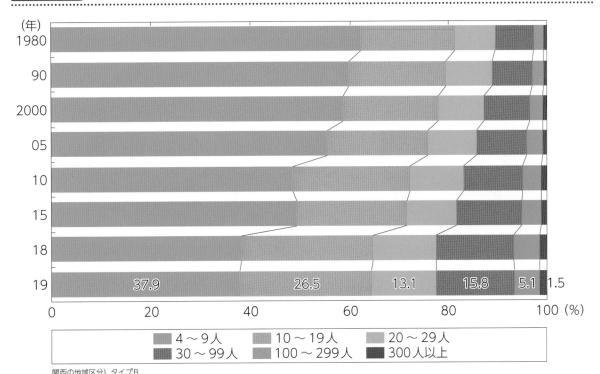

関西の地域区分）タイプB
資料）経済産業省「工業統計調査」，2015年は総務省・経済産業省「平成28年経済センサス-活動調査 調査の結果」

4. 貿 易

4.1.1   品目別輸出（2021年）

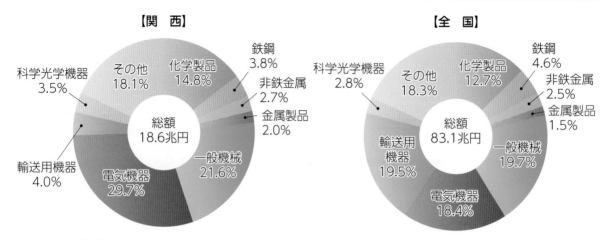

【関　西】　　　　　　　　　　　　　　　　　　【全　国】

関西の地域区分）タイプA
資料）財務省「令和3年分貿易統計（確々報）」，大阪税関「令和3年分近畿圏の貿易統計（確々報）」

4.1.2   品目別輸入（2021年）

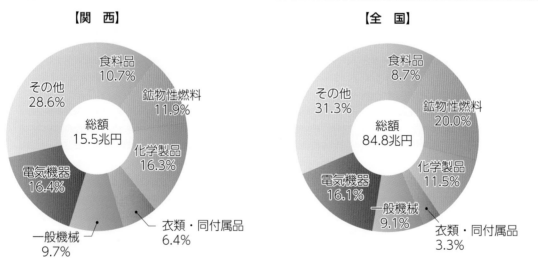

【関　西】　　　　　　　　　　　　　　　　　　【全　国】

関西の地域区分）タイプA
資料）財務省「令和3年分貿易統計（確々報）」，大阪税関「令和3年分近畿圏の貿易統計（確々報）」

4.2.1　関西の地域別輸出の推移

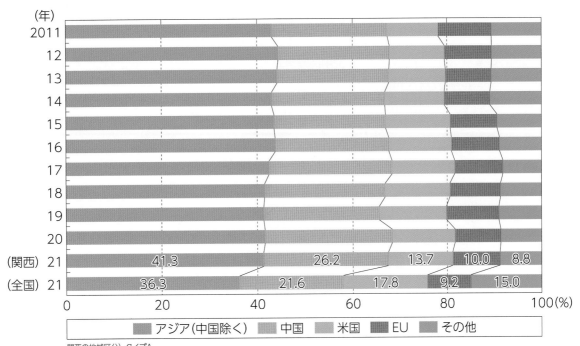

関西の地域区分）タイプA
注）　2021年は確々報値
資料）財務省「貿易統計」，大阪税関「近畿圏の貿易統計」

4.2.2　関西の地域別輸入の推移

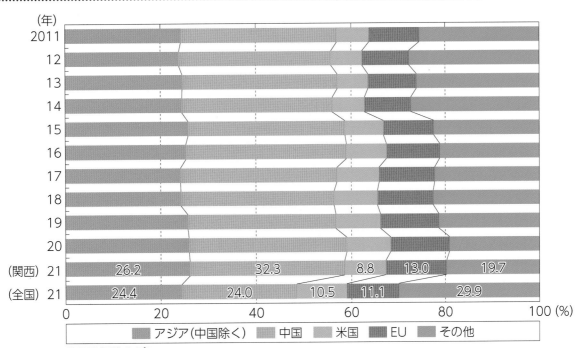

関西の地域区分）タイプA
注）　2021年は確々報値
資料）財務省「貿易統計」，大阪税関「近畿圏の貿易統計」

Part I
Part II
Part III
Part IV

4.3　国際航空貨物の品目別内訳（2021年）

輸　出

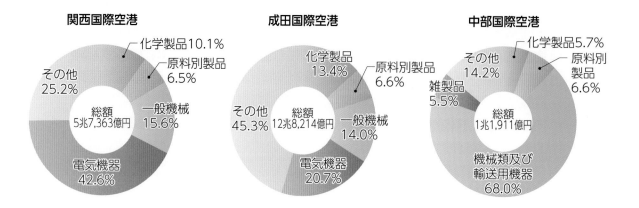

関西国際空港
- 化学製品10.1%
- 原料別製品6.5%
- 一般機械15.6%
- 電気機器42.6%
- その他25.2%
- 総額5兆7,363億円

成田国際空港
- 化学製品13.4%
- 原料別製品6.6%
- 一般機械14.0%
- 電気機器20.7%
- その他45.3%
- 総額12兆8,214億円

中部国際空港
- 化学製品5.7%
- 原料別製品6.6%
- 雑製品5.5%
- その他14.2%
- 機械類及び輸送用機器68.0%
- 総額1兆1,911億円

輸　入

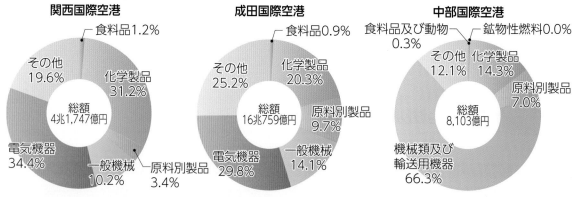

関西国際空港
- 食料品1.2%
- 化学製品31.2%
- 原料別製品3.4%
- 一般機械10.2%
- 電気機器34.4%
- その他19.6%
- 総額4兆1,747億円

成田国際空港
- 食料品0.9%
- 化学製品20.3%
- 原料別製品9.7%
- 一般機械14.1%
- 電気機器29.8%
- その他25.2%
- 総額16兆759億円

中部国際空港
- 食料品及び動物0.3%
- 鉱物性燃料0.0%
- 化学製品14.3%
- 原料別製品7.0%
- 機械類及び輸送用機器66.3%
- その他12.1%
- 総額8,103億円

注）　原料別製品には，繊維用糸及び繊維製品，鉄鋼，金属製品などが含まれる．
　　　中部国際空港は2020年から概況品で公表しているため，統計品目が他空港と異なる．
資料）大阪税関「関西空港貿易統計 2021年分（速報値）」，東京税関「令和3年分 成田空港貿易概況（確々報）」，名古屋税関「令和3年分 中部空港貿易概況（速報）」

4.4 国際海運貨物の品目別内訳（2021年）

輸　出

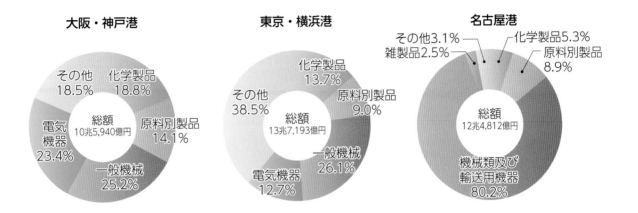

大阪・神戸港

- その他 18.5%
- 化学製品 18.8%
- 原料別製品 14.1%
- 一般機械 25.2%
- 電気機器 23.4%
- 総額 10兆5,940億円

東京・横浜港

- 化学製品 13.7%
- 原料別製品 9.0%
- 一般機械 26.1%
- 電気機器 12.7%
- その他 38.5%
- 総額 13兆7,193億円

名古屋港

- その他 3.1%
- 雑製品 2.5%
- 化学製品 5.3%
- 原料別製品 8.9%
- 機械類及び輸送用機器 80.2%
- 総額 12兆4,812億円

輸　入

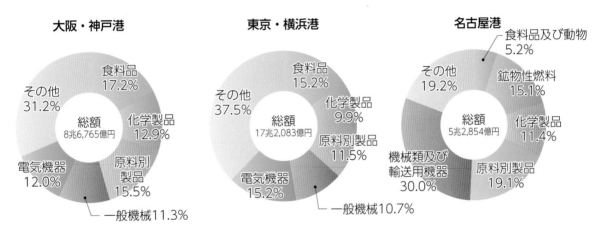

大阪・神戸港

- 食料品 17.2%
- 化学製品 12.9%
- 原料別製品 15.5%
- 一般機械 11.3%
- 電気機器 12.0%
- その他 31.2%
- 総額 8兆6,765億円

東京・横浜港

- 食料品 15.2%
- 化学製品 9.9%
- 原料別製品 11.5%
- 一般機械 10.7%
- 電気機器 15.2%
- その他 37.5%
- 総額 17兆2,083億円

名古屋港

- 食料品及び動物 5.2%
- 鉱物性燃料 15.1%
- 化学製品 11.4%
- 原料別製品 19.1%
- 機械類及び輸送用機器 30.0%
- その他 19.2%
- 総額 5兆2,854億円

注）　原料別製品には，繊維用糸及び繊維製品，鉄鋼，金属製品などが含まれる．
　　　名古屋港は2019年から概況品で公表しているため，統計品目が他港と異なる．
資料）各税関「令和3年貿易額確々報値資料」

5.　交通・物流

5.4　国際線乗降客数の推移

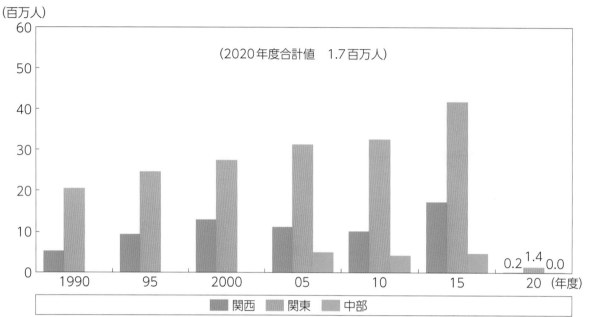

（百万人）

（2020年度合計値　1.7百万人）

0.2　1.4　0.0

■ 関西　■ 関東　■ 中部

注）　関西 ── 大阪国際空港，関西国際空港，神戸空港（2005年より）の合計.
　　　関東 ── 成田国際空港及び東京国際空港の合計.
　　　中部 ── 中部国際空港（2005年より）の数値.
資料）国土交通省航空局「空港管理状況調書」

5.5　国内線乗降客数の推移

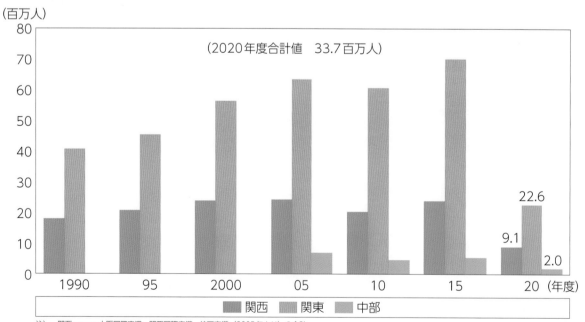

（百万人）

（2020年度合計値　33.7百万人）

9.1　22.6　2.0

■ 関西　■ 関東　■ 中部

注）　関西 ── 大阪国際空港，関西国際空港，神戸空港（2005年より）の合計.
　　　関東 ── 成田国際空港及び東京国際空港の合計.
　　　中部 ── 中部国際空港（2005年より）の数値.
資料）国土交通省航空局「空港管理状況調書」

5.6.1　国際航空貨物取扱量の推移

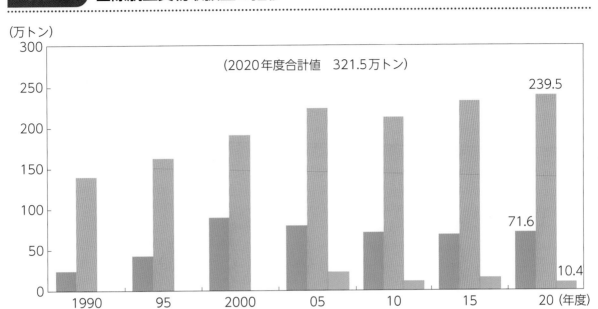

注)　関西 ——— 大阪国際空港, 関西国際空港, 神戸空港 (2005年より) の合計.
　　関東 ——— 成田国際空港及び東京国際空港の合計.
　　中部 ——— 中部国際空港 (2005年より) の数値.
資料) 国土交通省航空局「空港管理状況調書」

5.6.2　国内航空貨物取扱量の推移

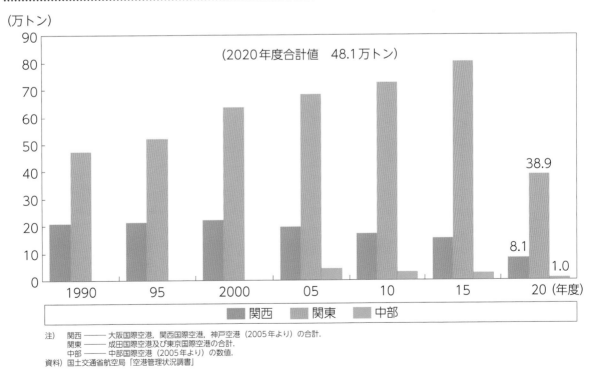

注)　関西 ——— 大阪国際空港, 関西国際空港, 神戸空港 (2005年より) の合計.
　　関東 ——— 成田国際空港及び東京国際空港の合計.
　　中部 ——— 中部国際空港 (2005年より) の数値.
資料) 国土交通省航空局「空港管理状況調書」

6. 労 働

6.1 　就業構造（2021年）

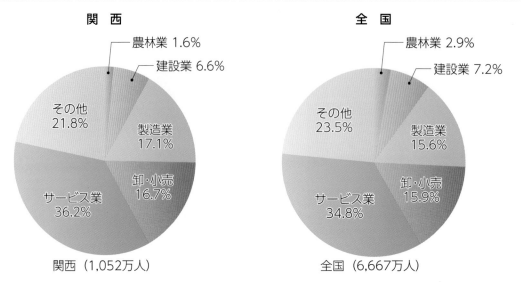

関西の地域区分）タイプA
注）　「サービス業」は，「飲食店・宿泊業」，「生活関連サービス業・娯楽業」，「福祉・医療」，「教育・学習支援業」，「複合サービス事業」，
　　「サービス業（他に分類されないもの）」の合計.
資料）総務省統計局「労働力調査年報」

6.4 　有効求人倍率の推移

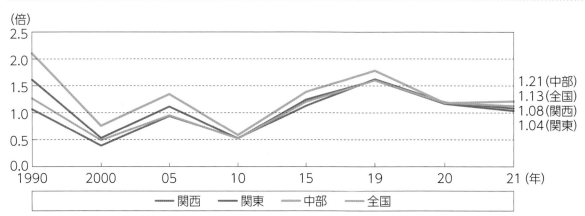

関西の地域区分）タイプB
注）　季節調整値.
資料）厚生労働省「職業安定業務統計」

6.5　完全失業率の推移

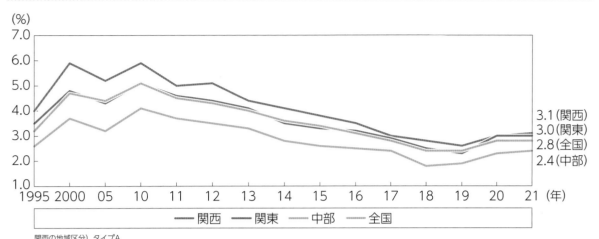

3.1(関西)
3.0(関東)
2.8(全国)
2.4(中部)

関西の地域区分）タイプA
注）　関西，関東，中部はそれぞれ「労働力調査」の近畿，南関東，東海の各年平均の数値.
資料）総務省統計局「労働力調査」2020年平均結果　※2011年は岩手県，宮城県及び福島県を除く全国.

6.6　雇用形態別就業者数の推移

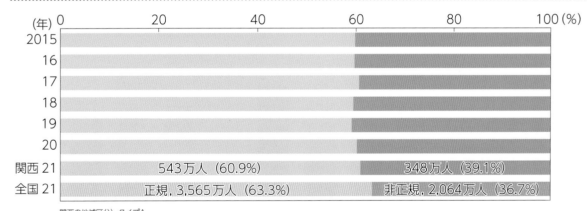

関西の地域区分）タイプA
注）　「非正規」とは，パート・アルバイト，派遣社員，契約社員等.
資料）総務省統計局「労働力調査」

9. 医療・介護

9.1 医療施設一カ所当たりの人口の推移

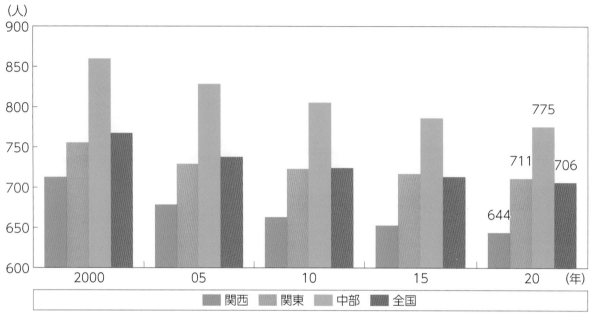

関西の地域区分）タイプB
注）　医療施設とは，病院，一般診療所，歯科診療所の合計.
資料）厚生労働省「医療施設調査・病院報告」，総務省統計局「国勢調査」・「人口推計」より作成

9.3 人口千人当たりの社会福祉施設定員数（2020年）

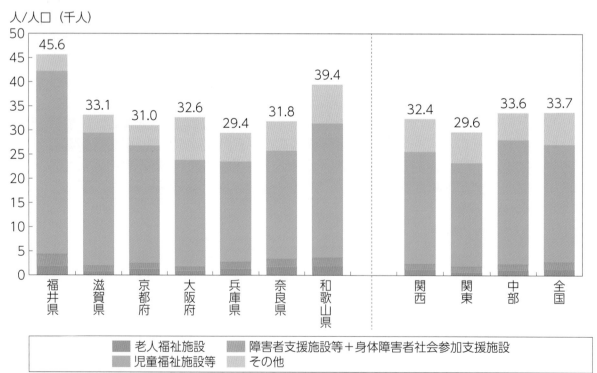

関西の地域区分）タイプB
注）　人口は総務省統計局「人口推計」（2020年）による.
資料）厚生労働省「社会福祉施設等調査」

10. 教育・文化

10.1 大学・短大学校数，学生数の推移

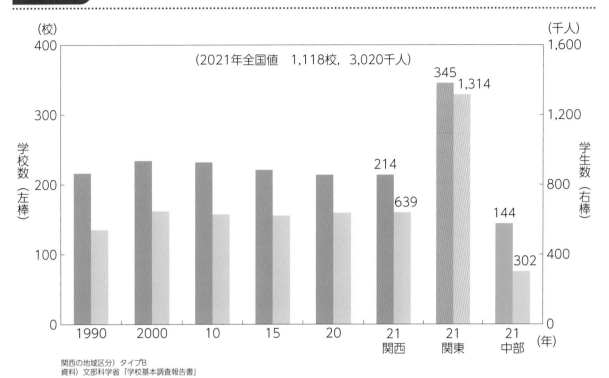

関西の地域区分）タイプB
資料）文部科学省「学校基本調査報告書」

10.3 国宝・重要文化財数（2022年）

	国宝数	重要文化財数	国宝数全国シェア（％）	重要文化財数全国シェア（％）
福 井 県	6	114	0.5	0.9
滋 賀 県	56	828	5.0	6.2
京 都 府	237	2,200	21.0	16.5
大 阪 府	62	683	5.5	5.1
兵 庫 県	21	472	1.9	3.5
奈 良 県	206	1,328	18.2	9.9
和歌山県	36	395	3.2	3.0
関　　西	624	6,020	55.2	45.1
関　　東	340	3,754	30.1	28.1
中　　部	44	1,100	3.9	8.2
全　　国	1,131	13,360	100.0	100.0

関西の地域区分）タイプB
注）2022年4月1日現在.
資料）文化庁「国宝・重要文化財都道府県別指定件数一覧」

11. 財政・金融

11.1　行政投資額の推移

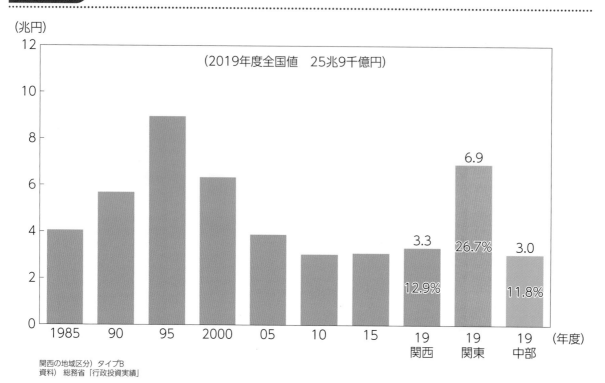

（兆円）

（2019年度全国値　25兆9千億円）

関西の地域区分）タイプB
資料）総務省「行政投資実績」

11.4　公共工事請負金額の推移

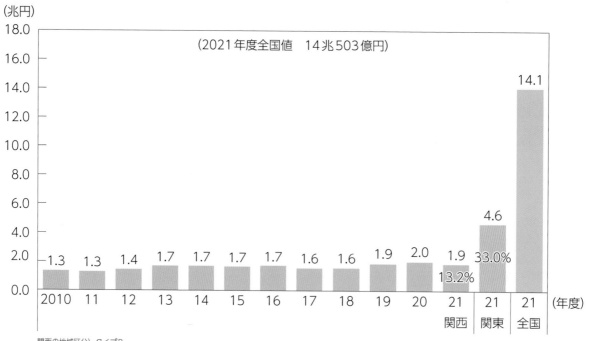

（兆円）

（2021年度全国値　14兆503億円）

関西の地域区分）タイプB
注）「関東」には，新潟，長野，静岡を含む．
資料）西日本建設業保証（株）「公共工事動向」

11.9 預金残高の推移

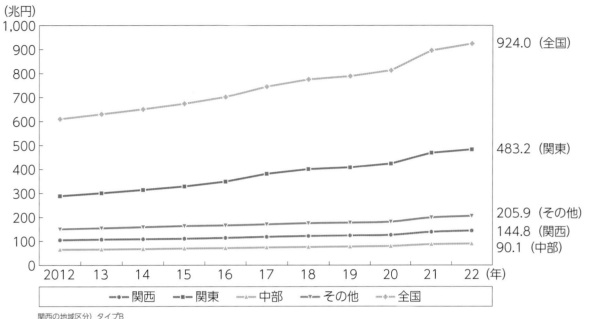

(兆円)

924.0（全国）
483.2（関東）
205.9（その他）
144.8（関西）
90.1（中部）

```
関西 --●-- 　関東 --■-- 　中部 --▲-- 　その他 --▼-- 　全国 --◆--
```

関西の地域区分）タイプB
注）　各年3月末現在.
　　　国内銀行勘定. ただし, 整理回収機構, 第二日本承継銀行, ゆうちょ銀行を除く.
　　　特別国際金融取引勘定（オフショア勘定, 1986年12月から設置）を含まない.
　　　「その他預金」には非居住者円預金, 外貨預金を含む.
資料）日本銀行調査統計局「都道府県別預金・現金・貸出金（国内銀行）」調査表

11.10 貸出金残高の推移

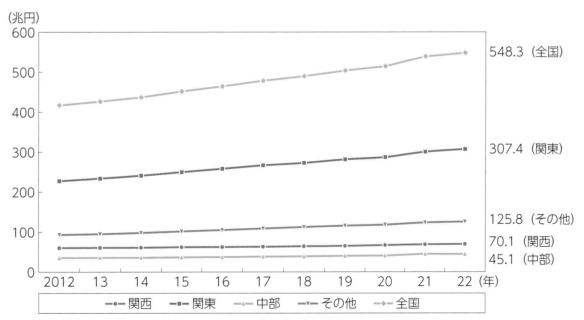

(兆円)

548.3（全国）
307.4（関東）
125.8（その他）
70.1（関西）
45.1（中部）

```
関西 --●-- 　関東 --■-- 　中部 --▲-- 　その他 --▼-- 　全国 --◆--
```

関西の地域区分）タイプB
注）　各年3月末現在.
　　　国内銀行勘定. ただし, 整理回収機構, 第二日本承継銀行, ゆうちょ銀行を除く.
　　　特別国際金融取引勘定（オフショア勘定, 1986年12月から設置）を含まない.
　　　「その他預金」には非居住者円預金, 外貨預金を含む.
資料）日本銀行調査統計局「都道府県別預金・現金・貸出金（国内銀行）」調査表

11.11 地方銀行の業務純益・貸出金利息・調達費用推移

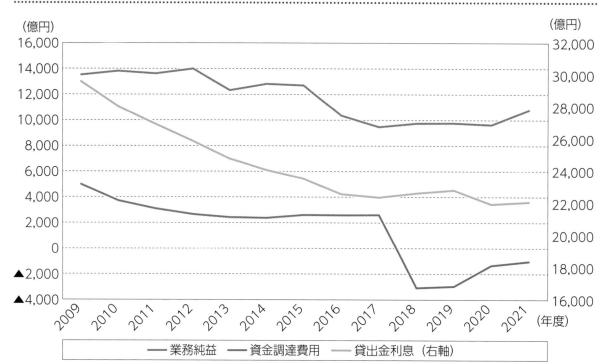

凡例: 業務純益　資金調達費用　貸出金利息（右軸）

注1） 上記金額は一般社団法人 全国地方銀行協会に加盟する62行の合計額
注2） 計数は地方銀行62行の単体ベース
資料） （一社)全国地方銀行協会

12. 物価・消費

12.1　消費者物価指数の推移

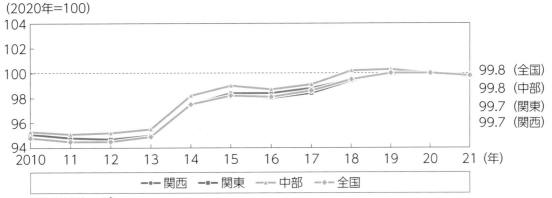

（2020年=100）

99.8（全国）
99.8（中部）
99.7（関東）
99.7（関西）

-●- 関西　-■- 関東　-▲- 中部　-◆- 全国

関西の地域区分）タイプA
注）　各年平均．関西，関東，中部はそれぞれ「消費者物価指数年報」の近畿，関東，東海の数値．
資料）総務省「消費者物価指数年報」

12.2　消費支出額の推移

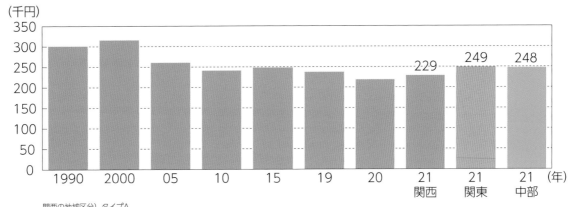

（千円）

229　249　248

関西の地域区分）タイプA
注）　1世帯1カ月当たり平均（総世帯）．関西，関東，中部は
　　それぞれ「家計調査年報」の近畿，関東，東海の数値．
資料）総務省「家計調査年報」

12.3　消費支出内訳の推移

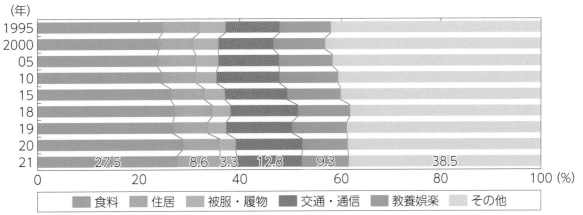

（年）

27.5　　8.6　3.3　12.8　　9.3　　38.5

食料　住居　被服・履物　交通・通信　教養娯楽　その他

関西の地域区分）タイプA
注）　「家計調査年報」の近畿の数値（総世帯）．
資料）総務省「家計調査年報」

12.4 住宅地地価の推移

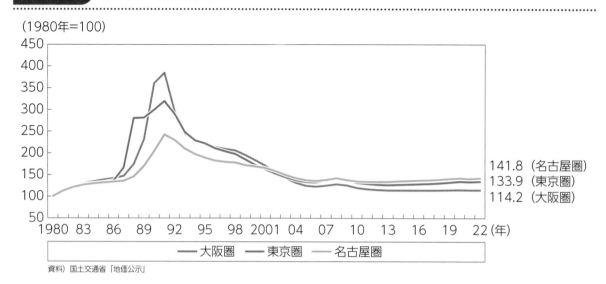

(1980年=100)

141.8 （名古屋圏）
133.9 （東京圏）
114.2 （大阪圏）

大阪圏 ── 東京圏 ── 名古屋圏

資料）国土交通省「地価公示」

12.5 商業地地価の推移

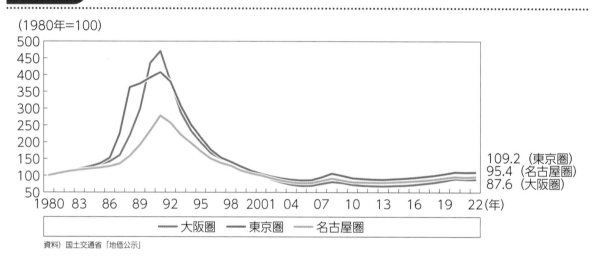

(1980年=100)

109.2 （東京圏）
95.4 （名古屋圏）
87.6 （大阪圏）

大阪圏 ── 東京圏 ── 名古屋圏

資料）国土交通省「地価公示」

12.6 工業地地価の推移

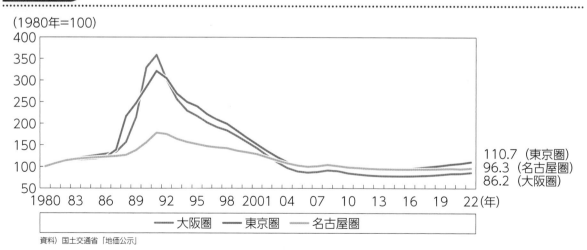

(1980年=100)

110.7 （東京圏）
96.3 （名古屋圏）
86.2 （大阪圏）

大阪圏 ── 東京圏 ── 名古屋圏

資料）国土交通省「地価公示」

13. 観光・国際交流

13.1.1　宿泊者数と外国人比率の推移

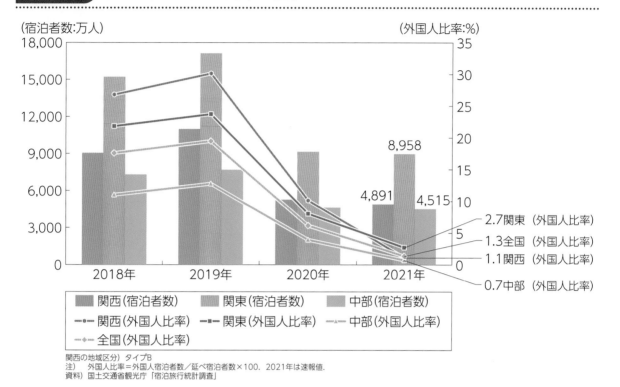

関西の地域区分）タイプB
注）　外国人比率＝外国人宿泊者数／延べ宿泊者数×100．2021年は速報値．
資料）国土交通省観光庁「宿泊旅行統計調査」

13.1.2　外国人延べ宿泊者数の推移

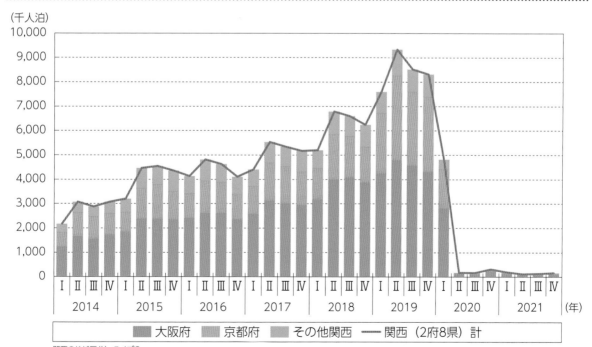

関西の地域区分）タイプC
注）　2021年の値は速報値．
資料）国土交通省観光庁「宿泊旅行統計調査」

13.2 　ホテル・旅館数，客室数の推移

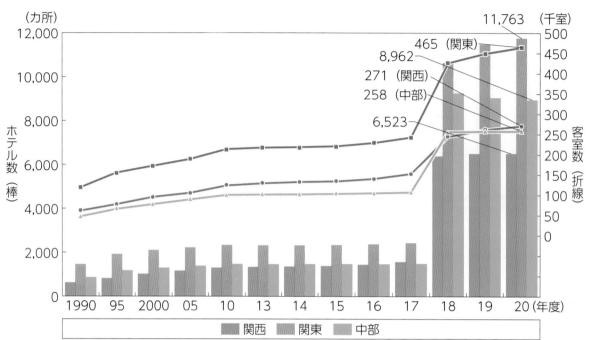

関西の地域区分）タイプB
注）　各年度末現在の数値．2010年度は，東日本大震災の影響により，宮城県のうち仙台市以外の市町村，福島県の相双保健福祉事務所管轄内
　　の市町村が含まれていない．
　　旅館業法の改正により2018年度から，「ホテル営業」，「旅館営業」と分かれていたのが「旅館・ホテル営業」に一本化された．
　　1975〜2017年度はホテルのみ，2018年度以降はホテルと旅館の合計．
資料）厚生労働省「衛生行政報告例」

13.3 　宿泊施設タイプ別客室稼働率の推移

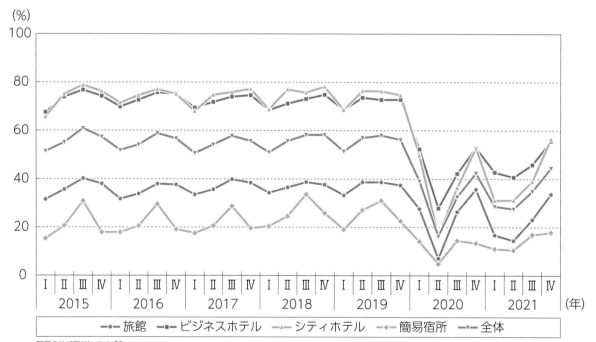

関西の地域区分）タイプC
注）　2021年の値は速報値
資料）国土交通省観光庁　「宿泊旅行統計調査」

13.4　空港別入国外国人数の推移

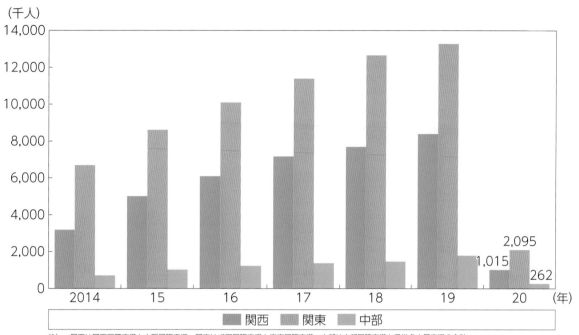

（千人）

注）　関西は関西国際空港と大阪国際空港，関東は成田国際空港と東京国際空港，中部は中部国際空港と県営名古屋空港の合計.
資料）法務省「出入国管理統計年報」

13.5　関西国際空港を利用した国籍別訪日外客数の推移

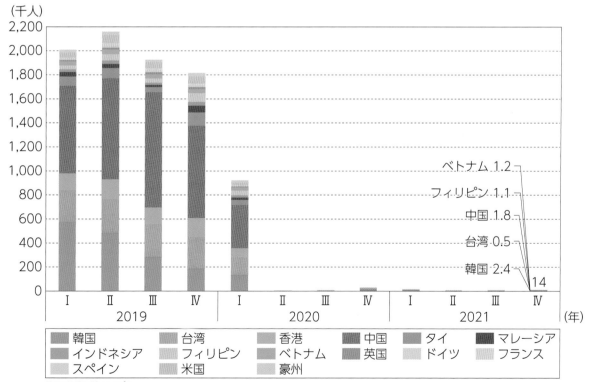

（千人）

関西の地域区分）タイプC
資料）法務省「出入国管理統計表」

13.6   訪日外国人旅行者の都道府県別訪問率の推移

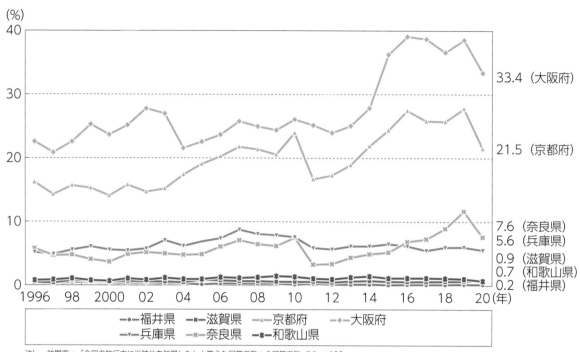

注)   訪問率＝「今回の旅行中に当該地を訪問した」と答えた回答者数÷全回答者数（N）×100
　　　2020年は新型コロナウイルス感染症の影響により，4〜6月期，7〜9月期，10〜12月期の調査が中止となったため，1〜3月期の確報値.
　　　2021年は新型コロナウイルス感染症の影響により調査中止.
資料)（独）日本政府観光局（JNTO）「訪日外客訪問地調査」，2011年より観光庁「訪日外国人消費動向調査」

13.7   国籍別旅行消費単価（2020年）

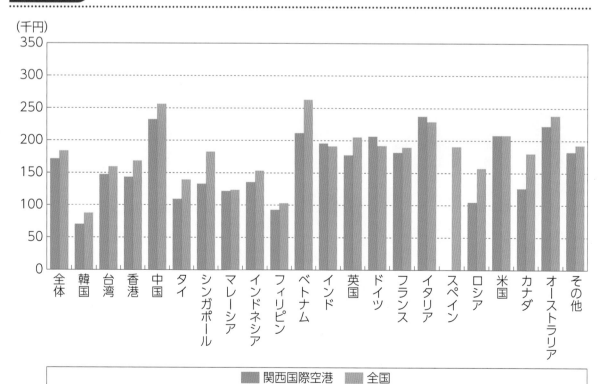

注1)   出国者による1人当たり旅行消費単価
　　　2020年平均値は新型コロナウイルス感染症の影響により，4〜6月期，7〜9月期，10〜12月期の調査が中止となったため，1〜3月期の値.
　　　2021年平均値は新型コロナウイルス感染症の影響により，国籍別の値は公表されず.
注2)   データがない国は回答者が0人であることを示す.
資料)   観光庁「訪日外国人消費動向調査」

13.8　百貨店免税売上高指数の推移

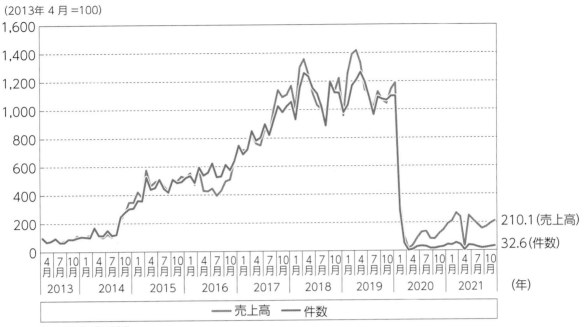

(2013年4月＝100)

210.1(売上高)
32.6(件数)

売上高　　件数

注)　2013年4月基準指数
　　　インバウンド需要の観点から主要とみられる大阪，京都，神戸の百貨店各店舗における
　　　外国人旅行客などの非居住者による消費税免税物品の購入額及び件数（免税申請ベース）．
　　　2019年10月分より，調査対象先の一部変更に伴い，新ベースでの公表に変更している．
　　　併せて，免税売上の売上高及び件数について，指数での公表に変更している．
資料)　日本銀行大阪支店「関西地区百貨店免税売上」

13.9　国際会議開催件数の推移

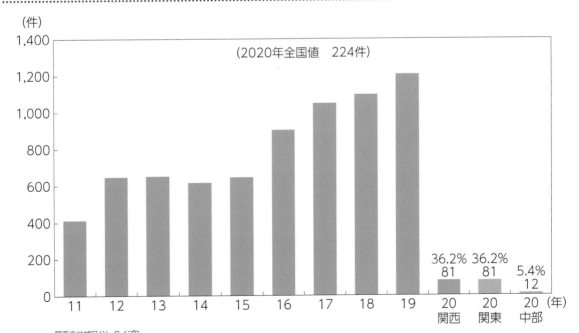

(件)

(2020年全国値　224件)

36.2%　36.2%
81　　81
　　　　　　5.4%
　　　　　　12

11　12　13　14　15　16　17　18　19　20　20　20 (年)
　　　　　　　　　　　　　　　　　　　関西　関東　中部

関西の地域区分)　タイプB
注)　国際コンベンションの新選定基準に基づく．
　　（参加者総数が50名以上，参加国が日本を含む3カ国以上，開催期間が1日以上など）
資料)　(独)日本政府観光局（JNTO）「2020年国際会議統計」

13.10 国際会議外国人参加者数（2020年）

	都市・地域	人
関　　西	京都市	562
	奈良市	15
	大阪市	374
	千里地区	252
	神戸市	302
	淡路市	111
関　　東	つくば地区	25
	千葉市	58
	東京23区	1,620
	横浜市	555
中　　部	名古屋市	140

注)　「つくば地区」＝つくば市，土浦市.「千里地区」＝豊中市，吹田市，茨木市，高槻市，箕面市.
資料)（独）日本政府観光局（JNTO）「2020年国際会議統計」

13.11 地域別日本人出国者数の推移

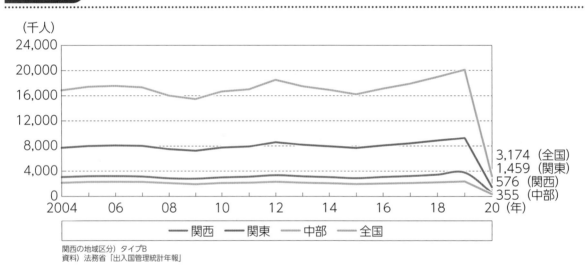

関西の地域区分）タイプB
資料）法務省「出入国管理統計年報」

13.12 主要空港・海港別　日本人出国者数の推移

（千人）

	2005年	2006年	2007年	2008年	2009年	2010年	2011年	2012年	2013年	2014年	2015年	2016年	2017年	2018年	2019年	2020年
関西国際空港	3,862	3,861	3,688	3,337	3,184	3,349	3,389	3,623	3,439	3,225	3,029	3,187	3,303	3,496	3,974	604
大阪港	6	6	7	8	7	8	9	7	5	4	3	5	4	5	10	0
神戸港	8	7	7	5	4	5	4	5	7	6	6	8	9	16	12	0
関西計	3,876	3,874	3,702	3,350	3,195	3,361	3,402	3,636	3,451	3,235	3,038	3,199	3,316	3,517	3,997	605
成田国際空港	9,577	9,636	9,548	8,751	8,281	8,713	7,590	8,320	8,052	7,069	6,509	6,638	6,790	7,096	7,333	1,309
東京国際空港	360	423	466	640	780	1,194	2,606	2,838	2,664	3,502	3,828	4,241	4,615	4,819	4,908	770
東京港	1	1	1	0	0	1	0	0	4	5	0	4	2	0	1	0
横浜港	5	5	6	8	5	9	5	15	13	12	15	19	15	23	22	0
関東計	9,942	10,064	10,020	9,400	9,066	9,918	10,201	11,173	10,732	10,589	10,353	10,902	11,422	11,939	12,264	2,079
中部国際空港	1,644	1,926	1,974	1,782	1,576	1,640	1,617	1,669	1,530	1,446	1,368	1,409	1,439	1,531	1,669	228
県営名古屋空港	215	1	0	0	0	0	0	0	0	0	0	0	0	0	0	0
中部計	1,859	1,927	1,974	1,782	1,576	1,640	1,618	1,669	1,531	1,446	1,368	1,409	1,439	1,531	1,670	228

資料）法務省「出入国管理統計年報」

13.13　外国人登録者数の推移

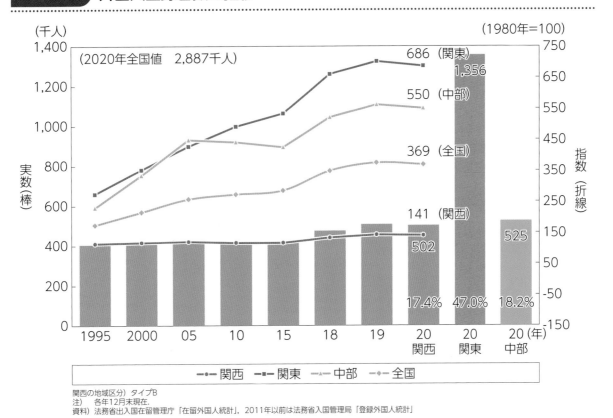

（千人）　　　　　　　　　　　　　　　　　　　　　　　（1980年＝100）

（2020年全国値　2,887千人）

686（関東）
550（中部）
369（全国）
141（関西）
1,356
502
525
17.4%　47.0%　18.2%

実数（棒）　　　　　　　　　　　　　　　　　　　　　　指数（折線）

1995　2000　05　10　15　18　19　20　20　20（年）
　　　　　　　　　　　　　　　　　　　関西　関東　中部

凡例：--●-- 関西　--■-- 関東　--▲-- 中部　--◆-- 全国

関西の地域区分）タイプB
注）　各年12月末現在.
資料）法務省出入国在留管理庁「在留外国人統計」，2011年以前は法務省入国管理局「登録外国人統計」

13.14　在留資格別外国人登録者数の内訳（2020年）

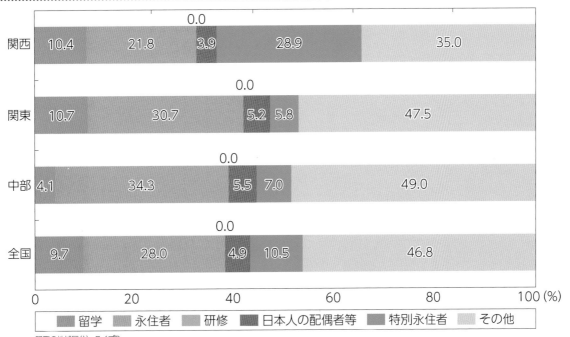

地域	留学	永住者	研修	日本人の配偶者等	特別永住者	その他	(上部)
関西	10.4	21.8	3.9	28.9		35.0	0.0
関東	10.7	30.7	5.2	5.8		47.5	0.0
中部	4.1	34.3	5.5	7.0		49.0	0.0
全国	9.7	28.0	4.9	10.5		46.8	0.0

0　　　20　　　40　　　60　　　80　　　100（%）

凡例：■ 留学　■ 永住者　■ 研修　■ 日本人の配偶者等　■ 特別永住者　■ その他

関西の地域区分）タイプB
注）　2020年12月末現在. 特別永住者とは，平和条約国籍離脱者等入管特例法に定める者.
資料）法務省出入国管理庁「在留外国人統計」

Part I　Part II　Part III　Part IV

13.15　留学生数の推移

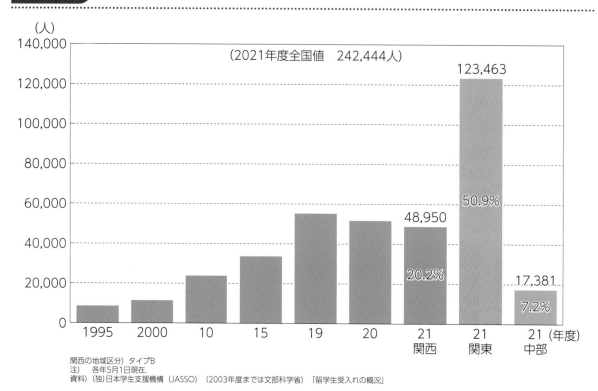

（人）

（2021年度全国値　242,444人）

関西の地域区分）タイプB
注）　各年5月1日現在.
資料）（独）日本学生支援機構（JASSO）（2003年度までは文部科学省）「留学生受入れの概況」

13.16　技能実習計画認定件数（2020年度）

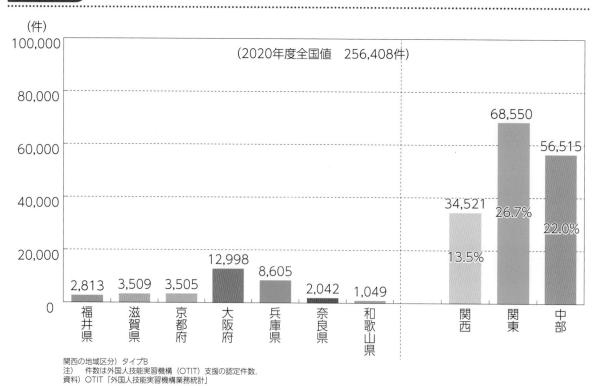

（件）

（2020年度全国値　256,408件）

関西の地域区分）タイプB
注）　件数は外国人技能実習機構（OTIT）支援の認定件数.
資料）OTIT「外国人技能実習機構業務統計」

2021（令和3）年

- ■国の予算（一般会計）規模　　106兆6,097億円
- ■経済財政白書副題　　　　　　「レジリエントな日本経済へ：強さと柔軟性を持つ経済社会に向けた変革の加速」
- ■日本新語・流行語大賞　　　　「リアル二刀流／ショータイム」
  「人流」,「Z世代」,「黙食」
- ■インターバンク市場（東京市場）米ドル終値 115円17銭
- ■日経平均株価終値 2万8,791円71銭

		世界の動き		日本の動き
1月	20	米大統領にジョー・バイデンが就任	1	日英包括的経済連携協定（日英EPA）が発効
			16	大学入学共通テストが初実施
2月	1	ミャンマーでクーデターが発生	17	医療従事者向けに新型コロナウイルスワクチンの接種を開始
3月	23	スエズ運河で大型コンテナ船「エバー・ギブン」が座礁	19	選抜高等学校野球大会が2年ぶりに開幕
4月	19	キューバ共産党のラウル・カストロ第1書記が退任	22	菅義偉首相が温室ガス46％削減目標を表明
5月	10	イスラエルとイスラム主義組織ハマスが軍事衝突	21	改正少年法が成立
	15	中国の無人火星探査機「天問1号」が火星着陸に成功	24	東京都，大阪府で新型コロナウイルスワクチンの大規模センターでの接種開始
6月	16	スイスのジュネーブで米露首脳会談	23	上野動物園で4年ぶりにパンダが出産
7月	11	米宇宙旅行企業ヴァージン・ギャラクティックが，新型宇宙船による有人宇宙飛行に成功	23	東京オリンピック大会が開幕 日本は史上最多58メダル
8月	15	タリバンが首都カブールを制圧	24	東京パラリンピック大会が開幕
9月	16	中国がTPP参加申請	1	デジタル庁が新設
	22	台湾がTPP参加申請	13	藤井聡太氏が三冠獲得の最年少記録を更新
10月	1	ドバイ国際博覧会開幕	4	岸田文雄氏が第100代首相に就任
	31	英国でCOP26開幕	5	真鍋淑郎氏がノーベル物理学賞受賞
11月	26	WHOがオミクロン株を「懸念される変異株」として指定	12	東芝が会社を3分割すると発表
12月	16	米中首脳会談がオンライン形式で初会談	8	前澤友作氏が民間人として初めて国際宇宙ステーションに滞在

資料）各種資料をAPIRで加工

■日経ヒット商品番付

	東	西
横　綱	Ｚ世代	大谷翔平
大　関	東京五輪・パラリンピック	サステナブル商品

■無担保コール翌日物金利（誘導目標）（年末）　-0.018％

■2021年度実質GDP成長率 +2.1％　　　■実質GRP成長率（関西）+2.1％（APIR算出）

	関西の動き	
	産業・経済・政治	その他
1月	20 京都市観光協会が観光客の京都を訪問する意向を数値化した「行こう指数」を開発 28 中川政七商店が，同社初のメンズライン「一着（いっちゃく）」を自社のオンラインショップで発売	11 ラグビーの全国大学選手権で天理大学が初優勝 28 淡路市がシン・エナジーと協力して新電力事業を開始すると発表
2月	13 WILLERが関西文化学術研究都市内の公道で自動運転バスの実証実験を開始	4 関西財界セミナーが初のオンライン開催
3月	15 東中央線，木津東バイパスの同時開通	2 滋賀県と産業雇用安定センターが人手不足の企業に人材を出向させる雇用シェア推進で連携協定を締結 24 神戸市が大丸須磨店に「名谷図書館」を開設
4月	3 神戸物産が本社を加古川市へ移転	1 南都銀行が「奈良みらいデザイン株式会社」を設立
5月	31 神戸市が「神戸ウォーターフロント開発機構」を設立	19 JR西日本が15年ぶりに秋ダイヤ改正を発表
6月	2 シャープが抗菌タイプの不織布マスクの販売を開始	6 陸上男子100メートルで山県亮太が日本新記録 10 ホテルエムズが京都市内にホテル3軒を新規開業
7月	7 エイチ・ツー・オーリテイリングが大阪府と包括連携協定を締結 30 藤田観光が「ホテルタビノス京都」を開業	26 和歌山県有田川町が近畿大学と包括連携協定を締結
8月	1 オンキヨーホームエンターテイメントが上場廃止 兵庫県知事に斎藤元彦氏が就任	22 卵かけご飯の店「うちのたまご」が関西初出店 28 大阪市の東横堀川に，水辺のにぎわい施設「β（ベータ）本町橋」がオープン
9月	28 京都銀行が資金使途を環境対策に限ったグリーンローンを同行として初めて実施したと発表	4 聖徳太子1400年忌記念展が開催 26 神戸ポートタワーが大規模改修工事のため営業を終了
10月	26 エキマルシェ大阪が改装開店 28 三井住友海上火災保険と奈良県生駒市が，SDGsや「カーボンニュートラル」推進に関する連携協定を締結	13 高槻市が今城塚古墳で最古の太鼓形埴輪が出土したと発表 27 オリックス・バファローズが25年ぶりにリーグ優勝
11月	18 日本電産がOKKと資本提携を発表	4 ノーリツが神戸大学と脱炭素などで包括連携協定締結を発表
12月	20 ファーマフーズがオンキヨーと業務提携を発表	22 大阪府内でオミクロン株の市中感染が初めて見つかる

資料）各種資料をAPIRで加工

編集委員・執筆者紹介

守屋　貴司　　立命館大学経営学部教授，アジア太平洋研究所上席研究員
　　　　　　　2002年立命館大学大学院社会学研究科博士課程後期課程修了，社会学博士（立命館大学）
　　　　　　　担当：Chapter 2 Section 3

伊藤　亜聖　　東京大学社会科学研究所准教授
　　　　　　　2012年慶應義塾大学経済学研究科博士課程満期退学
　　　　　　　2014年慶應義塾大学博士（経済学）
　　　　　　　担当：Chapter 2 Section 4

下田　　充　　株式会社日本アプライドリサーチ研究所取締役・研究調査部主任研究員
　　　　　　　1999年帝塚山大学大学院経済学研究科博士後期課程満期退学，帝塚山大学修士（経済学）
　　　　　　　担当：Chapter 3 Section 1，Chapter 6 Section 3

入江　啓彰　　近畿大学短期大学部商経科教授
　　　　　　　2012年関西学院大学経済学研究科博士課程後期課程修了，博士（経済学）
　　　　　　　担当：Chapter 3 Section 2，Chapter 6 Section 2

小川　　亮　　大阪公立大学大学院経済学研究科教授
　　　　　　　2007年大阪大学大学院経済学研究科博士後期課程単位取得退学
　　　　　　　2010年博士（経済学）（大阪大学）
　　　　　　　担当：Chapter 3 Section 3

藤原　幸則　　大阪経済法科大学経済学部教授，アジア太平洋研究所上席研究員
　　　　　　　1980年大阪大学経済学部経済学科卒業
　　　　　　　1986年大阪大学大学院法学研究科博士課程前期修了
　　　　　　　担当：Chapter 4 Section 2

家森　信善　　神戸大学経済経営研究所所長・教授，アジア太平洋研究所上席研究員
　　　　　　　1986年滋賀大学経済学部経済学科卒業
　　　　　　　1988年神戸大学大学院経済学研究科博士課程前期課程修了
　　　　　　　1996年博士（経済学，名古屋大学）
　　　　　　　担当：Chapter 4 Section 3

下條　真司　　大阪大学サイバーメディアセンター長・教授，アジア太平洋研究所上席研究員
　　　　　　　1986年大阪大学基礎工学研究科後期課程修了，博士（工学）
　　　　　　　担当：Chapter 4 Section 4

下山　　朗　　大阪経済大学経済学部教授
　　　　　　　2012年関西学院大学経済学研究科博士課程後期課程修了，博士（経済学）
　　　　　　　担当：Chapter 6 Section 3

高林喜久生　　大阪経済法科大学経済学部教授，関西学院大学名誉教授
　　　　　　　アジア太平洋研究所上席研究員
　　　　　　　1977年京都大学経済学部卒業
　　　　　　　1989年京都大学博士（経済学）
　　　　　　　担当：Chapter 6 Section 3

石原　康行　　近畿経済産業局2025NEXT関西企画室
　　　　　　　担当：Chapter 6 Column A

Karavasilev Yani　アジア太平洋研究所研究員，京都文教大学（講師）
　　　　　　　ジェイカブス大学（ドイツ）社会科学学部卒業
　　　　　　　ユニヴァーシティ・カレッジ・ロンドン（英国）修士課程修了
　　　　　　　大阪大学大学院国際公共政策研究科博士課程修了
　　　　　　　担当：Chapter 1 Section 4

中山　　明　　アジア太平洋研究所総括調査役・研究員
　　　　　　　福岡大学複合材料研究所客員教授
　　　　　　　（住友電気工業株式会社より出向）
　　　　　　　担当：Chapter 2 Section 3

木下　祐輔　　アジア太平洋研究所研究員，大阪商業大学経済学部経済学科専任講師
　　　　　　　2006年早稲田大学政治経済学部経済学科卒
　　　　　　　2008年大阪大学大学院経済学研究科政策専攻修了，修士（応用経済学）
　　　　　　　2022年神戸大学大学院経済学研究科博士課程後期課程修了，博士（経済学）
　　　　　　　担当：Chapter 3 Section 4, Chapter 4 Section 1, Chapter 6 Section 2

吉田　茂一　　アジア太平洋研究所
　　　　　　　2006年大阪市立大学経済学部卒業
　　　　　　　2009年神戸大学大学院経済学研究科博士課程前期課程修了
　　　　　　　2022年大阪市立大学大学院経済学研究科後期博士課程単位取得退学
　　　　　　　担当：Chapter 3 Section 4, Chapter 3 Column A

郭　　秋薇　　アジア太平洋研究所研究員
　　　　　　　2008年国立台湾大学（台湾）国際企業学部卒業
　　　　　　　2012年京都大学大学院経済学研究科修士課程経済学専攻修了
　　　　　　　2016年京都大学博士（経済学）
　　　　　　　担当：Chapter 3 Column B

菅村裕里佳　　アジア太平洋研究所スタッフ
　　　　　　　担当：Part Ⅲ COVID-19 Chronology

田中　美香　　アジア太平洋研究所スタッフ
　　　　　　　担当：Part Ⅲ COVID-19 Chronology, EXPO 2025 Chronology

寺田　憲二　　アジア太平洋研究所アウトリーチ推進部長
　　　　　　　（大阪ガス株式会社より出向）
　　　　　　　担当：Part Ⅲ EXPO 2025 Chronology

井原　　渉　　アジア太平洋研究所総括調査役
　　　　　　　（株式会社日立製作所より出向）
　　　　　　　担当：Part Ⅲ EXPO 2025 Chronology

時子山くり子　アジア太平洋研究所シニアアドバイザー
　　　　　　　担当：Part Ⅲ EXPO 2025 Chronology

事務局

今井　　功　　アジア太平洋研究所総括調査役・研究員
　　　　　　　（株式会社りそな銀行より出向）
　　　　　　　担当：Part Ⅰ 概要, Chapter 4 Column A

大島　久典　　アジア太平洋研究所総括調査役・研究員
　　　　　　　（ダイキン工業株式会社より出向）
　　　　　　　担当：Chapter 4 Section 4, Chapter 5 Section 2, 3, Column A
　　　　　　　　　　Part Ⅳ 資料編（データで見る関西）

野村　亮輔　　アジア太平洋研究所研究員
　　　　　　　担当：Part Ⅱ 概要, Chapter 3 Section 4,
　　　　　　　　　　Chapter 4 Section 1
　　　　　　　　　　Chapter 5 Section 1～3
　　　　　　　　　　Part Ⅲ COVID-19 Chronology, EXPO 2025 Chronology
　　　　　　　　　　Part Ⅳ 資料編（各種年表）

山守　信博　　アジア太平洋研究所調査役・研究員
　　　　　　　（株式会社竹中工務店より出向）
　　　　　　　担当：Part Ⅰ 概要, Chapter 1 Section 1
　　　　　　　　　　Part Ⅲ COVID-19 Chronology, EXPO 2025 Chronology
　　　　　　　　　　Part Ⅳ 資料編（データで見る関西，各種年表）

編集体制
編集委員長　稲　田　義　久
編集副委員長　猪　木　武　徳
編集副委員長　本　多　佑　三
編　集　委　員　松　林　洋　一
編　集　委　員　後　藤　健　太

アジア太平洋と関西
関西経済白書 2022

2022年10月5日　初版発行

編　著　　一般財団法人 アジア太平洋研究所　　©2022

発行所　　日経印刷株式会社
　　　　　〒102-0072
　　　　　東京都千代田区飯田橋 2-15-5
　　　　　電話（03）6758-1011

発売所　　全国官報販売協同組合
　　　　　〒100-0013
　　　　　東京都千代田区霞が関 1-4-1
　　　　　電話（03）5512-7400

ISBN978-4-86579-337-6　C0033